氯碱化工循环经济创新与发展

宋晓玲　冯　俊　主编

科学出版社

北京

内 容 简 介

本书在国家绿色发展、双碳目标的大背景下，依托新疆天业（集团）有限公司循环经济发展的实践，认真梳理了国内外循环经济发展的理念、发展历程、政策文件、评价体系，总结了循环经济推动氯碱化工发展壮大的宝贵经验，详细分析了新疆天业循环经济的各个阶段以及关键工艺技术、科技创新、实践案例，分析了企业内部的优势劣势以及外部发展面临的机遇挑战，由发展经验总结并提出我国氯碱化工循环经济可持续高质量发展的方向，为国内化工行业尤其是氯碱化工行业的绿色高质量发展提供借鉴和参考。

本书可供氯碱化工、循环经济领域及关联领域的从业者、研究人员阅读参考。

图书在版编目（CIP）数据

氯碱化工循环经济创新与发展 / 宋晓玲，冯俊主编．—北京：科学出版社，2022.10
ISBN 978-7-03-073115-9

Ⅰ．①氯⋯ Ⅱ．①宋⋯ ②冯⋯ Ⅲ．①氯碱生产–化学工业–循环经济–经济发展–研究–中国 Ⅳ．①F426.7

中国版本图书馆 CIP 数据核字（2022）第 172328 号

责任编辑：杨 震 刘 冉 / 责任校对：杜子昂
责任印制：肖 兴 / 封面设计：北京图阅盛世

科学出版社 出版
北京东黄城根北街 16 号
邮政编码：100717
http://www.sciencep.com

河北鹏润印刷有限公司 印刷
科学出版社发行 各地新华书店经销

*

2022 年 10 月第 一 版 开本：720 × 1000 1/16
2022 年 10 月第一次印刷 印张：22 1/4
字数：446 000

定价：**150.00 元**

（如有印装质量问题，我社负责调换）

编委会

主　　编　宋晓玲　冯　俊

副主编　周　军　李　进　李学宽　肖　炘

参编人员（按姓名汉语拼音排序）

　　　　　　淡玄玄　冯　俊　关荣蓉　黄　东
　　　　　　蒋大勇　李　进　李学宽　陆　俊
　　　　　　马学莲　宋晓玲　王自庆　魏　忠
　　　　　　魏妍丽　肖　炘　熊新阳　余显军
　　　　　　张　萍　张永龙　赵浩淼　周　军

前　言

《中共中央关于制定国民经济和社会发展第十四个五年规划和二〇三五年远景目标的建议》（以下简称《建议》）提出，我国发展仍然处于重要战略机遇期，当今世界新一轮科技革命和产业变革深入发展，我国已转向高质量发展阶段。《建议》还提出，要全面贯彻党的生态文明建设的总体布局和绿色新发展理念。生态文明建设的目的就是要使人与自然和谐发展，使人口、环境与社会经济的发展相适应。生态文明建设的进步促使国土空间开发保护格局得到优化，生产生活方式绿色转型成效显著，能源资源配置更加合理、利用效率大幅提高，主要污染物排放总量持续减少，生态环境持续改善，生态安全屏障更加牢固，城乡人居环境明显改善。

循环经济作为一种新型的保护资源与环境的经济发展模式，恰恰是一条切实可行的、能够避免大规模资源浪费和生态环境破坏的有效途径。生态文明建设为循环经济的现代化发展提供了新方式和新动能，将绿色发展理念聚焦到具体行动的落实上。发展循环经济是推动企业绿色低碳高质量发展的重要引擎，循环经济已经融入我国主流经济概念当中，将对我国经济发展产生深远影响。

氯碱化工是国民经济的重要基础原料产业，在整个国家工业体系中占据着十分重要的基础性地位，我国氯碱化工起步比较晚，受到技术水平、国民消费、资源消耗、固废处置等一系列的难题制约，产业发展进程一直十分缓慢，技术、市场长期受制于人。进入二十一世纪以来，以新疆天业为代表的国内领先水平的氯碱企业深入实施循环经济，破解了制约氯碱化工行业尤其是聚氯乙烯行业规模发展的卡脖子难题，迈出了我国氯碱化工大规模高速发展的第一步，使我国快速成为世界氯碱生产第一大国。

国内氯碱化工的飞速发展最关键的推动力就是循环经济理念在国内的深入实践。然而，受到生产特点和工艺路线的限制，大家一直以来都把氯碱化工当成是高消耗、高污染、高排放的行业，这使人们对氯碱以及氯碱产品开始产生误解，甚至恐惧，这并不是科学的认知态度。如何从科学角度去思考，解决氯碱化工发展绿色、低碳转型过程中的瓶颈难题，提升社会大众科学理性认知，是未来行业需要努力的方向。

我国的氯碱化工行业经历了从无到有、由小到大的发展阶段，在循环经济理念的指导下和一系列关键技术的支撑下，基本形成了我国特有的氯碱化工循环经济发展模式，行业低碳发展转型存在巨大的发展空间和发展潜力。国务院 2021 年

10月24日印发的《2030年前碳达峰行动方案》中明确提出要推行循环经济助力降碳行动。"碳达峰·碳中和"目标的提出也表明，在"十四五"以及未来更长的时间内，绿色、低碳将成为氯碱化工始终要坚持的发展理念，也是行业必须实现的宏伟目标。

面对新冠肺炎疫情带来的严重考验、"双碳"目标和复杂多变的国内外环境，我国氯碱化工行业发展面临前所未有的挑战。通过技术的不断革新和工艺的不断改进，资源的利用率得到了明显提高，环境污染问题也得到了有效改善。大量实践表明，大力实施循环经济是引导氯碱化工行业逐步实现产业链的纵向延伸和横向耦合，全面推动氯碱化工绿色、健康、高质量、可持续发展的最有效途径。

在此背景下，本书对循环经济和氯碱化工从理论、政策、技术、实践、评价指标体系等多维度出发，进行了系统的介绍，详细梳理了国内外循环经济发展历程和相关政策案例，分析了我国氯碱化工的发展历程、存在问题及面临形势，总结出我国氯碱化工发展循环经济的必要性。通过对氯碱化工的龙头企业和全国循环经济试点企业深入研究，进一步分析主导产业链生产工艺、创新技术及在循环经济发展过程中形成的循环经济产业链及关键支撑技术，并对现有循环经济体系进行物质流、能源流的经济性评价。采用SWOT模型分析了企业内部的优势劣势以及外部发展面临的机遇挑战，由发展经验总结并提出我国氯碱化工循环经济可持续高质量发展的方向，为氯碱化工行业及企业的中远期发展提供借鉴和参考。

本书编委结合我国氯碱化工行业自身发展特点，通过文献研究法、调查法、案例分析法和经验总结法等，对氯碱化工行业的循环经济发展模式进行研究，重点研究内容包括以下几方面：

第一，通过调查文献获得资料，详细阐述了循环经济的基本概念及内涵，系统分析了国内外循环经济发展历程、政策法规演变以及国内评价指标体系的构成。

第二，详细叙述了国内氯碱行业发展经历的不同阶段以及存在的问题，提出了循环经济对于氯碱化工健康可持续发展的必要性。

第三，深刻剖析氯碱化工循环经济发展模式、发展历程，成功的经验做法，阐述了循环经济产业链构建过程中涉及的主要产业、产品的基本情况以及成套的关键支撑技术。

第四，基于生产系统的物质流、能源流分析模型，进行氯碱化工生产园区内物质流、能源流的详细分析，计算得出新疆天业氯碱化工循环经济产业链的评价指标，并从产品质量、经济效益、环保效益和社会效益方面，总结了氯碱化工循环经济的经济性。

第五，结合氯碱化工行业"十三五"发展现状及"十四五"发展趋势，提出未来氯碱化工循环经济可持续发展主要聚焦在强化战略科技力量、提升技术创新能力、激发人才创新活力、完善科技创新体制机制等方面。

本书内容对氯碱化工企业增强循环经济可持续发展能力、提升清洁生产水平、推动高质量发展进程亦具有重要的示范和借鉴意义。

本书内容涉及的创新技术，离不开清华大学、浙江大学、中国科学院大连化学物理研究所、中国科学院山西煤炭化学研究所、中国科学院过程工程研究所、北京化工大学、石河子大学等科研院所的合作支持；新疆天业（集团）有限公司各生产公司提供了宝贵的生产技术经验和相关资料；编者对生产资料、文献、多年的氯碱化工循环经济发展经验进行认真梳理与分析。在此对所有成员在项目研究和编写中付出的努力表示深深的感谢！

学习和研究循环经济的理论、政策、发展经验，有利于我们不断积累实践经验，对进一步推动氯碱化工循环经济的可持续发展，起到事半功倍的作用。

本书内容虽经编者反复修改完善，仍难免存在不妥之处，恳请读者批评指正。

编　者
2022 年 7 月

目　录

第1章　循环经济发展概述 ... 1
1.1　循环经济基本理论 ... 1
1.1.1　循环经济的定义 ... 1
1.1.2　循环经济基本特征 ... 3
1.1.3　循环经济基本原则 ... 4
1.2　循环经济发展研究 ... 6
1.2.1　循环经济发展背景及必要性 ... 6
1.2.2　国外循环经济发展研究 ... 6
1.2.3　我国循环经济发展研究 ... 10
1.3　循环经济相关政策法规 ... 17
1.3.1　循环经济法律法规 ... 17
1.3.2　循环经济政策文件 ... 22
1.4　循环经济评价指标体系 ... 24
1.4.1　综合指标 ... 25
1.4.2　专项指标 ... 25
1.4.3　参考指标 ... 28
1.5　工业循环经济 ... 29
1.5.1　企业循环经济 ... 29
1.5.2　工业园区循环经济 ... 30
参考文献 ... 31

第2章　我国氯碱化工发展概述 ... 33
2.1　氯碱化工发展历程 ... 33
2.1.1　初始阶段 ... 33
2.1.2　发展阶段 ... 33
2.1.3　成熟阶段 ... 34
2.1.4　深度调整阶段 ... 37
2.2　氯碱化工行业发展分析 ... 38
2.2.1　氯碱化工行业发展特点 ... 38
2.2.2　氯碱化工面临的形势 ... 42
2.2.3　氯碱化工发展存在的问题 ... 44

2.3 氯碱化工发展循环经济的必要性 48
  2.3.1 发展循环经济是缓解氯碱化工资源困局的必然选择 48
  2.3.2 发展循环经济是氯碱化工践行绿色发展的关键支撑 49
  2.3.3 发展循环经济是推进氯碱化工生态转型的根本保障 52
  2.3.4 发展循环经济是氯碱化工实现可持续发展的必经之路 53
参考文献 53

第3章 氯碱化工循环经济发展历程及实践 54
3.1 我国氯碱化工循环经济发展历程 54
3.2 氯碱化工循环经济的评价体系 55
  3.2.1 清洁生产定量指标评价 55
  3.2.2 产品全生命周期评价 56
3.3 我国氯碱化工循环经济发展模式 57
  3.3.1 氯碱与精细化工联合模式 57
  3.3.2 氯碱与氟化工联合模式 58
  3.3.3 两碱联合模式 58
  3.3.4 西部发展模式 59
参考文献 60

第4章 循环经济西部发展模式分析 61
4.1 新疆天业企业概况 61
4.2 新疆天业循环经济发展历程概述 62
4.3 构筑阶段 63
  4.3.1 煤电热一体化 63
  4.3.2 石灰 67
  4.3.3 电石 69
  4.3.4 乙炔 72
  4.3.5 烧碱 75
  4.3.6 氯化氢合成 78
  4.3.7 氯乙烯合成 81
  4.3.8 聚氯乙烯 84
  4.3.9 废渣制水泥 88
4.4 完善阶段 90
  4.4.1 阶段介绍 90
  4.4.2 废水综合利用网络 92
  4.4.3 废气综合利用网络 94
  4.4.4 废渣综合利用网络 96
  4.4.5 节水产业循环经济 98

4.5 提升阶段 ... 102
4.5.1 阶段介绍 ... 102
4.5.2 现代煤化工 ... 103
4.5.3 特种树脂 ... 107
4.6 重塑阶段 ... 110
4.6.1 阶段介绍 ... 110
4.6.2 关键技术 ... 112
参考文献 ... 124

第5章 氯碱化工循环经济产业链关键支撑技术 ... 126
5.1 "废水零排放"关键技术 ... 126
5.1.1 干法乙炔技术 ... 127
5.1.2 聚合母液水回收利用技术 ... 135
5.1.3 湿法乙炔上清液闭式循环技术 ... 143
5.1.4 含汞废酸零解吸 ... 145
5.1.5 中水回收处理技术 ... 150
5.1.6 氯压机循环冷却水回收利用技术 ... 153
5.2 废气综合利用及节能 ... 155
5.2.1 电石炉气综合利用 ... 155
5.2.2 天然气制氢联产 PVC ... 172
5.2.3 制氢尾气制备碳酸钠 ... 175
5.2.4 变压吸附回收氯乙烯精馏尾气 ... 178
5.2.5 氯化氢吸收-解吸技术 ... 181
5.2.6 热能综合利用技术 ... 185
5.3 废渣综合利用 ... 188
5.3.1 干法乙炔配套电石渣干法水泥技术 ... 188
5.3.2 高掺量粉煤灰及烧结空心砖技术 ... 194
5.3.3 冷冻除硝联产元明粉技术 ... 198
5.3.4 电石渣烟气脱硫技术 ... 201
5.3.5 石灰粉与二氧化碳尾气生产碳酸钙 ... 209
5.3.6 废焦粉制焦球技术 ... 218
5.3.7 电石渣循环制石灰技术 ... 219
5.4 汞消减技术 ... 221
5.4.1 低固汞催化剂技术 ... 222
5.4.2 高效气相脱汞技术 ... 228
5.4.3 含汞废水处理技术 ... 234
5.4.4 废汞催化剂回收技术 ... 237

5.4.5　无汞催化技术 ·· 242
　5.5　提质增效相关技术 ·· 248
　　　5.5.1　聚氯乙烯树脂品质提升 ·· 248
　　　5.5.2　氯资源多元化利用 ·· 256
　　　5.5.3　水泥窑协同处置技术 ·· 265
　　　5.5.4　燃煤电站节能及超低排放技术 ·· 268
　　　5.5.5　氯碱化工能源管理 ·· 276
　5.6　信息化与智能制造关键技术 ·· 284
　　　5.6.1　信息化关键技术 ·· 284
　　　5.6.2　电石炉自动出炉技术 ·· 290
　参考文献 ·· 297

第6章　氯碱化工循环经济产业链经济性分析 ·· 298
　6.1　物质流分析 ·· 298
　　　6.1.1　物质流分析概述 ·· 298
　　　6.1.2　氯碱化工循环经济产业链物质流分析 ·· 300
　　　6.1.3　氯碱化工循环经济指标体系 ·· 305
　6.2　能源流分析 ·· 306
　　　6.2.1　能源流概述 ·· 306
　　　6.2.2　循环经济产业链能源流分析 ·· 307
　6.3　产品质量控制分析 ·· 310
　　　6.3.1　质量控制概述 ·· 311
　　　6.3.2　循环经济产业链产品质量控制分析 ·· 312
　6.4　经济效益 ·· 316
　6.5　环保效益 ·· 317
　6.6　社会效益 ·· 317
　参考文献 ·· 318

第7章　氯碱化工循环经济产业链优势分析 ·· 320
　7.1　新疆天业氯碱化工循环经济产业链的优势分析 ······································ 320
　　　7.1.1　规模化优势 ·· 320
　　　7.1.2　管理优势 ·· 321
　　　7.1.3　技术优势 ·· 321
　　　7.1.4　成本优势 ·· 322
　　　7.1.5　人才优势 ·· 322
　　　7.1.6　平台优势 ·· 323
　　　7.1.7　信息化优势 ·· 323
　7.2　新疆天业氯碱化工循环经济产业链面临的发展机遇 ······························ 324

	7.2.1 人文环境	324
	7.2.2 地理位置	324
	7.2.3 资源能源	325
	7.2.4 政策支持	325
7.3	新疆天业氯碱化工循环经济产业链的劣势及发展面临的挑战	326
	7.3.1 产品多元化水平有待进一步提升	326
	7.3.2 销售及运输渠道有待进一步完善	326
	7.3.3 整体经济下行压力	326
	7.3.4 行业竞争日益激烈	327
	7.3.5 能源供应成本上升	327
	7.3.6 最严环保法的实施	327
	7.3.7 安全生产要求严格	328
7.4	SWOT分析结论	328

第8章 氯碱化工循环经济可持续发展分析 329

8.1	创新驱动发展	329
	8.1.1 强化战略科技力量	329
	8.1.2 提升技术创新能力	333
	8.1.3 激发人才创新活力	336
	8.1.4 完善科技创新体系	338
8.2	构建双循环发展格局	339
8.3	推动绿色低碳发展	340

参考文献 340

第 1 章　循环经济发展概述

1.1　循环经济基本理论

1.1.1　循环经济的定义

美国经济学家鲍尔丁（K. E. Boulding）在 1966 年提出的"宇宙飞船经济理论"中首次提到循环经济理念。鲍尔丁认为，地球就像在茫茫太空中飞行的一艘宇宙飞船，这艘飞船通过不断消耗自身的资源而生存，但资源储备和环境容量是有限的，并且处于一个相对封闭的状态。人口和经济无序增长会使宇宙飞船资源消耗增加，最终耗尽。人类生产活动中产生废物会对飞船生态系统造成污染，伤害飞船上的乘客，这种情况下，飞船就很容易坠毁。地球也一样，如果人们持续不合理地开发利用地球资源，破坏生态环境，超过了地球的承载和自我修复能力，就会像宇宙飞船那样走向毁灭，社会随之崩溃。鲍尔丁提出，我们必须在经济发展过程中思考环境问题产生的根源。因此，必须要改变经济增长方式，要用"循环式经济"代替旧的"单程式经济"；要从"资源消耗型"转为"生态型"；从"开放式"转为"闭环式"。人类社会的经济活动应该从以线性为特征的机械论规律，转向以反馈为特征的生态学规律，经济发展不能单纯追求产量，更应该体现福利和优惠。1989 年，英国科学家大卫·皮尔斯（David Piarce）在《绿色经济的蓝图》一书中提出"循环经济"一词，并将其分为自然循环与工业循环两部分[1]。

1. 狭义的循环经济

狭义的循环经济[2]认为，自然资源构成了"经济-社会"系统赖以生存的一个外部条件，它是一切物质生产和消费的最初来源。当资源从自然界中开采出来之后就进入"经济-社会"系统，被用来生产出各种产品，满足不同消费者的需要。消费活动、生产过程产生的各种废弃物最终都排放到环境中。

在物质流动环节中，可以通过不同的技术路径来解决资源环境问题。徐嵩龄[3]将其概括为三大类五种：第一类是在"资源"环节，"不可再生资源"采取"替代"技术，即以"低稀缺性资源"代替"高稀缺性资源"；"可再生资源"采取"恢复"技术。第二类是在"经济-社会"系统的生产与消费环节，采用"资源消耗减量化"技术。第三类是在"环境"环节，既可对环境废弃物采用"安全化/无害化处理"技术，又可采用"循环利用"技术。

通常来讲，狭义的循环经济需要兼顾成本和效益，往往会导致几种途径选择的相互竞争，处于"环境"环节的废弃物循环再利用，只是解决资源环境的五种技术途径之一，并不具备唯一性、针对性，不可避免地要受到可行性的约束[4]。从这个层次看，狭义的循环经济是指"资源—产品—再生资源"的闭环式物质流动模式，即以资源的高效率、综合和循环利用为方式，其宗旨为低消耗、低排放、高效率。

2. 广义的循环经济

广义的循环经济不仅包括狭义的定义，也包括"经济-社会"系统资源耗用减量化以及"资源环节"的替代、绿色设计等预防性措施。较为正式的、广义的循环经济定义是建立在"3R"原则基础上的。例如，国家发展和改革委员会从实践的层面对循环经济进行了定义：循环经济的核心是资源的高效利用和循环利用，原则为减量化、再利用、资源化，基本特征为低消耗、低排放、高效率，经济增长模式符合可持续发展理念，是对大量生产、消费、废弃的传统增长模式的根本变革[2]。

范跃进[5]等认为，循环经济包括经济发展、社会进步、生态环境三个系统，主要目标是追求这三个系统间的理想组合状态。马世骏等[6]总结了可持续发展的实质问题，即以人为本的生命及其栖息劳动环境、物质生产环境、社会文化环境等三者间的协调发展。吴绍中[7]认为，循环经济就是在人类的生产活动中控制废弃物的产生，建立起反复利用自然的循环机制，把人类的生产活动纳入自然循环中，维护自然生态平衡。冯之浚[8]认为，发展循环经济是一次深刻的范式革命，这种全新的范式与生产过程末端治理模式的本质区别在于：从强调人力生产率提高转向重视自然资本，强调提高资源生产率，实现"财富翻一番，资源使用少一半"，即所谓"四倍跃进"。

吴季松[9]认为，循环经济是在人、自然资源和科学技术的大系统内，在资源投入、企业生产、产品消费及其废弃的全过程中不断提高资源利用效率，把传统的、依靠资源消耗增加发展转变为依靠生态型资源循环发展的经济。张录强[10]等把循环经济作为一个由经济系统、社会系统、自然系统复合构成的社会-经济-自然的复杂系统进行研究，指出这个系统是在把握自然生态、经济循环和社会系统的自组织规律后，逐步建构起来的人工生态系统。可见，广义的循环经济是建立在自然生态系统、经济循环系统和社会系统的共同基础上，以实现社会、经济与生态协调、可持续发展为目标的生产关系。

3. 我国通用循环经济定义

《中华人民共和国循环经济促进法》将循环经济定义为"在生产、流通、消费等过程中进行的减量化、再利用、资源化活动的总称"。减量化是指在生产、流通和消费等过程中减少资源消耗和废弃物产生。再利用是指将废弃物直接作为产品或者修复、翻新、再制造后继续作为产品使用，或者将废弃物的全部或者部分作为其他产品的部件予以使用。资源化是指将废弃物直接作为原料进行利用或对废物进行再生利用。

强调"新的系统观、新的经济观、新的价值观、新的生产观、新的消费观"，这是我国循环经济与生态经济推行的核心理念。

从宏观上看，循环经济包含五个重要概念：一是以生态工业链为循环经济发展主线；二是以生态工业园为循环经济发展载体；三是以清洁生产为循环经济发展的重要手段；四是以物质资源减量化为循环经济发展的内在要求；五是以经济和生态的协同发展为循环经济的根本目标。

一个理想的循环经济系统应当包括资源开采者、制造商、消费者和废物处理者共四个部分。由于存在反馈式、网络状和相互联系，系统内不同行为者之间的物质流远远大于出入系统的物质流。循环经济为优化人类经济系统各个组成部分之间的关系提供整体性的思路，为传统工业经济转向可持续发展经济提供战略性的理论模式，从而解决环境与发展间长期存在的尖锐冲突。

1.1.2　循环经济基本特征

传统经济是一种线性经济，它是由"资源—产品—污染排放"形成的单向流动，流动过程中资源持续不断地变成废物，呈现"高开采、低利用、高排放"的特征。在传统经济中，地球上的物质和能源被高强度地提取出来，产生的污染物、废弃物大量排放到空气、水和土壤中，通常是资源一次性利用，表现为粗放的发展形式，在这种模式下，经济的数量型增长必须以大量的资源消耗和废物排放为代价。与此不同的是，循环经济本质上是一种生态经济，它要求运用生态学规律而不是机械论规律来指导人类社会的经济活动。循环经济倡导的是一种人与自然、经济与环境和谐发展的模式。在循环经济模式下，经济活动会形成"资源—产品—再生资源"的循环反馈式过程，它的显著特征就是"低开采、高利用、低排放"。投入到经济活动中的所有物质、能源在循环经济过程中都可以得到合理和可持续的利用，从而把经济活动对生态环境的影响尽可能降到最低[1]。

与传统经济相比，循环经济具有以下特征：

（1）非线性。循环经济将传统的线性经济开放式系统转变为非线性闭环式系统,改变了传统的生产方式和生活方式。它要求综合考虑经济效益、环境效益和生态效益,促进资源节约和资源保护,实现经济、社会与自然生态系统的和谐共存。

（2）环境友好性。循环经济以物质在经济系统的循环利用为基础,通常上一个环节产生的废弃物转化成下一环节的生产原料,资源利用效率高,排放到环境中的废弃物少。

（3）服务优先性。循环经济是功能型经济,从生产优先转变为服务优先,要求"减物质化",即在生产、消费、后处理过程中,尽量增加资源的循环利用,减少对自然资源的消耗。

循环经济是对"高开采、高排放、低利用"的传统经济模式的根本性变革,是一种全新的经济发展模式,具有新的系统观、经济观、价值观、生产观和消费观。在整个系统中不只考虑自然资源、科学技术等要素,还要加入人这个关键要素;在经济观方面,以在资源承载能力内的良性循环为核心;在价值观方面,把自然视为人类赖以生存的基础,对科学技术的评判要同时考虑其对自然的开发能力和修复能力,对人的要求从简单征服自然上升到人与自然的和谐相处;在生产观方面,要尽量利用太阳能、风能等可再生资源代替不可再生资源,利用科学技术以知识投入代替物质投入,创造良性的社会财富;在消费观方面,要求在消费的同时考虑到废弃物资源化,并通过行政等手段限制各类一次性产品的消费。

1.1.3 循环经济基本原则

实施循环经济的基本原则是减量化（reduce）、再利用（reuse）、资源化（recycle）,简称为"3R"原则。

1）减量化原则

减量化原则是循环经济的第一法则,属于输入端方法,旨在减少进入生产和消费过程的物质量,从源头上节约资源,减少废弃物产生。减量化原则要求的重点是对废弃物产生的预防而不是产生后的治理,主要体现在资源消耗减量化和废弃物排放减量化两个方面。

在实际生产中,减量化原则在消耗减量化、产品小型化、包装简洁化、排放减量化、信息数码化、材料新型化、消费理性化等方面有较强的指导作用,可以通过使用新型材料、工艺创新和技术改进来节约资源和减少排放,产品设计时加强小型化和轻型化的设计理念来降低原材料使用,采用现代化数字存储方式减少纸质版材料,减少过度包装,培养消费者的理性思维等,通过多方举措从源头减少资源消耗量,减少资源枯竭对生态环境的压力。

2）再利用原则

再利用原则属于过程性方法，通过多次、重复使用产品，或者修复、翻新、再制造后继续使用，来提高产品利用效率和服务效率，延长产品使用周期。在生产中，要求制造商依据标准尺寸进行设计，便于零部件的更换。在消费中，鼓励人们购买能够重复使用的物品，同时最大限度地活化二手货市场，将自己不需要的物品以二手交易再次进入市场或者捐献给有需要的群体。

践行再利用原则，可以延长产品的生命周期，实现能量和产品功能的梯级利用，减少产品的一次性消费并增加其循环使用次数，最终培养人们节约型的消费方式，减少生态环境中废弃物的产生量。

3）资源化原则

资源化原则又称循环化原则，属于输出端方法，通过对废弃物进行回收、再利用，让物质重新返回系统中，将废弃物最大限度地转化为资源，减少废弃物排放，实现变废为宝、化害为利。资源化分两种，一种是原级资源化，即将消费者遗弃的物品资源化以后形成与原来相同的新产品，可减少20%~90%的原材料使用量；另一种是次级资源化，即把废弃物变成不同类型的新产品，减少原生物资使用量，减少量不足25%。

在实际情况中，资源化的主要方式有工业生产废料和余料的资源化、工业产品的资源化、城市生活垃圾的资源化等。通过资源化的再循环，在进一步减少原始资源消耗的同时，也减少各种废弃物焚烧、填埋处理的环境压力，大大降低了对生态环境的负面影响（图1.1）。

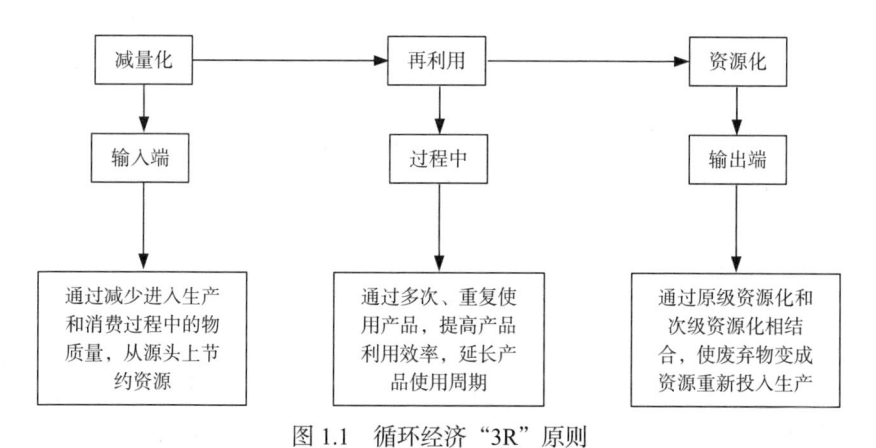

图1.1 循环经济"3R"原则

"3R"原则作为循环经济的基本行为准则，不仅要求工业生产方式的变革，更对人的思想提出了转变要求，具有很大的社会变革意义。

"3R"原则在循环经济中的重要性不是相同的,最为核心的原则是减量化原则。我国经济经历了四十余年的高速发展,资源浪费现象较为严重,减量化、再利用具有很大的发展空间。循环经济是在可持续发展理念指导下的一种新经济发展模式,"3R"原则以最低的资源投入,达到资源的最大化利用和污染物排放的最小化,实现经济活动符合生态系统物质流动规律,进而实现人类与自然的协调发展。

1.2 循环经济发展研究

1.2.1 循环经济发展背景及必要性

十六世纪,随着第一次工业革命的爆发,跨越式发展的社会生产力给环境带来了严重的危害。马斯河谷、伦敦、洛杉矶的烟雾事件,日本的水俣病事件等一系列公害的发生,使工业革命甚至人类的发展陷入了困境,人类环境面临着"征服自然"的反噬,工业的发展也受到了很大的阻力。

由此,人类逐渐意识到,发展循环经济是推动工业化向前发展的重要途径之一,是实现人与自然和谐共存关系的长治久安之路。在人类社会及工业发展的过程中,循环经济的发展必然伴随工业发展脚步应运而生并持续发展。

1.2.2 国外循环经济发展研究

1. 发展背景

循环经济的早期代表是在20世纪60年代,美国经济学家K. E. Boulding[11]提出的"宇宙飞船理论",认识到必须进入经济过程中来思考环境问题产生的根源。1962年,美国生物学家Rachel Carson的《寂静的春天》[12]一书中描写了因过度使用化学药品和肥料而导致环境污染、生态破坏,最终给人类带来不堪重负的灾难。20世纪70年代,国际社会开始有组织地进行环境整治运动,循环经济的思想更多地停留在先行者的超前理念,并没有积极地沿着这条路线发展下去。当时,世界各国关心的焦点仍然聚集在如何治理以减少污染物危害,即所谓环境保护的末端治理方式。20世纪80年代,人们在思想和政策上都有所升华,通过采用资源化的方式处理废弃物,但对于污染物产生的合理性,以及从生产和消费源头上防治污染这个根本性问题,大多数国家依旧缺少思想上的重视和政策上的措施,环境保护仅仅关注了经济活动造成的生态后果,而经济运行机制本身始终落在人们的研究视野之外。

2. 理论研究

20世纪90年代，可持续发展战略逐步成为世界潮流，源头预防和全过程治理才开始替代末端治理成为国家环境与发展政策的真正主流，许多探路型的做法才开始被整合，进而发展成为一套系统性循环经济战略。在这种背景下，国外许多学者和机构提出了发展循环经济的一些理论。

1）产业共生理论

20世纪90年代后期，John Ehrenfeld[13]提出产业共生理论，认为企业间可相互利用废物，通过建立一个循环型的产业共生系统，达到降低环境负荷、减少废弃物处理费用的目的。丹麦卡伦堡工业园区是被公认为"产业生态系统"或"产业共生"的工业园区，卡伦堡市采取利用工厂排出的废热为市区供暖、利用制药厂的有机废物作肥料等措施，建立了生态城市的雏形。

2）清洁生产理论

"清洁生产是指将综合预防的环境策略持续地应用于生产过程中，以减少对环境的破坏。对生产过程而言，清洁生产包括节约原材料和能源、淘汰有毒原材料，并在全部排放物和废物离开生产过程以前减少它们的数量和毒性。对产品而言，清洁生产策略旨在减少产品在整个生产周期过程中对人类和环境的影响。"这是联合国环境规划署工业与环境规划活动中心（以下简称"联合国环境中心"）对清洁生产的定义。他们认为，应建立可持续性发展的环境对策，防止产品和生产过程中所造成的对人和环境的危害，通过采取保护自然资源及能源资源、去除有害原料、减少废物的排放和无害化处理等技术，并通过增强环保意识来实现从产品生产到处理的全过程都能降低或减少环境负荷的可持续性发展战略目标。

3）产业生态理论

产业生态理论是于1980年由美国首先发展起来的，之后国外许多学者进行了后续研究。Frosch[14]认为，产业生态指一个相互之间消费其他企业废弃物的生态系统和网络。在这个网络中，通过消费废弃物而能够给系统提供可用的能量和有用的材料。劳爱乐等[15]认为，产业生态是一个自然地与区域经济系统及当地的生物圈密切联系的服务系统。产业生态理论最核心的观点是以经济、文化和技术的发展为前提，积极促进环境负荷的评估及环境负荷最低化，并强调产业与环境间的相互作用。

3. 实践研究

20世纪80~90年代，美国、日本、德国等国家的循环经济进入快速发展时期，从实践运用上来看，国外循环经济的发展有微观、中观和宏观层面三种模式。

第一，循环经济微观层面发展模式，主要是企业层面，以美国杜邦化学公司的杜邦模式最为典型，杜邦公司基于"3R"原则，在生产过程中，在原料使用上选择对环境污染最小的原料，并合理利用形成的废弃物，作为下一轮生产的原料循环使用，初步形成了企业内部的生产循环，最终实现废弃物的零排放。这种企业内部实现的循环经济模式又被称为"小循环模式"。

第二，循环经济中观层面发展模式，主要是区域层面，指生态工业园区的建立。丹麦、奥地利、瑞典、爱尔兰等国家的生态工业园区发展比较迅速，最著名的是丹麦的卡伦堡模式。丹麦卡伦堡生态园区是区域循环经济实践的典范，该园区建设了发电企业、石膏板企业、炼油企业和制药企业，以交易形式购买其他企业的废弃物作为企业的生产原料，降低了企业间的生产成本，形成了资源循环利用，提高了经济效益。

第三，循环经济宏观层面发展模式，主要是社会层面，指形成社会的循环经济体系。最著名的是德国的"双元回收系统"（DSD）模式。1990年，德国专门成立了一个对包装废弃物实行循环利用的非政府组织"绿点组织"，在全国范围内组织回收包装废弃物，通过工艺技术加工处理后实现再利用，使德国包装废弃物的利用率超过了86%。

在循环经济模式的实践和探索中，不同的国家都用不同的循环经济发展思路，以下将对较为典型的美国、德国、日本和瑞典的循环经济实践进行介绍。

1）美国的循环经济实践

20世纪60年代，美国海洋生物学家蕾切尔·卡逊通过对农业生产中大量使用化肥所造成的环境问题的研究，第一次给沉醉于高投入、高污染、低产出的世人敲响了警钟，首先提出了控制化肥使用的"3R"措施。1965年，美国联邦政府制定了《固体垃圾处理法》，并要求各州制定相应的法规和计划。1976年，美国对该法案进行修正后颁布了《资源保护和回收法》，加强对废旧物资的回收利用。为了鼓励和支持具有基础性和创新性，并对工业界有使用价值的清洁生产新工艺的研究，1995年，美国设立"总统绿色化学挑战奖"，以通过减少资源消耗来实现对污染的防治。到目前为止，美国近半的州对固体废弃物的循环处理率超过了30%。经过几十年发展，美国循环经济已经涉及传统的炼铁业、塑料、造纸业、橡胶业及新兴的家用电器、办公设备、计算机设备、家居用品等越来越多的行业[16-18]。

2)德国的循环经济实践

循环经济在德国的发展历史十分悠久,德国也是世界上发展循环经济最早的国家之一。早在1986年,德国就制定了《废物管理法》,法规明确要求开发节省资源的工艺技术和可循环利用的包装体系,强调避免废弃物产生是废物管理的首要目标。1990年绿点组织的成立标志着废弃物双元回收系统的建立。1991年,按照从资源到产品再到资源的循环利用思路,德国首次制定了《包装条例》,条例中明确要求首先要避免废弃包装的产生,其次要对用过的包装进行回收利用,通过源头减量和终端治理来减少包装废物填埋和焚烧的体量。条例还规定,到1995年,德国的包装物品循环率达到65%,金属和玻璃的再循环率达到90%,木材、纸张、塑料等再循环率为80%。为了进一步完善国家循环经济理论及政策体系,1996年以来,德国又先后出台了更为系统的《循环经济和废物管理法》《废弃物全部回收》等文件,使德国的循环经济得到了长足的发展[19-22]。

3)日本的循环经济实践

日本是循环经济实践立法最早也是立法最为完善的国家,日本循环经济的发展模式为先建立法律体系,再具体制定实施措施。1967年《公害对策基本法》的颁布正式拉开了日本应对公害问题的大幕。1993年,日本颁布并实施了《环境基本法》,在此基础上,又先后颁布了《废物处置法》《土壤污染对策法》《汽车循环法》《资源有效利用法》《绿色消费法》《容器包装循环法》《建材材料利用法》《家用电器回收利用法》等一系列法规,为日本循环经济立法的进一步完善和循环经济的建设提供了基本理念。日本的政策法规体系对不同行业的资源再生利用和废弃物再生利用等做了具体规定,实现了废弃物的全方位管理。

从整体上看,日本循环经济政策法规体系较为规范、覆盖面广、操作性强。如《食品循环利用法》中规定:自2001年起5年内,每个企业要把食品废弃物的资源化再利用比例提高到20%;食品加工业、饮食业和流通业一方面要减少食品废弃物的排放量,另一方面要把废弃物中的一部分转换成肥料或饲料;对于食品废弃物排放量在100吨/年以上的企业,如果达不到所规定的目标而又不听从劝告,不加以改进,则依法对该企业进行处罚;等等。日本的循环经济在宏观制度框架的规范和引导下,成绩非常显著;并将循环经济建设的相关经验和技术向发展中国家输出,促进其循环经济的实践和推广[23,24]。

4)瑞典的循环经济实践

瑞典是循环经济的积极倡导者之一。瑞典议会早在1990年就通过了《废弃物管理纲要》,强调"要限制有害废弃物的排放及废弃物中有害成分的含量,提高废弃物再循环和回收利用的程度"。1994 年瑞典确立了"生产责任制"的战略目标，提出要建立一个"把今天的废弃物变成某种可利用的新资源"的循环型社会。瑞典的法律规定，所有生产、进口及销售产品的企业都有义务对包装进行回收利用，生产者应对其产品在被最终消费后继续承担有关环境的责任，且有义务对废弃产品及包装按要求进行分类，把废弃物进行回收处理。由于瑞典大多数企业自身没有能力在全国范围内建立起回收体系，瑞典工商界、行业协会及大包装公司经过协商，在 1994 年成立了 4 家全国性的回收公司，以实施"生产责任制"的义务[25]。

1.2.3 我国循环经济发展研究

循环经济发展模式要求遵循生态学规律，合理利用自然资源和环境容量，在物质不断循环利用的基础上发展经济，使经济系统和谐地纳入人与自然生态系统物质循环过程，这与我国传统文化"天人合一"思想高度一致。回溯我国历史可以发现，早在春秋战国时期，就已经有了"人与天调""以时禁令"的观念，也是我国循环经济理论的最初形态。

20 世纪 90 年代，发展循环经济成为世界主流趋势，我国学者受西方思想的影响，结合我国的实际国情，对循环经济进行了多方位的探索，使循环经济理论不断完善。诸大建、冯之浚、曲格平、段宁等是循环经济研究的著名学者，从哲学、生态学、环境学、经济学、系统工程学等角度做了大量研究。诸大建等[26]认为循环经济要综合考虑人类和自然，以善待地球的模式去发展经济；曲格平、冯之浚等[27-29]认为发展循环经济本质上是一种生态经济，其核心是遵从自然生态规律；段宁、牛文元等[30,31]则认为循环经济是以物质循环和能量守恒为依据的经济系统，是对传统线性经济模式的彻底变革，也是对其他观点的补充、完善和提升，将循环经济由资源利用、节能减排上升至人、经济和自然协调可持续发展，使人们对循环经济的片面认识发展为全面认识。

我国是工业化后进国家，中华人民共和国成立 70 年来特别是改革开放 40 多年来，在工业化、城镇化等现代化建设道路上，付出了艰辛的努力和代价，取得了显著成效，用几十年的时间完成了西方国家两三百年走过的工业化路程。但我们的发展呈现出明显的不同，即发达国家在两百多年时间里分阶段出现的资源环境问题，在我国却是在一个阶段集中显现出来，呈现出压缩性、复合性、紧迫性的特点。因此，探索经济增长与资源节约和环境保护相协调的发展道路，在我国显得尤为重要和迫切。

1. 发展历程

1）古代循环经济理论

在中国古代，不同流派的思想家分别提出了各具代表的人与自然和谐相处的观念，其中最具影响的是"天人合一"，主要包括人与天调、取物不尽物、物吾与也三个层次。这在张云飞《天人合一——儒学与生态环境》一书中有详细论述，方克立先生也对中国古代的生态智慧进行了梳理。

春秋前期，政治家管仲提出"人与天调"的思想主张，强调要顺乎天地四时，遵循四时的变化规律，禁止做某些不利于资源永续利用的事情，从而最大限度地保护万物生长繁育；要注重保护自然，防止过度开发。到战国时期，荀况继续发扬管仲的思想，提倡要因时利用资源，禁止在野生动植物幼年期、繁殖期和生长旺盛期狩猎或采伐，保护资源与环境成为治国安邦之策。这些理论对于处理当代人与自然的关系具有重要的参考价值。

"取物不尽物"是儒家思想的一个重要特征，"子钓而不纲，弋不射宿"反映了儒家思想反对人类对动植物生态资源的过分掠夺，根据自己的需求适当获取，禁止一网打尽，以防止造成动植物灭绝，保证生物的可持续发展。商汤"网开三面"、鲁宣公"里革断罟"等著名典故，从实践的角度支撑了"取物不尽物"理论的发展及推广，对于当代经济社会发展有着重要的借鉴价值。

北宋思想家张载在《西铭》中提出"民吾同胞，物吾与也"，意思是人与万物都生存在天地之间，人民是我的同胞兄弟，万物是我的同伴属类。"物吾与也"的思想是儒家把"仁"外推的一个结果，将个人道德修养与爱惜天地万物紧密联系起来。王明阳在《大学问》中将这一思想继续外延，提出"万物一体之仁"，认为草木鸟兽等世间万物皆为一体，应给予同等恻隐之心、怜悯之心、顾惜之心。这一观念将人放在天地之中，是大自然不可分割的一部分，人与自然之间的一切沟通都要建立在"仁"的基础上。也就是说，人类利用自然资源不能只考虑经济增长，而是要有一个限度，在限度之下，把自己置身天地之间，科学、理性地运用自然资源，而不是滥用、过用[32-34]。

"天人合一"是中国传统哲学的重要特征，在人与自然的关系上，一方面谋求人与自然的和谐，另一方面应当尊重自然规律，寻求自然规律。而当代循环经济强调的是可持续发展的物质封闭循环流动经济发展模式，其本质上是一种善待自然的生态经济，倡导人与自然和谐的统一，从本质上来说，中国古代"天人合一"理念与循环经济发展模式是相吻合的。因此，"天人合一"的理论成为中国古代关于处理人与自然关系流传最广的理论之一，在儒家思想的推动下，得到了广泛应用，形成了深厚的理论基础及实践案例。

2）近现代循环经济理论

近现代循环经济主要经历了理念倡导、国家决策、试点示范三个阶段。

A. 理念倡导阶段

1949年到改革开放前的30年，我国工业化处在打基础、建框架的初级阶段，环境污染问题不严重，直到1973年8月，国务院才召开第一次全国环境保护会议，启动环保工作。改革开放后，工业化进入快车道，国外有关可持续发展的理念和经验也逐渐被吸收和借鉴。1983年我国宣布把保护环境上升为基本国策。20世纪90年代以后，我国认识到粗放型的增长方式造成了经济发展的资源环境代价过高，1994年中共十四届三中全会提出增长模式要实现从粗放型向集约型的根本转变，国家开始在企业中推动节能降耗、资源综合利用行动。

1998年，我国引入德国循环经济概念，确立"3R"原理的中心地位。认为发展循环经济是以减量化、再循环、再利用为指导原则的。同年提出循环经济是环境与发展关系的第三阶段。从理论上阐释了发展经济与保护生态之间的三个阶段：第一个阶段是发展经济以牺牲环境为代价的阶段，第二阶段是发展经济的过程中对环境进行末端治理的阶段，第三阶段即经济发展与环境保护并重，也就是发展循环经济的阶段。

1999年从可持续生产的角度对循环经济发展模式进行整合，主张从企业、园区、社会三个层面发展循环经济。主要是对清洁生产、建立生态园区、废弃物回收利用相关方面进行研究。2002年从新兴工业化的角度认识循环经济的发展意义，实现经济、社会、环境三赢的经济发展模式。认为中国发展经济不能再走西方国家先污染、后治理的老路，必须走可持续发展的工业化道路，既要经济发展，又要生态环境保护，实现生产发展、生活富裕、生态良好三位一体的发展目标。所以要大力发展循环经济，用信息技术和绿色技术改造传统产业，走一条新型工业化道路。

B. 国家决策阶段

2003年将循环经济纳入科学发展观，确立物质减量化的发展战略，从可持续生产与消费层面对发展循环经济进行整合。理论研究认为科学发展观要求发展社会生产力与自然规律相协调，坚持可持续发展，改变经济增长的价值观念和增长方式，循环经济就是一种可持续发展的科学发展观，它可以使人类实现可持续发展的目标。2004年，提出从不同的空间规模（城市、区域、国家）层面大力发展循环经济，并深化了对发展循环经济的支持体系（技术体系、政策体系等）的研究。

2005年7月国务院发布了《关于加快循环经济发展的若干意见》（国发〔2005〕22号），对我国发展循环经济的指导思想、基本原则、发展目标、主要指标、重点工作与环节等做出了较为全面、翔实的阐述。党的十六届五中全会提出"要把节约资源作为基本国策,发展循环经济,保护生态环境,加快建设资源节约型、环境友好型社会"。2006年,"十一五"规划纲要将循环经济作为重要内容,确立了节能减排约束性指标。从这一阶段开始,循环经济发展上升到了国家发展战略层次。

C. 试点示范阶段

从2007年年底开始,循环经济发展迎来了新的发展形势。新的发展形势和阶段有三个重要的标志:一是"十七大"将"循环经济形成较大规模"作为生态文明建设和全面建成小康社会新要求的重要内容,为全面发展循环经济奠定了坚强的政治基础;二是2008年8月,以《循环经济促进法》为龙头形成循环经济专项法律制度和政策,并出台了《清洁生产促进法》,重新修订了《节约能源法》《固体废物污染环境防治法》《资源综合利用目录》,我国循环经济法规和政策体系不断得到建立和完善;三是不断加剧的全球金融危机,给循环经济发展带来了很好的发展机遇,也形成了十分严峻的挑战。

2. 实践研究

我国是世界上垃圾包袱最重的国家之一,城市垃圾增加速度快,产生量大,已严重阻碍了城市的建设与发展。据不完全统计,2020年,我国生活垃圾产生量已经达到4亿吨,人均生活垃圾产生量达到300 kg/a,且每年还在以5%以上的速度增长。长期以来,我国绝大多数城市采用露天堆放、简易填埋的方式进行处理,对土壤、地下水、大气等都造成了现实的影响和潜在的危害,每年各种废物造成的经济损失以及可利用而未利用的废物资源价值超2000亿元。

为了防治污染,保护环境,我国在20世纪末期制定了"经济建设、城市建设和环境建设同步规划、同步实施、同步发展"和"实现经济、社会和环境效益相统一"的战略方针,实行"预防为主""谁污染,谁治理"和"强化环境管理"三大环境政策,以此为环境保护立法、执法和守法的基本准则,制定了4部环境法律、8部资源管理法律、20多项环境资源管理行政法规、260多项环境标准,初步形成了环境资源保护的法律体系框架。

21世纪初,我国经济发展速度进一步加快,经济发展和资源环境约束矛盾进一步加剧,转变经济发展方式成为时代发展的迫切要求。党中央国务院把发展循环经济作为探索经济增长和资源环境协调发展道路的一项重大举措,在相关法律、政策和技术的支持下,我国循环经济发展迅速,循环经济实践活动取得显著成效,国家生态工业示范园区、国家循环经济试点示范、国家循环经济教育示范基地等开始建立[35,36]。

1）国家生态工业示范园区

生态工业示范园区（以下简称园区）是依据清洁生产要求、循环经济理念和工业生态学原理而设计建立的一种新型工业园区。它通过物流或能流传递等方式把不同工厂或企业连接起来，形成共享资源和互换副产品的产业共生组合，使一家工厂的废弃物或副产品成为另一家工厂的原料或能源，模拟自然系统，在产业系统中建立"生产者—消费者—分解者"的循环途径，寻求物质闭环循环、能量多级利用和废物产生最小化。

生态工业园区是依据循环经济理念和工业生态学原理而设计建立的一种新型工业组织形态，是最具环境保护意义和生态绿色概念的工业园区。建设生态工业园区，不但有利于园区内各企业自身的发展壮大，而且可以在区域、行业范围内促进资源综合利用、高效利用，引导绿色工业导向和可持续发展，推进生态工业园区的建设和循环经济的发展。在中观层次和范围内，通过建立生态工业示范园区来推进循环经济的工作。

2001年8月14日，国家环境保护总局首先批准建立广西贵港国家生态工业（制糖）示范园区，该园区把单个企业的清洁生产与实施区域性清洁生产结合起来，把产业结构调整、采用高新技术和企业资产重组与解决结构性污染问题紧密结合起来，是我国甘蔗制糖地区发展循环经济的经典模式。2001年11月20日又同意建立南海国家生态工业示范园区。包头、长沙黄兴、鲁北、抚顺矿业等国家生态工业示范园区也先后被批准建立。2003年，国家环保总局进一步批准建立了天津经济技术开发区、大连经济技术开发区、苏州高新区、苏州工业园区等国家生态工业示范园区。截至目前，国家批复设立的生态工业园区达到86个，已经形成十分完备的产业基础，体现出良好的社会、环境和经济效益。

通过生态工业园区建设，园区企业将改变传统直线型的生产过程和高投入、低产出、重污染、低效益的粗放型经营方式，积极推广新工艺、新技术，促进企业技术进步和物质循环利用，合理配置和组织工艺路线，确立多线型、网络状的资源利用模式，高效合理、多营养级、多层次地利用资源能源，降低单位产品成本，深层次解决环境和经济发展的矛盾，实现工业快速发展和环境保护之间的最佳结合，实现由资源依赖型向生态环保型的跨越。依据循环经济理念和工业生态学原理建设生态工业园区，不仅具有非常重要的现实意义和作用，而且还有深远的发展意义和影响。

2）国家循环经济试点示范

清洁生产在推动资源节约和综合利用方面取得了积极成效。尽管"清洁生产法"中也包含了向上延伸到产品设计、向下延伸到废弃物再利用方面的内容，清洁生产在实践过程中，主要是针对生产过程中的环境问题，尤其是资源利用的减量化方面。清洁生产可以减少企业的资源使用与污染排放，降低产值的物质强度和污染排放，但是，只要企业产值的增长速度超过单位产值的物质强度与污染排放的下降速度，则企业资源使用量与污染排放的绝对量仍然会增加。因此，清洁生产解决企业环境问题的能力是受到限制的。要从根本上解决企业生产的环境问题，必须按照循环经济的"3R"原则来组织生产，从思想观念、法制建设、体制建设、激励政策、技术创新等方面进行全面的考量，充分做好循环经济企业试点工作。

2005年以来，经国务院批准，国家发展和改革委员会等六部委开展了两批国家循环经济试点示范工作，范围涉及重点行业（企业）、产业园区、重点领域以及省市，共计178家单位。2010年以来，发改委、财政部等部门又组织开展了园区循环化改造、"城市矿产"示范基地、餐厨废弃物资源化利用等方面的试点示范工作。各地及各试点单位高度重视，编制了试点实施方案和规划，在各领域各层面探索循环经济发展路径和模式，推动了技术进步和节能减排，促进了生产方式由粗放型向资源节约型和环境友好型转变，支持了节能环保、新能源等战略性新兴产业的发展，取得了良好的经济、社会和环境效益。2013年以来，国家发展和改革委员会等七部委开展了验收及评估工作，近期，发改委、财政部等部门对部分重点领域工作开展中期评估，并对试点示范中的探索和做法进行了总结分析，形成了一批有益的典型经验。

3）国家循环经济教育示范基地

为贯彻落实《循环经济促进法》，宣传循环经济理念，推广循环经济典型模式，2011年，国家发改委、教育部、财政部、国家旅游局联合印发了《关于组织开展循环经济教育示范基地建设的通知》（发改办环资〔2011〕2734号），在全国范围内组织开展国家循环经济教育示范基地建设工作。经过重重评选最终确定新疆天业（集团）有限公司、北京德青源农业科技股份有限公司等9家单位为首批国家循环经济教育示范基地。在此基础上，先后制定了《国家循环经济教育示范基地申报管理规定（暂行）》等相关指导文件，逐步推动国家循环经济认定工作规范化、标准化运转。截至2016年年底，累计确定循环经济教育示范基地五批，累计挂牌企业37家。在党中央、国务院的正确领导下，在各地各部门的共同努力下，我国循环经济发展取得积极进展，短短几年实践，循环经济从理念变成行动，在全国范围内得到迅速发展，在理论上、实践上、政策体系和制度创新上都取得了重要突破，初步形成了循环经济发展的政策环境和社会氛围，凝练出一批各具特色的循环经济典型案例和发展模式。

通过建设循环经济教育示范基地，对于加强对典型循环经济企业或园区的宣传，广泛开展循环经济教育和知识普及活动，提升全社会发展循环经济的感性认知和参与程度具有十分现实的意义。同时，通过示范基地建设，全面提升了社会公众特别是广大青少年学生对发展循环经济的重要性、紧迫性的认知，推动相关企业了解借鉴本行业发展循环经济的有效途径，为推动循环经济形成较大规模提供了重要保障。

4）地区循环经济的发展

各地区根据实际情况也制定了地区循环经济的发展计划，这些地区的发展思路各不相同。例如辽宁省作为国家环保总局2002年批准建设的第一个循环经济建设实现省，提出了"3+1"模式，即全力构建清洁生产企业（小循环）、生态工业园区（中循环）和循环经济型社会（大循环），培育区域性的资源再生产业基地。上海提出"五个三"的总体思路，即结构性降耗、技术性降耗、制度性降耗三管齐下，小、中、大三个层面推进，实行输入端、过程中、输出端三个环节全过程管理，形成市场、社会、政府三个联动机制，与江苏、浙江形成三省市联手。山东强调以工业企业为基础、园区为平台，按照企业、园区和城市三个层次，通过资源节约、综合利用、清洁生产和资源再生四个途径，构建循环经济体系。重庆制定循环经济"三步走"战略，第一步以资源开发和环境保护为重点，加快推进经济增长方式从粗放型向集约型转变；第二步以资源节约和生态建设为重点，建成循环经济基本框架；第三步以建设循环型社会为重点，实现生态环境与经济社会的协调发展。

整体上看，随着环境保护、清洁生产、节能减排等活动蓬勃开展，国内已出现了许多从不同范围、不同角度践行循环经济理念的先进典型，循环经济试点取得了较大的进展。建立循环经济试点和生态工业示范区，能够有力推进我国循环经济发展，我国有1200多家企业生产的20000多种产品获得了中国环境标志认证，年产值上千亿元。

随着循环经济实践的丰富，党中央国务院对发展循环经济的认识不断深化，战略定位不断提高。党的十七大报告提出"循环经济要形成较大规模"，十八大报告将"更多依靠节约资源和循环经济推动"作为加快转变经济发展方式的五个"主要依靠"之一，并要求"着力推进绿色发展、循环发展、低碳发展，形成节约资源和保护环境的空间格局、产业结构、生产方式、生活方式"。十九大报告进一步提出"建立健全绿色低碳循环发展的经济体系"的目标，加强生态文明建设，推动我国经济走向绿色高质量发展的道路。

经过十几年的推动发展，我国循环经济成效显著，国际影响力不断扩大。绿色循环低碳发展理念逐步树立，促进循环经济发展的法规政策体系不断完善，重要行业和领域的循环经济发展模式基本形成，循环型生产方式得以推行，循环型产业体系、再生资源回收利用体系逐渐形成，资源循环利用产业不断壮大，绿色消费模式逐步形成。化工行业"十四五"发展规划要特别指出的是，我国在重点行业探索形成的具有中国特色循环经济模式，以及制订国家规划推动循环经济发展的做法，在国际上产生了良好的声誉和影响，欧盟正是借鉴了我国的经验和做法，制订了面向 2030 年的《循环经济一揽子计划》。党的十九大开启了全面建设社会主义现代化国家的新征程，绿色高质量发展将成为新时代经济发展的主旋律，发展循环经济是促进经济绿色高质量发展的必然选择，是推动生态文明建设的基本途径，在未来的经济社会发展中大有可为。

1.3 循环经济相关政策法规

循环经济作为可持续发展战略的实施模式，首先为发达国家所采取。当今世界许多国家，尤其是发达国家纷纷将循环经济纳入法制轨道，以政策和法规的形式来约束传统企业的资源配置和环境。因此，构建循环经济的政策与法规体系，需要通过制度、税收政策、激励机制等方面，把循环经济模式和市场结合起来，充分调动行业和企业的积极性[37,38]。

1.3.1 循环经济法律法规

我国循环经济法律体系同其他法律体系一样，由基本法、综合法、专门法和相关法组成。循环经济基本法主要包括 2002 年通过的《清洁生产促进法》和 2008 年通过的《循环经济促进法》，其中《循环经济促进法》对于我国的循环经济法律体系具有里程碑式的重要意义，以"减量化"有限的原则全面规定了循环经济的制度。综合法主要包括《资源高效利用促进法》《固体废弃物管理办法》等，专门法主要有《固体废物污染环境法防治法》《可再生能源法》等，相关法主要根据行业划分，包括《水资源污染防治法》《绿色采购法》《家用电器再生利用法》等[39,40]。总的来说，在循环经济发展初期，虽然我国也确立了一些法律法规，但是仍然存在立法不健全、法律位阶低、配套措施不完善等问题，严重制约了循环经济的健康发展。

随着循环经济的深入推进，我国在环境与资源保护领域进行了大量立法，从立法总量上看，已达到了世界先进水平。这些立法在各自领域都起到了相当作用，但我国有关循环经济立法的现状却不尽如人意。主要表现在专门立法还不完善，立法零散不完整、不彻底。例如，我国现行《环境保护法》《水污染防治法》《固体废物污染环境防治法》《大气污染防治法》等法律规范中均明确规定"国家鼓励、支持开展清洁生产，减少污染物的产生量"。但从上述法律性质及定位来看，还不能称之为循环经济立法，只是暗合了循环经济的部分要求。

1996年8月，国务院颁发的《关于环境保护若干问题的决定》中规定：所有大、中、小型新建、扩建、改建的技术改造项目，要提高技术起点，采用能耗小、污染物排放量少的清洁生产工艺。

1997年4月，国家环保总局制定并发布了《关于推行清洁生产的若干规定》，要求地方环境保护主管部门将清洁生产纳入已有的环境管理政策，以便更深入地促进清洁生产。为了指导企业开展清洁生产工作，国家环保总局还会同有关工业部门编制了《企业清洁生产审计手册》，以及啤酒、造纸、有机化工、电镀、纺织等行业的清洁审计指南。

1998年11月，国务院关于《建设项目环境保护管理条例》明确规定：工业建设项目应当采用能耗物耗小、污染排放量少的清洁生产工艺，合理利用自然资源，防治环境污染和生态破坏。中共中央十五届四中全会《关于国有企业改革若干问题的重大决定》明确指出：鼓励企业采用清洁生产工艺。在国务院机构改革过程中，有关环保产业和清洁生产的职能在新一届政府的各部门中作了重新划分，把如何解决经济发展与环境保护的协调问题作为一个重要课题来对待。

2002年6月29日，中华人民共和国第九届全国人民代表大会常务委员会第二十八次会议审议通过了《中华人民共和国清洁生产促进法》，于2003年1月1日起施行。这是我国第一部专门规定企业实行清洁生产的法律。该法的主要内容如下：

（1）清洁生产的推行。规定了政府部门的责任，具体由政策制定部门制定相关财税、产业等政策，地方政府相关部门制定规划，建立清洁生产导向目录，建立信息系统和咨询体系，向社会提供有关信息服务，建立落后产品技术的限期淘汰制度、环境标志制度、政府优先采购清洁产品，等等。

（2）清洁生产的实施。规定了企业和其他生产者的责任，具体有企业在技术改造、外包装设计上应尽的义务，农业生产、服务性行业、建筑工程、采矿中应尽的清洁生产义务，包括鼓励性规定，签订削减排污协议等，以及强制性义务，比如强制回收。

（3）鼓励措施。体现清洁生产促进法的特性，规定了减免增值税、专项资金等鼓励性措施。

（4）法律责任。这部分同强制性措施的规定相对应，较为简略。综上来看，在发展初期，我国有关循环经济的立法主要集中规定为企业在工业领域进行清洁生产，即便是《清洁生产促进法》，虽规定将清洁生产推广适用到各个生产领域和服务领域，但纵观该法，仍然将重点集中在工业领域，而对其他生产领域和服务领域却语焉不详。

事实上，清洁生产和循环经济的含义并不一致。两者主要区别点在于：第一，清洁生产的进步，在于变末端治污为源头治污，着眼于生产、服务领域；而循环经济活动过程是资源—生产—分配—交换—消费—再生资源，囊括经济活动的全过程，更有利于解决生产、资源、环境之间的矛盾。第二，清洁生产虽然也强调改进设计，综合利用先进的工艺技术、设备，但它不同于循环经济的内涵。循环经济的内涵为生态经济，根据生态科学来利用自然资源和环境价值，使经济活动同生态系统、生态平衡相结合，走社会经济发展生态系统内在化的路子。第三，两者事实的客观条件不同。实施循环经济比清洁生产需要更高的科技创新水平，更雄厚的经济实力，更成熟的政府宏观经济调控手段，更健全的市场机制，更正常的资源配置秩序，更多的科技与管理人才，更强的民众意识和普遍的绿色消费倾向等。

也就是说，清洁生产是循环经济的第一阶段、初级阶段，循环经济是清洁生产的第二阶段、高级阶段。清洁生产是循环经济形态的基础，而循环经济则是清洁生产的最终发展目标。清洁生产是循环经济的内容之一，是循环经济在企业层面的实现形式。可见，循环经济是更为科学的经济模式，更能促进经济的良性循环。因此，我们更应积极致力于发展循环经济，这也是符合我国可持续发展的战略要求的。

2005年，为进一步扭转传统工业高消耗、高排放、低效率的粗放增长局面，提升资源利用效率，缓解环境污染现象，国务院出台《关于加快发展循环经济的若干意见》，提出要大力发展循环经济，实现经济、环境和社会效益相统一，建设资源节约型和环境友好型社会。

2008年8月29日，第十一届全国人民代表大会常务委员会第四次会议审议通过了《循环经济促进法》，2009年1月1日起开始实施。《循环经济促进法》是世界上第三个有关循环经济的国家法律，使循环经济发展步入法制化轨道，对于我国的循环经济法律体系具有里程碑式的重要意义，以"减量化"有限的原则全面规定了循环经济的制度，充分体现了循环经济的基本要求，为全国发展循环经济提供了法律保障。

2012年2月29日，第十一届全国人民代表大会常务委员会第二十五次会议对《清洁生产促进法》进行了修订。与2002版相比，修订后的《清洁生产促进法》首次将"强制性清洁生产审核"写入法律，增强了法律的强制性。《清洁生产促进法》的修订，标志着源头预防、全过程管控的发展战略已经融入国民经济社会发展综合策略，对促进我国循环经济发展、推动经济绿色转型和改善环境产生了深远影响。

从"十一五"到"十三五"的国民经济和社会发展规划纲要一直都列专章或专节把发展循环经济作为战略任务进行规划部署。"十二五"时期国务院颁布了《循环经济发展战略及近期行动计划》，这也是世界上第一个有关循环经济的国家专项规划。

为帮助各地方准确理解典型经验的内涵，2016 年，国家发展和改革委员会组织编写了《国家循环经济试点示范典型经验及推广指南》，要求各地要结合实际，因地制宜做好典型经验推广的组织实施工作，根据经验适用和推广范围，明确责任分工、工作进度和时间安排。要将经验推广工作作为推动绿色发展、建设生态文明的重要举措。各地循环经济发展综合管理部门、财政部门要切实发挥好协调指导的作用，为经验推广提供良好的保障条件，积极支持和指导各地推广经验，开展相关制度探索。各类循环经济示范试点单位，特别是循环经济示范城市（县）建设地区要发挥先行先试作用，在经验推广和总结方面走在前列，发挥示范带动作用。

2018 年 11 月，生态环境部发布《中华人民共和国固体废物污染环境防治法（修订草案）（征求意见稿）》，其中在垃圾分类、畜禽养殖废弃物、处理和资源化、固体废物处理等方面加大了行政强制措施，提高罚款额度上限，一定程度上，也能与《循环经济促进法》互补。

我国循环经济发展主要立法及政策如表 1.1 所示。

表 1.1　我国循环经济发展主要立法及政策[41,42]

立法时间	法律法规及政策	主要内容与措施
1982.12.04	《宪法》	《宪法》第八条指出：国家保障自然资源的合理利用，保护珍贵的动物和植物。禁止任何组织或者个人用任何手段侵占或者破坏自然资源
1989.12.26	《环境保护法》	主要内容为保护和改善生活环境与生态环境，防治污染和其他公害，保障人体健康，促进社会主义现代化建设的发展
1997.11.01	《节约能源法》（2008 年修订）	主要内容是推动全社会节约能源，提高能源利用效率，保护和改善环境，促进经济社会全面协调可持续发展
2002.06.29	《清洁生产促进法》	对企业实施清洁生产的具体办法及鼓励措施和相关法律责任做出了明确的规定
2005.07.22	《关于加快发展循环经济的若干意见》	提出了发展循环经济的目标、原则、政策与措施，是我国发展循环经济的纲领性文件，为循环经济的发展提供了明确的政策依据 主要内容是指出了四项发展循环经济重点工作，并提出开展循环经济示范试点
2005.10.27	关于组织开展循环经济试点（第一批）工作的通知	公布第一批循环经济试点企业，并要求编制循环经济试点实施方案
2007.06.27	关于印发循环经济评价指标体系的通知	公布循环经济工业园区评价指标体系，包括资源产出指标、资源消耗指标、资源综合利用指标、废物排放指标
2008.08.29	《循环经济促进法》	这是我国循环经济发展的重要法律，并减量化、再利用和资源化等要求做了具体规定，强调在重视废物再生利用的同时，高度重视对资源的高效利用和节约使用
2010.04.19	关于支持循环经济发展的投融资政策措施意见的通知	1.加大对循环经济投资的支持力度 2.研究促进循环经济发展的相关价格和收费政策

续表

立法时间	法律法规及政策	主要内容与措施
		3.支持鼓励循环经济项目申请清洁发展机制项目（CDM）
2010.12.31	国家发展改革委办公厅关于印发《循环经济发展规划编制指南》的通知	1.企业层面：可重点考虑开展清洁生产的相关工作，结合产业发展，构建企业内部的小循环，努力实现废弃物的"零"排放；应重点开展大宗固体废弃物的综合利用 2.产业融合和产业链构建：通过产业链接，调整和优化结构，构建新的产业组织形式，实现资源、能源的循环利用和梯级利用 3.新兴产业发展：应结合区域特点、资源条件、产业基础等因素，规划布局符合循环经济理念、具有发展潜力的产业 4.园区循环经济：园区是发展循环经济的重要载体，应从提高园区能源与资源的利用效率、优化园区的企业布局、对园区按照生态工业物质流动模式进行规划
2011.12.01	国务院关于印发"十二五"控制温室气体排放工作方案的通知	强调要大力推进节能降耗，完善节能法规和标准，强化节能目标责任考核，加强固定资产投资项目节能评估和审查。实施节能重点工程，加强重点用能单位节能管理，突出抓好工业、建筑、交通、公共机构等领域节能，加快节能技术开发和推广应用。健全节能市场化机制，完善能效标识、节能产品认证和节能产品政府强制采购制度，加快节能服务业发展。大力发展循环经济，加强节能能力建设
2012.02.17	关于确定北京德青源农业科技股份有限公司等9家单位为首批国家循环经济教育示范基地的复函	原则同意北京德青源农业科技股份有限公司等9家单位的《实施方案》，并确定该9家单位为国家循环经济教育示范基地
2012.03.22	关于印发工业循环经济重大示范工程（第一批）的通知	为推动工业领域循环经济发展，加快形成资源循环利用产业模式，确定了第一批23项工业循环经济重大示范工程
2012.06.27	关于印发国家循环经济教育示范基地有关申报管理规定的通知	1.国家循环经济教育示范基地管理规定（暂行） 2.国家循环经济教育示范基地实施方案编制指南 3.国家循环经济教育示范基地评选标准 4.国家循环经济教育示范基地标志
2012.07.20	《循环经济发展专项资金管理暂行办法》	办法规定专项资金支持的重点工作和范围包括园区循环化改造示范和清洁生产技术示范推广 1.支持清洁生产技术示范推广的专项资金，对于成熟先进的清洁生产技术，在组织专家论证的基础上，通过政府购买技术的形式，在全行业免费推广 2.过渡期内，对中西部地区的企业或部分重点企业采用成熟先进的清洁生产技术进行的改造可给予适当奖励 3.对于未实现突破的重大共性、关键性技术进行应用示范，并按照项目投资额的一定比例予以补助，应用示范项目成功后可按项目投资额一定倍数进行政府购买，并免费在全行业推广
2016.05.04	《国家循环经济试点示范典型经验及推广指南》	1.鼓励制定省级条例和实施办法，结合国家整理战略、地方经济发展水平和产业特点提出差异性政策 2.推动设立循环经济发展专项资金、循环经济产业投资基金、股权投资基金，形成"投、贷、债"组合的多渠道资金投入模式，调动社会主体积极性 3.建立跨部门的协调机制，加强顶层设计，统筹解决发展循环

续表

立法时间	法律法规及政策	主要内容与措施
		经济中的问题
2020.04.30	《中华人民共和国固体废物污染环境防治法》	对固体废物污染环境的防治，实行减少固体废物的产生量和危害性、充分合理利用固体废物和无害化处置固体废物的原则，促进清洁生产和循环经济发展 1.采取有利于固体废物综合利用活动的经济、技术政策和措施，对固体废物实行充分回收和合理利用 2.鼓励、支持采取有利于保护环境的集中处置固体废物的措施，促进固体废物污染环境防治产业发展 3.鼓励、支持固体废物污染环境防治的科学研究、技术开发、推广先进的防治技术和普及固体废物污染环境防治的科学知识
2021.07.01	《"十四五"循环经济发展规划》	《规划》提出，到2025年，循环型生产方式全面推行，绿色设计和清洁生产普遍推广，资源综合利用能力显著提升，资源循环型产业体系基本建立。废旧物资回收网络更加完善，再生资源循环利用能力进一步提升，覆盖全社会的资源循环利用体系基本建成。资源利用效率大幅提高，再生资源对原生资源的替代比例进一步提高，循环经济对资源安全的支撑保障作用进一步凸显 《规划》以全面提高资源利用效率为主线，围绕工业、社会生活、农业三大领域，提出了"十四五"循环经济发展的主要任务。一是通过推行重点产品绿色设计、强化重点行业清洁生产、推进园区循环化发展、加强资源综合利用、推进城市废弃物协同处置，构建资源循环型产业体系，提高资源利用效率。二是通过完善废旧物资回收网络、提升再生资源加工利用水平、规范发展二手商品市场、促进再制造产业高质量发展，构建废旧物资循环利用体系，建设资源循环型社会。三是通过加强农林废弃物资源化利用、加强废旧农用物资回收利用、推行循环型农业发展模式，深化农业循环经济发展，建立循环型农业生产方式

总体来说，我国循环经济方面法律法规涵盖内容是逐渐走向完善的，并根据实行中的实际情况进行了及时的修正。党的十八大以来，以习近平同志为核心的党中央对发展循环经济作出一系列重要指示和要求。据不完全统计，习近平总书记先后五十多次谈及循环经济，对循环经济与经济社会发展的关系，循环发展对生态文明建设的作用，循环经济在国家重大战略、实现碳达峰碳中和、推动国际合作等领域如何发挥作用等进行了深刻阐述，并提出了明确要求和工作部署。中共中央、国务院《关于加快推进生态文明建设的意见》将绿色发展、循环发展、低碳发展作为建设生态文明的基本途径。发展循环经济已经成为中国特色社会主义新时代经济社会发展的必然选择。

1.3.2 循环经济政策文件

循环经济的政策文件包括产业政策、价格政策、财政政策、税收政策、投融资政策等方面。

据中国循环经济协会网站公布，产业政策约 300 个文件，自 2005 年国务院关于发布实施《促进产业结构调整暂行规定》决定起，2019 年新增 46 个文件，2020 年新增 134 个文件，可见，随着经济发展和人们对环境要求的快速飞跃，循环经济的发展越来越受到关注，其主要涉及的内容从用"产能过剩、节能环保、工业资源综合利用、污染源普查"等较为宏观的字词向用"污水和垃圾处理实施 PPP 模式、稳定化技术处理标准、绿色发展评价、高端智能再制造"等更加具体的字词进行表述，这也反映出循环经济发展的速度在近 3~5 年发生了跨越式变化。

价格政策方面，主要是对水资源、土地资源、能源（电、天然气、石油、煤炭）价格进行了改革。其中推进电力价格改革是在竞争中形成上网电价，引导企业通过技术水平的提升、燃料消耗的降低，实现降成本增效益的目标。煤炭价格改革则是降低政府干预程度，加强市场的宏观调控机制，从而促进企业产品结构的改善和运行机制的转换。

财政政策内容包括调整高耗能产品进出口税收政策、开征燃油税、优化财政支出结构、节能改造补贴、创立专门的循环经济投资基金、鼓励产品进行节能、节水、环保认证等。

税收政策方面，主要制定了资源税、环境保护税、海南自由贸易港原辅料"零关税"，运输增值税退税等管理办法。

投融资政策方面，充分发挥资本市场在发展循环经济中的作用，鼓励、支持符合条件的资源循环利用企业申请境内外上市和再融资。

循环经济相关政策是对法律法规的细化、补充与完善。随着政策文件的陆续出台，引导和推进循环经济的可持续发展。

循环经济是最终走向可持续发展，实现经济与环境双赢的唯一道路。发展循环经济是一个系统工程，必须坚持由政府主导，通过完善机制，形成有利于促进循环经济发展的体制条件和政策环境。

总而言之，循环经济是一种新型的、先进的经济形态。但是，不能设想仅靠先进的技术就能推行这种经济形态，它是一门集经济、技术和管理于一体的系统工程。国家应制定必要的法规，对循环经济加以规范并推动实施。总体上看，我国循环经济的能力逐步得到提高，连续出台许多法律法规和政策措施来保障循环经济的发展。政府的经济职能逐渐明确，为循环经济深入推进提供了有力的组织基础。公众的环保意识和保护环境的自觉性增强，这为循环经济的开展奠定了广泛的社会基础。

1.4 循环经济评价指标体系

2007年，国家发展和改革委员会会同原环境保护总局、国家统计局印发了《循环经济评价指标体系》（发改环资〔2007〕1815号），对宏观、园区层面评价循环经济发展起到了重要的促进作用，对指导各地开展循环经济实践发挥了不可替代的作用。随着循环经济实践的不断深入，循环经济的领域不断拓展，特别是党的十八大把绿色循环低碳发展作为建设生态文明的基本路径，对循环经济提出了新的更高的要求。根据生态文明建设最新要求，结合发展循环经济现实需要，2017年，发改委再次会同财政部、环境保护部、国家统计局对指标体系进行了修正，完善了具体的评价指标，明确了具体的统计及测算方法。

该指标体系从体例上分为综合指标、专项指标和参考指标。综合指标包括主要资源产出率和主要废弃物循环利用率，主要从资源利用水平和资源循环水平方面进行考虑。专项指标包括11个具体指标，主要分为资源产出效率指标、资源循环利用（综合利用）指标和资源循环产业指标。参考指标主要是废弃物末端处理处置指标，主要用于描述工业固体废物、工业废水、城镇生活垃圾和重点污染物的最终排放量（表1.2）。

表1.2　循环经济发展评价指标体系（2017年版）

分类	一级指标	二级指标	单位
综合指标	—	主要资源产出率	元/吨
	—	主要废弃物循环利用率	%
专项指标	资源产出效率指标	能源产出率	万元/吨标准煤
		水资源产出率	元/吨
		建设用地产出率	万元/公顷
	资源循环利用（综合利用）指标	农作物秸秆综合利用率	%
		一般工业固体废物综合利用率	%
		规模以上工业企业重复用水率	%
		主要再生资源回收率	%
		城市餐厨废弃物资源化处理率	%
		城市建筑垃圾资源化处理率	%
		城市再生水利用率	%
	资源循环产业指标	资源循环利用产业总产值	亿元
参考指标	废弃物末端处理处置指标	工业固体废物处置量	亿吨
		工业废水排放量	亿吨
		城镇生活垃圾填埋处理量	亿吨
		重点污染物排放量（分别计算）	万吨

1.4.1 综合指标

1. 主要资源产出率

指标解释：国内生产总值与主要资源实物消费量的比值。

主要资源包括：化石能源（煤、石油、天然气）、钢铁资源、有色金属资源（铜、铝、铅、锌、镍）、非金属资源（石灰石、磷、硫）、生物质资源（木材、谷物）。

计算方法：主要资源产出率（元/吨）=国内生产总值（亿元，不变价）/主要资源实物消费量（亿吨）。主要资源实物消耗量=化石能源+钢铁资源+有色金属资源+非金属资源+生物质资源。具体到每项资源实物消费量的测算，国家层面主要是采用表观消费法测算。省域层面的资源实物消费量可采用统计或测算的方法获得，具体统计报表和测算方法适时加载。

数据来源：统计部门。

2. 主要废弃物循环利用率

指标解释：主要废弃物（农作物秸秆、一般工业固体废物、主要再生资源、建筑垃圾、餐厨废弃物）资源化利用率相关指标的赋权平均值。

计算方法：该指标是一个集成加权指标，主要废弃物循环利用率（%）=农作物秸秆综合利用率（%）×1/5+一般工业固体废物综合利用率（%）×1/5+主要再生资源回收率（%）×1/5+城市建筑垃圾资源化处理率（%）×1/5+城市餐厨废弃物资源化处理率（%）×1/5。

数据来源：发展改革部门、统计部门。

1.4.2 专项指标

1. 能源产出率

指标解释：国内生产总值与能源消费量的比值。

计算方法：能源产出率（万元/吨标准煤）=国内生产总值（亿元，不变价）/能源消费量（万吨标准煤）。

数据来源：统计部门。

2. 水资源产出率

指标解释：国内生产总值与总用水量之比。

计算方法：水资源产出率（元/吨）=国内生产总值（亿元，不变价）/总用水量（亿吨）。

数据来源：统计部门、水利部门。

3. 建设用地产出率

指标解释：国内生产总值与建设用地总面积之比。

计算方法：建设用地产出率（万元/公顷）=国内生产总值（亿元，不变价）/建设用地面积（万公顷）。

数据来源：统计部门、国土资源部门。

4. 农作物秸秆综合利用率

指标解释：秸秆肥料化（含还田）、饲料化、食用菌基料化、燃料化、工业原料化利用总量与秸秆产生量的比值。

计算方法：农作物秸秆综合利用率（%）=秸秆综合利用重量/秸秆产生总重量×100%。

数据来源：资源综合利用主管部门、农业部门。

5. 一般工业固体废物综合利用率

指标解释：一般工业固体废物综合利用量占工业固体废物产生量（包括综合利用往年贮存量）的百分比。

计算方法：一般工业固体废物综合利用率（%）=一般工业固体废物综合利用量/(当年工业固体废物产生量+综合利用往年贮存量)×100%。

数据来源：环境保护部门、工业部门、统计部门。

6. 规模以上工业企业重复用水率

指标解释：规模以上工业企业重复用水量占企业用水总量的比。规模以上工业企业是年主营业务收入达到2000万元及以上的工业企业。重复用水量是指在确定的用水单元或系统内，所有未经处理和处理后又重复使用的水量总量，包括循环水、串联水、回用水，重复用水量不包括北方地区城镇热力网内循环的热水、火力发电设备内进行汽水循环的除盐水。

计算方法：规模以上工业企业重复用水率（%）=规模以上工业企业重复用水量/(规模以上工业企业重复用水量+用新水量)×100%。

数据来源：统计部门。

7. 主要再生资源回收率

指标解释：废钢铁、废有色金属（铜、铝、铅、锌）、废纸、废塑料、废橡胶、报废汽车、废弃电器电子产品等七类主要再生资源回收量与产生量的百分比。

计算方法：主要再生资源回收率（%）=各类再生资源回收量/各类再生资源产生量（权重均为1/7）×100%。如缺乏个别品种的产生量数据，可对统计品种和权重做相应调整。国家已委托有关行业协会对各省域的主要再生资源产生量进行统一测算，各地也可用公式自行估算，相关计算公式适时加载。

数据来源：商务部门或相关行业协会。

8. 城市餐厨废弃物资源化处理率

指标解释：城市建成区餐厨废弃物资源化处理总量占产生量的百分比。

计算方法：餐厨废弃物资源化处理率（%）=餐厨废弃物资源化处理总量/餐厨废弃物产生量×100%。餐厨废弃物产生量可用城市建成区常住人口×0.14 千克/日进行估算。

数据来源：住房城乡建设部门或相关行业协会。

9. 城市建筑垃圾资源化处理率

指标解释：城市建成区建筑垃圾资源化处理总量占产生量的百分比。建筑垃圾是指建设、施工单位或个人对各类建筑物、构筑物、管网等进行建设、铺设或拆除、修缮过程中所产生的渣土、弃料及其他废弃物（不含弃土）。

计算方法：城市建筑垃圾资源化处理率（%）=建筑垃圾回收利用量/建筑垃圾产生总量×100%。建筑垃圾产生量可用源头产生统计量或建筑垃圾清运量表示。如缺乏统计，可用公式估算，相关计算公式将适时加载。

数据来源：住房城乡建设部门或相关行业协会。

10. 城市再生水利用率

指标解释：城市再生水利用量占城市污水处理总量的百分比。城市再生水利用量是指城市生活污水和工业废水，经过污水处理厂（或污水处理装置）净化处理，达到再生水水质标准和水量要求，并用于农业、绿地浇灌和城市杂用（洗涤、冲渣和生活冲厕、洗车、景观等）等方面的水量。

计算方法：城市再生水利用率（%）=城市再生水利用量/城市污水处理总量×100%。

数据来源：住房城乡建设部门。

11. 资源循环利用产业总产值

指标解释：开展资源循环利用活动所产生的总产值，包括资源综合利用、再生资源回收利用、再制造、城市低值废弃物（餐厨废弃物、建筑垃圾等）回收利用和海水淡化等。

数据来源：发展改革部门。

1.4.3 参考指标

1. 工业固体废物处置量

指标解释：调查年度企业将工业固体废物焚烧和用于其他改变工业固体废物的物理、化学、生物特性的方法，达到减少或消除其危险成分的活动，或者将工业固体废物最终置于符合环境保护规定要求的填埋场的活动中，所消纳固体废物的量。处置方法有填埋、焚烧、专业贮存场（库）封场处理、深层灌注、回填矿井及海洋处置（经海洋管理部门同意投海处置）等。处置量包括本单位处置或委托给外单位处置的量，还包括当年处置的往年工业固体废物贮存量。

数据来源：环境保护部门。

2. 工业废水排放量

指标解释：经过企业厂区所有排放口排到企业外部的工业废水量。包括生产废水、外排的直接冷却水、超标排放的矿井地下水和与工业废水混排的厂区生活污水，不包括外排的间接冷却水（清污不分流的间接冷却水应计算在内）。

数据来源：环境保护部门。

3. 城镇生活垃圾填埋处理量

指标解释：采用卫生填埋方式处置生活垃圾的总量。

数据来源：环境保护部门、住房城乡建设部门。

4. 重点污染物排放量

指标解释：化学需氧量、氨氮、二氧化硫、氮氧化物及地区环境质量超标污染物的排放量，分别统计。

数据来源：环境保护部门。

1.5 工业循环经济

企业是发展循环经济的主体,工业园区是企业、行业间的合理化规划与布局,因此,工业循环经济可以初步分为企业循环经济和工业园区循环经济。

1.5.1 企业循环经济

为了有效控制生产经营各环节的资源消耗成本,树立牢固的环保成本最小化意识,企业将最大限度循环利用资源,节约成本,利用各种控制手段和技术整合内外资源,建立共享性循环资源平台,实现协同共赢。在企业循环经济模式中,逐步实现"自然资源—清洁生产—绿色产品—资源化利用—绿色产品"的闭路循环。其中在产品生产过程中存在能源、原料、过程控制、产品、废弃物等物质,以及热、电、光、声等能量。因此,企业循环经济则是要形成能量的梯度利用、水资源的循环利用、废弃物的资源化利用、产品多元化等关键因素。

1. 水资源的循环利用

随着国家层面"五位一体"总体布局、构建人类命运共同体、绿水青山就是金山银山、改善生态环境就是发展生产力等可持续发展战略的提出实施,加上我国淡水资源短缺、农业用水紧张等非传统安全问题凸显,对环境保护的要求越来越高,企业在生产过程中必须严格限制用水量。这就需要一方面在进一步加大技术研发力度的基础上,不断提高企业生产用水效率;另一方面加强企业产出污水的处理和再利用工作,使宝贵的水资源得以循环利用,真正使企业生产成为绿色循环的作业过程。

2. 能源、能量的梯度利用

企业发展循环经济模式,其主要特点就是进行企业内部的"物质循环利用和能量的梯度利用",即通过整体思维和系统工程,提升物质转化率与能量利用率,也可以认为是物质流、能量流、信息流的集成优化,实现资源的高效利用和能源的梯级优化[43]。

热力学能量贬值原理提出,在自然状态下,热量只能由高温物体传至低温物体,高品位能量只能自动转化为低品位能量,因此在使用能量的过程中,能量的品位总是不断地降低。在使用各种设备利用能量的过程中,无论是加热还是做功,都会产生各种能量的损失。能量损失大体可分为四种类型:设备散热、生热、排走热量和能量品位下降。

根据上述理论，能量品位的逐级利用，可提升能源利用率。对于行业或企业来说，通过分析整个生产系统的能量流，对综合能源系统中的能量的生产设备、转换设备和存储设备进行独立建模，提出能量梯级利用的协同模型，可进一步确定重点节能环节，实现能量的阶梯利用。例如，热能可根据工艺要求中不同的温度进行利用；又如，这个设备产生的热能用于另外一个设备所需的热能。

3. 固体废弃物的循环利用

废弃物被称为放错位置的资源，可通过从源头减少废弃物的产生来发挥物质的最大价值。固体废弃物具有时间和空间特征。时间特征方面，某一固体废弃物的产生可能没有价值、无法利用，但随着废弃物处理技术的提升，废弃物很有可能变为另一种资源。空间特征方面，固体废弃物来自于生产与消费的各个环节，在某一特定环节被视为废弃物而在其他环节可能成为有价值的资源。因此，废弃物和资源是相对的，可以相互转化。

固体废弃物对于环境的危害是日积月累逐步形成的。固体废弃物的堆放、贮存和处置（如填埋）不仅会占用大量的土地，其自身所含有毒有害物质还会渗入土壤、水体（地下水和地表水），破坏土壤生态平衡，导致水体污染；此外，固体废弃物含有的微尘和焚烧产生的二噁英对大气也会造成污染，最终将直接或间接（如通过食物链或使用固体废物制品）富集，进而危害公众健康。

因此，固体废弃物的循环利用基本原则之一就是减量化。减量化优先于资源化和无害化，减少固体废物的产生是根本，实在不能减少的再采取资源化和无害化，而资源化优先于无害化。

产生工业固体废弃物的企业应根据经济、技术条件对工业固体废弃物加以利用；暂时不利用或无法利用的固体废弃物，应照规定建设贮存设施、场所，安全分类存放或采取无害化处置措施。

1.5.2 工业园区循环经济

工业园区循环经济是发展循环经济的一种有效模式和重要载体，也是园区发展的方向和趋势。通过在产业中建立工业园区的循环经济模式，以点带面，逐步建立起我国的生态工业体系[44]。

工业园区的循环经济模式是一个包括自然（资源、环境）、工业和社会的区域体系，是根据循环经济和工业生态学原理设计的一种新型工业组织形态，是生态工业的聚集场所，通过企业间的副产品和废弃物的交换、能量和废水的逐级利用、基础设施的资源共享来实现经济和环境效益的协调发展。

参 考 文 献

[1] 谢海燕. 企业循环经济模式研究: 理论、方法与案例[M]. 北京: 中国财政经济出版社, 2019.
[2] 孙广生. 循环经济的运行机制与发展战略——基于产业链视角的分析[M]. 北京: 中国经济出版社, 2013.
[3] 徐嵩龄. 为循环经济定位[J]. 产业经济研究, 2004(6): 60-69.
[4] 张嫚. 环境规制约束下的企业行为——循环经济发展模式的微观实施机制[M]. 北京: 经济科学出版社, 2010: 200-202.
[5] 范跃进. 循环经济理论基础简论[J]. 山东理工大学学报(社会科学版), 2005(2): 10-17.
[6] 马世骏, 王如松. 社会-经济-自然复合生态系统[J]. 生态学报, 1984(1): 1-9.
[7] 吴绍中. 循环经济是经济发展的新增长点[J]. 社会科学, 1998(10): 18-19+22.
[8] 冯之浚. 树立科学发展观 促进循环经济发展[J]. 上海大学学报(社会科学版), 2004(5): 5-12.
[9] 吴季松. 循环经济[M]. 北京: 北京出版社, 2003.
[10] 张录强. 循环经济的宏观路径——三循环理论[J]. 经济经纬, 2005(3): 24-26+101.
[11] Boulding K E. The Economics of the Coming Space-ship Earth [M]//Jarrett H, ed. Environmental Quality in a Growing Economy. Baltimore: Johns Hopkins University Press, 1996.
[12] 蕾切尔·卡逊. 寂静的春天[M]. 吴静怡, 译. 北京: 中国友谊出版公司, 2015.
[13] Ehrenfeld J R. Industrial ecology: Paradigm shift or normal science [J]. The American Behavioral Scientist, 2000, 44(2): 229-244.
[14] Frosch R A. Industrial ecology: Aphilosophical introduction [J]. Proceedings of the National Academy of Sciences of the United States of America, 1992, 89(3): 800-803.
[15] 劳爱乐. 工业生态学和生态工业园[M]. 耿勇, 译. 北京: 化学工业出版社, 2003: 25-27.
[16] 严炜. 美国循环经济建设及其对我国的启示[J]. 湖北社会科学, 2020(7): 79-87.
[17] 董鹏. 美国的循环经济业[J]. 资源与人居环境, 2014(7): 44-45.
[18] 丁波. 美国节能减排及发展循环经济工作经验对我们的启示[J]. 能源研究与利用, 2011(1): 19-21.
[19] 田园. 德国循环经济经验借鉴[J]. 理论导报, 2018(2): 48-50.
[20] 翟巍. 论德国循环经济法律制度[J]. 理论界, 2015(5): 46-52.
[21] 蓝波. 德国发展循环经济的经验及其对我国西部地区的启示[J]. 桂海论丛, 2013, 29(2): 121-124.
[22] 信红柳. 德国工业循环经济发展探析[D]. 长春: 吉林大学, 2014.
[23] 张艳婧. 日本循环经济模式研究[D]. 苏州: 苏州大学, 2017.
[24] 刘青, 杜晓洋. 日本循环经济发展模式经验探讨[J]. 现代商业, 2019(6): 182-183.
[25] 周兵, 黄志亮. 论国外循环经济理论及实践[J]. 经济纵横, 2006(4): 40-42+8.
[26] 诸大建, 朱远. 循环经济: 三个方面的深化研究[J]. 社会科学, 2006, 4: 46-55.
[27] 冯之浚. 树立科学发展观 促进循环经济发展[J]. 上海大学学报(社会科学版), 2004(5): 5-12.
[28] 曲格平. 生态经济的几个课题[J]. 环境管理, 1983(1): 3-8.
[29] 曲格平. 发展循环经济是21世纪的大趋势[J]. 机电产品开发与创新, 2001(6): 6-9.
[30] 段宁. 物质代谢与循环经济[J]. 中国环境科学, 2005, 3: 320-323.
[31] 牛文元, 等. 可持续发展管理学[M]. 北京: 科学出版社, 2016.
[32] 张云飞. 天人合———儒学与生态环境[M]. 成都: 四川人民出版社, 1995.
[33] 方克立. 天人合一与中国古代的生态智慧[J]. 社会科学战线, 2003, 4: 207-217.
[34] 李建珊. 循环经济的哲学思考[M]. 北京: 中国环境科学出版社, 2008.
[35] 肖忠海. 我国循环经济理论与实践研究综述[J]. 安徽农业科学, 2009, 37(34): 17106-17109.
[36] 韩玉堂. 我国循环经济理论研究综述[J]. 经济纵横, 2008(10): 122-124.
[37] 眭晓波, 梁茜. 国内外关于循环经济发展模式及法律政策比较研究[J]. 柴达木开发研究, 2012(2): 17-21.
[38] 陈桂华. 德国、日本循环经济立法及对我国的启示[J]. 法制博览, 2019(35): 90-92.
[39] 完玛多杰. 论循环经济法律体系的完善[J]. 中国经贸导刊, 2016(2): 58-59.

[40] 杨汝琦. 建立与完善我国循环经济法律体系[J]. 中共成都市委党校学报, 2011(1): 89-92.
[41] 罗春桂, 周中华, 魏萌萌, 等. 浅谈国内外清洁生产法律制度[J]. 科技视界, 2015(35): 314-315.
[42] 羡瑛楠, 李云燕. 我国循环经济法律体系现状与完善立法建议[J]. 环境保护与循环经济, 2013, 33(3): 18-21.
[43] 徐航, 董树锋, 何仲潇, 等. 考虑能量梯级利用的工厂综合能源系统多能协同优化[J]. 电力系统自动化 2018(42): 123-131.
[44] 王雅玲. 传统"三高"行业在现代循环经济工业产业园区中的表现形式[J]. 中国氯碱, 2018(7): 1-4.

第 2 章　我国氯碱化工发展概述

氯碱化工是以盐作为生产原料制备烧碱、氯气、氢气的基础化工原料工业。氯碱产品具有较高的经济延伸价值，广泛应用于农业、石油化工、轻工、纺织以及化学建材、电力、冶金、国防军工、建材、食品加工等领域。1949年以来，我国一直将主要氯碱产品作为国民经济统计的重要指标。

2.1　氯碱化工发展历程

我国氯碱化工主要经历了初始阶段、发展阶段、成熟阶段、深度调整阶段四个过程。目前，正处在深度调整阶段的关键时期，高质量发展是行业未来的中心工作。

2.1.1　初始阶段

1929年，吴蕴初先生在上海创办了中国第一家氯碱工厂——天原电化厂，拉开了我国氯碱化工发展的序幕[1]。日生产规模为烧碱2吨，盐酸和漂白粉各3吨左右。1932年迁至四川泸州，改成二十三兵工厂。1935年，西北电化厂在太原建立，后改名太原电化厂，该厂采用西门子隔膜电解槽，行业技术水平得到很好的提升。

在当时特定的历史背景下，我国氯碱化工在萌芽时期面临重重困难，产业规模进展十分缓慢。直到1949年中华人民共和国成立时，全国也只有少数几家氯碱厂，主要产品包括烧碱、盐酸、漂白粉、液氯等几种，烧碱年产量仅1.5万吨。

此阶段的发展特点为产业规模小，产品结构单一，开始引进技术装备。国外氯碱技术的简单复制和引进，决定了我国氯碱化工发展仍处在探索阶段，规模扩张及自主技术研发成为该阶段的主要问题。

2.1.2　发展阶段

1949年以后，我国氯碱化工发展趋势向好。"一五"规划实施时期，以上海天原化工厂为试验基地，原化工部成功研制出我国第一台立式吸附隔膜电解槽。通过"五年计划"的不断实施与国民经济的发展，我国氯碱化工不断壮大，氯碱厂无论在数量上还是规模上都有了显著的提高，氯产品种类日渐丰富。

1958 年，氯碱企业数目增加到 40 多家，设计规模达 7500~30000 吨/年，氯产品也从几种扩至 20 余种，烧碱产量年均增长率 20%以上。

1978 年，在党的十一届三中全会精神的指引下，我国氯碱产品产量稳步增长。在改革开放的关键时期，国民经济发展进入快车道，我国氯碱化工也获得了再次发展壮大的新契机。

1981 年，我国正式成立第一家工业协会——中国氯碱工业协会（沈阳），对氯碱化工发展具有划时代的意义。从此，全国氯碱企业以中国氯碱工业协会为组织，开展行业内的交流。

1983 年，国家计委决定停止生产有机氯农药，全国各地氯碱厂相继停止和降低了对六六六、滴滴涕等有机氯农药的生产。各工厂也通过积极调整产品结构保证"碱氯平衡"，聚氯乙烯逐渐发展成为氯碱企业的重要耗氯产品，正式大规模登上历史舞台。

1992 年，我国氯碱企业二百余家，烧碱年产量在 5 万吨以上的有 27 家企业，占行业整体的 12%，氯碱转型升级需求逐渐显现出来，在氯碱协会、行业专家、代表企业共同呼吁下，氯碱化工逐渐开始把工作重点集中在产业结构调整上。

我国氯碱化工的发展阶段经历了漫长的四十年。在此期间，氯碱化工在企业数量、生产规模、产品种类、生产技术等方面都获得了初步的进步，随之也突显出一些不合理现象，如产业结构不合理、能耗高、需求碱疲氯旺等问题。

2.1.3 成熟阶段

改革开放以后，国内各行业都迎来了蓬勃发展机会，经历了产业结构的调整，氯碱化工整体向大型化、集约化发展。通过两个高速增长阶段的发展，我国逐渐赶超欧、美、日等发达国家和地区，成为世界氯碱生产第一大国。

1. 第一个高速增长阶段（1995~2001 年）

经过改革开放十多年，各行业对基础化工原料巨大需求得到充分释放，特别是我国在 2001 年正式加入世界贸易组织（WTO），经济迎来新一轮的机遇与挑战。更多的中国制造开始走出国门，更多的先进产品、先进理念、先进技术也开始走进国门，在这个阶段，我国氯碱化工迎来了第一个高速增长期，主要表现出如下特点。

1）生产规模开始逐步集中

过去，我国氯碱工业具有布局分散、规模小的特点。1995 年，全国有 220 多家氯碱企业,其中 8 家企业年产 10 万吨以上,15 家企业年产 5 万吨以上,39 家企业年产 2 万~5 万吨,其他企业年产均为 2 万吨以下,企业平均规模 2.5 万吨。

通过本轮产业结构调整,通过淘汰和兼并小规模氯碱企业的方式,提高了企业规模集中度,2001 年全国烧碱产能达到 713 万吨[2],企业数量减少到 200 家左右,年产 10 万吨以上的企业有 28 家,5 万吨的企业约有 50 家,企业平均规模达到 4 万吨。

氯碱化工生产规模的集中化更有利于降低生产成本,节约资源和提高产品质量,为后续满足国家节能、环保和资源综合利用要求,实现合理规模经济奠定了基础。

2)新技术的广泛推广应用

在国外氯碱化工生产技术的带动下,国内氯碱化工在"九五"期间逐步引进国外先进装置技术并国产化,尤其是离子膜技术取得了较快发展[3]。

离子膜法电解工艺是继水银法、隔膜法后的最新电解技术,消除了水银、石棉公害,具有碱液中杂质含量低、纯度高、总能耗低、电流变化适应性强等特点,在此阶段得到广泛推广应用。

自 1986 年甘肃盐锅峡化工厂引进第一套日本旭硝离子膜烧碱装置后,1995 年国内陆续引入企业达 19 家,同时,我国第三套国产化 GL 复极离子膜电解槽在新疆烧碱厂投产。

1995 年,全国离子膜法烧碱产量为 56 万吨,仅占当年全国烧碱总产量的 11%,到 2001 年全国离子膜烧碱产量达到 193 万吨,占当年总产量的 26%。且随着国产离子膜电解槽制造技术的不断改进完善,国产电解槽应用比例逐年提高,为我国氯碱行业电解技术的更新换代奠定了基础。

3)氯产品发生结构性变化

过去,我国氯碱企业氯产品主要以简单无机氯产品为主,到 20 世纪 90 年代初有机氯产品得到一定的发展。在氯需求旺盛的推动下,全国各地氯气供应开始紧张,氯气价格迅速上升,我国氯碱化工发展从烧碱需求为主导逐步向以氯定碱的方式转变。

1995 年氯产品中有机氯产品占氯气消耗比例为 30%左右,随着氯碱规模的逐步扩大,一些氯碱企业通过多年的产品开发和技术积累,逐步建立了各具特色的产品结构。2001 年全国形成了以聚氯乙烯、甲烷氯化物、光气化学品、氯苯、C_2 氯溶剂、TDI、MDI、氯化石蜡等有机氯产品系列,耗氯比例接近 40%,比 1995 年增加了 30%以上。

2. 第二轮高速增长期（2002~2010 年）

21世纪，随着经济的发展，我国正逐步成为世界工厂，基础化工原材料需求增加幅度很大，推动我国氯碱化工的快速发展。2003 年受世界经济复苏拉动，我国经济 GDP 保持年均 10%以上的增长速度，城市建设、房地产行业的高速发展，使化学建材对聚氯乙烯树脂的需求激增。另一方面，国家推进的西部大开发战略，尤其在"十一五"期间，我国基础工业规模实力迅速增长，氯碱化工在产业规模、对外贸易、装备技术等领域获得了跨越式发展，主导产品产能、产量均居世界第一，成为名副其实的氯碱大国。这一阶段的主要特点为：

1）氯碱行业大规模、集约化水平日益提升

"十五"末至"十一五"开始的两年间，我国聚氯乙烯和烧碱的产能、产量首次跃居全球首位，成为全球最大的氯碱主要产品生产国和消费国。截至 2010 年，我国聚氯乙烯和烧碱的生产能力已分别突破 2000 万吨/年和 3000 万吨/年的历史新高。在行业整体规模迅速增长的同时，国内单个氯碱企业的规模实力也有了明显的增强。2010 年，我国出现了首个产能规模超百万吨级别的氯碱企业——新疆天业。"十一五"初期，国内烧碱企业平均产能 10 万吨/年，聚氯乙烯企业平均产能 12 万吨/年，行业大规模、集约化程度越来越高。

2）氯碱产业布局逐渐向中西部资源优势地区集聚

由于经济发达、靠近市场且物流运输等产业必需的基础设施配套完善，东部沿海各省是国内氯碱行业分布较为集中的地区。然而，由于"十一五"期间国际能源价格大幅上涨，传统以乙烯基原料为支撑的氯碱行业企业成本激增，以及国内房地产等行业拉动聚氯乙烯、烧碱等产品需求快速增长的历史机遇，中西部地区企业依托自身丰富的煤、电、盐资源，迅速规划建成了一批以"电石法聚氯乙烯配套离子膜烧碱"产品链为基本组成，以循环经济为产业集群基础发展模式的具有典型资源性特征的"煤-电-盐"一体化大型氯碱化工项目，电石法聚氯乙烯产能达到总产能的 80.9%[4]。

2010 年，中西部地区 13 个省、自治区、直辖市共拥有烧碱生产企业 78 家，涉及产能 1187 万吨/年，占全国总产能比例接近 40%；拥有聚氯乙烯企业 49 家，涉及产能 1116 万吨/年，占全国总产能比例接近 54%。中西部地区的强势崛起，打破了东强西弱的格局，成为我国氯碱化工国际竞争力不断提升的中坚力量。

3）参与国际市场竞争的能力大大加强

"十一五"期间，随着我国氯碱化工行业的发展，烧碱和聚氯乙烯产品的自给能力大幅提升，出口明显增多，进口则逐步减少。数据显示，我国烧碱的年均出口量由"十五"期间的 50 万吨/年左右，增长至 150 万吨/年左右，聚氯乙烯的年均出口量则由"十五"期间的个位数，增至"十一五"期间的 45 万吨/年左右。液碱主要出口国家为美国、澳大利亚、加拿大，固片碱主要出口至东南亚及非洲地区，聚氯乙烯出口国家包括俄罗斯、印度、埃及等。

4）园区集中的一体化产业链成为规模企业配置

"十一五"期间，除了简单的复制式扩张之外，氯碱化工还依托企业自身在上游资源或下游市场方面的优势，通过自建、收购的方式配置氯碱板块业务，在企业内部实现产业链的延伸并形成内生性的协同效应机制。近年来，上游煤炭、制盐、电力行业，以及下游氧化铝、造纸等行业陆续进入氯碱行业，形成资源配置方式的转变。同时，以集中式的化工园区模式对上下游一体化的氯碱化工项目实施统一的集中管理，提升整个产业链物料的综合利用效率，从而实现整个产业及集群的效率最优。

5）技术、装备进步推动产业升级

2008 年，蓝星化工机械成果研制开发出自然循环膜极距离子膜电解槽并运行，指标达到设计要求。2010 年，我国山东东岳高分子材料有限公司[5]经过技术攻关，掌握了离子膜从原料树脂到离子膜交换膜工业品的全套制备技术，并开始应用推广。先进生产技术的逐渐成熟和应用，是"十一五"期间氯碱工业实现跨越式发展的基础保障，也是确保行业、企业未来长期可持续发展的战略支撑。

高投入、高消耗为主的外延型资本积累推动了我国氯碱化工前二轮的高速增长，仍然属于传统的粗放型模式，能源、资源大量消耗，环境恶化，给可持续发展带来严重影响。因此，大力促进粗放型经济模式向节约型经济增长方式的转变，大力促进以提高自主创新能力为核心的产业和产品结构调整，显得十分迫切。

2.1.4 深度调整阶段

从国际经验来看，行业持续高速增长到一个阶段一般会出现一个回调的过程，这个回调的过程就是给产业结构调整、转型升级提供的窗口期。在三期叠加的大背景下，我国氯碱化工行业全面进入深度调整期，行业增长的动力也发生了深刻的转换。主要体现在以下几个方面：

一是行业规模不断扩大，但是增速放缓，烧碱和聚氯乙烯增速分别下降到 6.7%和 4.0%；退出产能日益增多，退出烧碱产能约 835 万吨，聚氯乙烯产能 625 万吨。

二是产业整合力度加大，小规模（10万吨/年以下）氯碱企业占比不断降低，大规模（40万吨/年以上）企业占比不断提高至55.8%，产业集中度大幅提升。

三是空间布局逐步趋于合理，资源禀赋及获取程度对工艺路线的选择更加明确。东南部主要聚焦氯碱下游产品主消费区以及乙烯法产能集中区，并开始探索出氯碱化工与氟化工、精细化工、农药等行业结合跨界发展模式，氯碱关联下游产品种类日益增多；西部地区依托丰富、低廉的煤炭、石灰资源，主要建设大型化、一体化"煤电盐化"项目。东、西部不同成长路径和发展特点的产业布局更加明确。

四是生产工艺的优化与节能环保水平的逐步提高。隔膜法装置逐步淘汰退出，烧碱离子膜电解槽膜极距改造技术节电效果明显，氯碱生产过程的余热余压得到进一步利用，相比"十一五"末，行业万元产值耗能源和耗水量分别下降了约23%和47%。在此期间，新扩建项目采用了大型装备和自动化控制系统，促进了能耗、资源消耗和成本的下降，生产环节产生的废弃物采用先进适用技术进行综合处置，资源综合利用水平得到提高。通过膜法除硝技术、聚合离心母液废水处理技术、电石渣脱硫技术等末端治理技术的推广应用，"三废"排放量、化学需氧量、二氧化硫等主要污染物排放强度大幅下降，以及低汞触媒、高效气相除汞技术、盐酸解吸技术、含汞废水处理技术等汞污染防治技术的不断应用，行业环保和汞污染防治水平进一步提高。此外，通过产业链设计和技术工艺的创新，实现氯、钙和钠资源的多次利用，以及实施资源、能源闭路循环，使得资源整合利用更优化，产品结构更合理，环境更友好，效益更明显。

2.2　氯碱化工行业发展分析

我国氯碱化工通过产业结构调整，在产业集中度、工艺技术和能源利用效率等方面均取得了较大的发展，产能增速过快和无序发展状况有所改善，装置开工率、行业和企业效益均有大幅提高。

2.2.1　氯碱化工行业发展特点

1. 氯碱产能逐渐趋稳

自氯碱化工发展初始阶段至进入深度调整阶段（2013年），我国氯碱主导产品烧碱和PVC树脂产能保持持续增长，单条装置生产线规模也逐步增加，2013~2020年，氯碱产能在微量调整中逐步趋于稳定。国内氯碱产能经历了因需求不足引起的过度扩张、产能过剩和需求引起的产能淘汰与新工艺产能建成共存的调整稳定阶段。

"十三五"期间,在国家供给侧结构性改革政策引导和行业努力下,氯碱化工主导产品产能逐渐趋稳。2019年年底,我国烧碱生产企业161家,总产能4380万吨/年,聚氯乙烯生产企业73家,总产能2518万吨/年。市场供需基本达到平衡,产品结构得到不断优化,氯碱化工效益明显改善。

生产大型化、系列化、规模化是世界氯碱化工行业的发展方向。2019年,我国烧碱企业平均规模27.2万吨,较2015年的23.8万吨增长14.3%;聚氯乙烯企业平均规模34.5万吨,较2015年的29.0万吨增长19%,企业平均规模进一步提升。国内大型氯碱企业在世界产能排名上升且数量增多,新疆中泰、新疆天业、陕西北元化工等企业已进入世界氯碱行业排名前十位。大型化、规模化企业集团初步形成,促进了行业整体竞争力的不断提升[6]。

行业布局更趋清晰。东部氯碱化工发展历史悠久,东南部氯碱化工探索出与石化行业、氟化工、精细化工和农药等行业结合的发展模式;中部利用临近下游重点消费领域优势发展氯碱化工,并重点发展精细耗氯产品,形成多个具有特色氯碱精细产业园;西部依托资源优势建设大型化、一体化"煤电盐化"项目,逐渐形成几个大型氯碱产业集群,在我国氯碱化工中重要地位日益突出。我国东部、中部和西部地区不同成长路径和发展特点的氯碱产业带更趋清晰。

新冠肺炎疫情暴发,作为含氯消毒剂主要生产来源,我国氯碱化工积极响应国家号召,氯碱企业快速有序复工复产全力保证消杀产品稳定供应的同时,积极捐赠重要物资和资金,为打好疫情防控阻击战,履行氯碱化工的社会责任担当。

2. 产品结构优化加快

随着氯碱下游市场的逐步拓宽,我国氯碱化工通过创新驱动、兼并重组、拓宽下游应用等途径实现转型升级,产品结构逐渐向精细化、高端化、差异化和高附加值方向发展。通过自主研发和引进技术,实现高聚合度PVC、消光PVC、高抗冲PVC、合金PVC、糊树脂、CPVC等附加值高的聚氯乙烯专用树脂规模化生产,引领PVC行业发展向产业链、价值链中高端迈进。

随着耗氯产品种类日趋丰富,多种氯产品产能规模达到世界首位。除占比最大的聚氯乙烯外,我国已经形成甲烷氯化物、高分子氯化聚合物、环氧化合物、光气/异氰酸酯、漂白消毒剂、氯代芳烃等20多个系列,包括一级、二级、三级衍生产品及下游深加工等约1300多种产品。

氢能作为一种可再生环保型能源,在全球范围内越来越受重视,我国氯碱化工对氢气价值转化关注度提高,并不断向高附加值方向实践。氯碱化工联产氢气除大部分合成氯化氢进行聚氯乙烯生产外,逐渐形成过氧化氢、环己胺、合成氨等多种耗氢产品,氯碱企业投入运营第一座加氢站,高效实现副产氢气增值利用。

氯碱行业开始培育新的利润增长点,围绕氢能的产业链布局逐渐展开[7]。

3. 技术装备水平提高

自 1935 年引入西门子水平隔膜电解槽后,1980 年,我国就开始组织离子膜电解装置生产技术的自主研发,2009 年成功生产并应用推广。我国氯碱生产技术和装备不断取得新的进步,氯碱装备国产率位于世界前列,膜极距(零极距)离子膜电解槽在全球应用量最大,技术和装备引进力度增强,同时我国氯碱生产技术、装备出口和自主创新活力初步显现。

氯碱装备国产化是保证产业安全的重要基石,我国国产化离子膜电解槽运行数量已占世界 20%以上。国产化离子膜研发继续推进,通过对引进技术的消化、吸收与再创新,国内具有自主知识产权的国产化离子膜电解槽达到世界先进水平,产品质量稳步提升,应用不断扩大,目前已有 60 余家氯碱企业试用或应用,为氯碱化工产业的安全运行夯实基础。以氯碱成套生产装置和电解节能技术为核心,离子膜电解槽装置已推广应用至世界各地的 150 多家氯碱生产企业,烧碱年产能超过 1600 万吨,为亚洲、欧洲、北美洲、南美洲和非洲 13 个国家氯碱用户提供核心设备、工程和服务。

我国开发设计了拥有自主知识产权的成套全自动 20 万吨/年 PVC 生产线的工艺技术,实现了我国大型 PVC 生产从工艺到设备的全套国产化。国内自主研发的 135 m^3 聚合釜整体结构设计合理、生产能力大、设计指标和制造精度高,各项技术指标达到了世界先进水平,标志着我国大型 PVC 聚合釜装置制造技术已达世界先进水平。

深入探索信息化和智能化,OA 系统、ERP 系统、MES 系统在行业内广泛应用,氯碱化工不断开发和完善系统功能,实现系统集成与融合,有力促进氯碱化工信息化建设和管理水平提升。在自动化控制底层建设方面,通过在线监测分析仪器、自控阀门和仪表的应用与技术改造,提升自动化控制水平。针对氯碱生产中重点工序,建立算法模型,通过互联网+大数据的形式不断优化,实现该工序由自动化向智能化跃升。

通过自主创新和技术进步,氯碱化工在清洁生产、循环经济和绿色发展上深入探索。针对废弃物,紧紧围绕"吃干榨尽"的治理理念,开展大量技术攻关与实践,实现废弃物的资源化利用。其中,在"三废"治理方面,电石渣制活性氧化钙技术、PVC 聚合母液水全部回用聚合工艺技术、含汞废水深度处理技术等一批新工艺、新技术实现工业化应用,"三废"排放大幅减少。在生产工艺技术创新方面,连续法氯乙酸工艺、酸相悬浮法 CPE 工艺、水相法 CPVC 工艺、甘油法环氧氯丙烷工艺得到广泛应用,产品质量稳步提升[7]。

4. 绿色可持续发展升级

自2005年我国氯碱化工进行了循环经济试点构建以来，氯碱化工正式步入可持续发展道路，高能源/资源利用率、成本、环境污染治理等问题成为氯碱化工向前发展的阻力和竞争推力，循环经济绿色可持续发展模式成为氯碱化工做大做强做优的先锋。

"十三五"期间，氯碱化工技术装备水平进一步提升，离子膜烧碱产能所占的比例由2015年的98.6%提高到99.7%。高密度自然循环膜（零）极距电解槽、低汞触媒、余热回收和电石渣综合利用制水泥等一批节能减排技术在行业内得到大范围推广和普及。其中，离子膜法中最先进、节能的膜（零）极距电解槽所占的比例由2015年的55%提升至90%以上，前沿的氧阴极电解槽也开始在国内应用。协会组织修订《烧碱产品单位能源消耗限额》和《聚氯乙烯单位产品能源消耗限额》国家标准，引导行业持续做好节能低碳工作。2020年，氯碱化工能效领跑企业，通过节能减排技术的应用，30%烧碱（折百）单位产品综合能耗下降到291.1 kgce/t（电能耗按当量计），电石单位产品综合能耗下降到776 kgce/t，处于世界领先水平。氯碱化工行业水效领跑企业，通过强化节水目标管理，实施节水工艺技术改造，实现吨烧碱取水量2.9 m^3，吨聚氯乙烯取水量5.34 m^3。另外，国家鼓励氯碱化工企业积极节能，降本增效，多家企业申报并取得了中国石化联合会、工信部的"绿色工厂""绿色设计产品"称号。

随着GB 15581—2016《烧碱、聚氯乙烯工业污染物排放标准》的实施，企业加大环保设施升级改造，特征污染物排放量显著下降。企业通过产业链设计和技术工艺创新，实现氯、钙和钠资源多次利用，通过实施资源、能源闭路循环，使资源整合利用更优化，产品结构更合理，环境更友好，效益更明显。

随着HG/T 5026—2016《氯碱工业回收硫酸》的发布实施，按照危险废物管理的氯气干燥废硫酸得以豁免，实现资源化利用。此外，通过工艺优化和末端处置技术研发，实现盐泥减量化和资源化利用。

5. 行业国际化步伐加快

我国烧碱和聚氯乙烯两大主导产品产能位居世界首位，氯碱行业"走出去"步伐不断加大。在全球大环境下进行产业调整和优化资源配置，产品贸易、装备制造、海外投资、技术服务等方面都取得一定进展，行业国际化能力有所提升。

"十三五"期间，我国氯碱产品出口至东南亚、非洲等地，市场数量不断增加。我国每年出口烧碱超过110万吨，出口聚氯乙烯超过50万吨，相关产品出口100多个国家和地区。同时，从其他国家和地区进口原盐、EDC和VCM等产品丰富了我国氯碱行业原料来源。国家"一带一路"倡议深入推进，将助力加快我国氯碱化工国际化步伐。

随着我国氯碱化工参与国际市场程度日益深入，贸易摩擦难以避免。发生贸易摩擦案件成为我国氯碱化工在国际化阶段无法回避的问题。"十三五"期间，氯碱化工行业组织聚氯乙烯和四氯乙烯反倾销复审，进行印度、巴基斯坦对我国聚氯乙烯反倾销调查应对，印度对我国氯化聚氯乙烯反倾销应对工作。贸易救济措施有效实施为我国氯碱化工产业发展壮大、提质增效提供宝贵的成长空间，为氯碱及相关企业进一步"走出去"提供有力保障。

2.2.2 氯碱化工面临的形势

1. 行业供应链安全风险加大

新冠肺炎疫情蔓延对国际经济产生深远影响，后疫情时期全球经济发展充满不确定性，国际经济与政治形势错综复杂，地缘政治风险加大，全球贸易壁垒处于历史高位。疫情和贸易保护主义的双重冲击，引发了逆全球化思潮，并将诱发或加剧经贸摩擦，从而危及全球产业链、供应链的稳定。全球贸易摩擦的升级，将直接影响我国氯碱化工产业链主要产品出口及部分原料进口，全球供应链中断风险的不断加大，将威胁我国氯碱化工供应链安全。我国氯碱化工离子膜供应能力相对薄弱，聚氯乙烯分散剂对外依存度高，部分氯产品关键技术掌控力不足，行业供应链存在受阻或中断风险，威胁我国氯碱化工产业链安全。

2. 市场需求潜力逐步释放

在全球经济下行、中美经贸摩擦升级的背景下，我国始终坚持稳中求进的工作总基调，运用新发展理念，以供给侧结构性改革为主线，以改革开放为动力，推动高质量发展，坚决打赢三大攻坚战，全面做好"六稳"工作，保持经济运行合理。面对国内外经济和社会环境变化及新冠肺炎疫情的冲击，我国将充分发挥国内市场优势和需求潜力，形成以国内大循环为主体、国内国际双循环相互促进的新发展格局。把扩大内需作为对冲疫情影响的重要着力点，积极促进国内消费和潜力释放，加快培育新的消费增长点。氯碱化工是基础原材料产业，广泛应用于各个领域，与国民生活密切相关。我国扩大内需战略的实施，将加快释放氯碱产品市场需求潜力。

3. 乙烯原料来源多元化

美国以页岩气为原料制取乙烯的成本明显低于传统炼化行业的制造成本，同时中东地区大量扩产以天然气为原料的乙烯装置，全球乙烯基原料来源向多元化方向发展。同时，我国乙烯来源多元化的特征也将更为突出，传统石脑油裂解制乙烯、西部煤制烯烃和沿海甲醇制烯烃、进口乙烷裂解制乙烯均将丰富我国乙烯资源。我国聚氯乙烯产品受原料成本影响较强，随着国内外乙烯来源多元化，我国聚氯乙烯生产企业将通过综合分析自身具备的区位优势、资源特点、物流方式等特质来选择原料路线，将从一定程度上改变未来我国氯碱行业供应格局。下游应用受限的氯碱产品将面临更大的压力和更严峻的挑战。

4. 行业转型政策推动加强

"十四五"期间，我国政策将紧密围绕高质量发展而调整，我国氯碱行业发展将进入从规模增长向质量提升的重要窗口期。安全生产工作的新要求：由治标为主转变为标本兼治、重在治本；由事后调查处理转变为事前预防、源头治理；由行政手段为主转变为已发治理；由单一安全监管转变为综合治理；由传统监管方式转变为运用信息化、数字化、智能化等现代方式。环境保护的新要求：排污许可制度是生态文明改革的重要内容，是强化排污者责任的重要举措，是提高环境管理效能、改善环境质量的重要制度保障。另外，对于化学品以及水、气、土的环境管理要更加严格，这使得部分采用传统工艺、"三废"排放量大，下游应用范围窄的氯碱产品面临更大的压力和严峻的挑战。

5. 国际履约新形势严峻

随着经济全球化进程加快，国内氯碱化工也开始越来越多地参与到国际竞争中，以聚氯乙烯为主的产品逐渐在国际舞台占据重要地位，国际公约履约已经成为氯碱企业解决全球环境问题的主要手段和有效途径。国际和国内形势不断发展，我国将在国际公约中扮演越来越重要的角色。《蒙特利尔议定书》《斯德哥尔摩公约》《关于汞的水俣公约》都与氯碱行业密切相关，随着履约进程的不断推进以及受控物质清单的增补，履约工作压力和难度将会进一步加大。《关于汞的水俣公约》中要求原生汞矿2032年关闭、电石法聚氯乙烯单位产品用汞量2020年比2010年减少50%、无汞催化剂技术和不允许继续使用汞，电石法聚氯乙烯作为国内用汞量最大的行业，面临着更大的挑战。针对《蒙特利尔议定书》履约工作，我国将进一步加大甲烷氯化物行业副产四氯化碳的非法使用打击力度，同时加大对氢氟烃类产品淘汰力度，这使得甲烷氯化物下游制冷剂的发展面临新的转型与挑战。短链氯化石蜡、六氯丁二烯已经增列至《斯德哥尔摩公约》，未来国内将推动行业转型升级和绿色发展[8]。

2.2.3 氯碱化工发展存在的问题

1. 核心技术装备国产化有待加强

在氯碱化工发展初始阶段，我国主要依靠引进国外装置技术生产烧碱、PVC树脂等主导产品，在发展阶段，我国自主研发技术的应用推广也得到了高速发展，但与国外发展速度仍然存在很大差距，乙烯法聚氯乙烯树脂的引入，加大了我国对二氯乙烷、氯乙烯单体、聚合助剂、PVC树脂加工设备的对外依存度。

随着经济和技术的发展，以烧碱、聚氯乙烯为主导产品的氯碱化工生产工艺优化和装置技术的应用，国内氯碱化工得到质的飞跃。但到目前为止，在氯碱化工生产过程中，并未完全实现或覆盖所有流程的国产化。

烧碱生产方面，目前我国具备世界先进水平的离子膜电解工艺及其装置，但电解槽中使用的离子交换膜大部分依然来源于外购。2019年，傅向升在对石化形势分析中提到，2018年我国石油进口量4.62亿吨，对外依存度为70.8%，天然气进口量1257亿立方米，对外依存度为43.2%，氯碱用离子膜对外依存度高达60%以上。

聚氯乙烯生产方面，乙烯或单体、聚合用助剂的对外依存度仍然较高。一方面，根据生产过程中原料来源和生产工艺路线的不同，聚氯乙烯生产分为电石法PVC和乙烯法PVC两大类。发展乙烯法PVC的前提是拥有丰富且价格适当的乙烯或乙烯基原料，结合我国能源结构和行业分割模式，我国乙烯法PVC原料来源受限，目前只有少数企业采用乙烯法和进口单体法。另一方面，生产PVC树脂用聚合助剂，特别是分散剂的应用，多进口自日本。

导致氯碱化工对外依存度高的因素主要有两点：一是资源问题，我国石油资源相对较少，煤炭资源丰富，决定了乙烯或氯乙烯单体的对外依存度居高。二是部分产品生产技术、质量，仍与国外存在一定的差距，如离子交换膜、聚合助剂的生产技术，致使相应产品性能出现很大差异。

2. 资源能源利用率有待提高

2017年的《"十三五"节能减排综合性工作方案》指出要启动全国碳市场，健全制度建设和能力建设；2019年的《华北地区地下水超采综合治理行动方案》提出采用"一减、一增"综合治理措施，从根本上解决华北地下水超采问题；2021年1月，国家发改委等十部门发布《关于推进污水资源化利用的指导意见》，2021年2月开始实施的《碳排放权交易管理办法（试行）》将充分发挥市场机制作用，推动温室气体减排。各种政策表明节能减排不仅国家提倡，也在强制施行，无论是耗能、碳排放量、用水情况各方面，均将受到政策的制约，企业的技术水平、耗能指标决定了其能否跟上时代的脚步。

我国氯碱化工面临着资源与物流的双重风险，主要表现在：一是资源风险方面，原油价格的飙升将导致乙烯及其衍生物成本提高；进口原盐、气候等因素对原盐供应造成波动；华北、西北部水资源匮乏与电力供应紧张。二是物流风险方面，危险品管理、货物配送、港口分布、仓储、水深等条件、公路运输成本高和铁路运力不足等多个因素影响能源供应及价格波动。因此，资源能源利用率低将使氯碱化工面临的风险放大。

随着技术的发展和国家相关能耗标准的制定与实施，氯碱化工通过提升能源管控意识、生产技术改进，降低能耗，提高能源利用率。作为重点用能行业，氯碱化工要严格执行国家的各项节能政策与法规，从资源能源的优化配置与可再生资源的利用技术、废弃物资源化利用、数字化平台建设、多行业协同发展、装置技术水平的提升等多方面布局新技术的研发与应用，打破传统观念，研究前沿攻关技术，实现资源能源的高效利用和配置的合理性。

3. 产业结构有待进一步优化

1）产能过剩

2010年后，我国氯碱化工生产规模进入全球前列，而下游需求产业发展速度无法消耗当前产能，产品质量处于低中端，出口前景不乐观，仍需进口高端产品满足国内对品质的需求，市场处于相对正常的竞争状态，产能过剩的趋势仍然存在。

国内需求方面，作为烧碱下游重点需求的氧化铝领域增速放缓，纺织印染、造纸等行业对烧碱需求未出现明显好转。在房地产市场调控政策导向下，聚氯乙烯下游的建筑门窗材料和管材增速有所减缓。

国际竞争方面，美国页岩气产业爆发式发展，使能源成本比煤炭、燃料油低，美国PVC行业在国际上的竞争力大大增加，这必将对中国PVC产品参与国际竞争形成巨大的挑战。东地区富含乙烷的天然气供应充足，乙烷氧化脱氢制乙烯技术的突破和工业化装置的增多，使中东地区乙烯成本大幅度降低。根据等热值计算的结果，中东地区大型装置乙烷制乙烯成本仅为石脑油裂解制乙烯的1/3~1/2，成本的巨大差异导致2005年以来欧美、北美、亚洲数套石脑油乙烯装置陆续关闭。从长远来看，廉价的乙烯或衍生品进入中国市场将会对中国PVC行业产生一定的冲击，我国聚氯乙烯出口难以出现根本性逆转。

我国氯碱化工供需平衡较为复杂，依旧存在对国内氯碱产品需求低于产能的可能，我国氯碱产能控制形势依然严峻。

2）碱氯失衡

氯碱化工的发展，关键问题就是保持氯与碱的平衡状态。碱氯失衡现象在我国氯碱化工的发展阶段逐渐凸显出来，随着氯碱主导产品的规模化快速发展，氯产品的种类和规模发展速度并未跟上快速步伐，导致市场出现碱疲氯旺的局面，并一直持续至氯碱化工成熟发展阶段。

21世纪初期，新产品应用范围逐渐扩大，"以氯定碱"逐渐替代"以碱定氯"的生产模式。因对氯产品的需求量大，而对烧碱产品的需求量低，我国成为全世界唯一需出口过剩烧碱、进口大量氯产品的国家，其主要因素为我国的氯产品结构与国外仍存在一定的差距。例如我国无机氯产品消耗总量为54%，有机氯产品为46%。20世纪美国有机氯产品占76%，无机氯产品占12%，欧洲国家有机物氯产品消耗总量占世界有机化学品耗氯量的84%，无机物氯产品消耗总量占世界耗氯量的96%[9]。

"十三五"期间，我国安全和环保检查力度不断加大，对烧碱下游大型企业生产影响相对较小，但对耗氯企业生产影响较为明显。同时，有机氯产品、精细氯产品等下游专用产品、深加工、高附加值产品开发力度不足，耗氯产品装置整体开工负荷较低，造成"碱短氯长""以碱补氯"的碱氯失衡现象。末期，随着烧碱价格走低，液氯市场好转，商品氯倒贴运费现象有所缓解，但新的碱氯平衡尚未实质性形成。

近几年，尤其是在山东、河北等东部地区PVC有效产能和产量迅速萎缩，化工、纺织、轻工、氧化铝等烧碱下游消费领域对烧碱的需求增长较快，受此双重影响，碱、氯市场消费严重失衡。东南沿海和西北内陆呈现不同的区域性生产特点（表2.1）。行业和企业只能采用"以碱补氯"的模式运营，大量液氯倒贴费用销售和较长距离运输，既影响行业和企业的经济效益，也带来一定的安全和环境隐患。

表2.1 不同地区氯碱化工行业模式分析表

	东南沿海地区	西北内陆地区
地理位置	贴近终端消费市场，同时具备发展对外贸易的便利条件。但远离中西部能源产品产地，生产成本较高	煤炭、电力等资源储备充足，但远离东部消费市场，产品物流成本压力较大
产品结构	配套耗氯、耗碱的精细化工产品种类较多，产品结构相对丰富	耗氯、耗碱产品结构单一，市场波动下"碱氯平衡"的调节能力相对较弱
有利条件	依托国内外市场资源，以氯碱为核心，发挥下游产业链条结构合理的优势，结合多年来运营管理经验，有助于提升企业运营质量	凭借丰富的资源储备，以氯碱为核心、循环经济为基本发展模式，充分发挥上下游资源配置一体化大生产的规模优势
发展瓶颈	资源能源配置紧张，高昂的生产、环保成本压力降低了产品竞争力	"烧碱-PVC"的单一配套模式增加了市场波动风险。本地下游需求难以消化庞大的产品供给，大量产品外销的运输压力和运费成本制约氯碱发展

可见，在我国氯碱化工发展过程中，必须重视产品的发展与完善，这是决定氯碱化工企业技术水平和经济效益的重要因素，氯碱平衡受氯产品的生产与发展水平影响较大。为了彻底改变氯碱化工的生产模式，要对氯碱产品合理布局，确保氯与碱始终处于平衡状态。

3）产品附加值低

作为全球最大的氯碱生产和消费国，我国逐步从氯碱大国向强国迈进，产品质量整体有所提升，但主导产品同质化竞争激烈，我国企业陆续通过自主研发，开发出多个聚氯乙烯树脂新牌号，但与国外相比，在产品质量和技术推广应用领域方面还存在一定差距，未形成具有特色的上下游协同发展体系。我国聚氯乙烯型号仍以通用型牌号为主，产品型号相对单一造成低中端市场竞争加剧，国内聚氯乙烯专用树脂、高端及特种树脂产品的高端化开发仍显不足，同时应用领域也有待进一步拓展。

4. 创新驱动高质量发展有待强化

创新是高质量发展的重要驱动，是行业打造核心竞争力的关键。虽然我国氯碱化工技术创新能力不断提升，授权专利数量明显增长，但大部分与节能、环保和无汞触媒研发相关，在新工艺和新产品基础研究，以及资源高效利用与替代、"废弃物"高品质资源化等技术方面的科技创新仍显不足。延伸产业链、提升价值链、融通供应链、培育新需求既是当前行业技术创新的最大短板和不足，也是未来行业技术创新的发展方向。

5. 环境保护形势依然严峻

氯碱化工约有三分之一的生产装置自配热电，当发电量为400亿千瓦时，其二氧化碳排放量约3140万吨，即1吨PVC树脂产生的排放总碳量约在7吨，可见碳排放对环境具有很大的负面影响。另外，烟气污染，以及开采、燃烧带来的粉尘对大气污染，余热排放对大气的影响将产生一系列环境问题。

氯碱化工用水主要分为五大部分：原盐生产（3吨/吨原盐）、烧碱生产（8.4吨/吨烧碱）、电石生产、聚氯乙烯生产（10.84吨/吨PVC）、电石渣生产水泥（1吨/吨水泥）。可见，氯碱化工也是高耗水行业，水资源及其污染物的大量排放，造成很大的环境污染，也限制了氯碱化工的发展。国际汞公约的履约压力与日俱增，国际舆论对电石法PVC行业比较负面，行业无汞化呼声越来越高，现有无汞催化剂技术成果距离工业化推广还有差距，煤制烯烃技术与氯碱化工技术的耦合，为PVC无汞化提供了全新的解决方案。

国内电石法PVC生产每年副产2600万吨左右电石渣，呈粉状颗粒，堆存极易造成粉尘污染。电石渣综合利用有多种途径，其中电石渣制水泥以耗渣量大、适用地区广、可多年连续生产等优点，成为电石渣综合利用的首选，90%以上电石渣用于生产水泥。但水泥产品产能过剩，市场竞争激烈，产品销售半径小，受区域市场影响大。电石渣综合利用新途径有待开发，资源综合利用水平需进一步提高。

在氯碱化工的技术发展中，二氧化碳的资源化利用、烟气处理、粉尘治理、污水处理及水循环利用、无汞化技术、固体废物的高质化利用等技术已有不同程度的突破，但在技术的全面推广应用，实现"零污染"方面仍然存在很大的距离。

2015年11月的联合国气候变化巴黎大会上，习近平主席提出"将于2030年左右使CO_2排放达到峰值并争取尽早实现，2030年单位国内生产总值CO_2排放比2005年下降60%~65%"。在2020年9月举行的第七十五届联合国大会一般性辩论上发表重要讲话，提出"中国将提高国家自主贡献力度，采取更加有力的政策和措施，CO_2排放力争于2030年前达到峰值，努力争取2060年前实现碳中和"。并把碳达峰、碳中和纳入生态文明建设的总体框架。因此，碳减排已经成为国际政治的焦点问题之一，也是氯碱化工行业未来绿色可持续发展面临的重大挑战之一。

在"污染物排放总量持续减少，生态环境持续改善"的"十四五"发展目标背景下，氯碱化工环境保护压力更加严峻。"远景目标"中提出：对生态环境、绿色发展的要求……随着碳达峰碳中和目标的推进，氯碱化工面临的环保形势依然严峻。

2.3 氯碱化工发展循环经济的必要性

经过近年来的发展，尤其是国家实施循环经济试点以来，氯碱化工的循环经济发展模式日益清晰，技术路线基本明确。但随着发展环境的变化，尤其是当前行业面临汞减排和低碳经济的巨大压力，其循环经济发展模式又面临着新的机遇。

2.3.1 发展循环经济是缓解氯碱化工资源困局的必然选择

随着我国工业化进程的快速推进，资源消耗速度也随之成倍上升，在氯碱化工的两个高速发展阶段，氯碱化工主导产品产能快速扩张至世界前列，资源消费量的高速增加既成现实。为减轻工业化发展给资源消耗带来的供应压力，必须在生产制造的全过程进行控制，推行清洁生产，发展循环经济，用最少的资源生产出同样的产品，充分发挥资源的利用价值。可见，发展循环经济是缓解资源困局的必然选择[10]。

在循环经济制度逐步完善的背景下,资源价格的变化将改变企业的成本结构,从而影响企业的获益空间和市场竞争力。一方面,随着环境问题在全球范围内的日益突出,人类赖以生存的各种资源从稀缺走向枯竭,资源的生态价值只能通过市场调节才能得到有效的配置。企业要在这个竞争激烈的市场中占有一定的位置,就要适应不断变化的市场。在全球经济危机下,资源与能源的紧缺更是大家所关注的,发展循环经济实现资源与环境的可持续发展。另一方面,随着人们环保意识的增加,各国对于产品的生产标准要求更高。企业只有发展循环经济从根本上改善生态环境,提高产品的生产水准,从而提高企业产品的竞争力。因此,传统经济的"两高一低",即高消耗、低利用、高污染的经济发展模式已不适应当前经济发展的市场需求。只有适应市场需求变化的经济发展模式才能够实现污染排放最小化、排放物资源化、再利用和无害化。

氯碱化工以煤炭、石灰石、原盐等不可再生资源为基本化工原料,该行业的高投入、高能耗、高污染等特点,以及粗放型的生产方式,对资源产生了大量的浪费,个别区域出现了资源的过度开采现象。"发展与资源、环境制约"的矛盾表现得尤为突出,主要表现在以下几个方面:

一是我国氯碱化工工艺技术、装备及管理水平等与国际先进水平存在差距,造成我国氯碱化工的单位 GDP 能耗比世界先进水平高。二是氯碱化工相关的电石、烧碱等高耗能产业规模增速较快,而经济增长略显滞后,能源消耗不断增加,供求矛盾压力很大。三是我国氯碱企业的产品结构是低品质产品占据市场主流,而高档产品、专用产品、有机氯产品、高附加值产品、深加工产品、精细化工产品品种少,市场开发力度不够。四是烧碱产品对下游受国家政策调控的电解铝、印染、化纤等产业的依赖程度较高,且长期处于供大于求的市场环境,使全行业的平均利润率维持在较低水平。五是目前国际原油价格高企、国内包括煤炭和电力等各项能源价格仍有继续上涨的影响,原料价格上涨对 PVC 市场整体格局的影响较大,对我国氯碱企业生存与发展也将产生深刻的影响。六是化工行业的产品关联度强,化工企业结合自身特点,在战略高度考虑延伸产业链、建立上下游化工产品的集聚发展,企业才能够优化资源配置、获得规模经济、形成专业集群的优势。

通过发展循环经济以提高资源的利用率,提高企业应对市场风险的能力是当前氯碱企业应考虑的首要问题。

2.3.2 发展循环经济是氯碱化工践行绿色发展的关键支撑

我国资源特点是富煤、贫油、少气,电石法聚氯乙烯的生产能力在我国占有绝对大的比例。根据物质守恒定律，在资源的使用过程中，不仅仅会造成资源的浪费，更会产生大量的废弃物，对人类赖以生存的环境造成很大的污染和威胁。虽然通过各种技术攻关提高资源利用率，但始终未达到100%，生产过程中仍然会产生废气、废水、固体废渣等污染物。因此发展循环经济成为降低环境污染、践行绿色发展的关键支撑[11]。

1. 废气、废水、废渣的综合利用

1）氯碱化工低碳发展解决废气污染问题

低碳经济是以低能耗、低污染、低排放为基础的经济模式，其核心是能源和减排技术创新、产业结构和制度创新以及人类生存和发展观念的根本性转变。

氯碱化工是高碳排放的行业。在氯碱化工发展的成熟阶段，与氯碱行业相关的电石和烧碱的二氧化碳排放量分别达到6599万吨和5489万吨，合计约占国内碳排放总量的2%（2009年）。在推进低碳经济的进程中，氯碱化工任重道远。

循环经济是实现低碳经济的重要途径，低碳经济对循环经济发展提出了更高的要求。"减量化"突出表现在能源消耗方面，随着我国氯碱行业的技术进步，烧碱技术已基本与世界先进水平保持同步；随着大型密闭电石炉的发展和普及，电石能耗已逐年降低。在低碳经济的强大压力下，进一步实现碳减排的举措，除加强管理，做好产业、产品结构调整外，还必须加大技术创新的力度，甚至是原创技术开发的力度。高效节能设备的开发和应用（氧阴极电解和直流密闭电石炉等重大创新技术如果开发成功）并得以成功推广，将会明显降低行业的碳排放量。同时，加强氯碱生产过程中的余热利用，建立系统的能量梯级利用网络，建立科学的能源调度和管理体系，都是节能的重要举措。

氯碱化工只有未雨绸缪、积极行动，主动适应低碳经济新的发展模式，才能在后续的发展中不断创造新的机遇，赢得发展的主动权。

2）废水循环化利用

氯碱化工生产中会产生大量的废水，不同的生产工序，产生的废水中所含的污染物种类不同。同样，不同的用水生产工序对水质的要求也不同。因此，在氯碱化工企业内部，一方面可以通过对废水水质各项指标的检测，直接将使用新鲜水产生的废水使用到对水质要求不高的工序。另一方面，可以通过水处理后达到系统用水标准，再进行"利用—处理—利用"反复多次的循环利用。废水的循环化利用，通过对整个企业生产系统的水资源流的布局与分析，确定废水处理标准及各工序对水质的使用标准，合理规划，真正实现"废水零排放"。

工业园区则需对园区内的各企业、共享区域、周边社区进行水资源的合理配置，达到园区的废水零排放。

3）固体废渣的综合利用

《"十三五"节能减排综合工作方案》对重点区域污染总量进行控制、积极推进工业减排、促进移动源减排、强化生活污染源综合整治，以及重视农业污染治理等领域做出了详细的部署，推动减排目标落实。

固体废物是一种特殊的环境要素，很多固体废物可以通过实现循环利用来弥补我国资源短缺，缓解资源供给矛盾，促进节能减排，减轻环境承载压力。

在氯碱化工生产过程中产生的固体废弃物有很多种，其量比较大的有电石渣、盐泥、粉煤灰、硫酸渣、脱硫石膏等，若不及时处理，需占一定的固体废弃物的堆场，并对环境造成很大的污染。早在发展和成熟阶段，氯碱化工就开始对电石渣、粉煤灰等固体废物进行资源化利用，如制砖、制水泥，随着技术发展和循环经济的深入发展，电石渣制备石灰石再到电石的自循环模式，实现了固体废弃物的高值化资源化利用。通过发展循环经济，将废弃物变成资源，生产成产品，必将使企业获得环保和效益的双丰收。

2. 有毒有害物质的防治——汞减排

电石法聚氯乙烯生产过程中使用氯化汞催化剂，年汞消耗量已占国内汞总消耗量的60%以上，在我国和世界上都成为汞消耗量最大的行业。汞是对环境具有高度敏感性的重金属，随着汞资源的日益枯竭和国际汞条约谈判的不断推进，电石法聚氯乙烯行业的发展环境日趋严峻。"减量化、无汞化"是既定目标，而以循环经济模式积极践行汞减排是尽快实现既定目标的关键。

1）以低汞催化剂-固汞催化剂-无汞催化剂方式实现"减量化"

在汞减排进程中，源头减排是至关重要的。这不仅仅是循环经济的要求，更是当前行业发展面临汞资源短缺矛盾下的必然选择，源头减排最直接的途径就是推广应用低汞催化剂。低汞催化剂是将氯化汞固定在活性炭有效孔隙中的一种新型催化剂，氯化汞质量分数为5.5%~6.5%，仅为传统氯化汞催化剂的50%。近年来，低汞催化剂已在部分企业得到了应用。生产实践表明，低汞催化剂可实现汞的源头减排50%左右，这是一个极其明显的减排效果。随着人们对氯化汞催化剂品质的不断关注，研发力度的不断加强，性能更加优异的固汞催化剂将进一步推动氯化汞的源头减排，为行业争取更大的生存空间。值得关注的是，选择适宜的乙炔空速、提高原料气的品质、优化氯乙烯合成转化工艺等举措也是实现源头减排的重要措施。减量化是过程，无汞化是方向，这也是行业通过循环经济方式实现汞减排的必然结果。

2）以"再循环，再利用"方式建立汞平衡体系

氯化汞的固有特性决定其在氯乙烯合成过程中的挥发损失是不可避免的。因此，在大力推进源头减排的同时，以"再循环、再利用"的方式对流失的汞进行有效的回收利用，也是实现汞减排的重要环节。

在"再循环、再利用"方式的选择上，成本是应该考虑的重要因素。按循环利用和建立汞平衡的难易程度分析，氯乙烯合成过程中流失的气态汞，随着合成气进入脱汞器，这是回收的重要环节。如果用高效的吸附材料及工艺，能够大幅度提高脱汞器回收汞的效率，既降低了后续工序（包括废盐酸、碱洗塔下水等含汞废水）的回收难度和成本，又有利于对吸附汞的循环利用。在后续回收环节中，依然要坚持将"减量化"放到首位，稀盐酸深度解吸技术是将原来需排出系统的质量分数为 19%~22%的含汞稀盐酸进一步解吸，解吸的氯化氢用于生产聚氯乙烯，含汞废水在系统内封闭式循环，采用硫化钠沉淀法集中处理定期排出的少量高浓度含汞废水。这种回收处理方式是循环经济模式在汞回收领域的具体体现，也是国家汞污染防治方案中重点鼓励发展的技术路线。

2.3.3 发展循环经济是推进氯碱化工生态转型的根本保障

发展循环经济要从生产的源头与全过程进行逐步实施，具体分为三个层次：第一个层次是充分应用好资源，使资源利用率最大化、废物产生率最小化，即有效实行清洁生产；第二个层次是在清洁生产基础上，延伸产业链，废弃物变成原材料，实现区域或企业间的资源高效利用，实现废弃物的最小化甚至为零排放；第三个层次是通过产品结构的调整提升区域或企业的竞争力，实现传统资源净消耗向资源综合利用转变的生态化发展。

我国氯碱化工从成熟阶段开始发展循环经济，通过国外生产装置与技术的引用，降低生产能耗。2005 年第一批国内循环经济示范企业带动了氯碱化工行业循环经济的高速发展，2013 年氯碱化工主导产品结束了规模化的无序竞争，逐步进入产品结构调整，质量高端化、多元化的深度调整阶段发展，化工园区的建设产生了产业集群，更有利于氯碱化工循环经济的区域化发展。

在氯碱化工行业或企业的生态化转型过程中，充分融会贯穿循环经济发展理念，通过创新驱动发展攻克技术难题，实现资源的高效利用与资源的优化配置、废弃物资源化、高效防治污染；高质量发展产品向高科技、高附加值、高端化、多元化、上下游一体化的产品结构调整；坚持预防性设计理念，以氯碱化工生态效率为目标，在政策法规的支撑与指导下，从资源、环境、经济等方面进行整合，形成既独立又共生的网络链，将循环经济向创新化、生态化、现代化发展。

2.3.4 发展循环经济是氯碱化工实现可持续发展的必经之路

氯碱化工发展的历程体现出了循环经济在氯碱化工企业或化工园区建设的生产和技术创新等不断发展中至关重要的作用。发展循环经济有利于促进氯碱化工资源再利用，彻底解决氯碱产品生产的环保和技术障碍，有效提高能源利用率，降低原料和产品价格波动产生的不利影响，延伸产品深加工产业链，实现生产资源化配置。

企业循环经济发展规划的核心是产品结构的合理规划，不仅要保证产品性能满足用户的价值需求，产品附加值高；还要考虑产品生产具有低消耗、低排放、低成本、高市场占有率的特点，使循环经济产品链的构建与资源减量化、废弃物资源化相结合。循环经济发展理念规划的产品链，使得氯碱主导产品耦合共生和副产品链纵向延伸，实现多种产品联产，并根据市场需求调节产品种类和产量，在工艺流程及装置上实现资源共享、多产品联产、清洁生产的技术措施，促进废弃物的资源化和能源利用效率，减少废弃物排放和单位 GDP 资源消耗量，最大限度地对氯碱生产过程中产生的废水、废渣、废气综合再利用，使企业主导产品的成本大幅下降，实现资源利用的最大化。

氯碱化工要实现可持续发展，必须坚持循环经济发展战略，遵循循环经济发展模式，通过构建企业或园区的循环经济系统，使我国的氯碱企业具有长久的竞争力和生命力。

参 考 文 献

[1] 刘红, 熊丽萍, 章家立, 等. 我国氯碱工业的发展概况[J]. 华东交通大学学报, 2002(4): 76-79.
[2] 高旭东. 我国烧碱工业状况与发展趋势[J]. 氯碱工业, 2002(10): 1-8.
[3] 赵国瑞. 离子膜电解槽国产化综合评述[J]. 氯碱工业. 2002(1): 16-18.
[4] 刘自珍. 氯碱工业60年发展变化与新格局[J]. 氯碱工业, 2010, 46(1): 1-6.
[5] 董辰生, 薛帅, 王学军, 等. 国产氯碱离子膜研发历程及工业应用[J]. 中国氯碱, 2018(11): 1-3.
[6] 2020版中国烧碱产业深度研究报告[R]. 中国氯碱网, 2020.
[7] 2020版中国聚氯乙烯产业深度研究报告[R]. 中国氯碱网, 2020.
[8] 蔡杰. "十四五"我国氯碱化工转型升级发展途径研究[J]. 化学工业. 2020, 38(3): 22-27.
[9] 陈佳星, 张韵竹. 氯碱产业发展及存在的问题[J]. 资源与环境, 2020, 46(11): 157-158.
[10] 余新意. 新疆天业集团聚氯乙烯产业发展战略研究[D]. 石河子: 石河子大学, 2014.
[11] 周军, 张磊. 氯碱工业发展循环经济的理论与实践[J]. 氯碱工业, 2010, 46(11): 1-5.

第3章 氯碱化工循环经济发展历程及实践

3.1 我国氯碱化工循环经济发展历程

氯碱化工是我国重要的基本化工原料产业，主要是以煤炭、原盐、石灰石等不可再生资源为基本原料。随着我国经济的飞速发展，氯碱化工也进入高速发展阶段，行业高投入、高能耗、高污染的问题日益突出。因此，积极践行循环经济理念，采用清洁生产技术，促使氯碱化工生产向清洁型、绿色型发展，成为行业可持续发展的重要途径。

氯碱化工循环经济发展先后经历了企业内部氯碱化工的循环经济、园区氯碱化工的循环经济、社会废弃物回收再利用的氯碱化工循环经济、区域集成氯碱化工循环经济四个阶段。

第一阶段，氯碱化工企业的循环经济产业链向上下游延伸，构建企业内部主要产业链大循环，完善了热电、烧碱、电石、聚氯乙烯树脂、水泥的循环经济产业链，通过物质、能量和信息的集成，资源在生产全过程得到高效利用，形成了氯碱化工循环经济产业园区。

第二阶段，氯碱化工将循环经济理念、氯碱化工生产工艺与清洁生产技术相结合，构建了废水、废气、废渣的"三废"内部小循环，以减量化原则为重点，从源头减少污染物的排放，实现三废的"零排放"；电石渣制水泥关键技术的攻克是氯碱化工发展循环经济的重要里程碑，此技术将传统的单向直线过程（资源—产品—废弃物）转换为符合循环经济发展要求的反馈式过程（资源—产品—再生资源）。

第三阶段，在实现园区内废物"零排放"的基础上，氯碱化工在将化工产业融入社会发展中主动作为，通过垃圾焚烧电厂发电、水泥窑协同处置城市污泥和危险废弃物、氯碱消费品的回收再利用、生产与生活污水集中处理等创新技术，实现对社会废弃物的回收、处理和再利用，兼具经济效益、环保效益和社会效益。

第四阶段，氯碱化工根据自身特点，在内部实施循环经济发展的具体措施、不断完善循环经济产业链、履行社会责任的同时，开始提升战略高度，针对化工产品高关联度、氯碱化工产品产业链协同效应明显的特征，进一步考虑延伸产业链，推动上下游化工产品的集聚发展。不同区域的氯碱化工企业结合各地资源、地理位置和环境特点，探索形成了氯碱化工与精细化工、氟化工、磷化工、煤化工等结合发展的不同模式，在各产业之间，逐步形成了代谢、共生耦合关系，进而形成产业集群优势突出的生态产业园区。

3.2 氯碱化工循环经济的评价体系

氯碱化工循环经济运行体系以清洁生产为基础，以绿色设计和生态化为发展方向，通过实施循环经济的减量化、再利用、再循环"3R"原则，实现资源能源高效利用、生态环境零污染的网络化生产结构。

3.2.1 清洁生产定量指标评价

清洁生产是环境保护战略由被动反映向主动行为的一种转变，它是将污染预防、资源综合利用、节能、降耗应用于生产全过程，通过不断改善管理水平和促进技术进步，实现提高能源、资源利用率，以降低对环境和人类自身的危害。《清洁生产促进法》中对清洁生产的定义为"不断采取改进设计、使用清洁的能源和原料、采用先进的工艺技术与设备、改善管理、综合利用等措施，从源头削减污染，提高资源利用效率，减少或者避免生产、服务和产品使用过程中污染物的产生和排放，以减轻或者消除对人类健康和环境的危害。"

氯碱化工生产过程中各项指标的定量评价[1,2]是衡量清洁生产水平的重要手段，以烧碱和聚氯乙烯为例，其定量评价如表3.1所示。

表3.1 烧碱/聚氯乙烯行业清洁生产定量评价指标项目、权重及基准值

序号	一级评价指标	二级评价指标		权重/%	单位	评价基础值
1	资源与能源消耗指标（40）	离子膜烧碱生产工艺	原盐消耗（折百计算）	8	kg/t 烧碱	1540
2			综合能耗（不含水）	16	tce/t 烧碱	1.1
3			新鲜水消耗	1	t/t 烧碱	8.0
4		聚氯乙烯生产工艺	电石消耗	8	kg/t 聚氯乙烯	1420
5			综合能耗（不含水）	2	tce/t 聚氯乙烯	0.24
6			新鲜水消耗	1	t/t 聚氯乙烯	10.0
7			乙烯消耗	4	kg/t 聚氯乙烯	480
8	产品特征指标（4）	烧碱生产工艺	烧碱一等品率	2	%	100%
9		聚氯乙烯生产工艺	聚氯乙烯一等品率	2	%	98%

续表

序号	一级评价指标	二级评价指标		权重/%	单位	评价基础值
10	污染物产生指标（40）	烧碱生产工艺	废水量	1	m³/t 烧碱	1.5
11			废水中活性氯	1	kg/t 烧碱	0.003
12			盐泥（干基）	1	kg/t 烧碱	60
13			石棉绒	5	kg/t 烧碱	隔膜法 0.1
14		聚氯乙烯生产工艺	废水量	3	m³/t 聚氯乙烯	5.5
15			废水中 COD	1	kg/t 聚氯乙烯	1.5
16			废水中总汞	5	kg/t 聚氯乙烯	2.0×10^{-5}
17			废气量	10	m³/t 聚氯乙烯	1.8×10^4
18			废气中 VCM 排放量	10	kg/t 聚氯乙烯	0.32
19			电石渣（干基）	3	t/t 聚氯乙烯	1.63
20	资源综合利用指标（16）	烧碱生产工艺	盐泥处理处置率	2	%	100
21		聚氯乙烯生产工艺	电石渣废水回收率	4	%	100
22			VCM 精馏尾气处理回收率	8	%	97
23			电石渣综合利用率	1	%	100
24		烧碱-聚氯乙烯生产工艺	水循环和重复利用率	1	%	90

我国通过清洁生产相关政策发布，鼓励清洁生产产品、企业等项目申报的方式，推动氯碱化工生产过程的清洁化。

3.2.2 产品全生命周期评价

产品的生命周期分析（LCA）是评价从原料的来源、产品生产、使用、使用后处理等整个生命周期中，对环境产生影响的方法和技术，它是对一个产品系统的生命周期中的输入、输出和潜在环境影响的综合评价。其目的在于整个工业生产过程都得考虑环境问题。

目前，工信部在绿色设计产品项目中，要求申报绿色设计产品进行全生命周期分析，氯碱化工行业的绿色设计产品包含聚氯乙烯、烧碱、氯化聚氯乙烯等。清单量化分析法是研究产品生命周期中每个阶段涉及的资源和能量的消耗情况以及在环境中的释放，以及最终废弃物的处理过程。例如，氯碱化工中水、电、蒸汽、压缩空气、氮气等能源消耗，减少二氧化碳的排放，提升其资源化利用；提升废水处理及循环重复利用率,逐步减少新鲜水的使用,最终实现水的"零排放"目标。在固体废弃物处理方面,重点在于资源化利用,在终端产品的消费使用方面,注重回收再利用。

可见,产品全生命周期评价体系的建立,对氯碱化工行业实现内部的循环经济产业链的构建、绿色发展起到关键的推动作用,发展循环经济就是严格控制环境成本,实现产品生命周期的闭环模式。

3.3 我国氯碱化工循环经济发展模式

氯碱化工属于高能耗、高污染、低利用的资源型产业,如何将传统的单向直线过程转换为符合循环经济发展要求的反馈式过程,实现氯碱生产的低开采、高利用、低排放是必须高度重视的重大问题。在国家政策、法规推动下,国内越来越多的氯碱化工企业开始加入到循环经济发展模式中,并取得较好的成效。

我国氯碱企业产能主要集中在西北、华北地区,烧碱产能在华东地区的占比相对较大。由于不同地区、不同企业的具体情况不同,资源禀赋各异,发展环境差异,所以我国氯碱化工循环经济并没有统一模式。通过多年在循环经济领域的实践,某些地区和企业已经形成了特色鲜明的以氯碱装置为基础的循环经济发展模式,大致分为四类,分别为氯碱与精细化工联合模式、氯碱与氟化工联合模式、两碱联合模式、西部发展模式等[3]。目前,我国东、中和西部地区依据不同成长路径和发展特点的氯碱化工产业带已趋于形成。

3.3.1 氯碱与精细化工联合模式

氯碱与精细化工联合模式是以氯碱为基础,配套建设规模化的氯产品,然后以该氯产品为基础向下衍生消耗氢、烧碱的下游产品。目前,国内这种模式实施较好的有扬州化工、中化南京化学、安徽八一化工等,涉及产品包括氯化苯、硝基氯苯、二氯苯、苯胺系列产品等数十种,产品广泛应用于医药、农药等领域。

在上述企业中,氯气、氢气、烧碱及其下游产品贯穿其中,许多中间产品相互作用,生成多种精细化学品,其中以橡胶助剂为主,整个产品链消耗几乎全部的氯气、氢气和部分烧碱,而且苯胺、3,3-二氯联苯胺、对氨基二苯胺、邻苯二胺等的生产均采用催化加氢的清洁生产工艺,橡胶防老剂 RD、4010NA、4020 和促进剂 CBS、NS、DZ 均为主流和环保的橡胶助剂,符合国际橡胶助剂的发展潮流。另外,通过硝基氯苯、硝基苯装置绝热硝化的改造工作,采用树脂吸附新技术处理氯化苯、硝基氯苯等生产废水,回收了资源,减少了污染,经济效益十分明显。

3.3.2 氯碱与氟化工联合模式

氯碱与氟化工联合模式以氯碱装置为基础，向下开发生产甲烷氯化物，然后与氟化工及其他基础化工相结合。国内不少企业走此路线，取得了非常好的实效，如浙江巨化集团、山东东岳化工、江苏梅兰化工、自贡鸿鹤化工等。以浙江巨化集团为例，最初由于公司位于钱塘江上游，巨大的环境压力导致企业经营困难；后来企业通过产业结构调整，改造旧装置，开发新产品，延伸产业链，打造出别具匠心的循环经济发展模式，摆脱了生产经营困难的窘境，竞争力明显增强，一跃成为世界上颇具影响力的氟化工生产企业。

浙江巨化集团建有 100 多套化工生产装置，共有 19 大类 200 多种产品。氯碱生产过程中产生的电石渣用作电厂烟气脱硫剂及水泥生产原料，含氯废水用于生产塑料发泡剂 ADC，在氟化工生产过程各个环节产生的废弃物基本上回收利用。浙江巨化集团以液氯、硫酸和甲醇为原料，与氟矿石反应后生成氟化工原料，然后延伸开发一系列氟化工产品，如 HCFC-22、聚四氟乙烯等，产生的氯化氢气体用于生产氯磺酸，年产生经济效益 1000 万元以上。目前该公司粉煤灰、电石渣、磷石膏及生化污泥等废渣的资源化利用率接近 100%。

3.3.3 两碱联合模式

烧碱和纯碱的生产都是以原盐为原料，因此国内有部分企业以原盐资源为依托，走烧碱、纯碱两碱联合的发展模式，构建产品链，最典型的企业是山东潍坊海化集团公司（以下简称"海化集团"）。海化集团以海洋的优势为依托，大力发展海洋化工的"互联网"，形成了盐、碱、溴、苦卤化工系列产品链。

海化集团具有"资源—生产—产品—深加工"和"资源—产品—废弃物—再利用"两大循环流程。两碱联合首次破解了我国电石渣综合利用的难题，将主要成分是氢氧化钙的电石渣作为纯碱装置生产过程中的原料，海化集团实现了 100%电石渣用于纯碱生产。海化集团还开发了制碱蒸氨废清液生产氯化钙工艺，建设了 10 万吨/年废清液晒盐场，对全部蒸氨液进行复晒，使之成为生产氯化钙的原料，创造了世界制碱史上蒸氨废液不排海的先例。

海化集团依托得天独厚的地下卤水资源，坚持循环经济的理念，探索卤水合理开发、梯次利用、多次增值的发展模式，实现了"一水五用"。所谓"一水五用"，即海水养殖牡蛎、鱼虾等海产品，初级卤水放养卤虫，中级卤水提取溴素，饱和卤水制盐，制盐后的废水苦卤生产化工产品。历经 5 次提取，卤水中的有用物质基本上榨干吃净，实现了资源的高效利用，而且保护了环境。

在"一水五用"的基础上，海化集团积极进行产业结构调整，相继开发出碱系列、溴系列、苦卤化工、精细化工系列四大循环经济产业链，碱系列以原盐为原料生产纯碱、氯碱，以纯碱为原料生产硝酸钠、亚硝酸钠、小苏打、白炭黑、泡花碱等；溴系列以溴素为原料生产系列灭火剂、氢溴酸、十溴二苯醚、四溴双酚 A、溴化钾等溴化物产品；苦卤化工以制盐的苦卤为原料制备硫酸钾、氯化镁等；精细化工以氯碱为原料生产聚氯乙烯、苯胺、环己胺，并利用环己胺生产甜蜜素，而且计划建设苯胺装置，之后再投资深加工生产聚氨酯、MDI 等。四大循环经济产业链形成了上下游连接成链、关联产品复合成链、资源闭路循环为特色的生态工业体系。

3.3.4 西部发展模式

我国西部地区占全国总面积超三分之二，幅员辽阔，各种自然资源非常丰富，市场潜力巨大，战略地位明显，矿产储量中具有潜在价值的，约占全国总储量的一半以上，其中，水力资源的蕴藏量占全国的 82.5%，已开发的水能资源占全国的 77%，已探明的天然气储量占全国总储量的 64.5%。但是，由于诸多原因，西部地区作为我国欠发达的地区，经济发展明显滞后于东中部地区，而且该地区分布了全国尚未解决温饱问题的大部分贫困人口（表 3.2）。

表 3.2 西部地区资源预测储量

序号	资源名称	预测储量	全国占比
1	煤炭	2.19 亿吨	40%
2	原盐	6000 亿吨	—
3	石灰石	2054 亿吨	—
4	石油	208.6 亿吨	20%
5	天然气	10.3 万亿立方米	34%

注：原盐、石灰石因矿石种类较多，各地统计方式有差异，没有较为统一的全国储量数据，故此两类矿产储量全国占比暂不做统计

我国西部地区煤炭和天然气储量丰富，但下游精细化工欠发达，产业结构以农业为主，因此西部企业应根据自身优势来实施氯碱装置的循环经济。目前，西部地区氯碱化工企业具有明显的成本竞争优势，也正逐步朝着集约化、一体化的方向发展，产业规模不断壮大。近年来，西北地区积极扶持发展煤电煤化工产业，推动产业升级换代。西部地区依托资源优势建设大型化、一体化"煤电盐化"项目，逐渐形成了几个大型的氯碱产业集群，在我国氯碱行业整体布局中的重要地位日益突出[4]。

随着西部大开发战略的实施，依托丰富资源、能源的优势，我国西部的盐化工、石油天然气化工、煤化工有了进一步发展。西部氯碱化工主要以煤炭资源为

主，产业链基本上以"煤+氯化钠+石灰石—发电+供汽+烧碱+聚氯乙烯树脂+水泥"为主，还未形成大量消耗多种氯碱产品的有效市场。新疆天业（集团）有限公司（以下简称"新疆天业"）于2005年10月27日被国家发改委等六部委授予国家循环经济试点单位（第一批），以循环经济理念为指导，构建了独具特色的工农业一体化循环经济发展模式。下文将以新疆天业为例，分析循环经济的西部发展模式。

参 考 文 献

[1] 李艳. 基于产业集群的氯碱生态工业园模式与评价研究[D]. 上海: 东华大学, 2010.
[2] 余新意. 新疆天业集团聚氯乙烯产业发展战略研究[D]. 石河子: 石河子大学, 2014.
[3] 梁诚. 国内氯碱行业实施循环经济的模式[J]. 氯碱工业, 2007(3): 1-6.
[4] 俞苤军, 刘利德, 孙海东, 等. 中国西部氯碱工业循环经济网络的构建和需要改进的方面[J]. 中国氯碱, 2013(7): 41-44.

第 4 章　循环经济西部发展模式分析

4.1　新疆天业企业概况

新疆天业（集团）有限公司组建于 1996 年 7 月，是新疆生产建设兵团第八师的大型国有企业。新疆天业控股的新疆天业股份有限公司于 1997 年 6 月在上海交易所上市、新疆天业节水灌溉股份有限公司于 2006 年 2 月在香港成功上市。新疆天业所属产业涉及热电、化工、电石、水泥、节水器材、农业、塑料制品、矿业、物流与对外贸易等多个领域（图 4.1）。

图 4.1　新疆天业绿色化工园区一览

新疆天业用循环经济的理念发展煤电化一体化产业，使传统高污染、高能耗的电石法聚氯乙烯生产工艺发生了根本性的变革。2005 年，新疆天业成功入选"全国第一批循环经济试点企业"，在后续发展过程中，先后获得技术创新示范企业、循环经济教育示范基地和资源节约型、环境友好型企业创建试点企业等荣誉，连续 9 年获评石油和化工行业能效"领跑者"标杆企业；新疆天业的循环经济发展模式被确定为国家循环经济模式典型案例，项目成果荣获国家环境保护科学技术奖二等奖。2016 年 12 月 11 日，新疆天业荣获第四届中国工业大奖。

新疆天业发扬"团结、奉献、拼搏、创新"的企业精神，通过二十多年的发展，形成了年产 180 万千瓦热电、215 万吨电石、140 万吨聚氯乙烯树脂、100 万吨离子膜烧碱、20 万吨 1,4-丁二醇、95 万吨乙二醇、600 万亩节水器材的生产能力，综合利用电石渣、煤渣等固废资源形成了 400 万吨新型干法水泥的循环经济产业链，企业销售连续保持 300 亿元以上，2021 年销售收入首次突破 500 亿元，集团连续多年进入中国企业500强、中国制造业500强。

新疆天业产品——农用地膜、节水器材、PVC管材、聚氯乙烯树脂、烧碱获得新疆名牌产品称号；节水微灌标准体系标准项目获中国标准创新贡献奖；新疆天业研发的西部干旱地区节水技术及产品开发项目、节水滴灌技术创新工程项目、聚氯乙烯专用树脂系列产品的开发与产业化示范项目荣获国家科技进步奖二等奖。2014年，集团荣获首届"兵团质量奖"。集团承担的"863"计划重点项目膜下滴灌水稻亩产已达836.9千克。天业灌溉系统在国内外已累计推广近8000多万亩，并成功走向世界17个国家。天业节水灌溉技术国际科技合作基地成为国家级节水灌溉技术国际科技合作基地，膜下滴灌节水灌溉工程项目荣获第三届中国工业大奖表彰奖。

4.2 新疆天业循环经济发展历程概述

新疆天业在发展中深刻地认识到，绝不能因为要发展经济而破坏了城市优美的环境。在发展工业的过程中，必须要以人为本，转变观念，大力发展循环经济，搞好资源节约和综合利用，加强生态建设和环境保护，走出一条科技含量高、经济效益好、资源消耗低、环境污染少、人力资源优势得到充分发挥的新型工业化道路，以最少的资源消耗、最小的环境代价实现企业的可持续发展。正是在这种发展理念的带动下，在聚氯乙烯的产业布局上，以"节能减排"和"资源高效转化"为目标，以大循环与小循环的有机结合，构筑出完整的煤—电—电石—聚氯乙烯—电石渣水泥循环经济产业链。通过产业链的有效延伸，将上游产业的废弃物变为下游产业的资源，环保处理的过程演变为原料搜集的过程，环保问题迎刃而解。

新疆天业具有特色的工农业一体化循环经济发展模式经历了构建、完善、提升、重塑四个阶段，通过实施产业循环式组合，使集团公司成为以煤电化一体化为起点，塑料节水器材为核心，高效农业及食品加工、外贸出口为终端的有机结合体，奠定了循环经济发展的基础。

新疆天业在循环经济框架下，为了满足市场需求，充分利用市场化手段，引导资源合理有效配置，加快产业结构调整，同时开展"三废"治理工作，力争达到"零排放""无污染"，实现"绿色环保"产业，把对环境的影响降到最低。

新疆天业把循环经济贯穿于企业发展的全过程，提出了两个概念，一个是产业链大循环，一个是内部过程小循环。

大循环构建两个产业链，一条是以产品为纽带、以降低成本为核心的产业链，即资源（石头、煤、盐巴）—发电—电石—聚氯乙烯—节水器材—高效农业—食品加工—农业产业化;另一条是以废弃物资源化为核心的资源再利用产业链,即粉煤灰、电石渣—水泥、制砖—建筑。这两个产业链在完成产品深加工的同时,实现了生产过程排放物的资源化、再利用。

小循环就是构筑技术与管理、企业与社会结合的立体循环体系。在工艺的各个环节,实施产业内部的清洁生产和资源化综合利用实施资源有效利用,实现节能减排。大、小循环的有机结合,实现全过程充分利用资源,达到排放物最小化、资源化、无害化。上游企业的废物成为下游企业的原料,实现资源最有效利用[1]。

4.3 构筑阶段

新疆是我国重要的战略资源储备区,为更好地实现优势资源的转换,2003年,新疆天业率先在国内规划建设大型氯碱化工基地的初期,就提出了用循环经济的理念,将传统氯碱生产过程向上下游延伸,同时攻克了电石渣制水泥关键技术,建立了我国第一个"煤—电—电石—聚氯乙烯—电石渣水泥"循环经济产业园区。新疆天业氯碱化工循环经济构筑阶段产业链如图4.2所示。2005年8月由国家发展和改革委员会、中国石油和化学工业联合会、中国氯碱工业协会共同主办的"促进聚氯乙烯、电石行业健康发展研讨会"在新疆石河子召开,新疆天业循环经济发展模式逐步成为电石法聚氯乙烯产业发展的主流和方向。

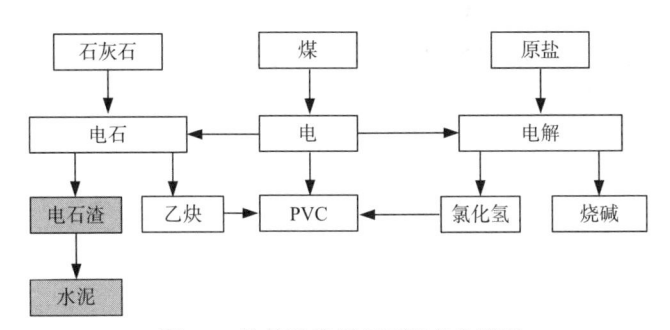

图4.2 构筑阶段循环经济产业链图

4.3.1 煤电热一体化

富煤、贫油、少气是我国能源的主要特征,我国主要的供应能源是煤炭,重要的二次能源为电力,在现代工业生产中发挥着主导作用。电石法聚氯乙烯生产工艺中,每生产1吨300 L发气量的电石需耗电3200~3600 kW·h。煤电热一体化产业链的建设,不仅能最大限度地降低氯碱化工企业的用电成本,还能提供生产过程中所需的蒸汽,为氯碱化工行业的可持续发展提供能源保障[2,3]。

1. 产业概况

煤-电-热一体化，是指上游煤炭企业和下游热电企业并轨，形成相互支持、相互合作、相互依托的纵向一体化关系，将煤炭生产和发电供热构建为一个经济主体，形成上下游产业联动链条，实现资源与能源优势的有效组合。

2. 原理及工艺流程

煤-电-热一体化，采用火力发电的形式，本质是能量的转化过程，即将煤炭燃料中的化学能转化为热能，再将热能转化为带动发动机转动的机械能，发电机内部通过磁通量变化产生感应电流，最终实现化学能-电能的转化。

火力发电厂的燃料主要有煤、石油（主要是重油）、天然气。我国的火电厂以燃煤为主。

火力发电厂由三大主要设备——锅炉、汽轮机、发电机及相应辅助设备组成，它们通过管道或线路相连构成生产主系统，即燃烧系统、汽水系统和电气系统。其生产过程简介如下。

1）燃烧系统

燃烧系统包括锅炉的燃烧部分和输煤、除灰和烟气排放系统等。

煤由皮带输送到锅炉车间的煤斗，进入磨煤机磨成煤粉，然后与经过预热器预热的空气一起喷入炉内燃烧，将煤的化学能转换成热能，烟气经除尘器清除灰分后，由引风机抽出，经高大的烟囱排入大气。炉渣和除尘器下部的细灰由灰渣泵排至灰场（图4.3）。

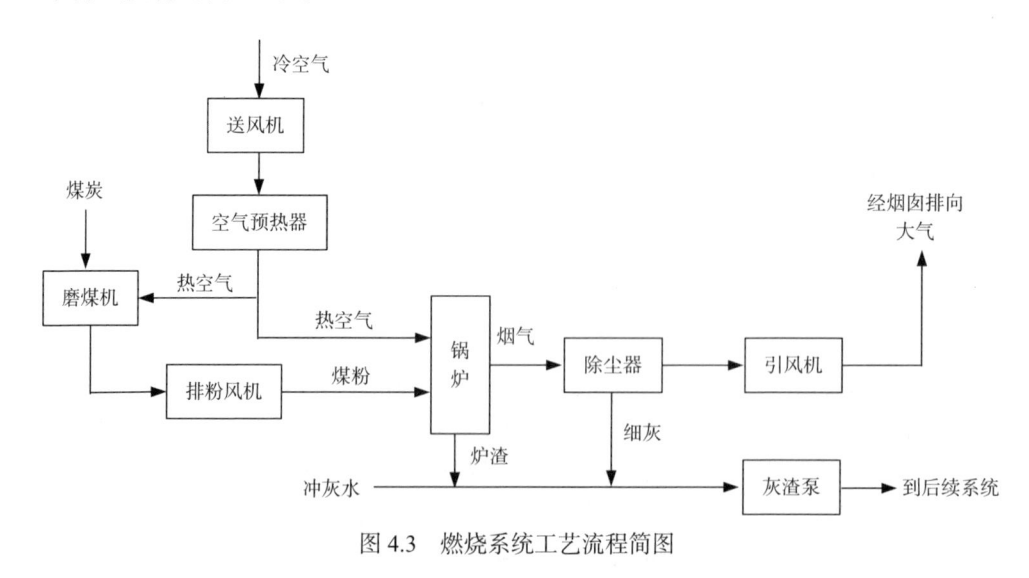

图4.3 燃烧系统工艺流程简图

2) 汽水系统

汽水系统，包括锅炉、汽轮机、凝汽器及给水泵等组成的汽水循环和水处理系统、冷却水系统等。水在锅炉中加热后蒸发成蒸汽，经过热器进一步加热，成为具有规定压力和温度的过热蒸汽，然后经过管道送入汽轮机。在汽轮机中，蒸汽不断膨胀，高速流动，冲击汽轮机的转子，以额定转速旋转，将热能转换成机械能，带动与汽轮机同轴的发电机发电。在膨胀过程中，蒸汽的压力和温度不断降低。蒸汽做功后从汽轮机下部排出。排出的蒸汽称为乏汽，它排入凝汽器。在凝汽器中，汽轮机的乏汽被冷却水冷却，凝结成水。凝汽器下部所凝结的水由凝结水泵升压后进入低压加热器和除氧器，提高水温并除去水中的氧，再由给水泵进一步升压，然后进入高压加热器，回到锅炉，完成水—蒸汽—水的循环（图4.4）。给水泵以后的凝结水称为给水。汽水系统中的蒸汽和凝结水在循环过程中总有一些损失，因此，必须不断向给水系统补充经过化学处理的水。补给水进入除氧器，同凝结水一块由给水泵打入锅炉。

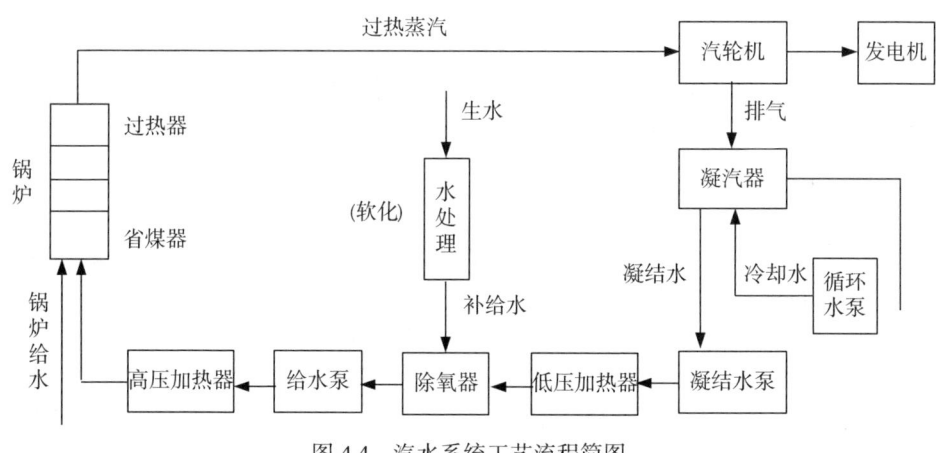

图 4.4 汽水系统工艺流程简图

3) 电气系统

电气系统，包括发电机、励磁系统、厂用电系统和升压变电站等。

发电机的机端电压和电流随其容量不同而变化，其电压一般在 10~20 kV 之间，电流可达数千安至 20 kA。因此，发电机发出的电，一般由主变压器升高电压后，经变电站高压电气设备和输电线送往电网。极少部分电，通过厂用变压器降低电压后，经厂用电配电装置和电缆供厂内风机、水泵等各种辅机设备和照明等用电（图4.5）。

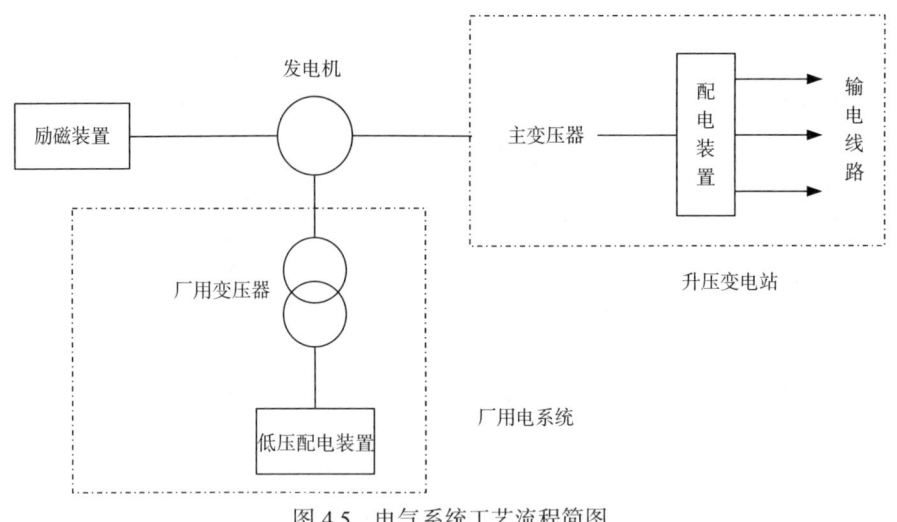

图 4.5　电气系统工艺流程简图

3. 产业实践

新疆煤炭资源丰富，新疆天业立足优势资源就地转化战略，提出了建设煤电热一体化项目，为电石法聚氯乙烯项目提供配套的电能和蒸汽，属自发自用、自我平衡的企业内部自备热电厂。

1）自备热电厂的主要设备

自备热电厂包括燃料输送系统、制粉系统、锅炉及辅助设备、汽轮机及辅助设备、电气设备、水处理系统等部分。

（1）燃料输送系统：卸煤装置、煤检装置、输煤皮带等。

（2）制粉系统：磨机、粗细粉分离设备、排粉机、原煤仓、煤粉仓等。

（3）锅炉及辅助设备：启动锅炉、锅炉本体、送风机、吸风机、排风机、分离器、电气除尘器、脱硫装置、碎渣机等。

（4）汽轮机及辅助设备：汽轮机本体、高压加热器、低压加热器、除氧器、凝汽器等。

（5）电气设备：发电机本体、励磁机、各类变配电设备等。

（6）水处理系统：阳床、阴床、混床等。

2）自备热电厂的工艺流程

自备热电厂的工艺主要包括两大部分：热能获取和热能-动能-电能的转化。第一部分为热能获取系统，即煤炭燃烧，在炉膛内悬空燃烧且要使煤炭充分燃烧，就必须将煤磨细，以增加与氧接触的比表面积，使其能瞬间烧完，最后的飞灰可燃物还不能超过 8%。第二部分为热能-动能-电能的转化系统，以水为工作介质，将其加热加压成高温高压的新蒸汽，驱动汽轮机做功，带动发电机发电，做完功的蒸汽要凝结成水再循环使用，即目前全世界火力发电用的热力循环模式——"带回热抽汽的兰金（Rankine）循环"。

3）实施效果

目前，新疆天业具有 180 万千瓦发电能力，其中，330 MW 亚临界抽汽供热机组，是国家发展和改革委员会令第 40 号《产业结构调整指导目录（2005 年本）》鼓励的建设项目，发电标准煤耗为 280.6 g/(kW·h)，配置高效电除尘器（除尘率达99.7%），采用低氮燃烧技术，同步实施烟气脱硫、脱硝，在冷却方式中选用空冷代替水冷，采用节油的等离子点火技术，可大量节省点火及助燃的用油量，兼具高效、节能、环保、安全、经济的优势。

自备热电厂在生产运行中，以循环经济的理念为指导，使用电石渣废料作为热电厂脱硫的原材料；热电厂的灰、渣、石膏废料用于水泥厂的生产，通过副产品、能源和废弃物的相互转换，形成比较完整的闭合工业生态系统。煤电热一体化产业链为氯碱化工循环经济产业链提供能源保障，达到了资源的最佳配置和合理利用，实现了废弃物的资源化、减量化和无害化。

4.3.2 石灰

石灰是生产电石的重要原料，主要成分为 CaO，一般由石灰石、白云石等碳酸钙含量高的矿石经 900~1100℃ 煅烧而成。在实际生产中，石灰生产位于氯碱化工循环经济产业链中最前端，且消耗量很大，每生产 1 吨聚氯乙烯，一般需消耗 1.5 吨石灰[4,5]。

1. 产业概况

"十一五"期间，随着我国新型工业化进程的不断加快，聚氯乙烯大型化装置数量快速增加，产能迅速提升，对石灰的需求量不断增加。当时，我国的石灰生产企业普遍规模小、技术水平低，尤其在新疆等石灰石资源丰富、石灰市场需求集中的西部地区，仍有超过半数的石灰生产企业采用土立窑生产，土立窑不仅技术落后，而且能源消耗高、环境污染严重，无法满足石灰行业发展的技术需求和环保要求。石灰企业开始引进和建设现代化、节能型环保的石灰窑。

2. 石灰的生产原理

石灰是由石灰石在 900℃ 以上高温分解出二氧化碳制得。其生成过程可用下列反应式表示：

$$CaCO_3 \xrightarrow{高温} CaO + CO_2 \uparrow$$

将石灰石与燃料（木材）分层铺放，引火煅烧一周，是最早的石灰生产工艺。现代石灰生产采用机械化、半机械化立窑以及回转窑等设备，煅烧时间缩短至2~4小时。后期出现了具有节能效果的工艺和设备，包括横流式、双斜坡式及烧油环形立窑和带预热器的短回转窑等，生产周期进一步缩短；可使用的燃料范围也更为广泛，包括煤、焦炭、重油或液化气等。

3. 产业实践

2007年，新疆维吾尔自治区提出的《关于加快自治区石灰石行业发展的意见》中明确提出：淘汰落后石灰土立窑，因地制宜发展大型节能型环保机械化立窑，具备条件的企业发展现代化水平的节能环保石灰窑；围绕石灰石资源丰富和市场需求集中区域，形成若干大型现代化和节能型环保石灰窑的布局；鼓励企业通过联合重组，向规模化、现代化、环保节能型发展。保护生态环境，合理利用资源，降低能源消耗，提升石灰行业整体水平。

2008年，新疆天业在艾维尔沟成立矿产开发公司，掌握了自己的矿石供应。2009年，在世界金融危机的影响下，原料价格飞涨、产品价格大幅下滑，新疆天业作为电石法聚氯乙烯的百万吨规模企业之一，是石灰的消耗大户，必须建立自己的生产原料基地，控制原料价格的上涨，缓解电石原料紧缺的状况，以保障企业的生存和发展，值此时机，提出了新建石灰窑生产线，生产电石用石灰。

1）石灰的生产方法

用于生产石灰的石灰石，自于艾维尔沟石灰石矿，其氧化钙含量在53%以上、硫磷含量符合规格要求。其主要生产方法为，石灰石在石灰窑装置中，900℃以上高温分解出二氧化碳，制得适合生产电石的优质石灰。

2）石灰的生产工艺流程

并流蓄热式双膛竖窑石灰窑是当时世界最先进的、符合节能和环保要求的石灰窑。石灰窑为煤粉和煤气两用，燃料既可使用煤炭（粉煤），也可使用煤气（电石炉气），实现废气资源的再利用。

并流蓄热式双膛竖窑有两个窑身，窑身的上部有换向系统，用于交替轮换使用两个窑身，在窑身煅烧带的下部设有彼此连通的通道。煤粉喷枪安装在预热带，并埋设在石灰石中。生产操作时，每隔12 min变换1次窑身功能，即每个窑身每隔1个周期加热1次，采用单斗提升机向竖窑加料。采用罗茨鼓风机交替从两个窑身上部送入煤粉,通过喷枪将煤粉均匀地分布在整个窑的断面上。采用罗茨鼓风机将燃烧用的空气从竖窑顶部送入窑内,经预热带进入煅烧带与煤粉混合,使煤粉在煅烧带内燃烧,火焰与物料并流使物料得以煅烧。在煅烧带将石灰石煅烧后产生的废气,通过两个窑身的连接通道进入另一个窑身,与装入的石灰石料流相反向上流动,预热了另一个窑身内的石灰石,实现余热利用。

煅烧完的石灰由窑身下部的卸料装置卸出,进入下部的卸料料斗,然后经过振动给料机给入耐热皮带运输机上,再运往成品石灰筛进行筛分贮存。

竖窑上的大部分设备均采用液压操作,竖窑内石灰石料位的测量采用机械料位指示器竖窑上安装有自动操作所需要的 PLC 控制装置,能够自动开启和变换石灰石加热和装料的各个阶段的顺序和操作,并能保证煅烧好的石灰均匀出料。

3)实施效果

并流蓄热式双膛竖窑石灰窑生产线的建设依托新疆丰富的石灰石资源优势,生产高品质石灰到电石、高附加值聚氯乙烯产品产业链,可大大降低聚氯乙烯树脂生产成本,增强产品的市场竞争力,带动新疆天业经济的快速发展。并流蓄热式双膛竖窑为国际先进的节能环保设备,一个竖窑内的石灰石煅烧废气为另一个竖窑提供了预热,实现余热利用,是天业循环经济产业链的重要一环。目前,新疆天业的石灰产量可达 260 万吨/年,为后续电石、乙炔等的生产提供了原材料供应保障。

4.3.3 电石

在电石法聚氯乙烯生产工艺中,电石属于前端的原材料,由上节提到的石灰和焦炭在高温下反应得到。电石的主要成分是碳化钙(CaC_2),主要用于乙炔气的生产。由于传统的电石生产具有能耗高、污染严重的特点,要想建立氯碱化工循环经济产业链,必须先攻克电石的清洁生产工艺。

1. 产业概况

我国电石行业的产能、产量多年位于世界首位。"十一五"期间,我国的电石行业整体的水平不高,布局也不很合理,存在能耗高、污染严重、资源浪费、技术装备落后等问题。

随着电石装置的不断新建和产能的扩大,资源消耗、环保制约等问题更加突出。自 2004 年开始,国务院有关部门运用经济、法律等手段对电石行业进行清理整顿,并发布了《电石行业准入条件》,电石行业低水平重复建设和盲目扩张的势头得到初步遏制。2007 年,国家发改委会同有关部门发布了《电石行业准入条件（2007年修订）》，对电石行业提出了生产企业布局、规模、工艺与装备、能源消耗和资源综合利用、环境保护、安全生产、监督与管理等多项准入条件。面对这样的形势，电石行业势必会向大型化、集约化，并靠近资源地域发展。电石生产企业为满足行业准入条件，必须采用先进而适用的成熟技术，以循环经济、可持续发展的理念为基本，降低综合能耗。电石装置向先进的、综合利用率高、容量大的全密闭电石炉方向发展。

2. 电石的生产原理

焦炭与氧化钙（CaO）在2200℃左右反应，生成碳化钙（CaC_2），其生成过程可用下列反应式表示：

$$CaO+3C = CaC_2+CO\uparrow \qquad \Delta H=+465.7 \text{ kJ/mol}$$

这是一个强吸热反应，需要在高温电炉中进行。工业中生产电石的主要方法是电热法，该工艺是先对烧好的石灰进行破碎和筛分，挑选出颗粒合适的石灰，将其和焦炭按规定的配比配料，送至电炉的炉顶料仓后通过料管向电炉内加料，经过电极电弧热和炉料的电阻热反应生成电石。电石定时出炉冷却后，按粒度规格破碎，得到成品电石。

3. 产业实践

"十一五"期间，电石产量占产能的50%以上，产能已远远大于需求，优胜劣汰的阵势越来越明显，符合循环经济产业链的集约化电石产业还远未形成。作为电石主要用户的新疆天业，坚持循环经济理念，在国内开发最大容量30000 kVA成熟密闭式电石炉装置基础上，研究开发了40000 kVA的大型密闭式电石炉装置，并且配套清洁生产关键技术，整套装置的综合技术水平达到国内领先。电炉电耗由3440 kW·h/t降低至3200 kW·h/t，综合能耗由1.2吨标准煤降低至1.0吨标准煤，使电石成为节能型产业。

1）电石炉装置的组成

电石炉主体分电炉本体、炉盖、电极装置三部分。

A. 电炉本体

电炉本体即装盛电石原料和生成液态电石的设备，也是原料反应生成电石的容器，是电石生产中的主要设备。

电炉本体为圆形，采用钢结构外壳，内砌耐火衬采用轻质高铝砖、硅藻土、碳砖、轻质黏土、钢玉砖、磷酸盐泥浆等砌成，形成一个圆形炉膛，耐火衬即炉体不受高温烧蚀，又防止热能的大量损失。

炉体设有两个出炉口，因液态电石温度较高，出炉口边框采用刚玉砖砌筑，并镶衬，用循环水冷却的钢质炉门框，两个出炉口形成120°方位。每个出炉口安装有出炉嘴，液态电石经过炉嘴流入装盛电石的电石锅。炉嘴采用耐热铸铁，内通循环水冷却。

炉壳设有横竖拉筋加强炉体强度，整个炉体安置在坚固的混凝土基础上，炉体与基础之间放置工字钢梁，利于空气流通散热，降低炉底温度。

炉体上边缘外侧设有沙封槽，槽内装填石英砂，砂封槽的作用主要是安装炉盖时的定位和使炉盖与炉体之间绝缘良好，并防止炉口的烟气外泄和炉内热量损失。

B. 炉盖

炉盖是电炉本体上的一个金属罩体，把整个炉体罩住。它的作用是阻挡电炉内的高温气体和火焰上窜烧毁炉上设备，保护炉前操作工人的安全，并且防止炉内热量的大量辐射损失，集合炉气烟尘和火焰经电炉烟道排出，改善操作环境和条件。

C. 电极装置

电极装置是传导电能并将电能转化为热能的主要设备，包括升降装置、组合式把持器、碳素电极三部分。

a）电极的升降装置

电极在工作的过程中，需要根据电流、电压的变化情况，对电极的升降进行控制和调节。电极的升降、压放和夹持都是以液压为动力，通过液压系统和电气的组合实现有效控制。每根电极的升降由两个升降大立缸完成。电极导向筒设有上、下两组导向滚轮装置，电极外筒置于导向筒内，它保持电极外筒沿与轴线垂直，平稳升降，导向筒固定于大立缸升降平台，下端截止于炉盖上方短网位置。

b）组合式把持器

组合式或标准组件把持器是挪威埃肯公司最先设计研制出来的，对传统把持器的结构进行了很大的改造，通过伸出电极壳外的筋片夹紧电极和导电，取代了传统电极把持器的铜瓦。在该把持器中，接触元件之间的面积是裸露的，能充分利用炉内热量焙烧电极并能调节电极焙烧温度，这对电极糊的烧结状况有良好的影响。

c）碳素电极

碳素电极是将电能传导到炉内并转换为热能的设施。碳素电极由电极糊熔化挥发干硬而成，被包容在铁质电极内筒内，电极内筒由数个相同的短节筒组焊而成，筒内焊有数块芯片，以加强电极内筒强度和固定碳素电极防止碳素电极滑落。

碳素电极属消耗材料，它靠添加电极糊来补充。电极糊破碎后，盛入特制电极糊吊斗，由提升机提升到电极筒进口楼面，再由环形轨道电动葫芦吊送到电极筒口上，卸至电极筒内。

电极内筒与电极糊同步消耗。电极内筒由加焊短节内筒补充。电极内筒的直径就是通常所说的电极直径，三根电极圆心形成的三角形所决定的圆的直径，称为电极同心圆直径，它们都是电石炉的重要几何参数。

2）电石炉装置的设计

当时，新疆天业最早拥有16500 kVA、25500 kVA、30000 kVA三种电石炉型，在此基础上，依据电石生产中有关的电热化学机理，通过电石炉参数计算的经验公式进行计算，对不同容量和类型的电石炉在实际生产中所积累的数据加以分析研究，找出电石炉各参数的变化趋势，根据变化趋势对计算值加以修正，找出最佳的参数。电石炉变压器额定容量为40000 kVA，选用三台13500 kVA的单相变压器，变压器的二次额定电压范围取162 V~229 V~280 V（角接），二次侧电流100850 A，电石炉有功功率30000 kW；电极直径（根据多台不同容量电石炉经验选取）140 cm；电极同心圆直径390 cm；炉膛内径选取900 cm，炉壳直径1000 cm；炉膛深度320 cm（表4.1）。

表4.1　40000 kVA电石炉的电气-几何参数

容量 /kVA	二次电压 U_2/V	二次电流 I_2/A	电极电流密度 /(A/cm²)	电极直径 D_e/cm
40000	229	108500	6.55	140
电极间距 B/cm	炉膛内径 D_2/cm	炉膛深度 H/cm	电位梯度 E_d/(V/cm)	炉膛电能密度 /(kW/m³)
198	900	320	1.16	147.4

3）实施效果

新疆天业开发的40000 kVA大型密闭式电石炉是电石炉装置大型化的重要一步，单炉生产电石能力7万吨/年，电炉电耗≤3200 kW·h/t，综合能耗接近1.0吨标准煤，开发了系统化电石生产DCS控制系统，实现从原料进厂到电石生产全过程自动控制及管理。同时，配套开发的"干法除尘+湿法净化"工艺实现了炉气的深度净化，整套装置的成功运行实现了电石的节能降耗、污染减排和资源综合利用，提升了电石产业的技术、装备水平，对推动电石行业的清洁生产具有重要意义，对电石法聚氯乙烯循环经济产业链中节能减排具有重要作用。

4.3.4　乙炔

在电石法聚氯乙烯生产工艺中，乙炔（C_2H_2）和氯化氢反应生产氯乙烯单体，单体聚合得到聚氯乙烯。乙炔是合成反应的核心原料之一，第4.3.2和4.3.3小节所讲述的石灰和电石,都是为了生产乙炔,因此乙炔也俗称"电石气"。乙炔发生是整个生产工艺中的核心过程,需要消耗大量的水,也会产生大量的电石渣浆和废水,研究开发清洁的乙炔生产工艺,关系到电石法聚氯乙烯能否继续发展和循环经济产业链的构建是否成功。

1. 产业概况

乙炔是世界上有机化工产品最基础的原料之一,电石法是我国乙炔生产的主流工艺。传统的湿法乙炔是将符合粒径范围的电石加入过量的水中,不仅浪费水资源,还会产生大量含水量大的电石渣浆,处理电石渣浆的工艺流程繁杂,综合利用成本高,被认为是"高能耗、高污染"的工艺。随着国家对环境保护的重视和节能降耗的严格要求,2007年国家颁布的《氯碱(聚氯乙烯、烧碱)行业准入条件》(国家发改委2007年74号)中提出:鼓励干法制乙炔、大型转化器、变压吸附、无汞触媒等电石法聚氯乙烯工艺技术的开发和技术改造。在国家的鼓励和支持下,电石法聚氯乙烯行业对湿法乙炔工艺进行了革新和改进,开发了干法乙炔工艺。

2. 乙炔的生产原理

电石法乙炔是电石(主要成分CaC_2)和水反应,生成乙炔气和氢氧化钙的过程,化学反应方程式如下:

$$CaC_2 + 2H_2O = C_2H_2\uparrow + Ca(OH)_2$$

这是一个水解反应,反应过程中放出大量的热,因此要严格控制电石的加入量,水作为反应物的同时要带走大量的热。

3. 产业实践

新疆天业开发的干法乙炔工艺是将经过流量计的水喷入发生器内,与计量后的电石反应,生成的氢氧化钙废渣以粉状从发生器中排出,利用水的蒸发潜热大的特点,用稍过量的水快速汽化来转移反应热。具有安全性高、耗水量少、电石渣浆液处理工艺简单等优势。

1)干法乙炔工艺流程

干法乙炔工艺流程如下:将大块电石破碎为粒径小于50 mm的颗粒后进入电石料仓,再经过超细破碎机的破碎和筛分装置得到粒径在小于3 mm的细颗粒,通过螺旋输送器进入干法乙炔发生器,向发生器中以雾态形式喷入水(水与电石的质量比为1.2:1左右),在气相温度在95℃、固相温度100~120℃条件下使电石发生水解反应，从发生器出来的气体经过高效洗涤器将其中携带的电石渣粉尘捕集下来，干净的乙炔经冷却器冷却后送到后续净化系统。产生的电石渣含水质量分数在6%左右，然后输送到后续系统（图4.6）。

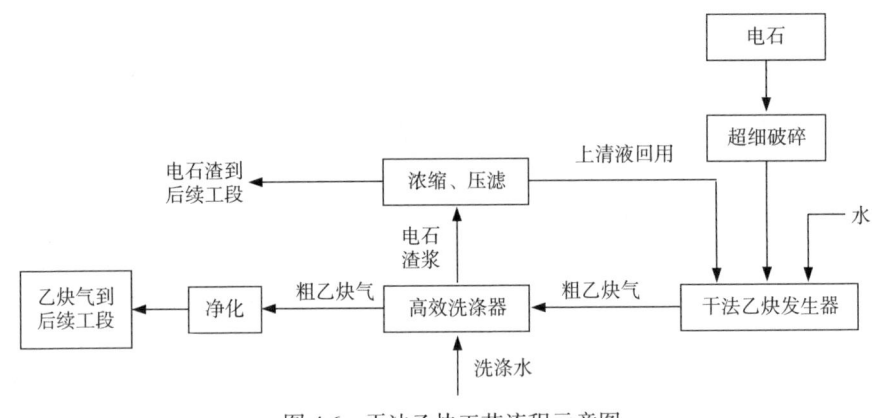

图4.6 干法乙炔工艺流程示意图

2）干法乙炔工艺特点

（1）采用连续入料方式，避免了逐斗加料导致的乙炔放空损失，提高了乙炔的收率，减少了电石的消耗，降低了生产成本。

（2）水以雾态喷淋的形式参与反应，得到的电石渣中含水质量分数由35%下降至10%以下，电石渣带出系统的水量大大下降。同时，含水质量10%以下的电石渣可以直接作为生产水泥的原料，降低了后续水泥生产中原料的破碎、烘干等生产负荷。

（3）干法乙炔中产生的是粉状电石渣而非电石渣浆，只在乙炔洗涤过程中产生电石渣浆，对电石渣浆处理装置的处理能力要求低，且由于电石渣浆浓度较低，处理起来更为容易。

3）实施效果

新疆天业目前拥有140万吨/年聚氯乙烯产能，其中120万吨采用干法乙炔工艺。每生产1吨聚氯乙烯，干法乙炔较湿法乙炔电石单耗减少15kg，累计年节省电石消耗为1.8万吨，干法乙炔工艺年节水量90万吨。干法乙炔是我国电石法聚氯乙烯生产中的重大技术创新，奠定了聚氯乙烯行业循环发展的基础，为氯碱化工行业的可持续发展做出了巨大贡献。

4.3.5 烧碱

传统的氯碱工业就是指用电解饱和氯化钠溶液的方法来制取氢氧化钠（NaOH）、氯气（Cl_2）和氢气（H_2），并以它们为原料生产一系列化工产品。在氯碱化工循环经济产业链中，烧碱链不仅生产了烧碱产品，更为聚氯乙烯的生产提供氯气和氢气原料，属于整个产业链的前端，决定了整个产业链原料生产的清洁化。

离子膜法制烧碱是世界上工业化生产烧碱当中最先进的一项技术，与隔膜法、水解法等工艺相比，离子膜烧碱工艺具有能耗低、产品质量高、三废污染小、成本低及操作管理方便等优点，高纯离子膜可用于化纤、人造棉、医药和食品工业上，市场竞争力和应变性强。新疆天业烧碱生产采用离子膜法工艺，工艺流程简图见图 4.7。

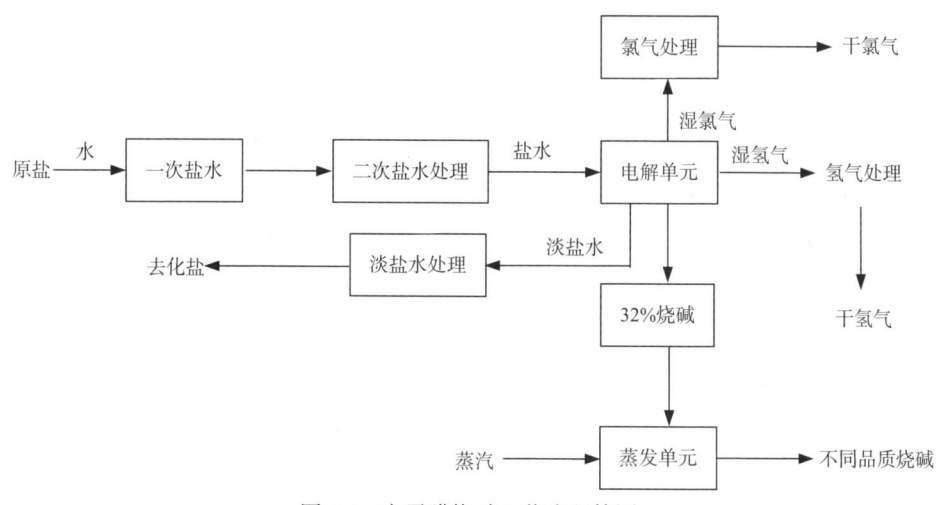

图 4.7 离子膜烧碱工艺流程简图

1. 盐水系统

盐是电解法生产氯碱的主要原料之一，在盐水系统中，通过物理和化学方法将盐制成达到电解标准的饱和水溶液，再送至电解槽进行电解。因此，盐水系统对电解的影响很大，相关领域的技术人员也在不断研究和创新。

1）化盐原理

化盐的本质是固液传质过程，即固体氯化钠在水中溶解的过程，当达到氯化钠在水中的饱和溶解度时，得到了饱和盐水。

盐水精制是对饱和盐水中的各类杂质进行去除，包括固体和离子杂质等，使用的方法包括物理法和化学法。物理法的原理包括沉淀、过滤等，化学法采用离子交换法、化学沉淀法等。

2）工艺流程

盐水精制包括一次精制和二次精制，一次精制主要除去盐水中的悬浮物，二次精制则进一步脱除杂质离子。

盐水一次精制：从化盐桶顶部溢流出的饱和盐水经折流槽进入盐水反应器，经烧碱、纯碱等精制反应后，加入助沉剂进入澄清设备澄清，经砂滤、碳素烧结管进一步除去悬浮物后，得到一次精制盐水。

盐水二次精制：在合格的一次盐水中加入精制盐酸，调节pH值至8.5~9.5，预热后送入螯合树脂塔中，自上而下与螯合树脂接触，进行离子交换，使得到的盐水中钙镁离子总量符合要求。

3）技术实践

新疆天业的一次盐水工艺最初使用戈尔黏结膜，后采用新型凯膜过滤技术。凯膜（HVM）是一种新型的高强度整体成型膜，凯膜技术将传统的钙、镁杂质同时沉降分离改为钙、镁分步精制去除，提高了膜的过滤效率，保证了除去杂质的彻底性，极大地改善了一次盐水的精制质量，使进入二次盐水树脂塔的盐水中钙、镁总质量分数由原来的 $2.0×10^{-6}$ 降至 $1.0×10^{-6}$ 以下，延长了离子膜的使用寿命，并能保证高电流密度自然循环离子膜电解槽经济、稳定地运行。

2. 离子膜电解系统

烧碱的生产方法主要有隔膜法、水银法和离子膜电解法，其中，离子膜电解法是目前主要的烧碱生产方法。离子膜只允许钠离子通过，阻挡氯离子和氢氧根离子通过，不仅可以分别得到氢气和氯气产品，而且防止了烧碱和盐水的混合，既克服了隔膜法中碱中混合盐的问题，又避免了水银法中高电压和汞污染的问题。

1）电解原理

离子膜电解是在电场驱动下，带负电的 Cl^- 和 OH^- 移向阳极，带正电的 Na^+ 和 H^+ 移向阴极，生成氯气、氢氧化钠和水。具体反应方程式如下：

阳极　　　　　　　　　$2Cl^- - 2e = Cl_2\uparrow$

阴极　　　　　　　　　$2H_2O + 2e = H_2\uparrow + 2OH^-$

总反应　　　　　　　　$2NaCl + 2H_2O = 2NaOH + H_2\uparrow + Cl_2\uparrow$

2)工艺流程

二次精制的饱和盐水从电解槽的下部进入阳极室,水进入阴极室,只许 Na^+ 通过的阳离子交换膜把阳极室和阴极室隔开。在阳极室中 Cl^- 失去电子,发生氧化反应,生成 Cl_2,从电解槽顶部放出,同时 Na^+ 可透过阳离子交换膜,带着少量水分子流向阴极室。在阴极室中 H^+ 得到电子,发生还原反应,生成 H_2,从电解槽顶部放出。剩余的 OH^- 由于受阳离子交换膜的阻隔,在阴极室里逐渐富集,形成了 NaOH 溶液。随着电解的进行,不断往阳极室里注入精制食盐水,以补充 NaCl 的消耗;不断往阴极室里注入水,以补充水的消耗和调节产品 NaOH 的浓度,所得的碱液从阴极室上部导出。

3)技术实践

新疆天业引进日本旭化成公司的高电流密度复极式离子膜电解槽(NCZ 型),是世界先进水平的现代化离子膜电解装置,当时在国内也是单套生产能力最大的装置。NCZ 型离子膜电解槽的电耗保证值低,单槽产碱能力大,膜利用率高,电气、整流配套设备数量少且费用低,占地面积较小,技术水平明显优于传统烧碱装置。新疆天业还与旭化成公司共同对控制装置进行设计,首次采用氯气零压力控制,实现吨碱电耗降低 80 kW·h 以上,节能效果明显。

3. 离子膜液碱蒸发系统

离子膜烧碱电解生产的烧碱质量分数为 30%~33%,需蒸发使其浓度提升至 45%~50%,还可以进一步浓缩制成片碱、粒碱等,最常生产的是 45%液碱和 98.5%片碱。

1)蒸发原理

蒸发是使含有不挥发性溶质的溶液沸腾汽化并移出蒸气,从而使溶液中溶质浓度提高的化工单元操作。

根据氢氧化钠的溶解及沸点曲线,利用蒸发化工单元操作使离子膜液碱制固碱。

2)工艺流程

离子膜法碱液蒸发广泛采用膜式蒸发,瑞士博特公司的双效蒸发工艺流程如下:32%的碱液进入第一级降膜蒸发器,被来自第二级降膜蒸发器的二次蒸气加热后,浓度提升至 38%,从蒸发器底部排出。38%的碱液经换热器加热后进入第二级降膜蒸发器,浓度被提升至 50%,从蒸发器底部排出后经换热器降温至 45℃

进入双效降膜浓缩工段。

双效降膜浓缩工艺流程：50%的碱液通过泵被输送到降膜蒸发器（预浓缩器），经过单程蒸发被浓缩到56%左右，生成的水蒸气被冷凝器冷凝后被收集到储槽。56%的碱液经泵送至最终浓缩器，经过单程蒸发，被浓缩到97%~99%，得到熔融碱，生成的蒸气送至预浓缩器作为加热源使用。熔融碱进入分配器，再进行制片（片碱）或造粒（粒碱）工段。

3）技术实践

目前，新疆天业拥有100万吨/年的离子膜烧碱产能。新疆天业的固碱装置为从瑞士博特公司引进的膜式蒸发浓缩装置，与传统固碱装置相比，装置占地面积小，仅为传统装置的1/10；将液碱的蒸发和浓缩两个工序合为一体，使各浓缩设备产生的余热相互交叉利用，操作流程更为简单，同时实现了余热综合利用；采用先进的DCS控制系统，完全实现了自动化控制，产品质量稳定可靠；采用全密闭操作，设备采用耐腐蚀性较强的纯镍金属，实现了清洁生产。

4.3.6 氯化氢合成

1. 产业概述

原盐是离子膜烧碱工段的主要原料，经过化盐处理，达到满足进入氯碱电解工序的符合质量指标的饱和食盐水，后经过离子膜电解工段产生烧碱、氯气和氢气，烧碱直接进行自用和外售，氯气和氢气用于合成氯化氢。氯化氢的合成，满足废气资源回收利用的同时作为氯乙烯工段主要原料，将原盐和氯碱化工连接一体，形成氯碱化工循环经济的重要环节之一。

氯化氢分子式HCl，分子量36.46，无色具有非常刺激气味，属于不可燃气体，密度大于空气密度，在水中极易溶解形成盐酸。

合成氯化氢气体的工艺方法主要包括盐酸脱析法、解吸法、工业副产酸脱析法、石油化工副产氯化氢提纯法和合成法。目前，国内大型的氯化氢生产装置主要采用合成法制备氯化氢工艺技术，该工艺技术具有技术成熟、稳定性好的特点。以氯气和氢气为合成法生产氯化氢原料，按1:1.05~1.10（体积比）通入合成炉，经过燃烧制成。该工段合成的氯化氢，作为下一个工段制备氯乙烯单体的原料，减少原料的中间环节，才能大大降低投资成本，同时提高生产效益。该方法先后出现了铁合成炉工艺、石墨合成炉工艺和三合一石墨合成炉工艺三种典型工艺，其中铁合成炉工艺已逐渐淘汰，以石墨合成炉工艺和三合一石墨合成炉工艺为主。

2. 氯化氢的生产原理

氯气和氢气在低温、常压和没有光照的条件下反应，反应速度是非常缓慢的，当在高温和光照的条件下，反应会迅速进行，甚至会以爆炸的形式急剧进行，氢气在氯气中均衡地燃烧合成氯化氢的过程，实质上是一个链式反应过程。

（1）链的引发：点燃的氢气在合成炉内燃烧发光发热，为链式反应的进行提供光量子。首先是氯分子吸收了氢气燃烧时放出的光量子，其原子键断裂而离解为两个化学活性远远超过了氯分子的活性氯原子：

$$Cl_2 \xrightarrow{\Delta} 2Cl\cdot$$

（2）链的增长：离解了的活性氯原子和氢分子作用，生成一个氯化氢分子并激发一个活性氢原子。

$$Cl\cdot + H_2 = HCl + H\cdot$$

活性氢原子的活性也远远超过氢分子，当它和氯分子相遇时也立即生成一个氯化氢分子并激发出一个活性氯原子，这个活性氯原子又继续和氢分子作用生成氯化氢分子和活性氢原子，反应像链条一样传递并延续下去。

$$H\cdot + Cl_2 = HCl + Cl\cdot$$

$$Cl\cdot + H_2 = HCl + H\cdot$$

……

（3）链的终止：在氯化氢合成过程中，活性原子不断产生的同时，也在不断地消失。当活性原子产生的概率等于消失的概率时，系统内活性原子的数目保持相对稳定，因此链式反应可以平稳安全地进行。活性原子的消失有以下几种情况：同类的活性原子相碰撞重新结合成分子而失去活性。

$$Cl\cdot + Cl\cdot = Cl_2$$

$$H\cdot + H\cdot = H_2$$

活性氯原子和活性氢原子相碰撞生成氯化氢分子而失去各自的活性。

$$H\cdot + Cl\cdot = HCl$$

活性原子和其他杂质分子或炉壁等相碰撞也会失去各自的活性，导致链式反应的终止。

总反应

$$H_2 + Cl_2 = 2HCl$$

3. 产业实践

1）工艺流程

来自氯气工段的氯气经氯气缓冲罐，与来自氢气处理工序的氢气［氯气与氢气以 1∶1.05~1.10（体积比）］经氢气缓冲罐后进入二合一石墨合成炉内进行燃烧，生成氯化氢气体。纯度合格的氯化氢气体从石墨合成炉顶部进入石墨冷却器，经过冷却后进入氯化氢分配台，大部分氯化氢被送至氯乙烯装置作原料，一小部分被送至高纯盐酸吸收系统，生产盐酸。在燃烧过程中，必须确保氢气压力高于氯气压力，同时控制氢气过量，以此确保氯气氢气能完全反应，合成的氯化氢纯度能达到要求。具体氯化氢合成流程见图 4.8。

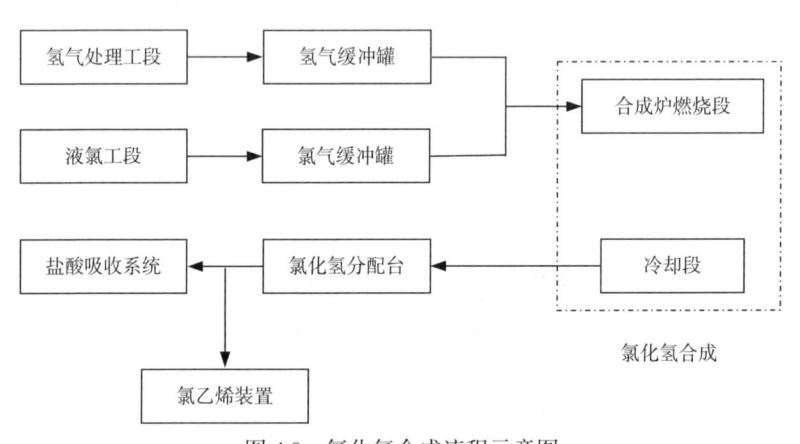

图 4.8 氯化氢合成流程示意图

2）主要设备

该工艺流程主要设备为二合一石墨炉，该合成炉集合成和冷却为一体。

石墨合成炉整体呈立式圆筒形状，构成附件主要为炉体、燃烧反应装置、冷却装置、安全防爆装置、物料进出口和视镜等。

氯化氢气体出口管安装至炉体最上面一节，出口温度一般在 350~400℃。由于出口温度较高，一般采用伸缩节连接出口管道与工艺管道，以此来以补偿在较高温度下的管道的热膨胀，避免出口管与炉体连接处因过大的温差而出现应力，造成管道损坏。

在合成炉燃烧器中，氢气和氯气混合气体中确保氢气过量约 5%~10%，充分燃烧反应后生成氯化氢气体。燃烧器材料主要为石英燃烧器，其一般可用 2~3 年以上，寿命较长，并且广泛应用。由于石墨、高铝质耐酸陶瓷燃烧器检修更换频繁,只有3个月左右使用寿命,寿命较短,影响设备的利用率,已逐渐被淘汰。

3)实施效果

采用二合一石墨合成炉,降低了氯化氢含铁量,提高了生产效率,降低了出口氯化氢温度和氢气用量,同时减少了尾气的排放,生产过程易于操作,降低了成本。截至目前,该方法已应用于新疆天业140万吨/年聚氯乙烯合成氯化氢生产装置。

4.3.7 氯乙烯合成

1. 产业概述

氯乙烯是合成聚氯乙烯和氯乙烯共聚物的单体,称氯乙烯单体(VCM)。来自电石产物乙炔与来自氯化氢合成工段的氯化氢,在催化剂的作用下,生成氯乙烯单体。电石法生产聚氯乙烯重要环节为氯乙烯单体的合成,将电石和聚氯乙烯树脂产品有机结合,形成电石法聚氯乙烯生产的关键技术之一。

氯乙烯可称为乙烯基氯,是一种应用于高分子化工领域的重要的单体之一,主要制备来源为乙烯或乙炔。依据原料来源的不用,制备氯乙烯的方法分为乙烯法(直接氯化和氧氯化法)、乙炔法、乙烯-乙炔法和乙烷法。

国内乙炔法氯乙烯生产技术相比较于荷兰 John Brown 公司的乙炔法氯乙烯生产技术的差距主要在催化剂消耗高、进口反应器成本高和知识产权保护问题。虽然我国的乙炔法氯乙烯生产技术相对比较粗放,消耗也较高,但经过几十年的经验积累,技术已十分成熟,且在国内有几十家企业采用国内技术。国内技术工艺过程较简单、设备除个别外均为国产,投资成本较低,同时采取新的技术措施降低消耗,加强管理,均可缩小与国外技术的差距。

2. 氯乙烯的生产原理

电石生产的原料主要为生石灰和以焦炭为主的炭原料,其生产技术见4.3.3小节。本小节主要利用4.3.3小节产出的电石,采用电石与水反应产生乙炔,乙炔再与氯化氢在氯化汞催化剂作用下加成反应生成氯乙烯(VCM),基本原理如下:

主反应

$$HC\equiv CH+HCl \longrightarrow H_2C=CHCl$$

上述反应过程反应机理如下:

乙炔与氯化汞加成生成中间加成物氯乙烯氯汞,

$$CH\equiv CH+HgCl_2\longrightarrow ClCH\!=\!CH\text{-}HgCl$$

氯乙烯氯汞很不稳定，遇氯化氢即分解生成氯乙烯，

$$ClCH\!=\!CH\text{-}HgCl+HCl\longrightarrow CH_2\!=\!CHCl+HgCl_2$$

主要副反应

$$CH\equiv CH+2HCl\longrightarrow CH_3CHCl_2$$

$$CH\equiv CH+HgCl_2\longrightarrow HgCl\text{-}CH\!=\!CHCl\longrightarrow Hg+ClCH\!=\!CHCl$$

$$CH\equiv CH+H_2O\longrightarrow CH_3CHO$$

其中乙炔（C_2H_2）通过电石（CaC_2）与水（H_2O）进行反应生成，在使用相关工艺去除杂质以后与氯化氢（HCl）进行混合，混合气体经过干燥剂干燥后，进入转化器进行转化反应。氯化汞（$HgCl_2$）催化剂载体为活性炭，$HgCl_2$ 的质量为活性炭质量的 10% 左右。催化剂装入转化器的列管中，同时确保乙炔和氯化氢配比合适。当两种物质分子比大或者小时，会生产副产物，同时还会造成催化剂中毒而失去活性。

3. 产业实践

1）工艺流程

经过净化的电石生成的 C_2H_2 与 HCl 按照一定的摩尔比进行混合（1：1.05~1.10），完成冷冻脱水后，经酸雾过滤后再采用硫酸干燥，经过干燥后的混合气体进入预热器预热。预热后的混合气体通过分配至氯乙烯合成反应器，在反应器中与 $HgCl_2$ 催化剂进行加成反应，从一级反应器来的反应物在二级反应器中，经过两级反应器完成反应。物流中的升华汞经活性炭吸附除去，水洗塔用水吸收氯乙烯合成中未反应的氯化氢。水洗后的气相粗氯乙烯通过碱洗塔中的碱液，洗去粗氯乙烯中残存的酸性物质。粗氯乙烯采用两段压缩处理后，再经全凝器进行冷凝，产出液态粗氯乙烯。全凝器的排气在冷凝器中与冷冻盐水换热，降低温度的同时减少了排出尾气中附带的氯乙烯。排出的尾气经变压吸附工段回收其中附带的乙炔、氯乙烯和氢气，经处理合格后外排处理。粗氯乙烯通过低沸塔、高沸塔处理，除去高、低沸点杂质物质后，再经固碱干燥处理，得到聚合用的合格的 VCM 单体。含氯乙烯的高沸物经高沸塔底排出，经回收塔中回收氯乙烯后，装桶外送。具体流程见图 4.9。

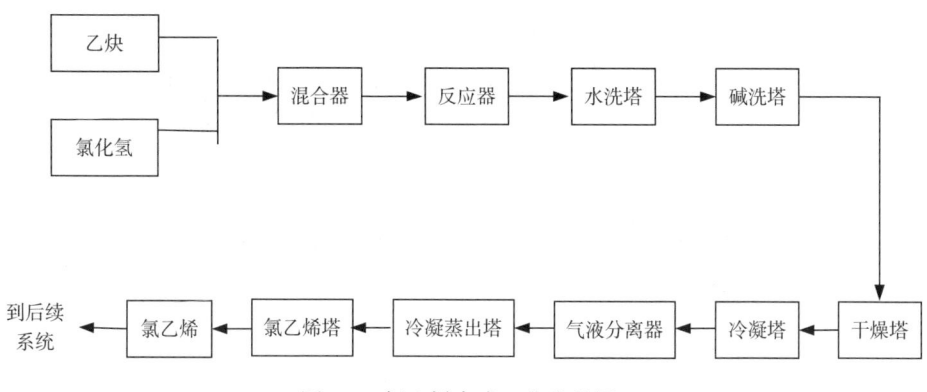

图 4.9 氯乙烯合成工艺流程图

2）主要设备

在运用电石乙炔法进行合成氯乙烯的设备中，转换器作为反应进行的换热设备，需要为反应物以及催化剂提供反应环境，其质量以及技术的好坏直接决定反应能否顺利进行。合成氯乙烯所用的单台转化器的结构包括以下内容：上下锥型封头，转化床，热电偶。上锥型封头顶部设置有介质进出口，同时还设置了温度检测口。转化床为列管式换热器构造，所用列管采用的上下管板胀焊连接，外体为圆形壳体，并与上下管板焊接在一起。上下管板与壳体相连接，形成了两个彼此隔绝腔体，分别为壳程、管程。转化床壳体配有热水进出口、排汽口和排净口，均与上下管板在一起，并与壳体呈竖直分布。$HgCl_2$ 催化剂装填至列管，列管外部的壳体内部用于热水的循环，同时壳体内部设置多个旁路挡板，预防壳体内部的循环热水在循环过程中发生短路，并与壳体呈竖直分布。该设置具有明显的优势，如反应气体流向分布均匀、传热效率较高、阻力较小，设备使用时间较长等。

3）影响氯乙烯合成的因素

A. 反应温度

氯乙烯合成过程中，当反应温度升高时，氯乙烯合成的速度会加速，在实际工业化生产中，利于氯乙烯合成。但温度过高时，会带来一定的影响，具体内容如下：

催化剂活性。反应温度升高，会伴随有 $HgCl_2$ 升华，并且温度越高，升华越明显。在较高的温度下，$HgCl_2$ 非常容易被乙炔还原或分解成 Hg 升华，同时被还原，较高温度下均使催化剂寿命降低。

高沸物。当温度升高时，副反应随之加剧，同时产生的高沸物随之增加。增加的高沸物会影响电石消耗定额的增加。因此，必须严格控制反应温度。

B. 分子比

氯化氢浓度（即分压）的升高，有利于转化反应的进行，同时能提高乙炔的转化率。但是当乙炔过量时，容易引起催化剂中汞的还原，生成甘汞或水银，加速催化剂活性的下降。

C. 空间流速

每小时空间流速增加时，会造成气体原料和催化剂之间的接触时间逐渐减少，从而降低乙炔的转化率，空间流速降低时则反之。

4）实施效果

乙炔为合成氯乙烯主要原料，其成本成为制约电石法聚氯乙烯的关键因素。新疆天业乙炔由电石水合法制备，其原料符合西部地区资源特点，同时为聚氯乙烯合成提供了廉价单体，具有较强成本竞争力。同时，对氯乙烯工艺参数进行了严格的控制和优化，聚氯乙烯品质处于行业领先地位。

4.3.8 聚氯乙烯

1. 产业概述

氯乙烯聚合作为聚氯乙烯生产的最重要工序之一，其工艺及聚合釜的性能在很大程度上影响着聚氯乙烯树脂的质量和生产成本。随着企业向国际化和大型化发展，新建或扩建聚氯乙烯生产装置的规模越来越大。如果采用小型釜，需增加生产线，才能满足生产要求，但存在设备投资较大、建设费用和运行费用较高、单釜生产强度偏低、操作不方便等缺点。新疆天业采用国内成熟的电石乙炔工艺路线，并引进先进的设备和控制系统，以新疆储量丰富的原盐、煤为主要原料，生产出高附加值的烧碱和树脂，于 2007 年采用 105 m^3 大型聚合釜。大型聚氯乙烯聚合釜是一种新型的、大容积的聚合釜，与小型聚合釜相比，具有容积大、产能高、带有称量系统、产品质量稳定等优点[6]。

PVC 树脂是五大通用树脂中产量最大的树脂，并在世界范围内具有非常广泛的应用领域。PVC 工业生产的方法主要有乳液法、悬浮法[7]、本体法、微悬浮法等，悬浮法和本体法对比如表 4.2 所示。

表 4.2 悬浮法和本体法对比

方法	特点	占比	备注
悬浮法	工艺简单、成本低、便于大规模生产、产品性能优良	PVC 总产量 75%	世界各国广泛采用
本体法	工艺过程简单、产品纯度高、能耗低、三废排放少	PVC 总产量 10%	开发较早、成熟较晚

聚氯乙烯糊树脂生产方法主要为乳液法和微悬浮法，本小节为 PVC 树脂聚合，不涉及特种 PVC 糊树脂，因此不采用该两种生产方法。采用乳液法和微悬浮法生产的特种 PVC 糊树脂产量约占聚氯乙烯总产量的 10%。

近些年以来，世界各国企业和科研人员，致力于将悬浮法制备 PVC 树脂工艺技术优化改进，发展壮大，在很多方面做了研究，如新型引发剂的开发、开发更高效的助剂、PVC 生产中的"三废"处理技术研发、大型聚合釜的研发和使用、PVC 专用树脂的开发、优化工艺控制提高 PVC 树脂质量以及生产过程的自动化控制技术开发等，并在这些方面获得了一定的成就，为悬浮法的更广泛、高效、高质、节能、环保、安全、自动化的使用形成了有力的支撑。新疆天业采用悬浮法合成 PVC 树脂，截至目前 PVC 产能为 140 万吨/年。

2. 聚氯乙烯的生产原理

在 HPMC、PVA 等为分散剂条件下，以及分散介质和导热介质条件下，采用搅拌方式，VCM 液体以微珠状悬浮于水中。在 EHP[过氧化二碳酸二(2-乙基己基)酯]等引发剂条件下，微柱状悬浮的 VCM 单体通过自由基的链反应最终悬浮聚合成 PVC 树脂。

总反应式如下：

$$n\text{CH}_2\!=\!\text{CHCl} \longrightarrow \text{\textendash}(\text{CH}_2\text{CHCl})_n\text{\textendash}$$

式中，n 为聚合度（即 VCM 分子数目），一般为 500~1500。

此反应机理可按以下三个步骤进行：

1）链的引发

该引发包含两步：第一步为引发剂分解，该引发剂分解为后续反应所需要的自由基，即初期自由基；第二步为单体反应，该反应为第一步生成的初期自由基与单体进行反应，生成单体自由基，作为后续反应的原料。

2）链的增长

键的引发第二步生成的单体自由基为初级自由基与 VCM 单体分子的结合，从而形成 VCM 自由基长链，这一步成为链的增长。该过程为 VCM 聚合反应的关键步骤，由于该聚合过程为放热反应，在反应的过程中，需要将热量转移，才能更好地将聚合反应进行下去。链的增长速度非常快，在极短的时间内，其聚合度可达到数千，甚至上万。

3) 链的终止

在链的增长过程中，形成的 PVC 大分子自由基与链的引发第一步产生的初期自由基发生反应，将形成链的终止反应，完成 PVC 树脂的合成反应，产出合格的 PVC 树脂。此外，当 PVC 大分子自由基同单体、引发剂、单体中的杂质等发生链的转移反应和两个 PVC 大分子自由基发生偶合或歧化反应也会发生链终止反应，使链的增长停止。

3. 产业实践

1) 工艺流程

悬浮聚合工艺，在聚合过程中采用充分搅拌和化学分散剂来使氯乙烯单体在水中形成悬浮的液滴。该工艺包括四步：单体聚合、除去残留的 VCM 单体、离心除水和聚合物干燥。在实际操作中，具体的工艺方法如下详述。

PVC 生产装置采用冷水加料入料方式，先通轴封水后进行加料，加料完成后进行搅拌。聚合釜内壁涂抹壁液，同时启动循环水泵，将副产的涂壁废水送往后续汽提工段处理。冷软水及分散剂加入聚合釜内后，再加入 95℃ 的热软水。经过上述处理后加入 VCM 单体，同时升高聚合釜夹套温度。当夹套温度达到一定要求后，加入引发剂。完成上述操作后，即开始聚合反应。聚合反应过程中，聚合釜压力和温度由 DCS 程序检查，按要求严格控制聚合釜夹套温度，调节夹套循环水补水和冷凝器回水流量，确保聚合过程中聚合釜的釜温和釜压稳定，聚合反应顺利进行。聚合反应过程的聚合压力达到压力要求后，需加入聚合终止剂，完成聚合反应。反应结束后，经过出料系统将料送入下一段工序或进行回收。如图 4.10 所示。

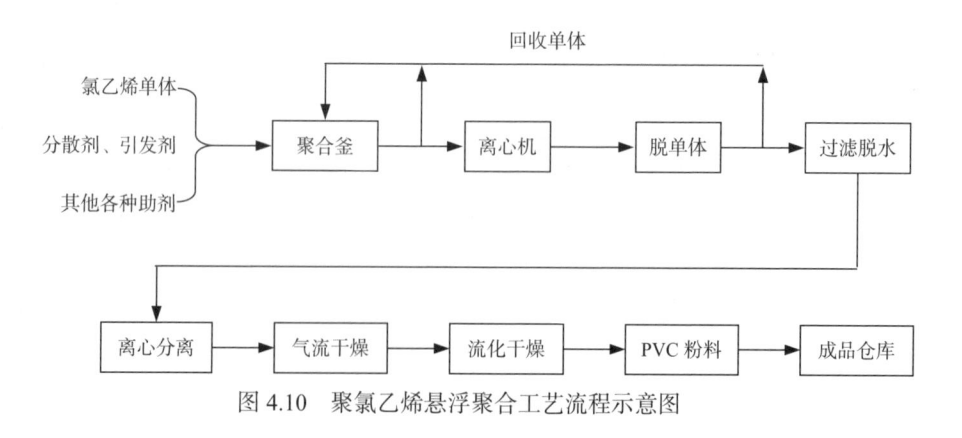

图 4.10 聚氯乙烯悬浮聚合工艺流程示意图

2）主要设备

A. 双壳壁内夹套聚合釜

采用了上海森松压力容器有限公司生产的双壳壁内夹套聚合釜，聚合釜容量105 m³。该聚合釜具有解决小型聚合釜生产强度低及传热性能差等优点。大型聚合釜内夹套厚度仅为10 mm，隔绝夹套内的冷却水和聚合釜内的生产介质。夹套内壁较薄，大大降低了金属壁的热阻，提高了传热系数，使105 m³聚合釜的传热系数达到5016 kJ/(cm²·℃·h)，相比较于70 m³聚合釜，传热系数提高了大约1倍。全流通螺旋夹套结构，最大化聚合釜釜内的传热面积。釜顶设置的冷凝器，能使聚合时间缩短至3.5~4.0 h。105 m³聚合釜采用底伸式搅拌形式，搅拌桨为单层四叶平桨，可生产多种型号的悬浮法树脂。目前，采用该种聚合釜已生产出优质的PVC-SG3、SG5、SG7、SG8型树脂，其中，高型号树脂PVC-SG7、SG8型树脂应用于透明片材和注塑料的加工，具有明显的优势。

B. 搅拌系统

该大型聚合釜的搅拌系统采用底伸式安装的单层四叶平板桨叶，此种桨叶的安装方式，能更好地扩散流体，使流体在流动时分布于整个聚合釜内中。此外，系统内密封采用双端面平衡型机械密封，即密封环隙处设置注水系统，用于防止物料的沉积，同时增加了变频器（可将搅拌转速控制在0~65 r/min）。搅拌系统的搅拌转速是影响悬浮液流场状态的重要因素，生产不同型号的PVC树脂时选用的搅拌转速也不同。当搅拌转速越高时，流场的混合和剪切会越强，但与此同时会造成转速太快，导致PVC树脂颗粒形态发生变化，也会增加能源的消耗，因此，在聚合反应中应需严格控制搅拌转速。为使聚合反应的效果达到最佳、搅拌转速控制最精确，该大型聚合釜采用变频器控制搅拌转速。

3）注意事项

A. 悬浮聚合温度对反应时间及聚合度的影响

聚合反应过程中，恒定的反应体系温度，均匀的反应速率，有利于反应过程热量传递。否则，当反应进入升温期后期时，若温度偏离聚合所需温度，反应将处于激烈阶段，会严重影响分子量的分布。实际生产中，要求聚合工艺中采用等温水入料。

B. 引发剂对聚合的影响

VCM悬浮聚合所采用的引发剂为基本上不溶于水而溶于单体。引发剂主要对聚合反应速率、鱼眼、粘釜、PVC初期变色性能等有影响。此外，引发剂的选择对VCM悬浮聚合过程和PVC树脂性能影响很大，如聚合时间、放热、粘釜、热稳定性、颗粒形态、毒性和鱼眼等。

C. 其他因素对聚合的影响

对聚合的影响因素除了上述的主要因素外，氧、铁、高沸点物、氯离子、聚合工艺（加料顺序、中途注水）对聚合过程影响也非常大。

4）实施效果

聚合釜的大型化，一方面能减少设备投资费用、建设投资费用和运行费用，另一方面生产出的产品质量更加均匀和稳定，生产成本更低，清洁生产水平更高，是聚氯乙烯行业的发展趋势。新疆天业采用的 105 m³ 大型聚合釜，使电石法聚氯乙烯树脂生产技术总体水平达到国际先进水平，该大型聚合釜可用于生产多种型号的悬浮法 PVC 树脂。

4.3.9 废渣制水泥

1. 产业概述

电石渣成分均匀，且含钙量高，与石灰石的组分相似，而石灰石是生产水泥的主要原料，因此电石渣可以替代石灰石作为生产水泥的原料。电石渣作为电石法聚氯乙烯装置的主要污染源，多年来一直制约着电石法聚氯乙烯企业的发展，每生产 1 t 聚氯乙烯可产生约 1.4 t 电石渣。电石渣代替石灰质作为生产水泥熟料的原料，一方面充分利用了电石生产产生的废渣，另一方面节约了不可再生的石灰石资源，降低水泥生产的成本，同时大大减少了温室气体 CO_2 的排放。电石渣用于生产水泥，是生产企业、水泥工业和社会协调发展采取的重要措施。

近年来，新疆天业以发展循环经济为理念，利用现有的产业链产生的各类废渣发展全废渣制水泥生产项目，大力推行清洁生产，从源头上减少污染物的排放，取得了良好的效果和显著的经济效益，对推动我国全废渣制水泥技术的发展具有重要意义，同时在循环经济产业链中担当最重要环节。

水泥生料由电石渣、黏土、铁矿粉按比例磨细混合，然后在 1450℃ 左右进行煅烧，得到水泥熟料。加入石膏一起磨细，按比例混合，得到普通硅酸盐水泥产品。

2. 原理及生产方法

乙炔气是由碳化钙与水在乙炔发生器中生成，其反应式为下式：

$$CaC_2 + H_2O \longrightarrow C_2H_2 + Ca(OH)_2$$

反应残留的残渣即为电石渣，理论计算每吨电石消解可产生干电石渣 1.16 吨。电石渣代替石灰质原料生产水泥熟料，其生产工艺可采取湿法工艺（包括半湿法)、干法工艺(包括半干法工艺)及新型干法工艺,其中新型干法工艺是最为先进的工艺技术。国内新型干法电石渣制水泥技术水平还不是很成熟,电石渣含碱量高,又含有 Cl、S、F、P、K、Na、As 等有害物质,使物料的黏附力、腐蚀性增强,在采用高温煅烧情况下,废气在窑尾热量逐步被物料吸收,再加上系统大量使用空气炮,遇到冷空气硫、碱、氯由气体转变成固体黏结在窑尾、烟室、分解炉缩口、预热器入口、下料管、废气管、高温风机叶轮,影响窑的运转率,这是制约大多数电石渣制水泥生产线正常运行的瓶颈,且热耗高。大力推行低温煅烧,减少废渣中有害物质的循环富集,是确保我国新型干法电石渣制水泥可持续发展的关键。

3. 产业实践

1)工艺流程

电石渣是乙炔发生后的废渣通过管带输送机运至水泥电石渣库储存备用。净化灰是密闭电石炉的收尘灰,放出后遇空气自燃,需用自备电厂的湿炉渣拌和灭火才能入仓配料。硫酸渣、铜渣两样铁质校正原料搭配入库使用能更好地降低烧成液相温度。粉煤灰由自备电厂散管车运到打入粉煤灰库供配料备用。煤矸石是天山火山灰代替活性硅质原料粉煤灰、炉渣不足的补充原料,经二级破碎入库。石灰石渣是新疆天业石灰窑烧石灰筛掉的低品位碎渣和细粉入库备用。电石收尘灰与石灰粉末拌和入库,为了降低电石收尘灰的流动性,配料时不塌料、冲库,下料稳定。

各种废渣分别入调配仓和库,按化验室下达配料比方案,由生料磨中控员按比例下库经电子皮带称重,落入皮带运输机喂入烘干式中卸磨,经中控员微调各种废渣比例始终使出磨 CaO、Fe_2O_3、细度指标在受控范围内波动,出磨物料与粉煤灰按质量分数称重后,由提升机进选粉机筛选细度达到要求的以硅质原料为主细粉料,由皮带运输机喂入干燥管,粗粉又回磨。干电石渣(含水 5% 左右),采用管带机输送至电石渣料仓,经皮带秤完成称量,后与生料混合并按一定的比例输送至烘干磨,磨出选粉合格的生料,经计量后一起输送入窑尾干燥管中进行烘干,烘干后含水分为 1% 水分的生料送到生料均化库,再经分级预热后输送至分解炉入窑进行煅烧。熟料出窑冷却、破碎入库备,库下装有电子皮带秤与脱硫石膏、石灰渣(拌和)、粉煤灰或炉渣按质量分数称重入水泥磨粉磨,合格细粉入水泥库、散装库经多库搭配出厂,粗粉经选粉机后又回水泥磨(图 4.11)。

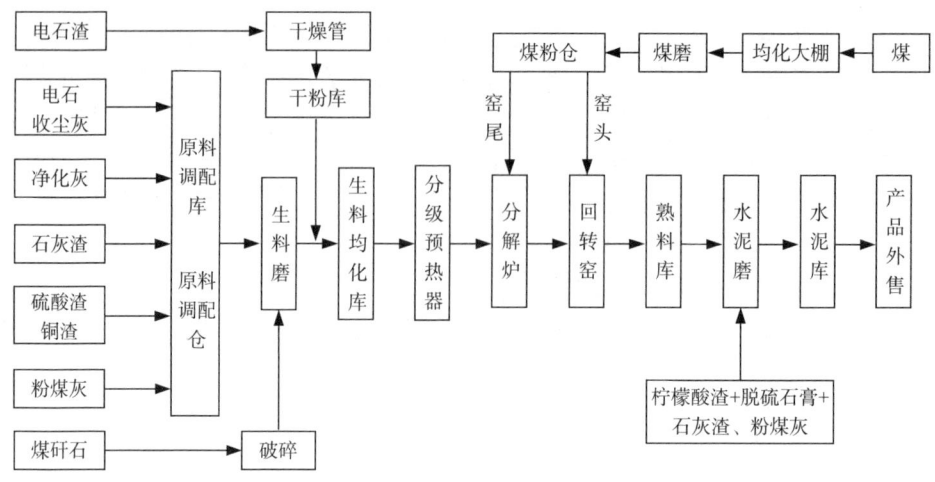

图 4.11 废渣制水泥工艺流程示意图

2）实施效果

电石渣新型干法水泥技术是新疆天业在电石渣湿磨干烧技术的基础上进一步的突破，它是配套干法乙炔发生装置应运而生的，在节能、降耗方面具有极大的优势。完善了公司氯碱化工园区产业链，构筑出完整的氯碱循环经济发展模式，使新疆天业氯碱化工园区的水资源消耗、废水排放大幅下降，包括电石渣在内的各类工业废渣综合利用率达到 100%，对实现新疆天业氯碱化工装置的清洁生产起到了极为关键的推动作用。同时对氯碱化工行业健康绿色发展、创建和谐社会具有重要战略意义和现实意义，社会生态环保效益显著。

本技术 2012 年推广应用至内蒙古伊东冀东水泥有限责任公司建设与投运；2013 该项目又成功推广应用到天伟水泥有限公司 2×2500 吨/日熟料生产线的建设与投运；2013 年推广应用至陕西北元集团水泥有限公司 3000 吨/日生产线建设与投运。生产出的水泥已在昌吉州、克拉玛依市、玛纳斯、石河子等多地推广使用，用户反应良好。全工业废渣干法水泥产品每年开展四次第三方检测，经检测产品质量优异，达到国家先进水平。

4.4 完善阶段

4.4.1 阶段介绍

"十一五"期间，新疆天业按照"规模化、循环化、可持续"的发展思路，实施了新一轮结构调整，将产业和产品进一步向上、下游延伸，形成了更加完善的循环经济两大产业链：第一个是主导产品产业链，即矿产资源开发—电力—电石—聚氯乙烯—节水器材—高效农业—食品加工—农业产业化产业链，主导产品产业链使各类资源的转换效率大幅度提高。第二个是废弃物综合利用产业链，即工业废渣—水泥建材和废旧滴灌带回收与再利用产业链，废水、废气综合利用网络。

实施技术创新发展战略，通过自主创新和产学研结合，逐步建立了成套绿色化工关键支撑技术体系，公司主导产品综合能耗均达到行业清洁生产一级指标要求，企业整体核心竞争力得到进一步提升。新疆天业氯碱化工循环经济完善阶段产业链图如图 4.12 所示[1]。

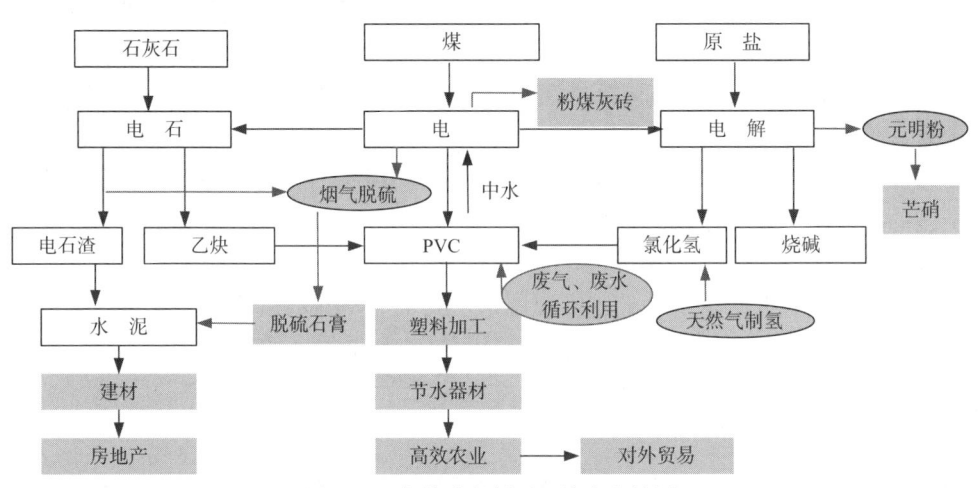

图 4.12 完善阶段循环经济产业链图

2006 年新疆天业承担了国家科技部氯碱企业节水技术开发与示范科技支撑项目，采用干法乙炔生产技术、聚合母液水生化处理技术、含汞废酸深度解吸技术、电石渣上清液循环利用技术，使新疆天业实现了"减量化、再循环、再利用"的废水回收利用网络链，为氯碱行业树立了节水的典范。

根据氯乙烯生产工艺特点，通过增加组合式氯化氢吸收-解吸装置、变压吸附氯乙烯回收装置、天然气制氢气及尾气制碳酸钠装置，构建了氯资源回收利用网络链。

电石渣制水泥是新疆天业循环经济产业链的突破与创新，在循环经济发展完善阶段再次取得新成果。2005 年新疆天业自主研发出先进的湿磨干烧工艺，并建成国内第一套年产 35 万吨熟料的电石渣水泥装置。2007 年，新疆天业率先在行业使用干法乙炔技术，同时建设年产 120 万吨熟料的电石渣新型干法水泥生产装置，与年产 40 万吨聚氯乙烯装置同步投产、满负荷运行，使新疆天业成为国内第一家大规模运行干法乙炔装置、电石渣新型干法水泥装置的企业。目前，新疆天业已经形成以电石渣、粉煤灰为主要固体废弃物的综合利用网络，每年获取的经济效益上亿元。2012年3月新疆天业"干法乙炔—电石渣干法水泥"循环经济示范工程被列入国家第一批工业循环经济重大示范工程。

与浙江大学产学研合作，实现烟气脱硫技术的国产化，成本仅为传统工艺的50%，奠定了国内烟气脱硫领域的低成本清洁生产新模式。全废渣脱硫剂，脱硫石膏生产水泥，废渣资源化利用率100%，脱硫效率达95%以上。对新疆乃至全国脱硫产业都产生了积极的引领和示范作用。

新疆天业循环经济产业链，将化工与节水农业两个产业紧密结合，形成了具有鲜明特色的工农业相结合的产业链。在农业节水产业方面，突破了废旧滴灌带回收再利用技术，建立了农业节水滴灌器材生产与回收一体化循环经济产业链，生产出了我国农民用得起的滴灌节水器材，为我国节水农业的发展奠定了扎实基础。公司自主开发的膜下滴灌系统在全国累计推广面积达到8000万亩，节水增收效果显著。

2010年，在天业广大干部职工的不懈努力和国家的大力支持下，滴灌技术在全国的推广速度明显加快。历经多年开发的国家"863"项目滴灌水稻技术取得重大进展，2011年大面积种植成功，平均亩产达到700 kg以上，居领先水平。通过大力发展节水农业，将节约的水资源用于发展工业和开垦拓荒，在很大程度上缓解了水资源短缺瓶颈，形成了工农业相互促进、和谐发展的新局面。

4.4.2 废水综合利用网络

在水资源综合利用方面，注重水资源梯级利用网络的建设。采用最新的水处理技术——聚合母液水生化处理技术，处理后的水质完全达到电厂循环水要求的标准；乙炔上清液通过喷雾冷却处理后循环利用，完全可以达到零排放；对废次氯酸钠进行处理后，一部分去配次氯酸钠，另一部分进乙炔发生器，达到完全利用。氯乙烯合成中排放的含汞废水采用化学方法处理，含汞质量分数可达 5×10^{-6} 以下，采用氯化氢零解吸工艺处理排放的废酸；螯合树脂塔再生废水经处理后回一次盐水工序化盐。在聚氯乙烯项目实施中，统一规划，聚氯乙烯、电石等装置在充分提高系统水的重复利用率的同时，综合处理多余的废水，处理后达到循环水标准要求的中水送自备热电装置再次利用。热电装置废水处理后作脱硫用水、绿化等。通过实施水循环利用网络，聚合母液水COD去除率达到90%以上，处理后的母液水全部用作电厂冷却水；含汞废酸深度解吸技术，实现了含汞废水的封闭式循环，新疆天业一次水用量大幅减少，也实现了化工工艺废水的零排放（图4.13和图4.14）。

第4章 循环经济西部发展模式分析

图 4.13 废水综合利用网络图

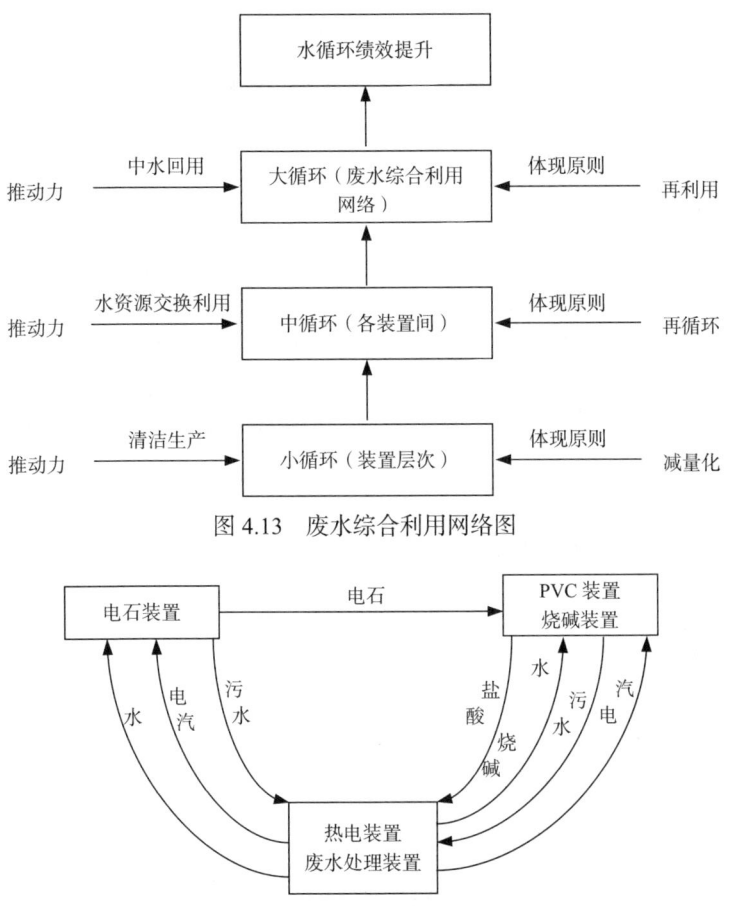

图 4.14 水资源梯级利用系统图

按企业实际的用水状况，在清洁生产、水资源交换利用及循环利用、中水回收三个层面开展废水综合利用工作，形成水资源梯级利用系统，实现废水的零排放。涉及关键技术如下：

1）聚合母液水处理技术

聚合车间生产每吨悬浮法 PVC 树脂要消耗无离子水 3.5~4 吨，该废水的特点是悬浮物、COD 及胶体含量高，处理难度较大。聚合母液水处理技术采用国内领先的高效强化分离技术和国际领先的 EPD 全自动过滤技术回收聚合母液水，使其达到循环利用的目的。

2）中水回收处理技术

中水回收处理技术用于处理回收生产过程排出的乙炔清净下水、反渗透装置和循环冷却水系统以及废锅等排出的低盐废水,主要采取生物活性炭过滤技术去除微量有机物和反渗透技术去除以氯化钠为主的盐类。

4.4.3 废气综合利用网络

烧碱和聚氯乙烯生产中,一般烧碱与聚氯乙烯生产量为 4.5∶5。新疆天业采用天然气制氢技术富含二氧化碳的天然气尾气用于生产一次盐水的精制助剂碳酸钠,回收氯乙烯尾气中的氯乙烯、乙炔和氢气的变压吸附技术,以及过量氯化氢吸收-深度解吸技术,建立了以提高氯资源使用效率为核心的废气综合利用网络(图 4.15),使 18 万吨/年烧碱装置提供的氯资源可满足 24 万吨/年聚氯乙烯树脂(较常规增加 4 万吨/年)聚氯乙烯的需要,烧碱与聚氯乙烯生产量之比达到 4.5∶6,氯资源使用效率提高 20%,废气排放量下降了 30%以上,聚氯乙烯综合能耗下降 10%,均为当时行业领先水平。电石炉气收集后用于炭材干燥和去电厂代替煤进行燃烧,64 万吨/年电石装置可节约标准煤约 10 万吨/年。在 4×135 MW 热电装置中安装了新疆第 1 套电石渣烟气脱硫装置,减少二氧化硫的排放量。第 1 期水泥生产装置配套安装了余热锅炉。

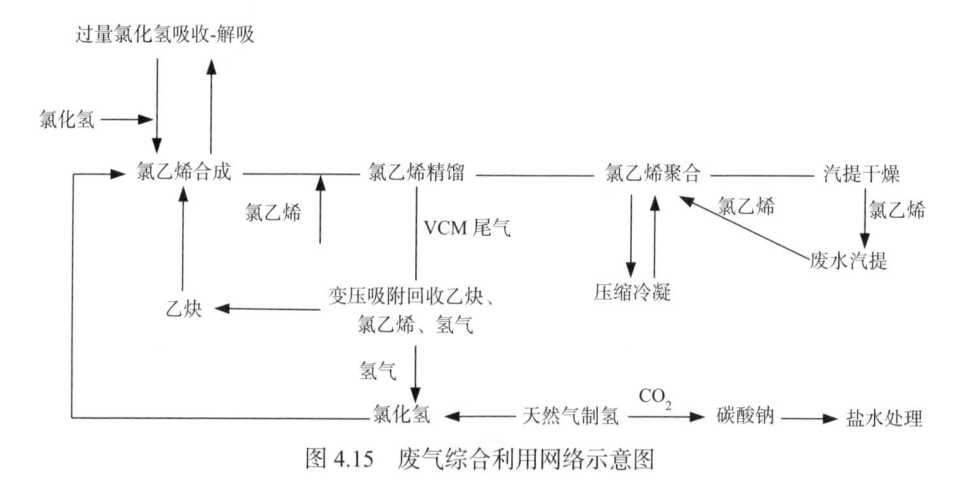

图 4.15 废气综合利用网络示意图

完善阶段废气综合利用关键技术:

1)电石炉气综合利用技术

产业链构建阶段,新疆天业开发出 40000 kVA 大型密闭电石炉并成功应用,年产电石规模达到 7 万吨,装置规模化效益显著提升,随着新疆天业大型密闭电石炉的全面应用,这一部分富含 CO 的电石炉气具备了回收利用的条件。通过对电石炉气采用创新的干法除尘和湿法净化相结合的工艺,洗气水实现闭路循环,无污染物外排,并进行深度分离提纯,使密闭电石炉尾气达到化工利用的标准,为电石炉炉气进一步化工利用创造条件。

2）天然气制氢技术

在氯化氢合成过程中,氢气和氯气配比保持在1.05~1.10:1,24万吨聚氯乙烯装置过量氯气1.5万吨。采用天然气水蒸气转化制氢技术,将氢气补充入氯化氢合成系统,使氯资源得到100%转化。

3）制氢尾气制备碳酸钠工艺

天然气制氢尾气中,二氧化碳含量42%。利用尾气富含二氧化碳的特性,与碱液反应制取5000吨/年碳酸钠,用于一次盐水处理工序。氯乙烯尾气主要成分氯乙烯含量8%~12%,乙炔含量5%~8%,氢气含量40%~50%,其余为氮气等不凝气体。采用变压吸附法来回收氯乙烯尾气,使放空尾气中氯乙烯和乙炔含量分别降至30 mg/m³和150 mg/m³以下,回收率均大于99.9%,完全达到国家排放标准。同时,可回收浓度99.9%以上的氢气300 m³/h,返回到氯化氢合成系统(可减少天然气消耗),使氯资源得到高效转化。

4）氯化氢吸收-解吸技术

为解决氯碱行业汞污染难题,新疆天业自2005年起就投入大量的人力和物力,着手对含汞废酸治理技术进行攻关,2006年率先在国内建成含汞废盐酸深度解吸工业化试验装置,将常规解吸18%~22%的含汞废盐酸,进一步深度解吸后浓度可降至2%以下的含汞酸性废水,解吸出的氯化氢可回收利用,深度解吸后的含汞废水作为吸收剂在系统中封闭循环,定期排出系统的高含汞废水采用碳纤维过滤和沉淀法回收汞,使氯碱行业的汞污染得到了有效治理。目前新疆天业已在120万吨聚氯乙烯生产装置中全部采用该套技术。在中国氯碱工业协会的大力支持下,该成套技术已经在氯碱行业开始得到快速推广。

5）氯氢干燥含氯废硫酸的回用技术

利用真空脱氯及精密过滤技术对氯碱企业氯氢干燥工段排出的70%~80%的含氯废硫酸进行增值回用,除去废硫酸中含有的氯气、少量氯离子、铁离子及铁泥等,使处理后的再生硫酸检验指标全部达到稀酸标准,作为硫酸车间吸收工序稀酸原料,也可直接进行混配用于生产93%或98%的商品硫酸对外销售。该技术的运用避免氯碱企业低价处理含氯废硫酸,从根本上降低了氯氢干燥的成本。从而减少了含氯废硫酸直接使用过程中对环境造成的危害。

4.4.4 废渣综合利用网络

针对电石渣的污染问题，本着"一次钙资源，电石和水泥生产两次使用"的原则，新疆天业自主研发出先进的湿磨干烧工艺，建成并投产了 35 万 t/a 电石渣水泥装置，将聚氯乙烯生产中产生的电石渣浆通过管道直接输送到水泥生产装置，水泥生产能耗低，产品质量好，生产成本较常规水泥降低 30%以上，经济效益显著。在新疆天业第 1 期 40 万 t/a 聚氯乙烯装置中，针对干法乙炔的特点建成 110 万 t/a 新型干法水泥生产线，节能效果更为显著。水泥生产除主要消耗电石渣外，还消耗硫酸渣、柠檬酸渣、脱硫废渣、粉煤灰以及电石灰、石灰和全厂除尘系统收集的飞灰等。针对天业中发公司的电石渣利用问题，新疆天业和浙江大学联合开发了大型电石渣吸收脱硫工艺，不但利用了废渣，减少了二氧化硫的排放，而且电石渣脱硫装置产生的石膏是生产水泥和制砖必不可少的原料。针对粉煤灰过剩的问题，新疆天业于 2007 年建设了 1 条粉煤灰免烧砖生产线，该砖中粉煤灰的比例约为 55%，电石渣的比例约为 25%。砖的各项检测性能与红砖相当或优于红砖，市场前景广阔。通过以上一系列的综合利用，新疆天业废渣的利用率达到了 100%（图 4.16）。

图 4.16　废渣综合利用网络图

各类废渣在天业成为原料，环保治理装置同时变成原料收集装置，不仅将自己企业的废渣吃干榨尽，还消耗其他企业的部分废渣。未来，新疆天业围绕十户滩新材料工业园煤化工项目发展实际，拟分批建设 20 万 m^3/a 加气混凝土砌块生产线、30 万 t/a 碳提取生产线、6000 万块/a 蒸压砖生产线、10 万 m^3/a 板材生产线，项目的建设实施推动了新疆天业生产方式的绿色转型，形成企业与自然和谐发展的现代化生产新格局。

完善阶段废渣综合利用涉及关键技术：

1）高掺量粉煤灰及烧结空心砖技术

电石渣砖主要以电石渣和粉煤灰及骨料（石屑或炉渣等）为原料、添加剂按配比均化混合、液压成型、蒸汽高压养护制成。其基本原理是电石渣中的 $Ca(OH)_2$ 在高压水热合成条件下（温度不低于 175℃，压力不低于 0.8 MPa）与粉煤灰中的 SiO_2、Al_2O_3 及添加剂反应生成强度较高、结晶较稳定的水化硅酸钙和水化硫铝酸钙，主要以托勃莫来石晶相及少量的水石榴石形式存在，从而保证了砖体的强度。电石渣-粉煤灰蒸压砖广泛应用于工业与民用建筑物基层及内、外墙体。该技术的应用具有保护耕地、节约能源、利用废渣、治理环境污染、改善建筑功能等重大社会效益。

2）盐泥制芒硝联产元明粉技术

在氯碱工业离子膜电解生产烧碱的流程中，SO_4^{2-} 会在母液中富集，增加电解过程中的副反应，导致电流效率下降。为了提高盐水质量、延长电解槽离子膜使用寿命，新疆天业化工有限责任公司（以下简称化工公司）采用膜法除硝工艺，利用纳滤膜技术过滤氯碱化工盐水精制过程中的硫酸根，替代传统的氯化钡除盐水中硫酸根的方法，保证离子膜电解装置的优化运行，延长使用寿命，使氯碱化工装置连续稳定运行，在副产芒硝（十水合硫酸钠）的同时以无毒无污染的物理处理过程替换了有毒污染的化学处理过程，实现了整个系统的清洁生产。由于元明粉市场较芒硝好，所以再采用脱水工艺将芒硝处理成元明粉，以增加市场竞争力（图 4.17）。

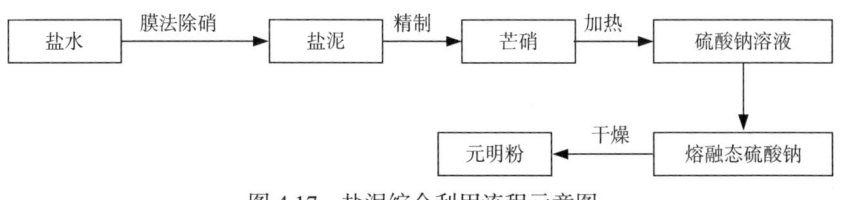

图 4.17　盐泥综合利用流程示意图

3）大型热电机组电石渣烟气脱硫技术开发

新疆天业同浙江大学合作开发 4×135 MW 热电机组全国产化电石渣脱硫技术，这是国内一套大型热电机组电石渣脱硫装置，也是新疆第一套大型电站脱硫装置，以电石渣（主要成分是 Ca(OH)$_2$）作为电厂烟气脱硫剂，采用高效脱硫塔新装置和塔外氧化技术及配套的自动化工艺控制技术，有效控制大型燃煤电厂中的 SO$_2$ 的排放问题。脱硫效率≥95%，脱硫废渣资源化利用率 100%，国产化率 100%，脱硫运行成本仅为国内目前普遍使用的石灰石膏法脱硫技术的 50%。在减排 SO$_2$ 同时，脱硫副产的石膏直接用于电石渣水泥生产，进一步延伸企业的循环经济链，可显著降低电厂烟气脱硫运行成本，起到了以废制废作用，这种通过循环经济模式建立的烟气脱硫技术，不仅为电石渣的综合利用找到了新的途径，对治理大气环境具有重要意义，在国内脱硫领域具有巨大的推广前景（图 4.18）。

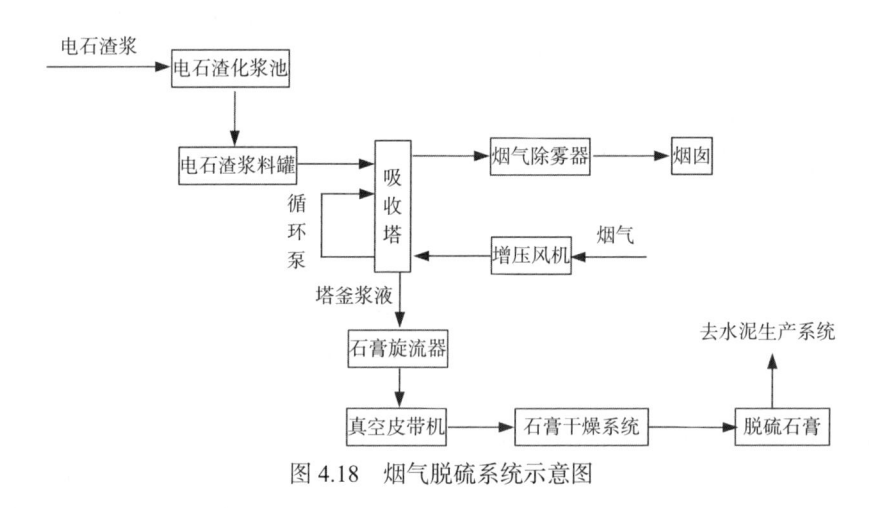

图 4.18　烟气脱硫系统示意图

4.4.5　节水产业循环经济

天业通过循环经济模式，初步形成了"煤电化一体化"。"煤电化一体化"奠定了新疆天业循环经济链的低成本原料基础。节水器材是塑料加工行业，属于树脂下游，而氯碱化工生产的聚氯乙烯树脂是生产节水器材的主要原料，由此新疆天业着力发展节水产业，逐渐形成氯碱化工与塑料节水的循环经济链。新疆天业采用电石法聚氯乙烯产量已位居国内前列，低成本聚氯乙烯作为原料生产节水器材，为节水器材的进一步推广创造了有利的条件。

第4章 循环经济西部发展模式分析

1. 产业概况

我国属于水资源较贫乏的国家之一，而农业用水占比较大，为总用水的七成以上。为解决这一难题，除了改进农业技术减少用水之外，还需进一步采取措施提高用水的效率，因此出现"节水灌溉"一词。节水灌溉，顾名思义为节约用水达到高效灌溉的目的，保证农作物的成长需要。

新疆为农作物种植大省，农作物主要有棉花、玉米和水稻等，但新疆同属于水资源匮乏区域，因此发展节水灌溉技术刻不容缓。节水滴灌技术的开发应用能有效解决新疆地区农业用水短缺的问题，使农作物用水效率大幅提升，同时可有效提高农作物产量。

自20世纪80年代开始，新疆致力于开发适合新疆农作物生长的灌溉技术，先后研究了喷灌、滴灌、固定式管道加压喷灌、涌泉灌等技术，其中固定式管道加压喷灌、涌泉罐技术试验成功并得到了一定的推广应用，但由于喷灌技术成本高和喷出水量消耗快等缺点，未能取得技术推广。

随着科技的发展，农业发展技术越来越先进，研究者对节水灌溉技术研究持续研发，在已有的灌溉技术上进行技术改进，主要开发膜下滴灌技术，并于20世纪90年代研发成功并得到了一定的推广应用，该项技术最先应用于大田棉花种植。

新疆天业作为兵团大型企业，身兼职责和使命，通过对进口节水灌溉成品进行分析、研究、消化、吸收，并进行创新和优化，生产出了具有自主知识产权的节水灌溉器设备和技术（图4.19）。新疆天业以开发"成本低、性能好、农民用得起"的节水器材为己任，投入大量人力、财力和物力开发出"天业滴灌系统"。基于该成果生产的滴灌器材成功实现在大田中的广泛应用，大大降低了农业灌溉投入成本，大约为400元/亩。

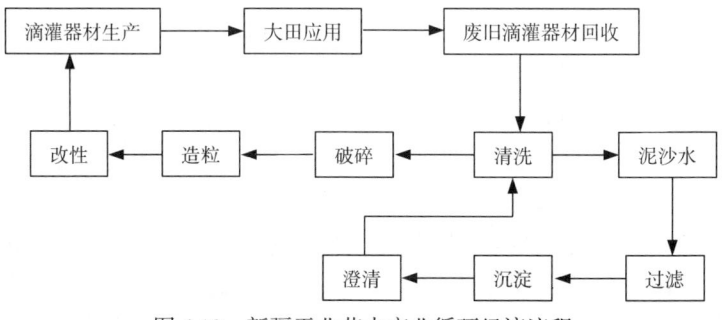

图4.19 新疆天业节水产业循环经济流程

2. 节水产业循环经济关键技术

1）膜下滴灌技术

滴灌作为一种灌溉技术，广泛应用于农作物灌溉。该技术主要是充分利用了输水低压管道系统，将输送水通过滴灌带变成点滴状，借助于点滴的缓慢、均匀和定量性，将农作物根系最发达的区域完全浸渍，使其充分吸收输送水，并保持土壤最优的含水状态。

膜下滴灌技术是水利、农业机械有机结合的农业灌水技术，以农业机械牵引，一次性复合作业完成铺管、膜和播种。膜下滴灌技术是滴灌带（毛管）铺于地膜之下进行的灌溉，是将滴灌技术和膜技术相结合的新型农业节水灌溉技术。膜下滴灌技术具有以下优点：

（1）节水。滴灌仅湿润农作物根系发育区域，覆盖的膜减少了农作物之间的蒸发，提高了雨水的利用率，表现出明显的节水效果。研究表明，膜下滴灌用水量比传统灌溉节约88%，喷灌节约50%，滴灌节约30%。

（2）提高了肥料利用率。滴灌带可利用滴灌将可溶性肥料随输送水滴至农作物根系处，提高了肥料的利用率，可达到50%~60%。

（3）增产效果明显。滴灌带作用于农作物，在输水时能适时适量地向农作物根系区域供水、供肥，合理地调节农作物之间的温度和湿度，为农作物生长提供良好条件，明显增加农作物的产量，可使棉花、玉米、蔬菜、西瓜、甜瓜等分别增产30%、38%、40%、25%。

（4）省工。膜下滴灌带，一次完成滴灌带和地膜铺设，减少劳作次数，降低了劳动强度。

2）滴灌带清洗回收和加工设备

节水农业器材大部分是塑料制品，大量废弃的塑料分散于土壤中，破坏了土壤的结构，使土壤透气性变差，不利于作物生长，同时对土地和环境造成污染，给农业和生态环境的可持续发展带来严重的不良影响。新疆天业已开发出滴灌带清洗回收和加工设备。回收设备实现设备控制方式的升级和流水线作业的统一集中操作，自动化程度高，运行稳定，单机生产能力可达2000吨/年。较普通滴灌带加工设备不同，大比例使用回收料滴灌带生产设备主要进行了以下改进：优化整机结构，采用PLC集成一体化操作控制；优化主机螺杆结构，提高塑化性能；采用主机不停机换网装置，使得主机对原料的适应性增强；采用旋转式机头，避免机头内部空腔较大造成较多存料引发的物料分解等缺陷；配套产品标识系统，将不同回收年限的产品分类包装，便于集中统一管理、回收、利用。回收大田废弃滴灌带，先集中存放，后通过清洗、粉碎、造粒和专有加工技术，全部返回用于滴灌带生产。

3）一次性可回收滴灌带产品开发及老化性能研究

在原有废旧塑料滴灌带回收技术的基础上，针对原有回收技术的缺陷，特别是滴灌带不断反复回收利用，使回收料的分子结构发生改变，造成使用回收料生产的滴灌带在使用时经常发生质量问题，如滴灌带拉伸强度降低，机械化铺带过程中容易断裂；灌溉中滴灌带的滴水迷宫处开裂刺水；在膜下滴灌带由于高温容易纵向开裂等。根据聚乙烯材料的氧化降解反应机理：聚乙烯材料的氧化是自由基的自氧化支化链反应过程，热、紫外线、机械切削或由于金属杂质所产生的自由基都能造成 PE 的氧化降解。采用科学的配方和工艺降低可延缓聚乙烯材料的老化，延长原材料的使用寿命。项目投产后减少废旧塑料对环境的污染，对废旧塑料处理的工艺路线是农田→回收→清洗→造粒→再生产（进行抗老化处理）→农田，与其他处理废旧塑料的方法（如填埋法、焚烧法）相比，在回收过程中不会产生对土地、水、空气的二次污染，环境保护的长期效益十分明显[8]。该项目的实施，减少了对能源的消耗，降低了产品的成本。项目建成后，达到年产 1 万吨滴灌带的生产能力。可以节约 1 万吨的聚乙烯原料，按 10 吨原油生产约 1 吨聚烯烃树脂，相当节约了 10 万吨原油，根据热量换算公式，1 kg 原油产生的热量相当于 1.4286 kg 标准煤，每生产 1 万吨滴灌带产品可节约标准煤 14.3 万吨，经济效益十分显著。

4）纳米改性聚乙烯滴灌带技术

该技术采用纳米碳酸钙改性与分散技术制备纳米母料，通过配料、塑化挤出、真空冷却定径、冷却定型、牵引、收卷、检验和包装工序，生产具有良好抗老化性能和成本低廉的改性聚乙烯支管。使用适宜滴灌带的纳米材料母料后，生产的纳米材料改性滴灌带的迷宫拉伸负荷、耐静水压、爆破压力等主要性能指标分别比普通塑料滴灌带提高了 15%以上[9]，因此在保证产品性能满足使用的前提下，可以把滴灌带生产得更薄，从而降低生产成本和销售价格，促进农业节水滴灌技术在干旱地区大田作物灌溉中的推广应用。

通过新疆天业循环经济产业链推广，新疆天业开发了回收废旧滴灌带等塑料制品循环再利用，通过清洗、粉碎、造粒和专有加工技术，全部返回用于滴灌带生产中。通过多年的技术攻关，先后开发了一次性可回收滴灌带产品、"天业"自制滴灌带生产设备、废旧滴灌带清洗回收及加工设备和纳米改性聚乙烯支管生产技术，分别建成 5000 吨/年废旧滴灌带回收及加工中试装置，在确保产品各项性能的前提下，废旧滴灌带回收利用率100%，回收料在滴灌带生产配方中的添加比例达到80%以上；3000吨纳米改性聚乙烯支管中试装置，纳米聚乙烯支管使用率100%，使用寿命5年，回收利用率100%。

滴灌带的循环利用，解决了塑料制品的环境污染问题，降低了原材料的投入成本，同时给用户倡导了一种循环式消费理念，在参与废旧滴灌带回收循环的过程中获得一定的利益。煤电化一体化与节水产业的循环组合，使天业节水管材聚氯乙烯原料成本下降30%以上，节水器材滴灌带自身的回收循环利用，又使滴灌带原料成本下降50%。循环经济产业链的推广，使新疆天业节水器材生产能力达到600万亩，创造了塑料节水滴灌带推广面积最大和使用成本最低两个世界第一，牢固树立起了世界节水灌溉行业的龙头地位。

在这个阶段，通过对循环经济产业链的不断优化完善，2010年新疆天业聚氯乙烯生产规模达到120万吨/年，同年新疆天业被国家授予第一批"资源节约型环境友好型"企业，并进入中国企业500强。新疆天业"工农业一体化循环经济发展模式"已成为中国循环经济样板，获得国家技术创新示范企业并被确定为国家循环经济教育示范基地（图4.20）。也是在这个阶段，在电石法聚氯乙烯工艺的带动下，我国聚氯乙烯行业开始进入大发展时期，产能规模快速扩张，产业发展模式日渐成熟。

图4.20 新疆天业节水农业示范基地

4.5 提升阶段

4.5.1 阶段介绍

新疆天业把资源综合利用和追求效益相结合，通过高度的计划性和执行力，不断创新企业管理，实行统一决策、统一目标、统一管理，突出管理的信息化，使产业链优势不断发挥出倍增的效果。"十二五"期间,公司更加突出资源的高效转化和高值利用,在产业结构调整上,新疆天业已经改变了单一发展电石法聚氯乙烯的产业格局,而是更加注重废弃物的高价值利用,新疆天业氯碱化工循环经济提升阶段产业链如图4.21所示。

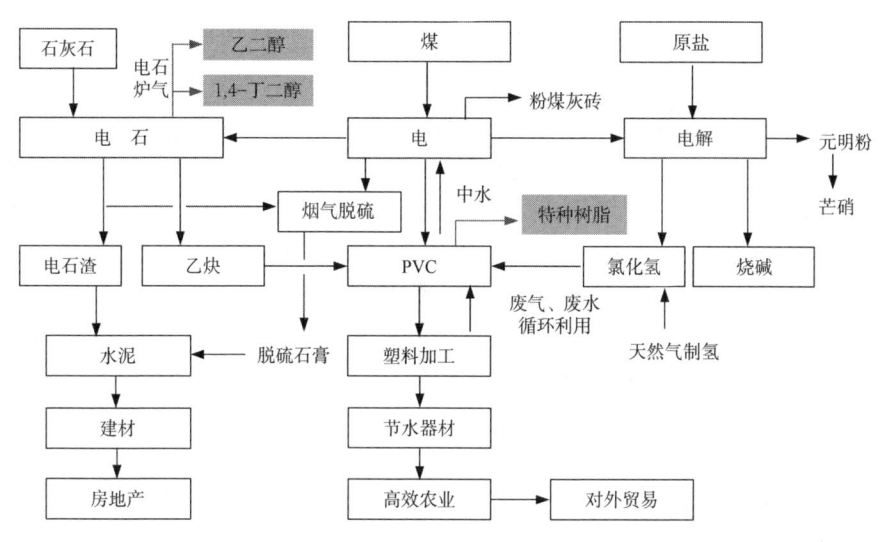

图4.21 提升阶段循环经济产业链图

以乙炔化工和电石炉气化工利用为切入点,结合公司实际发展情况,2012年新疆天业建成世界首套电石炉气制乙二醇和1,4-丁二醇装置,并在此基础上筹建20万吨乙二醇和17万吨1,4-丁二醇项目,使新疆天业形成了电石炉气高值化利用与乙炔化工延伸发展、传统化工与新型化工有机结合的发展新格局。

新疆天业注重产品的高端化、差异化、多元化,主动向国际一流企业对标,率先建立了国内最大的高端特种树脂生产基地,产品已进入医疗器械、透明片材等高端市场,引领我国电石法聚氯乙烯行业由大做强。

4.5.2 现代煤化工

新疆天业电石炉采用密闭生产工艺,每年可副产约8亿Nm³的电石炉气,其电石炉气的主要组分和含量(体积分数)分别为CO:75%~85%;H_2:5%~10%;CH_4:0~2%;CO_2:2%~5%;O_2:0.2%~0.6%;N_2:1%~8%。该炉气成分与煤制合成气中的合成气的成分相似,电石炉气回收再利用作为煤化工合成气原料,每年可节约标准煤超过31.2万吨、节水约100万吨、减排二氧化碳约50万吨。新疆天业采用电石炉气作为生产高附加值的化工产品的原料,一方面具有碳一资源成本低优势,另一方面能更好地发展循环经济,延伸现有产业链,故采用电石炉气作为生产乙二醇的原料气。在生产乙二醇过程中会副产大量甲醇，甲醇氧化得到甲醛，可用于炔醛法生产 1,4-丁二醇，消耗甲醇的同时消耗电石生产副产的乙炔，形成循环再利用发展模式。

1. 提升阶段现代煤化工产业概述

在循环经济的完善阶段，我们通过对电石炉气深度除尘技术、高浓度 CO 水相变移热变换技术、高纯 CO 和 H_2 的制备及分离提纯技术等关键技术进行研发，得到了高纯度一氧化碳和氢气的混合气体，煤化工通常称之为合成气。通过炉气变换技术，把合成气中的一氧化碳和氢气组分调整到合适的比例，进一步生产出含氧化学品。众所周知，煤化工是我国能源战略的重要组成部分，也是国家能源安全战略的重要保障，具备竞争力的合成气是煤化工技术的关键所在。

电石炉尾气的后处理是企业废气治理的难题，而它的综合利用技术更是一个世界性的难题。新疆天业以电石炉气综合利用为突破口，建成了世界首套电石炉气制乙二醇生产装置，在此基础上，利用乙二醇生产过程副产的甲醇和 PVC 生产工段的电石为原料，成功建设了 1,4-丁二醇生产装置，利用循环经济的模式成功实现了氯碱化工和煤化工的耦合（图 4.22）。通过电石炉尾气的综合利用，一方面提高了废气资源化综合利用效率，另一方面为企业实现产品的多元化、精细化发展指明方向。

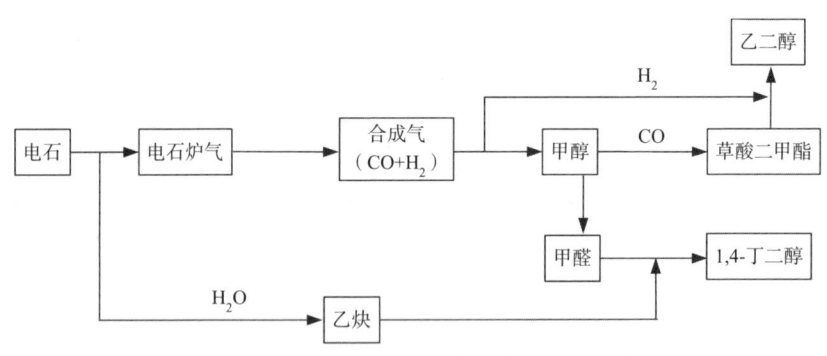

图 4.22 电石炉气综合利用制含氧化学品示意图

2. 现代煤化工关键技术

新疆天业现代煤化工技术起始于电石炉气的综合利用，主要包括两个体系：一个是电石炉气综合利用生产乙二醇；一个是通过耦合氯碱化工过程的乙炔气和乙二醇生产过程的甲醇，生产 1,4-丁二醇。后续发展过程中，由于产业规模的不断扩大，电石炉气量无法满足煤化工项目的原料需求，需要用部分原煤作为补充。

电石炉气经过捕集，除去原料气中残存的焦油和粉尘，经过压缩升压，文丘里深度除尘，送至变换工段加蒸汽将高浓度一氧化碳等摩尔转换成氢气，利用甲基二乙醇胺（MEDA）脱碳技术，将电石炉气中的 CO_2 和 H_2S 脱除后将炉气除水送至变压吸附一氧化碳分离出高浓度的一氧化碳气体，经过纯化除水后成为产品气体达到乙二醇合成气的要求；变压吸附一氧化碳尾气经变压吸附氢气系统后分离出氢气产品气，得到纯度满足要求的 H_2、CO。最后由草酸酯法气相合成乙二醇制得产品，副产甲醇经炔醛法合成 1,4-丁二醇产品，成功将乙炔化工、氯碱化工与碳一化工相结合。如图 4.23 所示。

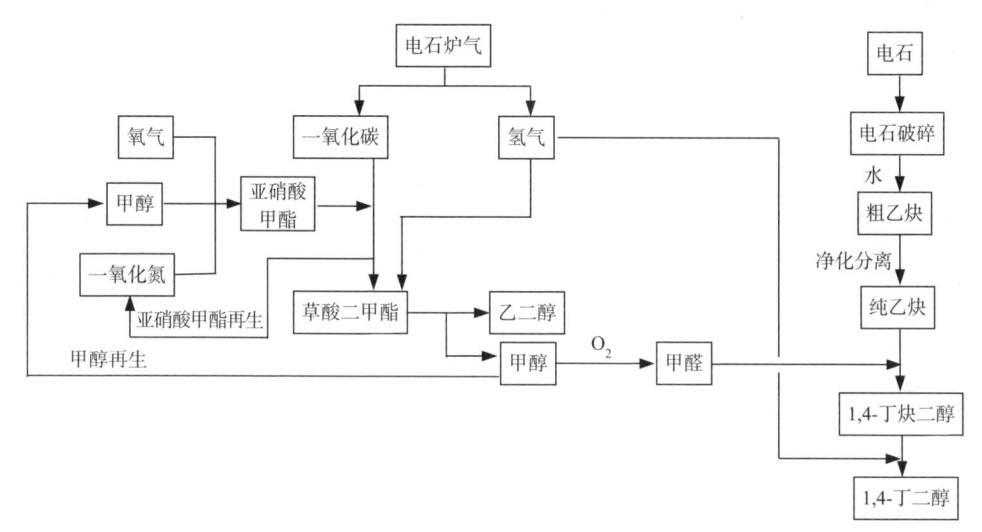

图 4.23　工业生产乙二醇和 1,4-丁二醇的工艺流程示意图

涉及关键技术：

1）合成气制乙二醇技术

合成气制乙二醇主要化学反应分为 CO 羰化偶联制草酸二甲酯（$(COOCH_3)_2$）和草酸二甲酯加氢制乙二醇两步。

第一步，CO 与亚硝酸甲酯气相催化偶联生成 $(COOCH_3)_2$ 和 NO。

$$2CO+2CH_3ONO \longrightarrow (COOCH_3)_2+2NO$$

第二步，$(COOCH_3)_2$ 再经气相催化加氢制得乙二醇，$(COOCH_3)_2$ 加氢首先生成乙醇酸甲酯，再与氢气反应合成乙二醇和甲醇。

$$(COOCH_3)_2+2H_2 \longrightarrow CH_3OOCCH_2OH+CH_3OH$$

$$CH_3OOCCH_2OH+2H_2 \longrightarrow (CH_2OH)_2+CH_3OH$$

以新疆天业电石厂电石炉气作为原料经电捕、气柜、压缩、在变换工段中脱磷/砷后与气化出的炉气汇合后，通过变换工段调整氢碳比，变换后气体通过脱硫脱碳装置完全脱除 CO_2 后，送 H_2/CO 分离装置提纯得到高纯度 CO 和 H_2，CO 作为原料合成草酸二甲酯，H_2 与草酸二甲酯反应生成乙二醇。

该方案的流程设置特点是：

电石炉气在电石厂已经过初步净化。净化后的电石炉气温度低、微压，电石炉气中主要成分为 CO（摩尔分数 75%~80%），含有 H_2、少量焦油、硫、磷、CO_2、碳氢化合物、N_2、微量 O_2、粉尘等。为了减少电石炉气中的焦油和粉尘对后续离心式压缩机的影响，设置电捕焦油器，脱除电石炉气中的粉尘和焦油。采用耐硫的脱磷/砷吸附剂吸附脱磷/砷的方案。

2）炔醛法制 1,4-丁二醇技术

炔醛法原料为乙炔和甲醛。用生石灰和以焦炭为主的炭素原料生产电石，再利用电石与水反应产生乙炔。从理论上讲，乙二醇生产过程中草酸二甲酯加氢工段中，每生产 1 t 乙二醇副产 0.2 t 甲醇，这部分甲醇在催化剂作用下脱氢生成甲醛，甲醛和氯碱工业的乙炔经加成反应得到 1,4-丁炔二醇（BYD），BYD 在雷尼镍催化剂作用下，经过加氢得到 1,4-丁二醇产品。

第一步，乙炔与甲醛反应生成 1,4-丁炔二醇，使用碱式碳酸铜催化剂，反应方程：

$$CH\equiv CH + HCHO \longrightarrow CH\equiv CCH_2OH$$

$$CH\equiv CCH_2OH + HCHO \longrightarrow HOCH_2C\equiv CCH_2OH$$

第二步，1,4-丁炔二醇加氢反应生成 1,4-丁二醇，使用雷尼镍催化剂，反应方程式：

$$HOCH_2C\equiv CCH_2OH + H_2 \longrightarrow HOCH_2CH\equiv CHCH_2OH$$

$$HOCH_2CH\equiv CHCH_2OH + H_2 \longrightarrow HOCH_2CH_2CH_2CH_2OH$$

在循环经济的提升阶段，新疆天业用了 2 年多的时间，连续建设并投产了国内首套 30000 m^3/h 电石炉气制高纯一氧化碳和氢气（0.483 亿 Nm^3/a，1.152 亿 Nm^3/a）生产乙二醇和 1,4-丁二醇工业化装置，实现了电石炉气高效、清洁利用的同时用"废气"生产出高附加值的化工产品。此项技术国内乃至世界都没有相关的技术可借鉴，而新疆天业通过自主创新和实践，成为第一家在该技术领域有重大突破的企业。经过不断的工艺技术优化和品质提升改进，目前新疆天业 1,4-丁二醇和乙二醇产品质量各项指标都优于国家标准。

新疆天业电石炉气综合利用示范项目的成功运行，为新疆天业由传统氯碱化工向现代煤化工成功转型升级打下了坚实的基础,并提供了相应的技术工艺包,为新疆天业的可持续发展作出了巨大贡献。

4.5.3 特种树脂

1. 产业概述

聚氯乙烯行业竞争日益激烈,产品同质化、劣质化、低端化的问题凸显,研究开发多元化、高端化、绿色化的聚氯乙烯树脂是聚氯乙烯企业发展的必然趋势。天伟化工有限公司是承接并运营新疆天业(集团)有限公司120万吨/年聚氯乙烯联合化工项目之三期20万吨/年特种聚氯乙烯的公司,是新疆天业沿着节能环保、循环经济发展战略扩大产能,逐步建成氯碱化工龙头企业的典型项目,其通过自主创新研发的10万吨微悬浮法聚氯乙烯糊树脂生产装置及工艺,是新疆最大的糊树脂生产线,聚氯乙烯糊树脂被鉴定为自治区级新产品,产品技术达到国内领先水平。

糊树脂是聚氯乙烯树脂的高端产品,与悬浮法树脂相比是高分散性粉状物,粒度范围一般在 0.1~2.0 μm(悬浮法树脂粒度分布一般在 20~200 μm)。近年来,聚氯乙烯糊树脂的生产和技术发展很快,由于糊树脂成糊性能优良、分散性能良好,其塑料制品广泛地应用于工业、农业、交通、生物技术及国防等各个领域,用于加工一次性手套、服装造革、箱包革、地板卷材、阻燃运输带、蓄电池隔板、钢板涂层、塑胶跑道、汽车脚垫等。

20 世纪 90 年代初期以前,我国聚氯乙烯糊树脂几乎全部依靠进口,经过几十年的发展,我国聚氯乙烯糊状树脂生产技术和生产能力得到很大发展,但与世界先进水平相比还存在一定差距,主要表现在综合技术水平不高、产品品种单一、聚氯乙烯糊状树脂的应用水平还不高。这些现状迫使聚氯乙烯糊树脂生产企业不断开创新的技术领域,改进完善生产技术,并根据市场要求及变化,规划好长期市场需求,拓展聚氯乙烯糊树脂的应用范围,延伸聚氯乙烯糊树脂的产业链,提升产品的市场竞争力,更好地满足市场的需求。

基于严峻的国内外形势以及转型升级的迫切需要,天伟化工坚持创新、协调、绿色、开放、共享的发展理念,主动适应经济发展新常态,围绕供给侧结构改革,在特色优势产业和战略性新兴产业中不断加大科技创新力度,从开发新工艺、新技术着手,通过技术革新和科技创新,推动我国聚氯乙烯糊树脂的生产向系列化、高品质、低成本、绿色化的方向发展,推动聚氯乙烯行业技术革新和转型升级,开发的聚氯乙烯糊树脂清洁生产关键技术,为聚氯乙烯糊树脂绿色、多元、高端化发展提供重要技术支撑,推进了行业高质量发展,打造了行业新的经济增长点。

2. 糊树脂生产关键技术

新疆天业针对占有市场份额较大的手套糊树脂生产关键工艺技术开展技术攻关，坚持科技创新引领企业经济发展，通过对氯乙烯单体净化脱水技术、高纯度氯乙烯单体精馏技术、糊树脂机械消泡技术、聚合釜入料筛选及全过程质量控制技术、糊树脂干燥粉碎技术、糊树脂聚合釜清洗及冲洗水处理技术等关键生产技术进行自主研发，开发出高品质聚氯乙烯糊树脂清洁生产关键技术，建成10万吨/年的聚氯乙烯糊树脂生产装置，推动我国聚氯乙烯糊树脂的生产向系列化、高品质、低成本、绿色化的方向发展，为聚氯乙烯糊树脂绿色、多元、高端化发展提供重要技术支撑，也为国家疫情防控期间一次性手套的制作供应原料做出很大的贡献。

1）氯乙烯单体净化脱水技术

通过专用吸附装置除掉其中的有机杂质后，针对净化管线多为碳钢管线腐蚀快、拖洗水为酸性的问题，采用氮气来替代氯乙烯产品气为干燥器，改五步脱水脱吸法为九步，通过这些举措，氯乙烯单体的含水量进一步降低，得到含水量≤50 μL/L的高纯度单体。

2）高温氯乙烯气体净化除油技术

粗氯乙烯气体压缩是精馏提纯前的一个重要工序，行业内氯乙烯压缩采用的压缩机大多为螺杆压缩机，螺杆压缩机以润滑油为工作介质循环使用，在压缩过程中工作介质温度升高，油品变质挥发带入氯乙烯气体中，使压缩后的氯乙烯气体含油率达到3 mg/m^3，氯乙烯单体含油是造成后续氯乙烯气体脱水工序吸附剂油中毒，导致失效的一大重要原因，而且会导致单体中的高沸物含量升高，在聚合过程中进行分解，对聚氯乙烯树脂的透明度、色泽度有一定的影响。为了提高产品质量，提高企业市场竞争力，选择氯乙烯高温气体中对油气有选择吸附的吸附剂去除微量油。

3）氯乙烯单体精馏精细化控制技术

粗VCM通过精馏装置来提高产品质量，传统的精馏工艺是经过高低塔处理后，低沸物≤10 μL/L，高沸物≤100 μL/L，C$_2$H$_3$Cl≥99.99%（干基）。这个指标可满足普通树脂生产，但是要生产出高质量的糊树脂，对单体的指标要求远高于此，要将单体纯度进一步提高到低沸物≤1 μL/L，高沸物杂质≤0.5 μL/L，C$_2$H$_3$Cl≥99.999%（干基），需要改造精馏设备和精馏工艺。

4）糊树脂机械消泡回收 VCM 新技术

在糊树脂气相单体回收过程中，由于各种因素影响，不可避免地产生泡沫，而这些泡沫带入大量的 PVC 物料，会造成回收系统堵塞，影响回收单体的质量。目前行业普遍采用的方法是增加泡沫捕集器，同时加入化学添加剂：消泡剂，通过控制回收速度来缓解泡沫的生成，从实际运行效果来看，很难达到消除泡沫的目的。消泡剂的加入会影响糊树脂产品质量，增加聚合助剂费用。新疆天业通过自主研发，首次在糊树脂聚合回收中研发机械消泡工艺，在回收系统中使用消泡机、脱泡塔，通过机械办法更好地解决泡沫问题，无须消泡剂同样可以解决回收系统中的泡沫问题。

5）糊树脂聚合釜入料筛选及全过程质量控制技术

PVC 颗粒的粒径大小及分布是反映树脂质量的一个主要因素。不同聚合工艺条件下生产的树脂颗粒的粒径大小不同，颗粒的粒径大小对树脂的表观密度、粉末流动性、加工、包装等都有不同程度的影响。因此，PVC 颗粒粒径及粒径分布的不同将直接影响聚合物产品的性能。在聚氯乙烯糊树脂的生产中，氯乙烯单体必须分散为 0.1~2.0 μm 液滴，并在聚合过程中保持稳定。可通过加入复合型乳化剂维持反应体系的稳定，使聚合过程中分散了的液滴不发生聚集，保持液滴粒径和生成的乳胶粒子的粒径相对稳定，在反应终期还可以保护乳胶稳定。为了得到 0.1~2.0 μm 粒径的乳液，不能只靠搅拌作用来保证单体液滴的分散，还需要使用强烈剪切机械作用来达到乳胶的均化。目前，对于 48 m³ 的聚合釜，一般的均化器每小时循环 5~6 次，均化时间大概需要 3 小时，均化时间过长，严重影响生产效率。

6）糊树脂颗粒分级分类研磨技术

糊树脂干燥后的物料 D97≤70 μm，传统的工艺是将干燥后的物料全部送入研磨机内进行研磨，破坏了糊树脂的颗粒特性，同时需要大量的研磨设备，而且经研磨的物料最终只能得到单一的产品。难点是怎么样通过分级设备把不需要破碎研磨的树脂分离出去。本项目通过研发分级机工艺，干燥后的 PVC 糊树脂粉料经分级机筛分后 80%的料不需要破碎，料圆度等参数较好。

7）糊树脂聚合釜清洗及糊树脂超细颗粒回收技术

针对糊树脂聚合釜粘釜物难以清除，造成树脂产品中杂质及"鱼眼"数较多，聚合釜冲洗水固液分离难等问题，通过使用聚合釜自动清洗装置，采用辐流沉淀、浅层气浮、增稠、快慢混、气浮、连续过滤多种工艺技术处理冲洗水，达到粘釜物的彻底清除回收利用，并对聚合釜冲洗水进行有效处理，提升了产品质量，同时具有良好的环保效益，提高了企业的竞争力。

2014年6月，新疆天业120万吨联合化工三期天伟化工有限公司20万吨/年特种PVC树脂项目建成投产，装置运行以来安全平稳，公司生产的糊树脂料解决了国内树脂普遍存在质量稳定性差及糊树脂超细颗粒废水处理难的问题，产品成糊性能优良，分散性能良好，质量优于国标，可替代进口国外同类产品，填补了西部地区高端糊树脂技术和市场空白。由于公司应用清洁生产先进技术，并始终坚持以发展绿色化工为导向，2018年公司被工信部评为国家级"绿色工厂"。

2020年，受到全球突发新冠疫情影响，生产、生活、防疫等物资供应持续紧张，甚至短缺。作为一次性医疗首套主要原料，聚氯乙烯糊树脂在抗击新冠疫情的战斗中发挥了至关重要的作用，为奋战在抗疫一线的广大医疗工作者、社区志愿者提供了强力的物资支撑，糊树脂也因此成为提高全民医疗健康水平的重要战略物资。

4.6 重塑阶段

4.6.1 阶段介绍

"十三五"我国政府把创新、协调、绿色、开放、共享作为总体规划发展理念。面对全球经济一体化进程加快、互联网+的飞速发展、节能减排实施力度的加大等形势，新疆天业循环经济产业链发展迎来了前所未有的挑战和机遇。

经过几代人的努力，新疆天业的循环经济发展经历了四个阶段，在循环经济领域取得了显著的成果，构建了立足优势资源转换，以传统煤化工为主导的循环经济产业链，推动了新疆天业一次又一次跨越式的发展，同时也暴露出来一些问题。主要表现在：

（1）循环经济发展模式被不断复制，成本领先优势难以为继。新疆天业基于新疆丰富的资源优势及特殊的区域市场优势，率先构建了氯碱化工和节水农业相结合的工农深度一体化深度融合循环经济产业链，具有明显的成本竞争优势。但随着发展模式不断被复制以及物流和人力成本的不断上升，企业竞争已由"蓝海"步入"红海"，需要通过创新的手段，寻找企业发展新的增长点，确立核心竞争优势。

（2）循环经济产业链横向调节空间不足，产业结构需进一步优化。新疆天业现有循环经济产业链主要以传统煤化工为主导，分别向上游原料和下游产品延伸，产业链纵向融合紧密，但存在横向调节空间不足的问题，造成产品结构相对单一，产业流程长，产业结构还需要进一步优化。

（3）产品多元化市场培育困难，竞争力不足。新疆天业致力于氯碱化工产品的多元化、多品牌、高端化开发及生产，目前已开发出了多项 PVC 专用树脂，但对下游后加工体系研究不足，市场引导缓慢，未形成成套的生产应用体系，市场培育困难。

（4）经贸与服务体系有待完善，对国内国际双循环支撑不足。产品市场开发度达不到现有装置生产规模要求，完备的销售及售后服务体系需进一步加强和完善。电子商务需进一步发展壮大，国际经贸业务需与国际先进商贸业务对接。

2017 年，新疆天业立足企业长远发展，聚焦制约循环经济产业链的关键瓶颈问题，以工匠精神持续推进创新研发，大力实施十大科技创新工程项目，加快聚氯乙烯树脂品质提升与差异化发展、汞污染防治和绿色催化、氯化高聚物和等离子工业应用、大数据和智能工厂建设、聚氯乙烯上下游一体化协同发展、乙二醇 1,4-丁二醇品质提升及产业链延伸、钙基资源高效利用和电石渣水泥窑协同处置、电石炉自动化智能化提升等创新工程进度，解决循环经济产业链条里面临的新难题及瓶颈问题，重塑产业链优势，提升企业核心竞争力，培育和形成企业新的经济增长点。通过开发具有国际国内领先水平的绿色、高效、低成本清洁生产关键核心的新技术、新产品、新工艺，进一步巩固新疆天业在各领域的技术领先优势（图 4.24）。

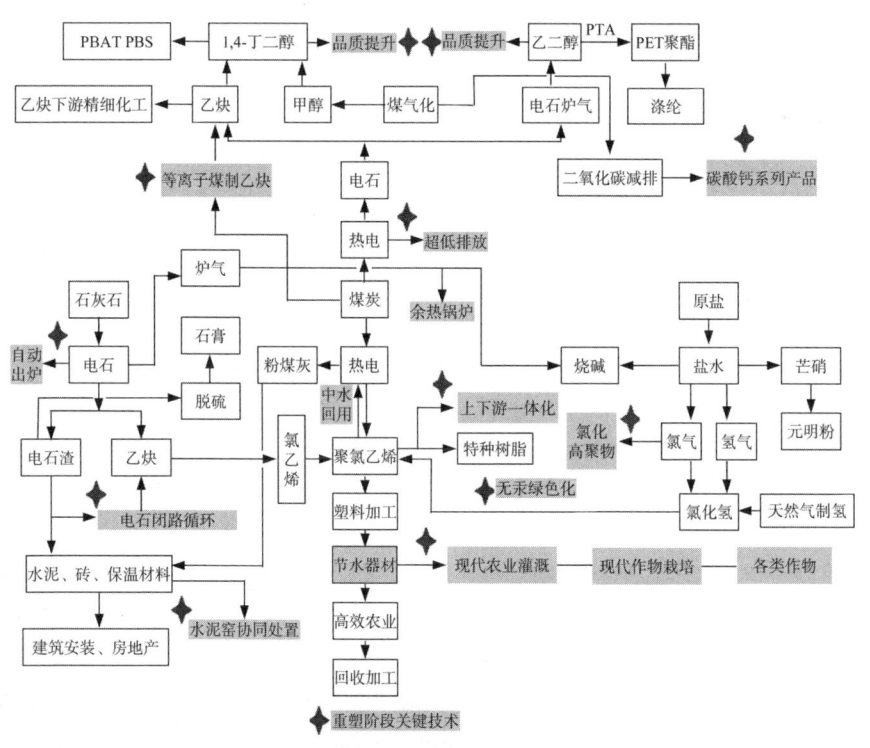

图 4.24 重塑阶段循环经济产业链图

针对碳减排问题，新疆天业启动了二氧化碳尾气制碳酸钙项目，项目的实施进一步完善了循环经济产业链，同时减少二氧化碳排放，获得高附加值产品。自主开发的废汞触媒回收项目实现稳定生产运行，建成行业首家汞资源封闭式循环体系，有效解决了汞污染对电石法聚氯乙烯的制约；气固相法氯化高聚物技术取得重大突破，千吨级装置成功投运，关键工艺列入国家发改委绿色工艺名录，主导产品获石化行业绿色产品认证，填补了国内气固相法高聚物技术、市场空白，2万吨氯化高聚物建成投产。自主开发的高强纳米滴灌带，进一步降低了产品成本10%，滴灌带的抗堵塞能力和灌水均匀性均显著提高，目前已经推广150多万亩。

4.6.2 关键技术

1. 创新工程

1）聚氯乙烯树脂品质提升与差异化发展创新工程专项

通过利用政策平台，以安全、环保、能耗等指标为标准，对已有产能进行全面改造，淘汰落后产能及工艺，实现行业的有序、高效发展；以提高电石法 PVC 粉料的白度，热老化性能，后加工性能等为目标，提高 VCM 单体原料质量，实现 SG-3 型、SG-5 型、SG-8 型和消光树脂产品品质提升，为企业产品实现差异化、高端化、功能化发展奠定扎实基础，形成企业新的经济增长点；通过优化化工公司，天辰化工和天能化工的产品结构，发展 PVC 专用树脂等高新技术，以及高附加值氯产品生产技术，提高行业节能减排和自主创新水平；通过 PVC 树脂改性，使 PVC 功能化突出，从而达到高附加值、高产出的目的，树立天业品牌形象，进一步提升兵团聚氯乙烯行业在国内专用料市场的竞争力。本项目在后续的经济发展中，为多种下游企业在新疆的建设打开了方便之门，吸引更多的投资进入新疆，发展新疆。项目的实施可为国内饱和的电石法聚氯乙烯行业提供转型的技术支持，拓宽了特种树脂和功能化突出专用料产品市场销路，提升 PVC 产品附加值，将特种树脂推向多元化、精细化、专业化发展。

2）聚氯乙烯树脂研发平台及专用树脂开发创新工程专项

建设聚氯乙烯聚合小试实验装置、30 m^3 聚合釜及配套工业化放大实验装置、加工实验装置和材料检测评价实验装置，构建和完善聚氯乙烯树脂研发平台，形成小试-中试-工业化试验基地，具备聚氯乙烯专用树脂研究开发能力，科研成果转化能力，新产品加工检测能力和售后服务能力，最终形成 2 万吨/年的专用树脂生产规模，建成行业一流 PVC 树脂一体化的综合研发与服务平台。在此平台上，将普通 PVC 根据客户的要求，细分产品标准。对照标准的要求，查找存在的问题，并提出解决方案，在 30 m³ 聚合釜进行生产，实现产品质量的提高，达到国外进口产品的标准，形成最终的工艺解决方案，并将此技术推广到聚合釜体积 70 m³ 以上的生产装备上，加快树脂专用化发展步伐，为企业实现产品的差异化提供技术支持，从而实现公司的利润最大化。2016 年 10 月，新疆天业聚氯乙烯树脂实验室入选工业和信息化部第四批工业产品质量控制和技术评价实验室名单。

3）汞污染防治和绿色催化创新工程专项

基于公司电石法聚氯乙烯产业的持续发展和循环经济产业的深化升级，围绕汞的问题与煤基乙二醇关键技术问题，以催化为核心，开展科研与成果的产业化推广。通过专项实施，建立了全系统的汞平衡模型，并通过石化联合会组织的专家认定，进一步完善了新疆天业氯碱生产单位现有汞污染防治体系及技术应用，合理评估电石法聚氯乙烯产业汞问题的风险；开发的无汞催化剂在工业条件下工业单管侧线测试寿命超 2 万小时，其工业转化器示范应用测试寿命已超 1 万小时。开发的乙二醇羰化和加氢催化剂实现量产，并在工业装置上实现长周期稳定运行，产品性能能达到甚至优于进口催化剂。

4）节水提质增效技术创新工程专项

以高效节水技术研究开发与产业化应用为中心，以作物调质丰产为目标，联合产业资源，将作物、节水、工程化开发、产业化推广有机结合，实现服务向作物栽培、水利工程延伸，形成新的经济增长点，实现节水公司产业链的进一步完善和提质增效，支撑节水产业发展为节水农业综合服务商。主要包括：

A. 土地治理方面

研究排水控盐技术，提出不同灌溉条件下农田灌排管网布置模式和暗管排水排盐工程设计参数，研发相关软件设计系统；开发 PVC 改性单壁打孔波纹管及配套集水管及管件产品，引进暗管排盐综合施工机械设备，进行节水减排控盐产业化基地建设。

B. 自动化、信息化方面

打造可靠滴灌自动化首部基层单元；开发集供电、信号传输和电动执行于一体的阀门；完善温室大棚一体机的物联网功能和新产品认证，完成商标注册和知识产权申报；集成和开发大田滴灌自动控制系统，探索产品从开发到推广的模式。

C. 输配水方面

研究和优化大口径管材新配方，同时实现大口径管材环刚度、耐压等级等指标，并产业化推广；研制大口径专用管道产品配套连接件及扩口机等工艺设备。

D. 田间节水灌溉方面

开发双轴取向（PVC-O）拉伸管材生产工艺及设备，形成产能 500 吨/年 PVC-O 高强管材产能；通过对 PVC 糊树脂及 PVC 高聚合树脂的成型及加工性能研究，开发 PVC 新型灌水器及管件并制定相关产品标准。

E. 农业种植方面

研发棉花、水稻、小麦等作物栽培及水肥一体化技术，研制出适应 3 类作物生物有机肥；研究作物的水肥耦合量化指标，集成遥感养分快速诊断和精准微灌施肥控制技术，建立高产、增效、控盐的水肥一体化技术模式，开展规模化应用与推广。

5）大数据和智能工厂建设创新工程专项

A. 建设集团大数据平台

研究集团循环经济产业链（从矿业、热电到化工、水泥）中产生的海量形式各异的数据，对生产、管理业务流程中的数据进行收集、分析和研究，从而建立一个大数据平台，打通产业链间数据的互通、共享，使数据贯通、协同。在此基础上根据集团生产经营的业务需要进行建模分析，将其与集团已知业务的各个细节融合，获取新的洞察力，发现新的机遇和优势，对企业产生新的价值，达到管理水平增强、业务效率提升的目的，提供实时的决策和预测能力，提升整体的经营水平，实现利润的增长。

B. 建立智能工厂的试点工程

依据大型建材水泥公司的业务形态与管理特色，从技术融合、产品融合、业务融合三个方面规划和落实大型建材水泥集团信息化的建设要求，运用智能手段和智能系统等新兴技术，从操作智能、运营智能、商业智能三个层次，达到生产设备网络化、生产数据可视化、生产文档无纸化、生产过程透明化，做到纵向、横向和端到端的集成，构建高效、节能、绿色、环保、舒适的基于工业大数据和"互联网"的智能工厂，实现两化深度融合、智能制造的总体规划，实现向智能化、精细化、协同化、柔性化的方向发展，实现建材行业"创新提升、超越引领"转型升级。在建设过程中，形成水泥行业智能工厂建设的最佳实践。

6）氯化高聚物和等离子工业应用创新工程专项

以具有自主知识产权的分置式气固相氯化技术为基础，完善千吨级工业示范装置，解决工业化生产工艺放大过程中的参数及适应性、核心设备、自动控制、产品质量稳定性控制等技术难题。开展单台 1 万吨气固相法制备的工业放大研究，形成 2 万吨规模的成套技术，建成国内最大规模的氯化高聚物生产基地。

根据新疆天业多年从事等离子裂解的经验和形成的知识产权，以"化学反应过程等离子体应用技术国家地方联合工程实验室"为平台,以合作共赢的方式推进等离子裂解煤技术的工业化。开展化学反应过程等离子体应用技术的研究,逐步提升"化学反应过程等离子体应用技术国家地方联合工程实验室"的实力。

7)聚氯乙烯上下游一体化协同发展创新工程专项

通过对高性能聚氯乙烯材料的研究,开发出高值化、差异化和功能化的聚氯乙烯新材料,实现传统聚氯乙烯行业的品质提升,促进聚氯乙烯行业高质量发展。通过对高性能聚氯乙烯下游塑料制品的开发,实现聚氯乙烯塑料制品轻量化、复合化和功能化,经过实验室研究、中试及工业化放大,为聚氯乙烯全产业链的发展提供新的发展模式。通过整合资源,大大提升高性能聚氯乙烯材料的开发、检测能力,依靠聚合与加工成型、性能测试、可靠性验证等各类实验手段,配备先进的实验、检测设备和仪器,建成国内领先的聚氯乙烯高性能材料研发平台。

8)乙二醇、1,4-丁二醇品质提升及下游产业链延伸创新工程专项

(1)乙二醇:由于石油法乙二醇和煤制乙二醇加工工艺的不同,煤制乙二醇通过催化合成,副反应多,精馏提纯困难,指标相比有一定的差距,主要体现在乙二醇的醛含量和 UV 值(紫外透光率)方面,国际上普遍通过该指标衡量乙二醇产品的质量。UV 值偏低的乙二醇产品在聚酯生产过程中会对聚酯催化剂产生影响,导致聚酯树脂发灰、白度下降及产生杂质等。通过对比分析石油路线与煤路线产品乙二醇的指标分析,重点指标在杂质醛和 UV 值,一方面联系下游企业根据不同需要加工不同品质的产品,同时与科研院所合作,提高醛和 UV 值指标,稳固下游高端市场。

(2)1,4-丁二醇:以合成气脱硫技术为基础,完善 1,4-丁二醇生产过程中主要原料甲醇中杂质硫含量高的问题,从而延长催化剂使用寿命,降低生产成本,同时产品中杂质含量降低,从而提升产品竞争力,为实现产品进入高端市场和差异化销售垫底基础。

9)钙基资源高效利用和电石渣水泥窑协同处置创新工程专项

电石渣水泥窑协同处置项目:处置对象主要包括城市污泥、危废两个层次,利用现有水泥窑装置,通过增加污泥干燥、破碎等设施,把城市污泥、危废送入水泥窑生产线,依托水泥窑的高温氛围,将废弃物中有害成本固化在水泥晶格中,实现了污泥、危废无害化处置。目前,新疆天业已经年处理 12 万吨污泥水泥窑协同处置装置,2018 年该项目列入国家发改委园区循环化改造项目。新疆天业下属

天伟水泥有限公司入选"十四五"大宗固废综合利用骨干企业。项目实施将加快企业向绿色环保型企业转型，成为城市环境治理的重要节点，使传统水泥制造业向"城市净化器"转型。

钙基资源高效利用项目：利用天业水泥公司的现有场地和窑炉，实现将电石渣通过分离除杂、配制、成型、烘干、煅烧等工序转变为氧化钙，所得的氧化钙在黏合剂、成型剂等共同作用下，制成强度、机械等均符合电石生产要求的石灰颗粒。项目的实施，把含钙的电石渣重新用于电石生产，有利于实现电石的闭路循环，大幅提升新疆天业循环经济产业发展效率。

10）电石炉自动化、智能化提升创新工程专项

新疆天业（集团）有限公司立足于行业和企业发展的迫切需要，研究开发出自动化控制节能技术和智能化出炉机器人装备，构建了电石炉 APC 先进控制技术，实现了电极自动压放，从根本上解决了电石生产控制系统和出炉系统技术落后的问题。目前，电石自动出炉技术在新疆天业下属各电石生产单位实现全覆盖，从根本上解决了传统工艺大量依靠人工操作的落后局面，重塑了电石生产工艺流程。项目实施后，电石生产全过程实现智能化操控，劳动生产率有效提升、产品综合能耗同比下降，安全生产性大幅提高，员工工作环境大幅改善，节能降碳效果显著，对提升电石产业技术、装备水平、促进电石产业结构调整和电石行业的可持续发展具有十分重要的意义。

电石出炉自动化控制技术特点：

（1）节约能耗：单位电石综合电耗降低 4% 以上，吨电石电耗降低约 120 kW·h，年可节约标准煤 4 万吨；原料利用率提高 20%，各类电石生产辅助物料消耗明显降低，电石优级品率可达到 95% 以上。

（2）自动化提高生产效率：生产全过程自动化控制，关键设备智能诊断与监控，岗位操作人员同比减少 50%，有效提高电石炉生产效率，实现大幅减员增效。

（3）安全稳定：机器人完全替代人工，避免了人员在高温、高危环境下作业，使炉前作业安全事故下降为零；先进控制系统使电石炉关键工艺参数的标准偏差（波动幅度）降低 30% 以上，同时实现对炉内压力、炉气温度、炉内压力等工艺参数及异常工况进行监控和实时报警，并进行相应的处理，减少设备故障率，提高生产系统的安全性。

11）燃煤电站节能及超低排放创新工程专项

天业热电产业本着污染物协同处理的原则，针对现有 4×135 MW 机组、2×300 MW 机组、2×330 MW 机组在"十三五"期间实施节能减排及超低排放改造工作。伴随国家新的节能环保政策《煤电节能减排升级与改造行动计划（2014~2020

年）》及《全国实施燃煤电厂超低排放和节能改造工作方案》的要求，热电产业对现有机组环保装置计划进行二氧化硫、氮氧化物、粉尘的减排提标工作。具体指标的设定如下：

脱硫出口 $SO_2 \leqslant 35$ mg/Nm^3（标况，6%O_2）；

脱硝出口 NO_x（以二氧化氮计）$\leqslant 50$ mg/Nm^3（标况，6%O_2）；

总排粉尘$\leqslant 10$ mg/Nm^3（标况，6%O_2）；

机组平均供电煤耗$\leqslant 310$ g/(kW·h)；

加大预热、水汽回收；

提升热电的水资源综合利用。

2. 合成气制低碳醇清洁高效关键技术

合成气制低碳醇技术是现代煤化工重大创新技术组合，对推动煤炭清洁高效利用及国家能源安全具有重大意义。项目主要基于十户滩新材料工业园合成气制低碳醇装置，实施清洁高效关键技术的研究开发与示范，先后攻克了合成气制乙二醇核心催化剂国产化、核心反应器大型化、甲醇低温合成等三大关键技术，从根本上解决制约行业高质量、规模化发展的瓶颈难题。项目关键技术成果在新疆天业 60 万吨/年合成气制乙二醇装置上成功应用，顺利产出聚酯级乙二醇产品，产品纯度为 99.96%，紫外透光率良好，满足聚酯行业对乙二醇指标的最高要求。

1）解决的关键技术问题

A. 高转化率、高选择性、长寿命的国产乙二醇核心催化剂技术

通过前期的实验，解决了乙二醇羰化与加氢催化剂活性、选择性、稳定性差等核心问题。在实验室阶段，羰化催化剂 CO 单程转化率>40%，DMO 选择性>95%；加氢催化剂 DMO 转化率>99%，EG 选择性>97%。在此基础上，对两类催化剂进行百克级放大，并开展了 1000 小时寿命评价试验。1000 小时内，催化剂无失活迹象，相关指标达到预期标准，具备了开展工业测试的基础。

为进一步确定工业放大制备的工艺条件及评估工业生产成本，新疆天业开展了煤基乙二醇催化剂的吨级放大研究。2019 年，按计划实施了催化剂的放大生产，进一步确定了催化剂的工业放大制备工艺条件和成本。

B. 乙二醇系统大型化关键技术

合成气制乙二醇项目工艺采用 CO 羰基化合成草酸酯，草酸酯加氢获得乙二醇产品技术路线，其中包括气化、变换、低温甲醇洗、甲醇合成、CO 羰基化、乙二醇加氢以及公用辅助单元等。技术选择包括：气化工艺采用例如水冷壁水煤浆煤气化技术生产合成气，一部分合成气经过等温变换调整氢碳比，进入低温甲醇洗脱除其中的硫和二氧化碳，然后进深冷分离和 PSA 变压吸附分离出其中的富氢

气和一氧化碳。深冷分离产生高纯度一氧化碳送 CO 羰基化系统作为 DMO 装置的原料气；闪蒸气和 PSA 变压吸附系统的解吸气经甲醇合成压缩后，与深冷工段的富氢气、低温甲醇洗出来的部分非变换净化气配气后，达到合适的氢碳比后去甲醇合成生产甲醇，甲醇装置的甲醇部分送 DMO 装置作为原料。另一部分合成气经热回收及低温甲醇洗工段处理后，与甲醇合成驰放气经 PSA 提氢后得到乙二醇生产所需的氢气，与 DMO 装置的草酸二甲酯生产乙二醇。基本流程示意如图 4.25 所示。

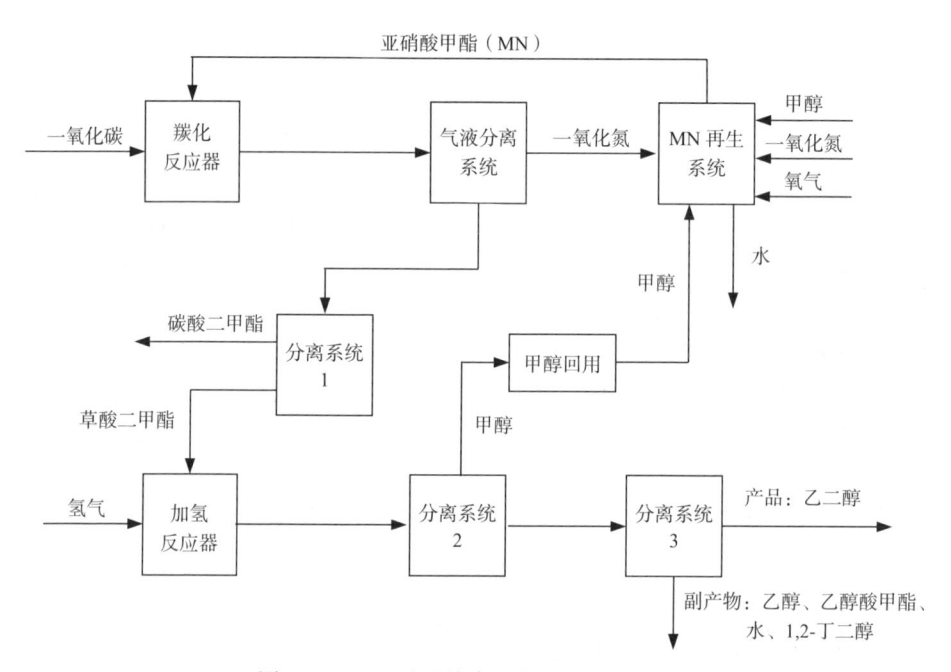

图 4.25 乙二醇系统大型化工艺流程示意图

（1）羰化反应器放大关键技术：现有羰化反应器系统运行压力 0.40 MPa，羰化循环机增压需要满足酯化、羰化合成气中甲醇洗涤回收和羰化反应等三个单元的阻力降，采用反应器的大型化必须考虑羰化反应器的阻力降，原有列管羰化反应器换热管直径 3.2 m，选择换热管管径较小，催化剂装填量少，难以满足单系列大型化要求，如增加催化装填，必须增加管道长度，造成阻力升高，因此不能满足羰化反应的大型化，本次项目的大型化措施主要增加了反应器的管径，达到了 5.3 m，这样可以实现在高度上不变，而直径可以做得很大，确保了催化剂的填装量，确保了反应器的大型化（图 4.26）。

图 4.26　合成气制乙二醇大型化核心反应器一览

（2）加氢反应器放大关键技术：加氢过程是两步反应的组合，在传统管壳式反应器的基础上，增加了径向束管式水床大型加氢反应器，为达到副产物少、温度控制平稳等目标，在径向反应段内，比冷面积为 40~50 m^2/m^3。上述比冷面积为径向反应段内换热管的换热面积与第一催化剂的体积的比。比冷面积在上述范围内，可以保证反应热能够平稳地由换热管内的热水带走，使反应器内的反应温度稳定在设定范围内。传统列管反应器增加换热管数必须放大设备规格，受到制造、安装等限制无法实现，采用加长催化剂管长度满足催化剂装填量，造成床层阻力大，热应力无法彻底消除，循环机功耗高，装置无法正常运行，而采用新型径束管径向式水床反应器取得了多项技术突破，具有显著特点。

C. 低温甲醇合成关键技术

甲醇是十分重要的化工平台化合物，全球产量超过 9000 万吨，广泛应用于清洁燃料、化工原料等众多领域，同时也被很多煤化工企业作为原料净化的主要方法。传统甲醇合成工艺通常要在高温条件下合成（250~300℃，5~10 MPa），反应条件较为苛刻，能耗偏高，其中以英国 ICI、德国 Lurgi 工艺为代表的甲醇合成工艺在全球范围内得到广泛应用。甲醇合成属于强放热反应，低温条件下有利于提高 CO 原料转化率，实现温和条件下甲醇高效合成成为行业共识。美国布鲁克海文国家实验室用强碱性催化剂在较低温度、压力下得到了甲醇，但存在成本高、催化剂易中毒等缺陷[10]。

日本学者椿范立提出了一种新型的低温合成甲醇方法，该方法改变了现有工业化合成甲醇反应机理，合成气在 Cu 基催化剂上合成甲酸盐，加入低碳醇作为溶剂和助催化剂，生成中间体甲酸酯，经过加氢得到甲醇，反应温度在 170℃左右[11]。经过国内外学者一系列的攻关，低温甲醇合成技术研究取得重大进展，但距离商业化还有一定的距离。探索低温甲醇合成新技术工业化已经成为行业热点课题。

低温甲醇合成是一种全新的甲醇合成反应路径，主要包括以下四个步骤：

$$CO + H_2O \rightleftharpoons CO_2 + H_2$$

$$CO_2 + 1/2H_2 + Cu \rightleftharpoons HCOOCu$$

$$HCOOCu + ROH \rightleftharpoons HCOOR + CuOH$$

$$HCOOR + 2H_2 \rightleftharpoons ROH + CH_3OH$$

首先 CO 和水进行水气变换生成二氧化碳和氢气，二氧化碳在催化剂的作用下与金属反应生产甲酸盐，后在低碳醇溶剂作用下生产甲酸酯，通过加氢得到甲醇，这一过程中，低碳醇经分离纯化后可循环利用（图 4.27）。

从动力学、热力学角度，上述反应很容易进行，且 CO 转化率可达到 90% 以上。由于反应是在液相中进行，因此，低碳醇在反应中一方面可以充当溶剂，传递反应热，另一方面可以作为催化剂，促进酯化反应的发生。甲酸酯加氢过程中低碳醇以产品的形式重新出现在反应体系中，从物料分离的角度考虑，选用甲醇作为溶剂可以进一步降低消耗。

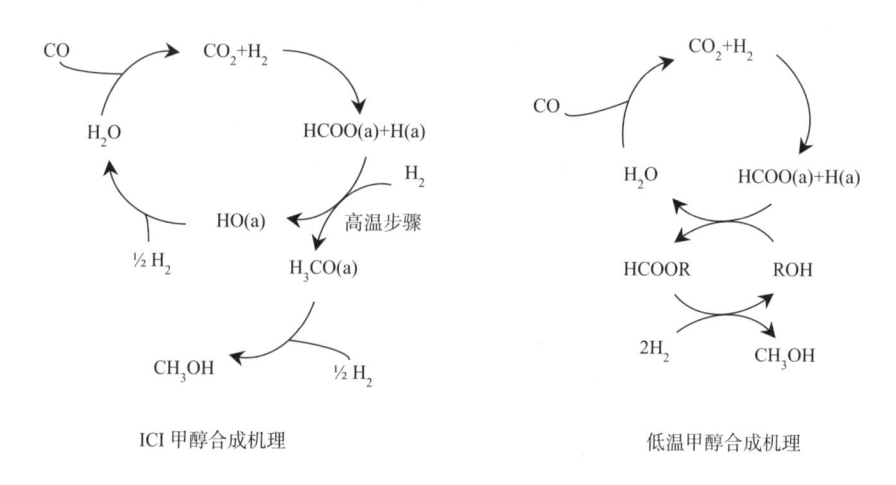

图 4.27 低温甲醇合成工艺

针对上述问题，新疆天业与日本学者椿范立合作，建立了首套低温甲醇工业性实验装置，采用控制变量法分析了反应温度、反应压力、合成气氢碳比等因素对低温甲醇合成的影响，并对其经济性进行分析[12]。

（1）考察反应温度和压力的影响。低温度和增大压力能提高合成气转化率，促进甲醇的合成，增大甲醇生产能力。对反应温度控制在（170~200℃）和压力（5.0~10.0 MPa）进行了梯度考察。

（2）考察合成气的气体成分的影响。合成气中高的氢碳比（H_2/CO）有利于促进合成气转化率。CO_2 和 CO 的比例也会影响催化剂的催化活性，所以 CO 和

CO_2 的比例要有科学的配比。通过实验得出 H_2/CO 的比例一般要大于 2，CO_2 的比例控制在 1%~10%。

（3）研究气体内部惰性气体的作用。合成气中的惰性气体也是影响合成气的单程转化率的因素之一。通过考察得出的结论是惰性气体（Ar、N_2 或者 He）的含量控制在 1%~10%。

（4）考察添加醇的量的影响。添加的醇在新型低温甲醇合成路线上起到反应助剂的效果，以醇为催化溶剂，通过酯循环步骤避免了加氢反应，因此降低了甲醇合成反应温度。对不同醇的种类和添加的量对甲醇选择性的影响进行了系统的考察。适宜的附加醇的量一般控制在 0.001~0.005 mL/min。

（5）考察进料气体空速的影响。提高进料气体的空速有利于提高甲醇的收率，但是会在一定程度上降低合成气的转化率。因此，要尽量控制进料气体的流速在 5~50 mL/min。

结果表明，在 170℃、反应压力 6.0 MPa、合成气流速 1.5 L/min、氢合成气氢碳比 4.4 左右的条件上，CO 单程转化率达到 97.5%，甲醇选择性达到 99.78%，通过与传统甲醇合成工艺对比，低温甲醇合成成本可降低 106 元。

通过优化各项反应控制条件，有助于提高合成气的单管转化率和甲醇收率。通过对实验条件的考察，我们总结出影响低温甲醇合成单程转化率和甲醇收率的主要因素有反应压力、反应温度、合成气的气体成分（氢碳比）、进料气体空速和附加甲醇量等，并得出了工业条件下最优运行参数。

2）项目特色及创新点

（1）项目开发的乙二醇核心催化剂具备自主知识产权，打破了国外技术垄断，大幅降低催化剂使用成本；自制乙二醇催化剂在工业装置上实现了长周期稳定运行，催化剂性能超过进口催化剂。

（2）通过设计特殊结构的反应器，改造优化工艺技术，构建了核心催化剂、核心反应器、核心工艺技术包等耦合配套的反应器放大体系，单套产能达到 20 万吨/年，从根本上解决了合成气制乙二醇反应器难以放大的问题。

（3）开发出甲醇低温合成新工艺，使用单一低碳醇同时作为反应促进剂和溶剂，克服了传统甲醇工艺高温加氢限制，在 170℃ 左右的低温条件下实现甲醇合成，原料单程转化率、甲醇选择性均接近 100%，产品能耗大幅降低，成本优势明显，具备很好的商业化应用前景。

（4）项目遵循循环经济"3R"原则，将装置中的废热、废气、废水进行循环再利用，尾气中有效气回收率达到 99% 以上，废水循环再利用量提高 60% 以上，单位产品综合能耗比国标准入限额低 5.7%，单位产品物料消耗和"三废"排放等均代表国内外合成气制乙二醇技术的领先水平（图 4.28）。

图 4.28　大型化装置产出高品质乙二醇产品

通过本项目实施，新疆天业乙二醇产能达到 95 万吨/年，位居行业第一，成为国内外规模最大、技术水平领先的合成气制低碳醇企业，大型化、集约化、规模化发展的经济效益得到充分体现，为下一步发展特种聚酯新材料、高端烯烃新材料奠定了扎实基础，对合成气制低碳醇装置大型化、规模化起到了很强的示范作用。项目实施对区域产业结构升级、推动兵团纺织产业上下游一体化发展，带动兵团经济的全面发展具有重要促进作用。

3. 二氧化碳工业尾气生产碳酸钙

石灰（氧化钙）是生产电石的主要原料，石灰生产通常紧靠矿产资源产地，电石受储运、运输条件的限制，要求尽量靠近氯乙烯生产装置，长途运输加上多频次的原料倒运，石灰容易出现粉化现象，最高时期粉末率可达到30%，资源的利用效率亟待提高。

煤化工项目生产过程中不可避免地要对煤炭进行气化，由于煤炭富碳少氢的特点，在进行后续化学品生产时需要调节氢碳比来增加氢气的供应，置换出来的碳基本都是以二氧化碳的形式存在。这部分二氧化碳纯度比较高，容易富集，是十分理想的化工原料和宝贵的碳资源。新疆天业根据煤化工二氧化碳尾气特性，建设了 2 万吨/年食品级二氧化碳装置，实现了部分二氧化碳的综合利用，但总体附加值不高，二氧化碳高值化利用途径需求迫切。

针对电石生产过程中产生的钙基废渣附加值较低和煤化工产生二氧化碳废气回收利用率低的情况，新疆天业制定出利用钙基废渣以及二氧化碳废气生产高附加值的碳酸钙系列产品的循环经济思路。以此为指导，分别设计了原料钙基废渣、二氧化碳废气的预处理及碳酸钙生产环节中的消化、碳化改性、干燥包装等工艺流程方案（图 4.29）。

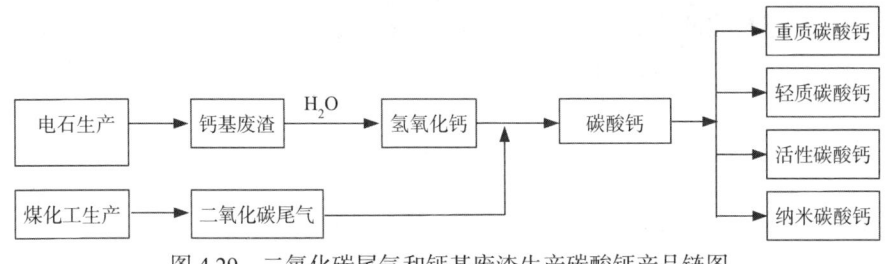

第 4 章　循环经济西部发展模式分析

图 4.29　二氧化碳尾气和钙基废渣生产碳酸钙产品链图

3 万吨/年碳酸钙项目自 2017 年建成投产以来，以优异的性能表现和较低的生产成本，迅速打入下游市场。项目成功列入国家发改委园区循环化改造项目，荣获 2018 年度中国循环经济最佳实践，是新疆天业循环经济提质增效发展历程的新亮点。

进入新时期以来，循环经济已经成为国家重大战略，新疆天业紧紧围绕绿色、低碳、高效发展主题，践行国家关于循环经济发展的总体要求，抓紧"碳达峰·碳中和"这个牛鼻子，坚持科技创新、理论创新、制度创新、模式创新相结合，不断提升天业循环经济发展水平，重塑产业链核心竞争力（图 4.30）。

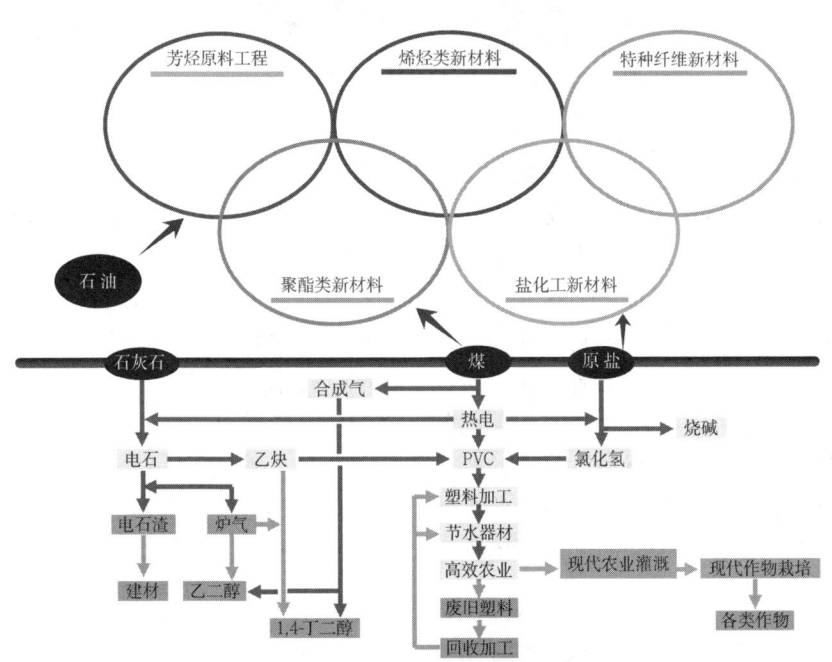

图 4.30　不断提升的循环经济产业链

随着全球石化产业深度调整，国内新发展理念推行，优化化工产业布局迫在眉睫。面对新形势，新疆天业启动了十户滩新材料工业园建设工作，园区近期规划面积 9.98 km^2，中期规划 23 km^2（图 4.31）。园区充分依托新疆天业在煤化工领域形成的技术领先优势、人才储备，在现有工业园区循环经济产业链发展的基础上，不断推动产业结构转型升级，提高高质量绿色发展水平，促进产业链由价值链中低端向中高端迈进。

图 4.31　十户滩新材料工业园 60 万吨乙二醇项目全景

2020 年 8 月，经历了十户滩新材料工业园内首批 60 万吨/年合成气制低碳醇项目建成投产，项目产出大量具有竞争力的基础化学品，为下一步发展特种聚酯新材料、高端烯烃新材料奠定了扎实基础，对煤制乙二醇装置大型化、规模化起到了很强的示范作用。未来，新疆天业将始终以循环经济理论为指引，在加快自身发展的同时，积极探索新材料产业基础原料供应商，以十户滩新材料工业园建设为契机，以十户滩新材料产业园建设为契机，通过自主创新、产学研合作、技术引进等多种方式推动下游高端新材料产业配套技术落地园区。秉承产业集约化、技术现代化、产品高端化、资源节约化、生产清洁化的发展理念，立足"醇基、聚酯和盐化工下游新材料"三大核心产业集群，打造现代碳基新材料、盐基新材料、石油石化、聚酯化纤等多产业耦合发展的循环经济新模式，最终将十户滩新材料工业园打造成为国内领先、国际知名、特色鲜明、优势明显的一流新材料工业园区。

参 考 文 献

[1] 余新意. 新疆天业聚氯乙烯产业发展战略研究[D]. 石河子: 石河子大学, 2014.
[2] 郝晓臣, 张燕, 肖娟. 燃气替代燃煤在燃煤电厂应用与推广探讨[J]. 科技经济导刊, 2016(22): 114.

- [3] 曹春莉. 新疆天业自备电厂对设备可靠性管理系统的探索[J]. 化工管理, 2016(2): 6+8.
- [4] 安志明, 宋斌, 蔡雪融. 等. 石灰窑低温烘窑装置的设计与应用[J]. 耐火与石灰, 2015, 40(3): 7-9.
- [5] 陆立全. PLC自动化控制系统在传统石灰立窑生产过程中的应用[J]. 石河子科技, 2015(2): 23+26.
- [6] 郭成军, 尹建平, 王明杰. 等. 105m³聚合釜生产装置冷水入料及工艺配方优化总结[J]. 中国氯碱, 2020(7): 24-26.
- [7] 张又新. 聚氯乙烯悬浮聚合生产技术[M]. 北京: 化学工业出版社, 2019.
- [8] 王红梅. 抗氧剂对PE滴灌带热氧老化性能的影响[J]. 合成树脂及塑料, 2010, 27(3): 36-38.
- [9] 陈鹏元. 纳米材料在塑料节水器材中的应用[J]. 上海塑料, 2009(2): 36-38.
- [10] 丁立, 杨红泽, 楚珑晟. 甲醇合成催化剂的国内外研究状况与发展趋势[J]. 化学工程与装备, 2015(10): 195-198.
- [11] Tsubaki N, Ito M, Fujimoto K. A new method of low-temperature methanol synthesis [J]. Journal of Catalysis, 2001, 197: 224-227.
- [12] 宋晓玲, 李进, 冯俊, 等. 低温甲醇合成工业试验装置运行分析[J]. 辽宁化工, 2021, 50(4): 513-515+518.

第5章 氯碱化工循环经济产业链关键支撑技术

氯碱化工生产过程中产生大量的废水、废气、废渣等工业废弃物，处置不当将严重影响行业健康发展。针对上述问题，新疆天业坚持"减量化、再利用、资源化"发展思路，深入研究工业废弃物特性，攻克了一系列工业废弃物高效综合利用技术，形成了成套绿色化工关键支撑技术体系。

在循环经济发展过程中，新疆天业一方面构建了煤→电→电石→PVC→水泥的大循环产业链，另一方面，依托"三废"高效综合利用技术，建成了以废水、废气、废渣为主的小循环体系，推动了新疆天业氯碱化工飞速发展。为了进一步提升产业发展水平，新疆天业瞄准制约行业绿色可持续发展的瓶颈难题，通过与国内外知名高校、科研院所开展深度产学研合作，在工艺绿色化、产品高端化、生产智能化、用能高效化等方面取得了较好的进展，对新疆天业循环经济产业链提升具有十分重要的意义。

5.1 "废水零排放"关键技术

传统的电石法聚氯乙烯生产工艺主要包括乙炔发生、氯乙烯合成和聚合干燥三个过程，而这三个过程会产生大量的废液，包括离心母液水、乙炔上清液、吸收过量氯化氢形成的低品质盐酸等。这些废液多采用处理达标后直接排放的方式，既影响环境又浪费资源，因此，对这些废液进行处理和回收利用，构建"废水零排放"小循环，既可以减少废水排放对环境造成的影响，也可以将废水变废为宝，节约水资源，降低水的消耗成本，具有很好的经济和环保意义。

围绕氯碱装置高耗水环节，通过自主研发新型干法乙炔发生技术，新建20万吨/年聚氯乙烯生产线配套的干法乙炔发生产业化示范装置并实现大规模应用，该工艺较湿式乙炔工艺节水80%以上；研究开发湿法乙炔电石渣上清液闭式循环工艺，通过改进乙炔气冷却、清洗方式，同时对废次氯酸钠进行循环利用，实现乙炔废水的零排放；研究开发氯乙烯合成工艺中含汞废酸零解吸配套含汞废水处理技术，将废酸中解吸出的氯化氢气体用于增产PVC，同时解吸后的废水回用于系统；研究开发生化水处理技术和膜处理相结合的聚合母液水净化技术，通过与中科国益环保工程有限公司合作攻关，净化处理后的聚合母液水达到中水回用标准；研究开发氯压机中冷器冷却水回收利用技术，采用无压回水技术，实现中冷水的循环利用，达到节水和减排的效果。以上技术已在天业 140 万吨聚氯乙烯生产装置上推广应用。解决了电石法 PVC 生产中大量废水阻碍产业可持续发展的瓶颈问题，对推动我国氯碱行业节水新技术的发展起到了重要作用。

5.1.1 干法乙炔技术

1. 概述

素有"有机化工之母"美称的乙炔是重要的有机化工原料，也是目前世界上有机化工产品最基础的原料之一。20 世纪 70 年代，由于石油化工的飞速发展，乙炔作为有机产品的基础原料逐渐被廉价的乙烯、丙烯所取代。但近年来，随着石脑油裂解制乙烯成本的增加和石油资源的匮乏，乙烯作为基础原料的加工路线面临巨大的挑战，乙炔化工重新焕发活力。乙炔生产工艺主要包括电石水解法和天然气法，其中天然气法由于受天然气资源和应用领域等因素的制约而没有得到大的发展。电石水解法依托煤炭资源，具有资源相对丰富、工艺简单、乙炔气纯度高等优点，成为生产乙炔的主要工艺。在我国 90%以上的乙炔气是通过电石水解法获得的，电石法乙炔化工已经发展成为我国传统煤化工的重要组成部分，对充分利用我国煤炭资源缓解石油资源短缺的矛盾起到了重要作用。

电石法乙炔按照用水量的多少分为干法与湿法两种工艺。湿法乙炔工艺采用的是湿法乙炔发生器，50 mm 左右的电石处于大量的水中，进行水解反应，反应放出的热由水带走。湿法乙炔发生器的优点是结构简单、操作简便且易于维护。然而，在生产过程中，湿法乙炔工艺耗水量极大，用多于理论量 17 倍的水分解电石。由于乙炔在水中的溶解，导致部分乙炔气进入水相，造成乙炔收率降低。同时反应得到的电石渣浆含水量大，不便于处理、运输，难以利用，还会对地下水和土壤造成污染，增加电石渣的后处理成本。

随着国家对环保要求的不断加强，湿法乙炔产生的环境污染问题日益受到生产厂家的重视。为了克服湿法乙炔生产工艺的缺点，国外早在 20 世纪初便开始对干法乙炔发生装置进行探索与研究，并逐渐开发出了一系列具有不同结构特点的干法乙炔发生器，以雾化水参与反应，喷洒在一定粒度的电石上，反应完毕后，生成的电石渣以干态从反应器中排出。其基本原理是用稍过量的水来与电石反应，利用水能够快速汽化、蒸发潜热大的特点来转移反应热。生产实践表明，干法乙炔发生器节水效果显著，能够有效地解决湿法生产过程中所产生的电石渣浆污染问题。

2. 原理

电石法乙炔是以电石和水为原料,通过反应得到乙炔。电石与水反应生成乙炔的主要反应原理如下:

$$CaC_2 + 2H_2O \longrightarrow Ca(OH)_2 + C_2H_2$$

工业电石中还含有不少杂质,其水解反应如下:

$$CaO + H_2O \longrightarrow Ca(OH)_2 + 63.6 \text{ kJ/mol}$$

$$CaS + 2H_2O \longrightarrow Ca(OH)_2 + H_2S$$

$$Ca_3N_2 + 6H_2O \longrightarrow 3Ca(OH)_2 + 2NH_3$$

$$Ca_3P_2 + 6H_2O \longrightarrow 3Ca(OH)_2 + 2PH_3$$

$$Ca_2Si + 4H_2O \longrightarrow 2Ca(OH)_2 + SiH_4$$

$$Ca_3As_2 + 6H_2O \longrightarrow 3Ca(OH)_2 + 2AsH_3$$

干法乙炔生产一般是利用细颗粒电石与水反应速率较快和水的汽化可以带走大量反应热的特点,用稍过量的水来与细颗粒电石反应,改变湿法反应器内电石处于水溶液中反应的状态,形成气态物质和粉状固态物质混合的反应状态,使产生的电石渣呈粉末状,反应速率大大超过湿法,反应放出的热量在水汽化的过程中快速带走。

在干法乙炔反应中,由于电石与水混合不均匀,除了上述反应外还会发生如下反应:

$$CaC_2 + Ca(OH)_2 \longrightarrow 2CaO + C_2H_2$$

3. 主要工艺技术及成果

在当时的技术条件下,干法乙炔装置在国内还处于研发阶段,还没有成熟的配套设施来满足其生产,主要涉及以下几个方面:原料电石的粒度和供给量是否能够满足发生装置的特殊需要,电石和水的配比能否保证准确,从发生器出来的粉状电石渣的输送安全,以及生产出来的乙炔气的输送等。以上几个方面都关系到干法乙炔装置能否长期稳定运行。

1)配套电石破碎装置的稳定运行

干法乙炔装置生产所需要的电石粒度都在 3 mm 以下,60%以上都在 1 mm 以下,因此利用原有湿法乙炔发生装置的破碎机不能满足干法乙炔装置的生产,必须选用一种超细破碎机来将原有湿法乙炔装置用的电石进一步破碎到干法乙炔装置要求的粒度。目前国内的超细破碎机大多是用来破碎矿石等脆性或者硬度较高的物料，而电石中含有未反应的石灰、焦炭以及生产电石时生成的硅铁，成分复杂，物化性质不均匀，选用目前国内的超细破碎机都不能发挥正常的功效，效率较低、设备磨损严重、动力消耗较高。导致破碎机的生产能力大幅度下降，因此选用合适的破碎机就显得至关重要。

该技术采用立式复合式破碎机，物料通过能力强，不宜堵塞，选用大型号破碎机，破碎的电石粒度控制在 3 mm 以下，保证了生产连续稳定运行。

2）电石与水的精确配比

干法乙炔装置生产需要的原料是电石和水，电石和水的配比准确性涉及两个方面，当电石与水的配比大于设定量时，电石反应不完全，在产生的粉状电石渣中含有没有反应的电石，导致生产成本的增加，并且由于产生的电石渣在排到系统外的过程中还在继续反应，产生一定量的乙炔气，在系统外还会与大气相接触，有可能产生爆炸，影响到整个安全生产；当电石与水的配比小于设定量时，电石反应完全，但由于水过量，产生的电石渣中含水量过大，导致电石渣在乙炔发生器内从上向下移动的过程中有可能成团，或者黏结在乙炔发生器内或者电石渣输送装置内，难以从发生装置内排出系统外，并且由于电石渣含水量大，还导致后续利用电石渣做原料的水泥生产单位能耗增加。以上都关系到干法乙炔生产装置的安全性和稳定性。

中试装置和示范装置的运行表明，利用计量绞龙和气动阀来控制电石与水配比在 1.2~1.3∶1 的情况下，既能保证电石完全反应，又能保证电石渣的含水量，防止了物料过湿黏结在发生器壁上。

3）粉状电石渣的安全输送

干法乙炔与湿法乙炔的区别主要特征之一就是电石与水反应产生的电石渣的含水量高低，干法乙炔产生的电石渣含水量一般都在 6%左右。由于电石渣是粉末状，其中夹带有少量硅铁，部分水蒸气和乙炔温度较高，当与外界空气相互接触时有产生爆炸的危险，同时电石渣在反应系统中还有切断反应系统中的乙炔气外泄的作用。因此要求输送设备必须具有很好的密封性，防止水蒸气凝结导致电石渣在设备上长期黏结，同时还要求输送设备的材质耐磨性。粉状电石渣输送设备的运行情况直接关系到干法乙炔装置是否能够长期稳定运行和整个装置的安全以及产品的成本。

该技术选用 FU 埋刮板输送机输送粉状电石渣，并且向 FU 内部充入少量氮气，使 FU 内正压，保证了装置的安全、正常稳定运行。

4）乙炔气的净化和初步降温

干法乙炔生产装置反应器内的电石和水反应（水略多于理论量）产生出乙炔气和电石渣粉末。电石渣粉末处于流动状态，比重较轻，随乙炔气和水蒸气而漂浮在气相系统中。部分水蒸气由于温度降低而冷凝在管道内，电石渣粉末在随乙炔气流动过程中由于压力减小而沉降下来，与管壁上的冷凝水混合，黏结在管道壁上，随着装置开车时间的延长，慢慢堵塞管道，导致系统压力增高以至于停车，因此在进入下一个环节之前必须对乙炔气进行净化。

该技术通过选用高效洗泥器，使乙炔气中的电石渣进入洗涤水，净化了乙炔气；选用列管式换热器来间接冷却乙炔气，保证了乙炔气温度控制在工艺指标范围内，减少了洗涤水量和废水的产生量。

4. 工艺流程说明

1）乙炔发生

50 mm 左右的块状电石经过超细破碎机的破碎和筛分装置的分离，将电石破碎为 3 mm 以下的细颗粒电石，经过斗式提升机提升到缓冲料仓，通过电石计量装置加入到干法乙炔发生器，将水（水与电石的质量比为 1.2~1.3）以雾态形式喷在粉状电石上使之水解，保证气相温度在 95℃左右，固相温度为 100~120℃，反应放出的热由水蒸气与乙炔气一起带走，未反应完全的粉状电石自发生器上部逐渐向下部移动，边移动边水解，产生的电石渣含水量 6%左右，然后自干法发生器底部通过锁气阀排出发生器，然后通过 FU 埋刮板机输送到下一个工段。从发生器出来的气体经过洗涤装置将气体携带的电石渣粉尘捕集下来，干净的乙炔气送到下一工段进行冷却。

干法乙炔发生技术工艺主要是：50~80 mm 的电石经皮带机送入粗电石料仓，经加料装置进入破碎机，进入斗式提升机，经筛分装置分离使符合反应用的电石颗粒进入电石缓冲料仓，通过送料装置进入干式发生器，在发生器内细粒电石与水雾反应，生成的乙炔气经洗涤装置洗涤、冷却进入清净生产系统。

干法乙炔发生装置中的电石计量设备螺旋输送器的输送量与其设备的转速成正比，小于 3 mm 的电石在计量螺旋输送器的作用下，被输送到发生器内，同时准确计量一定比例的水进入发生器内，水通过特殊雾化喷头在发生器内被雾化，在第一层挡板上面电石与水进行水解反应，在水解过程中产生的大量反应热，通过水的汽化反应转移到系统外，防止系统因温度的持续上升而导致乙炔气分解，保证了整个反应的正常进行。

电石与水在挡板上反应，通过耙子的推动作用来改变电石与水的接触面，促使反应持续进行。电石与水在发生器不同挡板之间走 S 形,以保证电石在发生器内与水的接触时间,促使水解反应完全。电石与水完全反应后,产生含水量 6%左右的粉状电石渣,电石渣堆积到一定的体积后,通过星型下料器被排到发生器外的输送装置。发生器内的乙炔气与外界隔离在进料口是通过计量螺旋输送器与粉状电石实现的,在出渣口是通过粉状电石渣与星型下料器来实现的(图 5.1)。

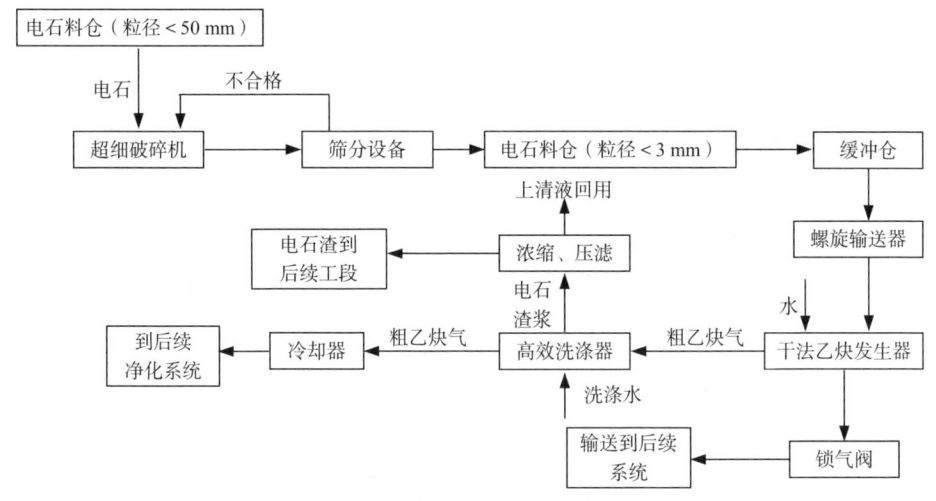

图 5.1 干法乙炔工艺流程简图

2) 乙炔清净

由冷却塔来的乙炔气,通过阻火器后,经乙炔升压机升压经气液分离后,依次进入第一清净塔、第二清净塔。在清净塔内用次氯酸钠液清净。次氯酸钠液自次氯酸钠配制槽,先经次氯酸钠泵打入第二清净塔顶部,从第二清净塔底部流出。然后经清净泵打入第一清净塔顶部,第一清净塔底流出的次氯酸钠液,一部分被清净泵送到冷却塔的顶部作为冷却喷淋液,一部分被清净泵送废次氯酸钠处理系统除硫磷及脱盐后 70%达到工业水标准后回用至乙炔装置配次氯酸钠,其余 30%达标后排放。

用次氯酸钠液清净的原理,是利用它的氧化性,将粗乙炔气中的硫化氢、磷化氢、砷化氢等杂质氧化成为酸性物质,再进一步处理并除去。其反应式如下:

$$4NaClO+H_2S \longrightarrow H_2SO_4+4NaCl$$

$$4NaClO+PH_3 \longrightarrow H_3PO_4+4NaCl$$

从第二清净塔顶出来的乙炔气进入碱洗塔,用氢氧化钠溶液洗涤,中和掉清净时产生的酸性物质,经除沫罩后送去 VCM 工序。

15%氢氧化钠溶液的配制：来自界区外的直流水、碱液进入浓碱液贮槽贮存，并经碱液泵送到碱液配制槽，配制成15%的碱液供碱洗塔使用。

次氯酸钠液的配制：来自界区外浓次氯酸钠液送至浓次氯酸钠贮槽，浓次氯酸钠液经次氯酸钠配制泵和废次氯酸钠溶液（或者工业水）分别计量进入次氯酸钠配制槽上的静态混合器。在静态混合器内浓次氯酸钠液被稀释成0.10%左右的次氯酸钠液，供清净塔使用。

5. 干法乙炔工艺的优点

1）安全性

（1）加料过程的安全性。电石连续加入，避免了湿法乙炔逐斗加料时由于氮气置换不合格和加料阀经常运行导致密闭不严而带来的爆炸危险性，并且所有发生器连续进料不间断反应，避免了湿法乙炔发生器排渣时可能抽负压的情况发生，提高了发生系统的安全性和稳定性。

（2）反应的安全性。湿法乙炔气体温度为86℃左右，干法乙炔气体温度为95℃左右，干法乙炔工艺气相中水蒸气含量比湿法乙炔工艺高，气体的安全性更高。

（3）故障状态的安全性。干法乙炔工艺发生器内电石与微过量的水反应，在整个系统出现紧急停车时，由于水量较少，电石与水的反应可快速停止；而湿法乙炔工艺由于发生器内电石粒径大，反应速率慢，紧急停车时电石与水继续反应生成乙炔，可能导致乙炔气柜超高进而使乙炔大量放空。因此，干法乙炔工艺降低了紧急停车造成事故的概率；同时，由于物料在系统中是连续性进出，自动化程度比湿法乙炔工艺高，出现故障可立即停止反应。

2）电石渣储存方便，降低使用单位能耗

在水泥生产中，煤耗基本占整个熟料生产成本的50%以上，其决定了水泥厂的经济效益。电石法乙炔产生的电石渣是生产水泥的原料，湿法乙炔产生的电石渣含水质量分数在35%左右，需要经过烘干粉碎和干燥；而干法乙炔产生的电石渣含水质量分数一般在10%以下，可以直接作为生产水泥的原料，降低了水泥生产中原料的破碎、烘干等生产负荷。按除水过程中每除掉1 t水消耗150 kg标准煤计算，新型干法水泥比传统湿磨干烧工艺每利用1 t电石渣可以减少85 kg标准煤的消耗。

另外，随着电石法乙炔装置的生产能力加大，电石渣的产生量也大大增加。在湿法乙炔工艺中，电石渣含水质量分数为35%，表观密度为1.5 g/mL左右，以10万t/a聚氯乙烯为例，10天的电石渣堆积体积可达到6000 m³，堆积高度以3 m

计，需要占地 2000 m²，同时还会造成空气和土壤污染；而干法乙炔产生的粉末状电石渣含水质量分数在 10%下，表观密度为 0.65 g/mL，可以储存在大型储罐内，以 10 天的电石渣产量共 9000 m³ 计，用 1 个直径 22 m、高 30 m 的储罐即可满足储存要求，占地面积只有 500 m²，同时避免了扬尘对空气和土壤造成污染。

3）电石消耗低

采用连续入料方式，避免了逐斗加料导致的乙炔放空损失，提高了乙炔的收率，减少了电石的消耗，降低了生产成本。按 20 万 t/a 聚氯乙烯装置消耗电石 30 万 t/a 计算，减少放空乙炔 20 万 m³/a 以上，折合生产 1 t 聚氯乙烯节省折标电石 3.3 kg 左右（发气量以 300 L/kg 计）。干法乙炔气洗涤后电石渣浆温度在 85℃以上，而湿法乙炔的发生器渣浆溢流温度在 70℃左右，同时干法乙炔电石渣浆量比湿法乙炔降低 70%左右，减少了电石渣浆夹带乙炔的量，折合生产 1 t 聚氯乙烯可节省折标电石 11 kg 左右（只计算电石渣浆溢流水中夹带的乙炔，不考虑溢流中电石渣夹带的乙炔和未反应的电石）。但干法乙炔排放的粉状电石渣中含有微量乙炔，同时电石有超细破碎过程，导致干法乙炔相对湿法乙炔有微量电石损耗。总体来说，在电石水解率相同的前提下，不考虑粉状电石渣夹带的乙炔，每生产 1 t 聚氯乙烯，干法乙炔较湿法乙炔电石单耗减少近 15.3 kg。

4）电石渣浆处理装置小，处理效果较好

湿法乙炔生产过程中产生的热量由大量的水带走，20 万 t/a 聚氯乙烯装置的乙炔工序产生的近 400 m³/h 电石渣浆需要浓缩、压滤处理，渣浆含固质量分数在 10%以上，需要建设多个处理能力较大的浓缩池和多台压滤机及配套设施；而干法乙炔工艺产生的电石渣是粉状电石渣，热量被汽化的水带走，因此只在乙炔洗涤过程中产生电石渣浆，由于经过两级洗涤，在二级洗涤时产生含固质量分数为 4%左右的电石渣浆需要经过浓缩和压滤处理，这部分电石渣浆量只有 120 m³/h 左右，所需电石渣处理装置能力大幅降低，同时由于电石渣浆浓度较低，较易沉降浓缩，处理后上清液较为澄清。

5）水消耗量少

目前，国内大多数聚氯乙烯企业都在进行技术改造，努力做到废次氯酸钠和上清液的全部回收利用，并且已经有厂家实现了此目标。在此条件下，干法乙炔和湿法乙炔比较，耗水量的差别只是电石渣带走的水。干法工艺比湿法工艺提高收率 2.5%，基本不产生污水，干法工艺产生的电石渣比湿法工艺经压滤后的滤饼含水量低 30%，节水效果十分明显。

6. 技术实践

传统的湿式电石法乙炔装置的污水及废渣处理系统的能耗与污染制约着其自身的进一步发展，为了克服湿法乙炔生产工艺的缺点，国外开始对干法乙炔发生装置进行探索与研究，日本金刚石于 20 世纪 60 年代研究开发了干法乙炔生产技术，装置在运行过程中通过多次改造，已能达到安全稳定运行。国内北京化工二厂在 20 世纪 70 年代从日本引进一套生产装置，由于转向烃类裂解法工艺，干法乙炔技术就没有在行业推广。

新疆天业通过参考国外有关技术资料和对比干法与湿式发生器的结构特点，研发重点集中在上料、发生及排渣这三个关键系统上，于 2006 年，在中发化工有限公司年产 6 万吨聚氯乙烯生产装置上配套建立了一套年产 5 万吨干法乙炔中试装置，通过大量的实验论证，最终确定满足装置稳定运行的工艺参数及干法乙炔发生器结构，反应后的电石渣能连续稳定地从系统中排出，且反应安全性有良好的保障，装置于 2007 年成功投产。在此基础上，新疆天业开发建立了国内第一套连续大规模运行并与 40 万吨聚氯乙烯装置相配套的干法乙炔装置，在随后建设的 40 万吨聚氯乙烯和 20 万吨特种聚氯乙烯装置建设中，均采用干法乙炔工艺，涉及聚氯乙烯产能达到 120 万 t/a。

7. 实施效果

干法乙炔技术的实施拓展了新疆天业现有产业链，通过以百万吨级聚氯乙烯为龙头，实现电石、发供电自给及离子膜烧碱的综合配套生产及工业废渣的综合利用，使资源优势得到充分发挥，提升了企业循环经济的发展水平。

在经济效益方面，按电石消耗从原来的 1.44 吨/吨（折标），下降到 1.423 吨/吨，按 120 万吨 PVC 配套电石产能计算，全年可节约电石耗 3.06 万吨。电石价格为 2600 元/吨，则年节约开支 7956 万元。同时可节水 480 万吨，按水价 1.58 元/m^3 计算，则年节支 758 万元。年合计节支 8714 万元，该技术在全行业推广潜在经济效益超过 10 亿元。

在环保方面，本项目采用的干法乙炔发生系统以小块电石（粒度小于 3 mm）为原料，喷入稍大于理论水量的水，获得含水量约 10% 左右的副产品氢氧化钙以干粉状排出，粉状电石渣输送到电石渣库进行储存，供后续单位使用。干法工艺比湿法工艺提高收率 2.5%，基本不产生污水，干法工艺产生的电石渣比湿法工艺经压滤后的滤饼含水量低 30%。

由此可见，干法乙炔生产工艺比湿法有显著的优越性，不仅可以为企业增加可观的经济效益，同时也有很高的社会效益，对于实现降低消耗、减少污染、实现可持续发展具有重要意义。该技术先后被列入《国家先进污染防治示范技术名录》和《国家鼓励发展的环境保护技术目录》。

5.1.2 聚合母液水回收利用技术

1. 概述

在悬浮法 PVC 生产过程中，离心工段会产生大量的 PVC 离心母液水，这些母液水的主要来源是聚合釜投料用水、中途注水、喷淋水、出料用水及汽提塔喷淋用水等，这些水均使用去离子水，生产 1 t PVC 需消耗去离子水约 3.5 t，成本较高。由于在氯乙烯单体聚合过程中添加了分散剂、引发剂、终止剂等助剂，离心母液水具有有毒且难降解的特点，如果直接排放，不仅浪费水资源，还会对环境造成严重的污染。

一些企业对母液废水进行简单处理后回用，如焦作化电集团有限责任公司直接将母液废水送至离心机或浆料过滤器作冲洗水使用，使母液废水得到部分循环利用；浙江巨化股份有限公司电化厂对离心母液废水作必要的沉淀以回收 PVC 产品，上清液也回用于离心机清洗水；河北宝硕集团股份有限公司对离心母液废水作必要的冷却后用作离心冲洗水、气提喷淋水、出料管线和过滤器的冲洗水。

由于聚合母液废水温度较高（70℃左右），可作为良好的热源。一些企业充分利用这一特点对母液废水进行热交换，然后把降温后的母液废水作为冲洗水使用，从而在节省水资源的同时，也节省了大量的热能资源，如福州第二化工厂把母液废水送到热交换器加热冷去离子水，然后进入过滤器进行过滤，过滤后的母液废水用作聚合釜冲洗水、气提塔喷淋水和开停车冲洗水。

天津乐金大沽化学有限公司与一些高校合作，在母液废水的处理和回用方面进行了多次尝试，最后采用接触氧化-臭氧工艺处理离心母液并取得了成功。采用生化工艺处理悬浮法 PVC 母液废水，COD 去除率达 85%以上，出水 COD 稳定在 50 mg/L 以下，完全达到排放标准；生化出水经过砂滤、臭氧氧化及炭滤深度处理后，出水 COD 保持在 20 mg/L 以下，达到回用水标准。通过经济分析，离心母液的处理费用低于自来水基本水费（天津），回用水制备去离子水的处理费用大大低于自来水制备去离子水的费用。

齐鲁石化氯碱厂建成投运的 PVC 离心机母液回用装置，将母液废水经过絮凝、沉淀、吸附、氧化等过程处理后，回用于消防水系统。

PVC 聚合离心母液废水 BOD/COD 比值较低，母液水可生化性差，诸多企业采取的不同措施达到了一定的处理效果，但是始终有部分废水外排，未能实现全部回收利用，造成了水资源的严重浪费。

新疆天业针对上述问题通过与中科国益合作,采用水解酸化+生物接触氧化工艺进行综合处理聚合母液水，建成了国内聚氯乙烯行业第一套母液水生化处理装置，并应用在 20 万吨/年 PVC 装置上，实现聚合母液废水全部回用。

2. 离心母液水的水质特点

PVC 离心母液水的水质特点主要有以下 5 点：

（1）水量大，生产 1 t PVC 树脂产生 3~5 t 工业废水。

（2）有机物难降解。其主要成分来自树脂生产原料和助剂，包括 PVA、双酚 A 等，这些物质具有毒性和难生物降解性。

（3）浊度高，离心母液水中含有悬浮物和一些残留助剂，其悬浮物（SS）质量浓度为 100~200 mg/L。

（4）有机物浓度较高，COD 质量浓度一般在 150~250 mg/L。

（5）温度高，一般在 50~75℃左右。

3. 离心母液水的主要处理工艺

1）活性污泥处理工艺

活性污泥母液水生化处理工艺作为一种传统工艺，在小试中效果较好，但在大规模投产使用后，对母液水的处理效果并不理想。原因是在完全混合的污泥系统中，较低的有机负荷使得丝状菌更容易繁殖，导致污泥迅速膨胀，出水中悬浮固体量增加，出水水质恶化。目前，很少有企业采用活性污泥生化工艺处理母液水。

2）双膜法处理工艺

双膜法是将离心母液水通过双膜过滤分离，使出水水质符合脱盐水标准，主要包括预处理单元、超滤过滤单元、反渗透过滤单元。具体工艺流程如下：离心母液水进入离心母液中间槽后，由离心母液输送泵送入喷淋塔和斜板沉降池，沉降池的清水经由 PVC 母液冷却器冷却后送入离心母液收集槽，之后经过砂滤器进一步去除大颗粒物和异物后，进入超滤机组。离心母液中大于超滤膜孔径的大分子物质包括 PVC、分散剂和引发剂等，都被超滤膜强制截留，而小分子有机物及水则可透过超滤膜。为进一步降低水中有机物及离子含量，在超滤后再进入反渗透系统进行处理，去除盐分及大部分有机物。经过超滤及反渗透系统处理的水进入脱盐水槽，通过脱盐水输送泵送至用水点，作为聚合工艺回用水和循环冷却水补充水使用。离心母液水双膜过滤处理工艺流程如图 5.2 所示。

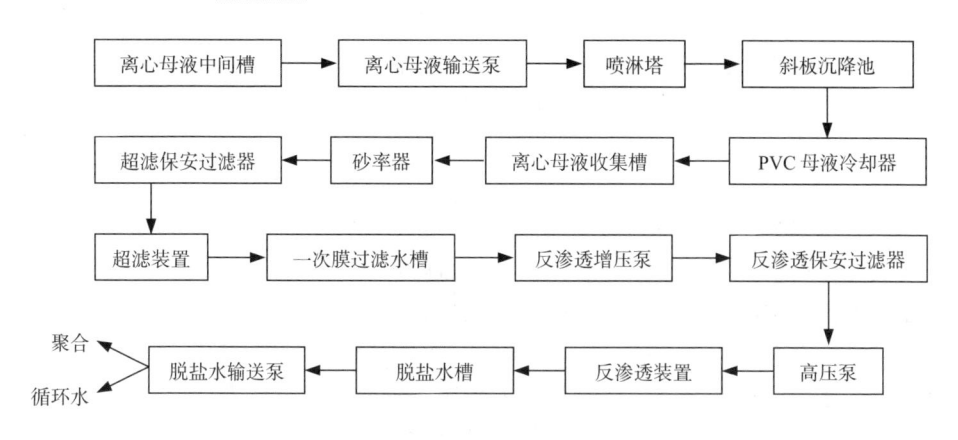

第5章 氯碱化工循环经济产业链关键支撑技术

图 5.2 离心母液水双膜过滤处理工艺流程简图

双膜法处理工艺在使用初期效果较好，处理后母液水水质可达到一次新鲜水的品质，但是工艺流程较长，固定设备投资较高。该工艺在运行一段时间后，透过初步过滤系统的微量聚乙烯醇胶体会在超滤膜表面聚集，堵塞滤孔，且无法反洗再生。最终过滤系统过滤效率下降，只能更换新膜，处理成本大大提高。大多数聚氯乙烯生产企业不能承受该工艺的成本压力，使得该工艺无法在行业内得到大面积的推广使用。

3）生物接触滤床氧化母液水处理工艺

生物接触滤床氧化母液水处理工艺属于好氧生化处理工艺，是生物膜法的一种。该工艺主要工艺流程如下：第一，对固体悬浮物和有机物进行预处理；第二，有机物在生物接触滤床中进行生物接触氧化反应，在稳流式砂滤器中发生曝气过程；第三，污水进入碳滤器、精密过滤器，脱除前一道工序未清除彻底的残留 COD 及细微粒径 SS。典型的生化法处理离心母液水工艺流程如图 5.3 所示。

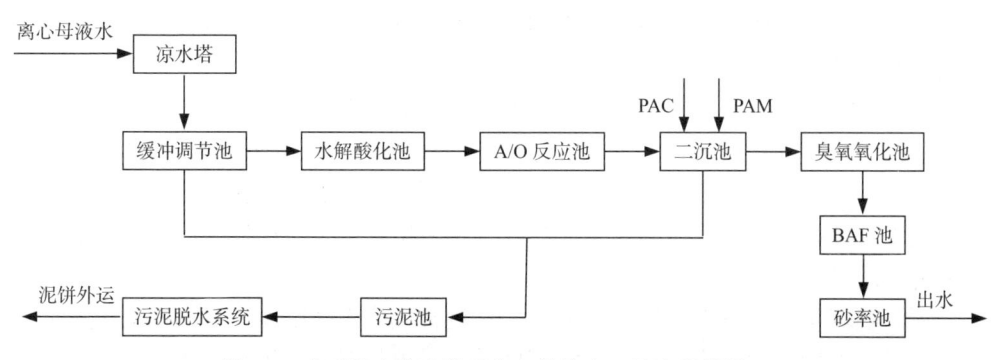

图 5.3 典型的生化法处理离心母液水工艺流程简图

生化法处理工艺基本解决了传统活性污泥生化法及双膜过滤工艺各自存在的突出问题，是行业内应用最为广泛的一种工艺，具有水质比较稳定、维护简单、使用寿命长的优点，出水可以达到循环水或中水回用标准，但设备占地面积较大。

4. 技术原理

聚合母液水利用生物接触氧化工艺进行处理。生物接触氧化工艺是在曝气池中设置填料，利用填料作为生物载体，微生物在曝气充氧的条件下生长繁殖，富集在填料表面上形成生物膜，其生物膜上的生物相丰富，有细菌、真菌、丝状菌、原生动物、后生动物等组成比较稳定的生态系统，溶解性的有机污染物与生物膜接触过程中被吸附、分解和氧化，氨氮被氧化或转化成高价形态的硝态氮。反应过程如下[1]：

有机污染物氧化反应：

$$4C_xH_yO_z+(4x+y-2z)O_2 \longrightarrow 4xCO_2+2yH_2O$$

氨氮氧化反应：

$$2NH_4^+ + 3O_2 \longrightarrow 2NO_2^- + 2H_2O + 4H^+$$

$$2NO_2^- + O_2 \longrightarrow 2NO_3^-$$

生物接触氧化法是介于活性污泥法和生物滤池两者之间的生物处理方法，所以又称接触曝气法和淹没式生物滤池。

生物接触氧化法的主要优点是处理能力大，对冲击负荷有较强的适应性，污泥生成量少；缺点是填料间水流缓慢，水力冲刷小，如果不另外采取工程措施，生物膜只能自行脱落，更新速度慢，膜活性受到影响，某些填料，如蜂窝管式填料还易引起堵塞，布水布气不易达到均匀。另外填料价格较贵，加上填料的支撑结构，投资费用较高。

生物接触氧化装置的中心处理构筑物为接触氧化池，它由池体、填料、布水装置和曝气系统等几部分组成。

现有生物接触氧化法在曝气充氧方式、生物填料上都有所改进。国内填料已从最初的蜂窝管式填料，经软性填料、半软性填料，发展到近几年的YDT弹性立体填料；曝气充氧方式也从最初的单一穿孔管式，发展到现在的微孔曝气头直接充氧以及穿孔管中心导流筒曝气循环式。在一定程度上，促进了膜的更新，改善了传质效果。

接触氧化工艺不需要污泥回流，生物接触氧化工艺中微生物所需的氧常通过鼓风曝气供给，生物膜生长至一定厚度后，近填料壁的微生物由于缺氧而进行厌氧代谢，产生的气体及曝气形成的冲刷作用会造成生物膜的脱落，并促进新生物膜的生长，形成生物膜的新陈代谢，脱落的生物膜将随出水流出池外。

5. 主要工艺技术研究及成果

离心母液废水中含有 PVA、引发剂、双酚 A 等可溶性有机物，悬浮物和氯乙烯含量较高。悬浮物主要为 PVC 树脂粉粒，由于其所含有机物多具毒性或难生物降解而被认为是较难处理的化工废水。

在确定现有的处理工艺之前，公司先后进行多次实验，首先采用水解酸化+生物接触氧化工艺进行综合处理聚合母液水，此法只能将母液水处理达到排放标准，不能进行再次利用；随后提出了用微生物生化处理技术，生化处理技术虽然将有机分子进行分解，但是分解后的无机小分子难以过滤掉。

为了攻克此项技术难点，新疆天业与中科国益公司合作，研究开发了新型母液水处理技术，即采用生化处理和深度处理相结合的方法，既将母液水中的有机物分解，又将分解后的无机小分子用深度处理的方法去除。生化处理在其中利用厌氧、兼性微生物降解废水中部分有机污染物，并将好氧微生物难降解的大分子有机物转化为易降解的小分子有机物。生化处理技术去除母液水中的 COD，深度处理系统的主体工艺为"石英砂过滤器+臭氧氧化+活性炭吸附"工艺，使处理后的 PVC 聚合母液废水能够达到电厂回用水的标准，实现聚合母液废水全部回用，最大限度地实现 PVC 生产中各种废弃物的再利用和资源化，大幅减少 COD 排放量。

关键技术主要有以下几个方面：

1）选择、诱导、驯化出 PVC 聚合母液废水处理的高活性微生物

在研发过程中，首先通过对母液水水质进行检测，分析废水物质与成分，使用微生物活化剂和高活性微生物，能改善活性污泥的微生物种群，增加高活性微生物的数量，改善活性污泥的性状，从而大幅度提高接触氧化池微生物的处理能力，有效降低 COD。

废水首先进入冷却塔，通过风机对其冷却降温，然后进入厌氧滤池加药，药剂通过溶药搅拌器，搅拌均匀后由加药计量泵打入厌氧池。厌氧滤池出水自流进入生物氧化池，利用好氧微生物将小分子有机物彻底分解成无机物，降低废水中的污染指标。生物氧化池出水自流进入二沉池，对接触氧化池出水中的活性污泥进行分离，并去除有机和无机悬浮物和胶体混凝物。二沉池出水进入中间水池，通过泵的提升进入深度处理系统。

2）保持生化处理体系的适应性和稳定性

深度处理系统的主体工艺为"石英砂过滤器+臭氧氧化+活性炭吸附"工艺。

提升泵将中间水池的水打入全自动石英砂过滤器，废水中的颗粒物、胶体、浊度被过滤器吸附。然后反冲洗水泵对过滤器进行冲洗。从过滤器出来的废水进入臭氧发生器，发挥臭氧的强氧化能力，将有机物氧化成可被生物降解的小分子有机物。接着进入活性炭吸附罐，利用活性炭良好的吸附性能将废水中的有机污染物和细菌等吸附，再由吸附在活性炭上的生物对吸附的有机物进行生物降解。

使用微生物活化剂后，不但能够提高、维持微生物的高活性，而且使填料上的污泥沉积物完全脱落下来，重新建立新的高活性的生物膜，并保持良好的薄膜状态。填料上的污泥沉积是接触氧化处理工艺上的一大难题，有许多这样的接触氧化池运行一段时间后由于污泥的大量沉积，设备不能正常运行，此工艺因而废弃。通过运用高活性微生物和微生物活化技术解决PVC离心母液废水接触氧化工艺中填料上污泥沉积问题，研究摸索活性剂的添加量、添加条件、添加方式及降低损耗的措施，以提高装置运行的经济性。根据工艺的特点配套必需的工艺手段及设施，以维持处理废水系统的温度、菌群浓度、供氧强度等在适宜的范围内，经过臭氧氧化、活性炭吸附和生物降解三个过程，最终将母液水处理成符合电厂中水回用标准的水，送至电厂循环水系统利用。

6. 技术实践

新疆天业生产的PVC专用树脂产生的离心母液水中有机物浓度更高（400~1500 mg/L），因此企业选择在生物接触滤床氧化母液水处理工艺的基础之上，采用多级串并联组合的生物接触滤床逐级对母液水进行处理，通过曝气生物接触氧化法吸附、分解污水中的有机物，严格控制生化处理过程中的各项指标和参数，使生物接触滤床氧化母液水技术实现全程自动化控制，将在线监测系统整合到母液水生化处理控制系统中，在线检测信息及时反馈至终端设备，进行自动跟踪控制，全面提升了聚氯乙烯专用树脂母液水回收技术控制水平，使处理后的母液水回用于循环水系统，实现了母液的综合处理，极大地减少了COD的排放量和聚合用水量。

通过反冲洗过滤器和板式换热器降温回收聚氯乙烯颗粒之后，聚氯乙烯专用树脂母液水中COD质量浓度在400~1500 mg/L，温度在35℃以下。之后母液水进入一级混凝沉降槽进行混凝沉降处理，向一级混凝沉降槽中投加絮凝剂，向一级缓冲池中的母液投加营养剂，使固定化曝气生物滤床处理中的$m(C):m(N):m(P)$为100:5:1，pH值为7.5~8.5，母液水进行冷却喷淋塔再次降温至25~35℃后进入一级缓冲池中。经一级混凝沉降处理槽去除悬浮物后，母液水再经过大流量泵进入一级固定化曝气生物滤床底部进行初步生化处理。生化处理后的水和气由滤床顶部溢流，靠位差进入二级混凝沉降槽去除悬浮物，二级混凝沉降槽出水的70%~80%回到一级缓冲池内进行循环，其余水进入二级缓冲池。二级缓冲池内的水再经过泵输送到二级固定化曝气生物滤床进行再次生化处理，水和气由底部进入、由顶部流出，进入收集池。收集池的出水再经过泵输送到微粒径吸附槽内进一步去除残余的 COD 和 SS，出水达到聚合循环水回用标准。工艺流程见图 5.4。

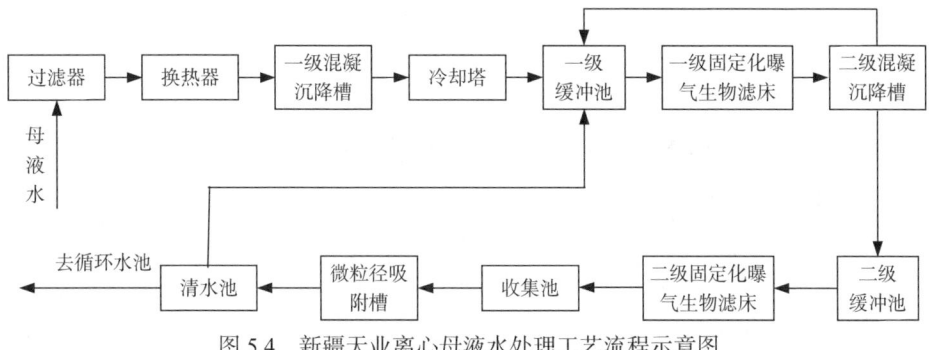

图 5.4 新疆天业离心母液水处理工艺流程示意图

1）工艺特点

（1）采用串并联组合的固定化曝气生物滤床，可以在各级滤床中形成较大的有机污染物浓度差，使得在生理功能方面每级滤床内生长繁殖的微生物能更好地适应流至该滤床母液水的水质条件，有利于提高处理效果，从而取得水质比较稳定的处理水。

（2）采用两级混凝沉降槽和缓冲池组合，去除母液水中的较大悬浮物，同时通过加药系统来稳定水质条件，以保证固定化曝气生物滤床中微生物的生长环境。

（3）经过一级固定化曝气生物滤床处理之后的母液水进入二级混凝沉降槽进行混凝沉降之后，其中 70%~80% 出水又回流到一级缓冲池进行循环。采取回流方式，使回流水和一级缓冲池中的母液水混合，可以起到稀释、均化与稳定进水水质作用；同时，还可以保证各反应槽体、池体的液位和进水流量，使生物膜保持较高的活性。

2）工艺革新

针对在生化水处理工艺装置运行一段时间后，出水的水质恶化，悬浮物含量和 COD 值逐渐上升的问题，新疆天业的工艺技术人员发现：生化处理池中沉积了大量的 PVC 颗粒，使水解酸化池与接触氧化池有效容积减少，污水在池中的停留和处理时间缩短，最终导致各项指标超标。

新疆天业在国内首次采用了斜板沉淀槽和气动连续式砂滤器对离心母液水中 PVC 颗粒进行回收处理的新工艺，在离心母液水进入生化处理装置之前，先行对 PVC 颗粒进行高效回收，处理后离心母液水 SS 含量小于 20 mg/L。工艺流程简图见图 5.5。

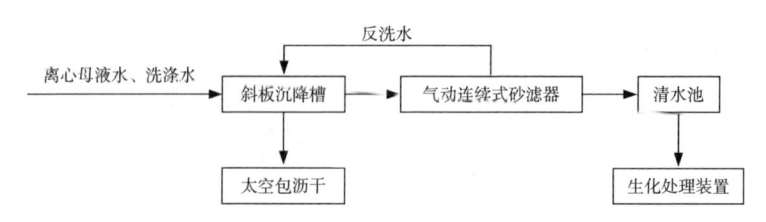

图 5.5 离心母液水中 PVC 颗粒进行回收处理的新工艺

A. 斜板沉淀槽

斜板沉淀槽是一种高效的沉淀处理设备，它利用流速与流量的控制，使得水中固体物因本身重力大于水流拉力而沿着倾斜板快速沉降于槽体底部，有效克服了传统沉降池的缺点，比一般沉淀池处理能力高 7~10 倍。具有占地面积小、沉降时间短及可扩充处理量等特点。

离心母液水由进口进入，由渠道底部分流至斜板组，水中悬浮物借斜板作用滑落，沉积于槽底，槽底部的刮泥板由刮泥机带动，将底部槽壁上沉淀的 PVC 颗粒刮到底部排污口，排出后用太空包沥干收集，澄清液则由溢流水槽底部的开孔溢出从出水口排出槽外。

B. 气动连续式砂滤器

经斜板沉淀槽沉降后的澄清液依靠位差重力从进水口自流进入气动连续式砂滤器，由分水管进入砂床的底部，进水向上流经砂床过滤，过滤的母液水到达槽顶时，经溢流堰从出水口流出。在过滤的同时，气升泵通过压缩空气将槽底的污砂向上抽至砂滤器上端的洗砂器中，被少量的过滤水逆流冲洗，污砂洗净后落入砂床的上表面，依此循环，污砂则在洗砂器中被洗净，而洗出的悬浮固体随着反洗水从反洗水口排出。由于气升泵和洗砂器的巧妙设计，气动连续式砂滤器能够在正常运行的同时连续高效地对污砂进行反洗，而不用停机。

7. 实施效果

在聚氯乙烯生产中，生产 1 吨树脂需要 3 吨软水，产生 3 吨的母液水，采用母液水废水处理系统，处理后产生的水返回到聚氯乙烯的循环水系统，作为蒸发水的补充，按照 140 万吨/年聚氯乙烯生产能力计算，每年节水量为 420 万吨。通过工艺改进高效回收了母液水中夹带的 PVC 颗粒，降本增效，在行业中的示范和推广应用效果显著。

5.1.3 湿法乙炔上清液闭式循环技术

1. 概述

在传统湿法乙炔生产工艺中，由于乙炔气夹带电石渣，温度较高，在清净系统需要水洗塔、冷却塔的水来洗涤和冷却，产生大量的废水，这些废水被大量加入乙炔发生器中，造成发生器内的水量过剩，从而使乙炔工段排放大量的电石渣上清液。同时，电石渣上清液都呈强碱性，且含有硫、磷等杂质，难以回收利用。因此，国内的氯碱化工企业研究开发了乙炔上清液闭路循环回收利用工艺流程，乙炔上清液回用的同时实现了废水零排放。

2. 工艺流程

乙炔气进入清净系统，气体中的杂质被次氯酸钠氧化，同时次氯酸钠被还原，酸性的废次氯酸钠溶液部分经曝气处理，重新进入次氯酸钠配制系统，与少量的浓次氯酸钠和水混合，配制成新鲜的次氯酸钠溶液而重新进入清净系统。从乙炔发生器出来的电石渣浆进入增稠器进行初步沉淀，浓浆进入板框压滤机，滤饼进入下一工段作为原料，滤液与从增稠器出来的清液混合后，通过泵打入冷却塔降温。降温后的上清液与从清净工序来的废次氯酸钠一起进入高效洗涤器，洗涤并冷却从发生器出来的粗乙炔气。洗涤水进入发生器进行乙炔发生反应，并将反应热量带走，洗涤后的乙炔气进入间接换热器进行降温，以满足清净系统的工艺条件。在降温过程中冷凝下来的水通过泵打到增稠器，经过降温符合清净工艺要求的乙炔气进入清净系统进行净化，从而实现上清液闭式循环。

3. 技术实践

新疆天业研究开发的湿式电石法乙炔上清液闭式循环新技术，主要工艺特点如下：

（1）废次氯酸钠溶液可以替代部分洗涤水，而冷却塔和水洗塔中冷却乙炔所产生的洗涤水作为发生器反应用水，上清液通过冷却降温后可以回用。

（2）通过两级降温降低上清液温度。两级降温包括：一级降温在热水池上安装冷却塔，通过自身循环降温；二级降温设置凉水池，安装在凉水塔上，通过上清液泵（热水泵）从热水池提升，经过喷雾冷却塔喷淋降温后进入凉水池，再由凉水泵送至发生器。

（3）通过两级沉降降低上清液浊度，即在增稠器后增设 1 个二级沉降池，对上部清液进行二级沉降，降低上清液的浊度，有利于后续冷却塔喷淋降温。

4. 研究过程及成果

湿式电石法乙炔上清液闭式循环能否实现长期稳定运行，主要取决于自发生器出来的乙炔气的洗涤效果，乙炔气的冷却方式的可靠性，以及清净系统产生的废次氯酸钠的用途。

1）洗泥器的洗涤效果

自发生装置出来的乙炔气，带有一定量的电石渣浆和水蒸气，会对整个系统的稳定运行造成影响，并且增加后续设备的负荷，因此对洗泥器的改造势在必行。现在所用的洗泥器由于只有一层水雾与乙炔气接触，水雾是水在倾斜面上的自然流动而形成的，受到洗涤水量瞬间变化和乙炔气走短路等因素的影响，会造成乙炔气洗涤不干净。为了提高乙炔气的洗涤效果，就需要将乙炔气多层洗涤，并且加大洗涤水压力，改洗涤水自然流动为高效喷头雾化进水，保证乙炔气与洗涤水的充分接触。以此来保证乙炔气中的电石渣与乙炔气能够彻底分离，从而减少管道和冷却装置堵塞，提高冷却装置的效果，使冷却装置能够正常长期稳定运行，并由此减少了乙炔气冷却所产生的废水，因此，洗泥器的成功改造是乙炔气冷却装置能够正常运行的前提，是关系到废水能否减少的基础。

2）乙炔气的冷却方式选择

乙炔气经过洗涤后，主要含有水蒸气和乙炔气，温度在70℃左右，需要进行冷却达到清净系统所需要的温度，原有清净系统进行乙炔气的冷却主要是利用清净系统产生的废次氯酸钠溶液，与一部分一次水混合，冷却后产生大量废水。采用间接换热方式可以避免采用废次氯酸钠和一次水的混合物而产生的大量废水，只是由于部分水蒸气的冷凝而产生极少量的废水。设备厂家生产的间接换热器主要有列管式换热器、板式换热器、空气冷却器和蒸发式冷却器等，考虑到乙炔气的性质、冷却能耗，以及检修的方便程度，采用了列管式换热器或者蒸发冷却器来冷却乙炔气，特别是蒸发冷却器，可以大幅度地降低乙炔气的温度，同时减少耗电量。只有实现乙炔气换热方式的改变，才能从根本上最大限度地减少废水的产生，实现上清液的闭式循环。

3）废次氯酸钠溶液的部分循环利用

清净系统净化乙炔气体产生的废次氯酸钠溶液，由于含有乙炔气并且呈酸性，除了发生系统可以用一部分外，其他的废次氯酸钠需要经过处理并被用于其他地方，才能够使上清液实现闭式完全循环。氯碱行业的聚氯乙烯的生产都伴随着浓次氯酸钠的产生，而乙炔需要的新鲜次氯酸钠溶液对水质的要求不高，因此可以采用废次氯酸钠溶液与浓次氯酸钠溶液混合来配制新鲜次钠液。由于废次钠液含有乙炔气，需要采用曝气方式将其中的乙炔气释放出去，以使废次氯酸钠溶液在循环使用时达到安全范围，同时浓次氯酸钠溶液的浓度较高，含有一定量的游离碱，可以中和废次氯酸钠的酸度，从而能够满足次氯酸钠溶液的酸碱度要求。由于压缩空气来源充足，选定通过压缩空气鼓风来置换废次氯酸钠中乙炔气的方法，控制浓次氯酸钠中游离碱的浓度，与废次氯酸钠混合，来调节新鲜次氯酸钠的 pH 值，以满足新鲜次氯酸钠工艺控制指标 pH=7~8 的要求，从而实现了废次氯酸钠的大部分循环，减少清净系统废次氯酸钠的产生。这样在满足工艺要求的条件下实现了清净多余废水的重新循环利用，使发生装置在上清液闭式循环的情况下进水量和用水量达到了平衡，实现了零排放。

4）上清液冷却方式的选择

由于上清液来自于电石渣浓浆，是氢氧化钙的饱和溶液，在空气中暴露会吸收其中的二氧化碳而生成碳酸钙，尤其是在冷却的过程中，会生成一定量的碳酸钙沉淀，从而逐渐堵塞冷却塔和上清液管道，导致冷却塔降温效果差，上清液温度降低不明显，由此影响发生系统的温度较高，用水量增大，使上清液循环量变大，乙炔的溶解损失增大。上清液冷却方式的选择与优化，是进行节能降耗、维持生产装置长期稳定运行的一个重要条件。

通过选用没有填料的喷雾冷却塔，上清液在塔内通过与空气接触蒸发降温，杜绝了冷却塔的堵塞，保证了冷却效果。

5. 实施效果

乙炔上清液回用技术将乙炔上清液循环利用，使电石渣浆和上清液成为有用的工业原料和生产用水，变废为宝，实现了废水废渣的零排放，做到了综合利用。

1 吨树脂耗电石 1.5 吨，电石纯度在 84%，每吨电石反应用水为 0.6 吨，电石反应产生干基电石渣为 1.2 吨，含水量 30%，则 1 吨树脂反应用水 0.9 吨，产生电石渣带走的水量为 0.78 吨，共计 1.68 吨，按 1.7 吨计算，湿乙炔气带走的水分在后续系统生产中由于温度的降低可以回收，不予考虑。常规湿法乙炔生产工艺，1 吨树脂用水总量为 8~13 吨，按 10 吨计算，反应用水和电石渣带走的水分 1.7 吨，在没有实施上清液闭式循环项目之前，排放水量 8.3 吨，按 8 吨节水效果计算，140 万吨装置排放水量为 1120 万吨。

5.1.4 含汞废酸零解吸

1. 概述

电石法 PVC 生产中，VCM 合成工序使用氯化汞触媒，因反应放热，氯化汞挥发进入体系，经酸洗、水洗、碱洗进入废盐酸中，如果上述废酸处理不善，就会带来汞污染问题。废盐酸浓度较高（31%以上），处理难度较大，国内大部分电石法 PVC 企业未对含汞废盐酸做深化处理，而是直接作为工业废酸出售，将治理的责任转移到其他行业中；少数企业采用氯化氢高效吸收与常规解吸工艺相结合，将废盐酸（浓度>31%）部分解吸，脱析出氯化氢气体，形成浓度较低的稀酸（22%左右），大部分稀酸作为吸收液在体系中循环使用，少量作为废酸产品外销或中和深化处理。虽然回收了部分氯化氢气体，降低了废盐酸浓度，但并没有从根本上缓解含汞废酸对环境的危害。

通常对含汞废水的治理技术有如下几类：

硫化物处理法：使用 NaHS 或 Na_2S 处理含汞废水，通过沉淀或过滤，或两者兼用，可以回收汞和硫化汞。但是，上述方法易受干扰，因为硫化汞很难溶解，极易与过量的硫化物生成溶解的络合物，$HgS+S^{2-} \longrightarrow HgS_2^{2-}$，上述影响在高 pH 范围内更为严重。有效的运行可控制出水中的汞浓度达到 50~60 ppb，但是，在不正常的运行条件下，出水汞浓度可高达 200~500 ppb。

活性炭吸附：活性炭可以用作助滤料，可将汞浓度从 100~200 ppb 降低到 10~20 ppb。对含 20%苛性钠的含汞废水，可采用预涂型滤池处理，在滤水周期开始时的出水汞浓度为 10 ppb；在反洗前的出水汞浓度增为 500 ppb，吸附在活性炭上的汞可借蒸馏法回收。

离子交换和螯合树脂：日本和瑞典已在商业上用阴离子交换和螯合树脂来处理含汞废水。先把未处理过的废水 pH 值调整好，接着过滤。阴离子树脂将出水汞浓度降至 100~200 ppb。螯合树脂进一步把汞浓度降低到 2 ppb。阴离子树脂和某些螯合树脂可以再生，例如用亚硫酸钠、亚硫酸氢钠或盐酸等。反冲洗溶液中的汞，可用电解或汞齐钠回收，或以高浓度的汞溶液复用。螯合树脂上的汞，以及滤料上截除下来的汞，可借蒸馏法回收。

随着技术的发展，国内一些企业开始采用常规解吸技术，将31%浓度的含汞盐酸进行解吸，解吸出的氯化氢返回反应系统循环利用。该技术虽然一定程度上减少了含汞盐酸的量，但解吸后的22%浓度的含汞稀酸仍然没有得到很好的利用，存在着较大的环境隐患。

本技术通过对解吸助剂特征、解吸工艺设计及控制方案、解吸助剂循环利用等方面的研究，开发并建立含汞废盐酸零解吸技术体系，使含汞废盐酸深度解吸，脱除氯化氢气体用于增产 PVC，解吸助剂经浓缩后循环利用，为含汞废水综合利用提供了全新的思路。

2. 原理

含有过量氯化氢的氯乙烯合成混合气夹带挥发的汞蒸气进入组合塔，经过吸收液（水或稀酸）吸收脱除其中的氯化氢气体，同时副产废盐酸，夹带的汞蒸气也随之进入废盐酸中。废盐酸在常压下解吸，脱析出部分氯化氢气体，回用于氯乙烯合成工序；常压下达到恒沸点的解吸稀酸，通过加入解吸助剂，打破其二元平衡体系，常压下继续深度解吸，脱析出大部分氯化氢气体，回用于合成体系，解吸稀酸浓度降至1%以下；进入提浓塔中加热，浓缩后的解吸助剂送回盐酸深度解吸循环利用，提浓的水分馏分回收后用于过量氯化氢的吸收，同时为了消除系统存在的汞富集，并在系统中设有除汞器，待其中的汞浓度达到一定程度，集中捕集处理。

含有过量氯化氢的氯乙烯合成混合气夹带挥发的汞蒸气进入组合塔，经过吸收液（水或稀酸）吸收脱除其中的氯化氢气体，同时副产废盐酸，夹带的汞蒸气也随之进入废盐酸中。废盐酸在常压下解吸，脱析出部分氯化氢气体，回用于氯乙烯合成工序；常压下达到恒沸点的解吸稀酸，通过加入 $CaCl_2$ 解吸助剂，打破其二元平衡体系，常压下继续深度解吸，脱析出大部分氯化氢气体，回用于合成体系，解吸稀酸浓度降至1%以下；进入提浓塔中加热，浓缩后的解吸助剂送回盐酸深度解吸循环利用，提浓的水分馏分回收后用于过量氯化氢的吸收，同时为了消除系统存在的汞富集，并在系统中设有除汞器，待其中的汞浓度达到一定程度，集中捕集处理。

3. 研究过程及成果

国内对于含汞废盐酸的处理还处于研发阶段，其他企业都没有成熟技术来参考，因此涉及以下几个方面的内容需要通过实验来解决，主要有：改变盐酸恒沸点的助剂选择；解吸助剂的循环利用问题；含汞废水脱汞pH值的控制。

1）改变盐酸恒沸点的助剂选择

浓盐酸在常压下解吸，随着温度的升高，氯化氢逐步脱析出来，但脱析出部分氯化氢气体后，体系会达到恒沸点（浓度22%左右），此时即使继续加热，盐酸的浓度仍然保持相对稳定，氯化氢-水二元体系达到相平衡，二者的组分含量保持相对稳定。

通过改变体系压力或添加第三种组分，可以打破相平衡，促使盐酸进一步解吸，即深度解吸。通过改变压力，能耗较高，而且对设备的要求也较苛刻，不具备工业化应用的经济性。通过添加第三种组分，即解吸助剂使盐酸在常压下深度解吸（零解吸）理论上是可行的，但解吸助剂的选择十分关键，必须保证良好的助解吸效果，这是技术经济可行性的必要保证。

通过实验选用氯化钙作助剂，消除了22%浓盐酸的恒沸点，使浓盐酸可以进一步解吸，减少了浓盐酸的产生量。

2）解吸助剂的回收与再利用

含汞废盐酸本身是一种污染源，为了降低对它的治理难度，添加解吸助剂进行深度解吸（零解吸），降低盐酸的浓度，同时可回收氯化氢气体。解吸助剂的加入不能带来新的环境问题，因此解吸助剂的回收利用对于技术的经济性和工业化推广应用十分关键。

该技术通过浓缩解吸后的盐酸溶液，提浓解吸助剂，并进一步返回到解吸系统进行循环，减少了解吸助剂的使用量，降低了解吸成本，同时减少了废水的排放。

3）含汞废水处理pH值的控制

含汞废盐酸是强酸性溶液，为脱除其中的汞，我们选择加入氯化亚铁，生成的汞的化合物沉淀由于量非常少，在酸性环境中不会沉淀下来，而在碱性环境中由于同时生成氢氧化铁而沉淀，氢氧化铁可以作为絮凝剂，促使生成的硫化合物从碱性溶液中沉淀出来。因此如何控制处理过程中的pH值，使其达到所生成汞化合物的沉淀条件，就显得非常重要。

鉴于废水中汞含量缓慢提高，脱除其中的汞要采用不定时、间歇式方法。可以在搅拌的同时缓慢添加氢氧化钠来中和含汞废水，促使废水系统pH均匀，保证汞沉淀的完全进行。

目前该技术已在天业6万吨装置及40万吨两套聚氯乙烯装置中得到了成功运用，装置运行稳定。

4. 工艺流程及特点

1）工艺流程

含有过量氯化氢的氯乙烯合成混合气夹带挥发的汞蒸气进入组合塔，经过吸收液（水或稀酸）吸收脱除其中的氯化氢气体，同时副产废盐酸，夹带的汞蒸气也随之进入废盐酸。废盐酸在常压下解吸，解析出部分氯化氢气体，回用于氯乙烯合成工序；常压下达到恒沸点的解吸稀酸，通过加入$CaCl_2$解吸助剂，打破其二元平衡体系，常压下继续深度解吸，解析出大部分氯化氢气体，回用于合成体系，解吸稀酸浓度降至1%以下；进入提浓塔中加热，浓缩后的解吸助剂送回盐酸深度解吸循环利用，提浓的水分馏分回收后用于过量氯化氢的吸收，同时为了消除系统存在的汞富集，并在系统中设有除汞器，待其中的汞浓度达到一定程度，集中捕集处理。

含汞废酸解吸包括常规解吸系统和零解吸系统及含汞废水处理系统，废酸解吸全程采用DCS控制（表5.1）。

表 5.1 含汞废酸零解吸及含汞废水处理技术主要设备一览表

序号	设备名称	规格型号
1	稀酸解吸塔	750/900×14000,全石墨
3	再沸器	JxK80 16/10-195 m², 石墨+CS
4	双效换热器	TJxK40 16/10-80 m², 全石墨
5	稀酸冷却器	YKA60-80 m², 石墨+CS
6	一级塔顶冷却器	YKB150m²
7	二级塔顶冷却器	YKB100m²

2）工艺特点

（1）经此工艺解吸后最终废水中含酸量≤1%。此系统开车运行后，废水浓度最小可达到 0.05%，完全可以回收到合成主系统，用作膜洗塔、水洗塔密闭循环的补充水，作为吸收剂重复使用。

（2）在整个工艺过程中，盐酸都在高温下运行，操作的危险性很大，因此整个过程采用 DCS 远程控制。系统采用防酸的衬 PTFE 仪表，将整个系统的运行情况清楚显示在远程操作站，大大提高了操作的安全性。

（3）高浓度 $CaCl_2$ 具有易结晶的特性，一旦结晶后会堵塞管线，造成停车。因此，新疆天业在关键设备的特殊点设置了补水阀，根据实际情况向系统及时补充软水，防止管道设备结晶。

5. 技术实践

该技术处理后水的汞含量稳定＜0.003 mg/L，同时吸附剂可再生，再生过程中产生的高浓度含汞液体用于固汞催化剂生产。至今装置已连续运行近 7 年，具有出水汞含量稳定、吸附剂可再生、自动化程度高、操作方便等优点。创新性如下：

（1）出水汞含量稳定＜0.003 mg/L，满足《烧碱、聚氯乙烯工业污染物排放标准 2016》对总汞排放限值的要求。

（2）针对吸附剂饱和吸附量大、可再生特点，开发配套工艺，实现废水中汞的回收利用；处理过程无汞泥产生，无二次污染。

2018 年 7 月 1 日起，所有聚氯乙烯生产企业均需满足《烧碱、聚氯乙烯工业污染物排放标准 2016》对总汞排放限值（＜0.003 mg/L）的要求，新疆天业在行业内起到了良好的引领示范作用，推动国内部分企业采用该技术进行升级改造。

6. 实施效果

聚氯乙烯生产中，通过组合塔脱除转化气中的氯化氢气体，产生 31% 的盐酸，每 1 万吨树脂需要吸收水量为 0.15 吨/小时，则 6 万吨/年聚氯乙烯生产能力，每年需要吸收水量为 7200 吨（按年运行 8000 小时计算）。采用深度解吸，则可以使解吸到 2%以下的稀酸重新回到组合塔重复进行氯化氢吸收，不对外进行废水的排放，年节水达到 7200 吨。组合塔产生 31%的盐酸采用常规解吸，解吸到 22%的盐酸部分重新返回到组合塔进行吸收，部分外排，每一万吨树脂每个小时产生 22%的盐酸 0.05 m³，因此 6 万吨/年聚氯乙烯生产能力，采用盐酸零解吸比常规解吸减少的排水量为 0.48 万吨，40 万吨装置节水 3.2 万吨，共计节水 3.68 万吨。

7. 效益分析

在经济效益方面，以 20 万吨/年聚氯乙烯产量规模和现零解吸运行流量估算，每年回收 22%酸产量 11880 吨，回收氯化氢气体 2376 吨；根据氯碱平衡计算，年可提产聚氯乙烯树脂为 3832 吨。1%稀酸水作为氯乙烯车间水洗塔补水回用，年节约一次水 6336 吨。再沸器等加热设备蒸汽冷凝水作为厂房取暖，节约供暖消耗费用。

零解吸工艺装置不仅将酸回收增加了聚氯乙烯树脂的产量，还达到了清洁生产标准，解决了环保问题。

5.1.5　中水回收处理技术

1. 概述

氯碱化工企业生产过程中，会产生大量的排水，一般采用清污分流的方式，分类治理。5.1.2 小节和 5.1.3 小节介绍了 PVC 聚合母液水、乙炔电石渣上清液的特殊处理工艺，本节将介绍烧碱/PVC 厂区内部分生产环节废水及生活废水的处理过程。在实际生产中，这些废水被送至综合污水处理站集中处理，以前，大部分废水经简单的处理，水质达到《污水综合排放标准》（GB 8978—1996）后直接排放。随着节能降耗、绿色环保要求的日益严格，部分企业通过技术攻关处理后的中水达到《城市污水再生利用　工业用水水质》（GB/T 19923—2005），将中水回用于系统中，大大降低了一次水的使用量，实现了行业节水和环保的双要求。

2. 相关名词解释

中水：一般指再生水，是废水或雨水经适当处理后，达到一定的水质指标，满足某种使用要求，可以进行有益使用的水。在工业中，再生水常被称为"回用水"，其水质介于自来水（上水）与排入管道内污水（下水）之间，亦称为"中水"。

化工生产中产生的大量排水可分为清净排水和生产污水等，其中清净排水水质较好，不含有毒有害成分，包括循环水排污水、过滤器反洗水、部分雨水和少量地面冲洗水等，这些排水多采用物理法、物理化学法进行处理，处理后回用效率高。生产污水成分复杂，包括含酸废水、含碱废水、含高盐废水等，回收处工艺难度较大，多采用物理化学法、生物法、组合法等进行处理[2]。

3. 工艺流程

综合污水处理站采用的工艺主要分为预处理、生物处理、污泥处理和中水回用四部分，工艺流程见图 5.6。

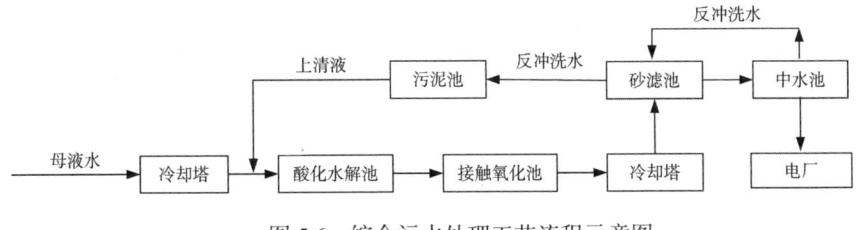

图 5.6 综合污水处理工艺流程示意图

预处理主要包括：pH 调节池、格栅、隔油和初沉池。生物处理采用一体化曝气工艺，包括酸化（水解）池、曝气池和二沉池。污泥处理是将二沉池中固液分离出的污泥进行处理。二沉池中经生物处理去除绝大部分悬浮物和有机物的出水，再经砂滤池+活性炭罐两级过滤，去除剩余的二沉池无法去除的细小悬浮物和生物处理单元难以降解的有机物，出水水质可稳定达到回用水执行《城市污水再生利用　工业用水水质》（GB/T 19923—2005）中敞开式循环冷却水系统补充水水质标准要求，送自备电厂循环使用。

4. 技术研发实施过程

以自主研发的形式，通过成功研发干法乙炔发生系统，从源头上减少一次水用量；改进乙炔气冷却、清洗方式，成功研发湿式电石法电石渣上清液闭式循环新工艺，将湿法发生工段废水循环回收利用；研究开发含汞废酸零解吸配套含汞废水处理技术、生化和膜处理相结合的聚合母液水回收利用技术、氯压机中冷器回收利用技术，并建立相应的示范装置，解决电石法 PVC 生产中大量废水阻碍产业可持续发展的瓶颈问题，对推动我国氯碱行业节水新技术的发展起到了重要作用。

首先核算全厂各车间水的总量及分析水质，确定水的总量与水质后，以水资源综合利用为目标，根据各车间用水水质要求，确定上述废水的去处，不能利用的水质作为废水，需要考虑对该类废水的无害化处理，开始分析产生废水的工艺和节水措施及废水处理工艺的可行性，进行相关文献的检索与技术调研，确定小试实验方案，进行小试实验装置的开发与工艺验证，根据小试结果，如果不可行，则重新优化调整小试实验方案，进行小试实验。如果可行，则开始进行中试装置的工艺研究与技术方案的确定，中试装置的开发建设与运行，评价中试装置的运行结果，不可行则重新优化调整中试装置的工艺与技术方案，可行就进入工业化示范装置的研究与工艺技术方案的确定阶段。

5. 技术实施方案

过程实施采取小试、中试、产业化生产的路线，及时调整实验中存在的问题。通过了解国内其他厂家现有技术和企业的生产情况，针对已有技术出现的问题进行调研，对所涉及产生废水的各个环节进行前期研究，对水质和水量进行标定，对废水中涉及安全性的控制指标进行网上求证，征求专家意见，对影响生产的各个环节进行深入探讨，同时对某些涉及安全性的控制指标进行验证。

中试试验基地建成后对实验装置的运行结果进行总结，针对实验装置的缺陷进行技术改造，并体现在工业化系统的设计中。进行工业化示范装置的建设，进一步优化工业化示范装置的运行、数据采集和分析、技术方案，最终使之稳定运行，达到预期目标（图 5.7）。

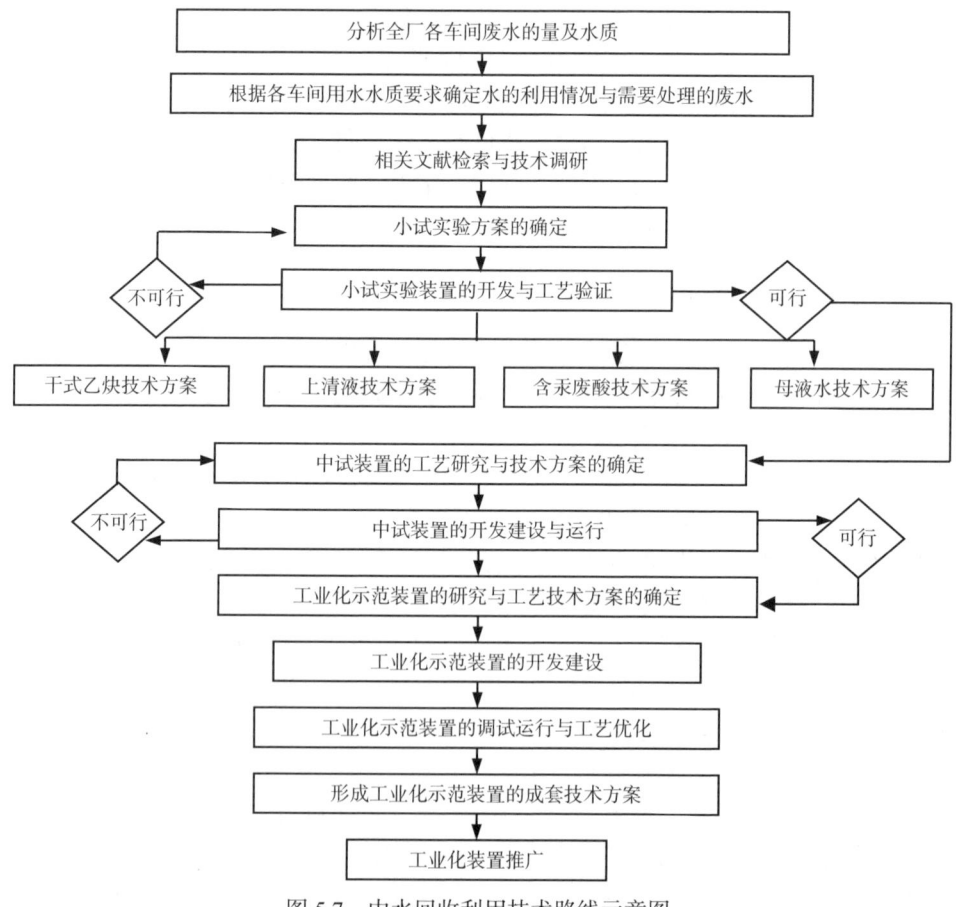

图 5.7 中水回收利用技术路线示意图

6. 实施效果

涵盖的氯碱技术在新疆天业均已得到成功转化和示范。2010年已经建成投产的新疆天业40万吨聚氯乙烯二期工程，直接采用了自主研发的干法乙炔、聚合母液水回收处理、含汞废水处理等关键节水技术，推动了企业清洁生产水平的不断提高。

随着氯碱化工行业的不断发展，环保与节能观念深入人心，环保与节能措施的应用和发展显得更为重要，氯碱化工企业通过新技术、新工艺、新设备在中水处理和回用过程的应用，将中水处理回收后进行回用，这已经成为行业主要的废水治理措施，并且形成了水资源利用的闭路循环，进而实现了整个园区的废水"零排放"。中水回用符合清洁生产和可持续发展的需要，能为PVC企业带来明显的经济效益、环境效益和社会效益，促进氯碱化工行业向循环经济、资源集约型、环境友好型发展。

5.1.6 氯压机循环冷却水回收利用技术

1. 概述

在氯碱生产中，氯气压缩输送方式很多，可以采用离心式鼓风机、液环式压缩机、往复式压缩机、螺杆式压缩机以及离心式压缩机等输送方式。由于各种压缩输送的机器适用的范围不同，各厂选择不同。较为常用的氯气压缩输送方式是液环式压缩机和离心式压缩机。淄博永大化工有限公司于2007年6月新建6万吨/年改性隔膜扩张阳极法烧碱生产装置，采用2台LYJIIB-0.35/2200型离心式氯压机（即小透平机），配用电机功率200 kW，1台即可满足生产实际需要，实现了开一备一的工艺需求。该设备一次开车成功。安徽氯碱集团目前拥有12万吨烧碱/年生产能力，氯气总量约为10.6万吨/年，原氯气压缩输送装置设计为10台TLJ-1350/0.35（132 kW）的纳氏泵，正常运行为6~7台。2006年对氯气干燥系统进行了全面改造，为小透平使用创造了条件。2007年对氯气压缩输送系统进行全面改造，用3台LYJ-2600/0.36（200 kW）小透平取代了原有的10台纳氏泵，正常运行2台，备用1台，同时采用PLC自动控制系统进行操作控制。

其中，液环式压缩机是用浓硫酸作为液环、密封介质，利用硫酸冷却循环，以带走氯气压缩时产生的热量。流程如下：来自泵酸高位槽的98%的浓硫酸经过节流进入液环式压缩机，压缩机的运转作用使叶轮周围形成密封的液流环，使进口总管中的常温氯气被抽吸入压缩机；在压缩机的压缩作用下，氯气得到增压（0.15 MPa）；同时挟带着硫酸的氯气流进入气液分离器。在气液分离器中，氯气被旋风离心分离，向上进入氯气出口总管。而硫酸被分离后，向下由分离器底部进入硫酸冷却器，被工业上水冷却至常温，再返回压缩机，如此反复循环。

因为液环式压缩机的工作压力不高，压缩产生的热量又大部分被硫酸带走，硫酸冷却器执行着将硫酸冷却至常温的任务。压缩机出口的氯气温度一般不会超过80℃（实际气相温度在60℃以下），不致腐蚀碳钢材质的设备和管道，因而液环式压缩机流程中不设置氯气冷却器。在液环式压缩机流程中，要求硫酸的质量分数不低于92%，以减弱压缩机在高温下的腐蚀。此外，由于氯气脱水干燥不完全，气相中尚含有一定量的水分，在压缩机内被硫酸吸收，因此，循环液硫酸的质量分数会有所降低，需要补充98%的浓硫酸更换已经被稀释的循环密封溶液。

氯气离心式压缩机适用于氯气大流量、中低排出压力场合，它是适应氯气处理工艺不断进步、技术要求不断提高的需要而开发的新型压缩机器。由于经过处理净化后的气相氯气中所含水分已经低于0.01%，又不含酸雾，完全适用于氯气的压缩输送。其流程是：经过处理净化后的氯气在压力大于0.085 MPa（绝对压力）的情况下，被抽吸进入离心式压缩机的一级进口，经过叶轮压缩后，气相温度上升的同时静压能增高，被引出进入级间冷却器，将氯气冷却至常温。然后再次被抽吸进入二级进口，经过叶轮压缩后，气相温度上升的同时静压能再次增高，被引出进入级间冷却器，将氯气温度冷却至常温。如此经过几段压缩，直至气相出口排出压力达到额定要求（额定压力依据设计要求而定），然后由分配台控制送往各用氯部门。

目前，采用的各种氯压机输送氯气，都需要冷却水，多数企业水资源一次性使用，未进行循环利用，造成此环节水资源浪费严重。新疆天业（集团）有限公司在采用液环式压缩机输送氯气的情况下，新上1台离心式压缩机输送氯气，对冷却用水采用循环使用，节约了大量水资源，使用后效果较好。

2. 原理

氯压机由主机、电机、底座、油系统、控制系统、密封系统共6个部分组成。其中叶轮为半开式径向叶片结构；轮盘材料为高强度合金钢，导风轮为耐腐蚀钢，均为铣制；扩压器为碳素钢铸件，一级采用叶片扩压器，二级为无叶片扩压器，以适应工况运行的要求；蜗壳由碳素钢铸成，流道截面为对称矩形；主轴由高强度的合金钢锻制，具有足够大的强度和刚度，主轴与叶轮上其他零件一起合成压缩机转子，经过逐次高精度的动平衡，保证了转子的稳定性；齿轮由优质齿轮钢锻制，齿面渗碳淬火，硬度不低于60，齿轮精磨加工，精度为5级；轴封环与端封环均采用填充聚四氟乙烯的易切削材料制成，以防止转动零件产生火花而引发"氯火"事故；联轴器采用减震性能好的全卸式蛇形弹簧联轴器。

当氯气通入压缩机后，温度达到120~140℃，通入到中冷器冷却到45℃，冷却需要的冷却水被循环使用,从而节约了大量用水。

3. 研究过程及成果

氯压机循环冷却水回收利用技术国内采用的方法很多,但诸多方法中在冷却过程中产生的水资源不能被完全综合利用,浪费了大量水资源。本技术采用无压回水技术,增加pH检测计和机封回水循环利用技术,对其关键点详细研究,达到水资源全部回用的目的。

1)采用无压回水技术,增加pH检测计

采用氯压机中冷水无压回收技术,同时在冷却水系统增加pH检测计,可以保证中冷器氯气的压力大于冷却水压力,冷却水不至于进入中冷器,更不会进入氯压机,保证了设备的完好。

2)机封回水循环利用

在正常运行时,可以对中冷水进行冷却后循环利用,当氯气泄漏时,通过pH检测计监测到后,可以快速进行处理,不至于影响循环水系统。冷却后用池子集中收集打到公用工程循环水系统,重新回收再利用。

4. 实施效果

每年可实现节水468万吨,减少了废水排放,节约了大量水资源,为企业可持续发展奠定了基础。

5.2 废气综合利用及节能

在传统的电石法聚氯乙烯生产过程中,会产生大量的废气,包括电石炉气、制氢尾气、氯乙烯尾气、氯化氢尾气等,对于这些尾气,过去多采用"放空"的处理,对环境污染较大。为实现氯碱化工的清洁生产,氯碱化工企业必须做到废气的少排甚至不排,因此,氯碱化工企业针对产生废气的相关环节,开发了多种废气综合利用技术,为氯碱化工的可持续发展提供保障。

5.2.1 电石炉气综合利用

1. 概述

"十一五"期间,随着国家对环境保护的日益重视,国家综合运用经济、法律和必要的行政手段，加快了电石行业结构调整，提升了行业总体水平，国内电石企业得到了淘汰和重组，企业生产方式由落后的开放炉、内燃炉逐步向自动化程度高的大型密闭电石炉转变。一般情况下，全密闭式电石炉每生产 1 吨电石，排放电石炉气约 400 m^3，炉气中 CO 及 H$_2$ 总含量在 90%以上，还含有少量 H$_2$、焦油及粉尘。由于炉气温度高且含有部分焦油等黏性物质，直接进行烟尘治理难度很大；含有焦油使得电石炉气的净化、输送成为国内行业性的技术难题。

由于投资和技术等方面的原因，目前我国只有少数电石企业对电石炉气实现了一定程度的综合利用，一般仅用作炭材干燥或副产蒸汽，综合利用的水平较低。新疆天业自 2007 年开始使用大型密闭电石炉以来，一直致力于电石炉气清洁利用技术的研发及应用工作，通过集成创新，采用干法除尘、湿法净化组合技术，将电石炉气净化后达到化工及燃料气标准后，全部实现综合利用，对电石生产的节能降耗污染减排和资源节约，提升电石产业技术、装备水平，促进电石产业结构调整和电石行业的可持续发展具有十分重要的意义。

2. 原理及工艺流程

电石炉尾气处理有干法除尘和湿法洗气两种方式，干法除尘工艺本身还不成熟，仅对粉尘过滤，造成炉气无法全部得到回收，且不能远距离运输仅能就近作为燃料使用；湿法洗气产生大量含尘、含 CN$^-$ 的废水，造成二次污染且废水处理难度大。新疆天业开发的"干法除尘+湿法净化"的组合工艺，洗气水实现闭路循环，无污染物外排，相关技术设备及工艺流程如下。

1）干法除尘技术

A. 干法除尘装置的组成

干法除尘装置主要由两级旋风分离器、三级高温布袋除尘器、净气风机、粗气风机、空冷风机、链板输送机、粉尘总仓、净气文式管等设备组成。

B. 干法除尘工艺流程

从密闭电石炉出来的温度为 500~800℃的尾气，先进入两级旋风分离器高温除去粒径≥0.7 μm 的颗粒，然后经过一、二、三级冷却器冷却至 250~260℃。再进入内设置有特殊材质的耐温过滤袋的高温布袋过滤器，从高温布袋除尘器出来的粉尘含量在 50 mg/m^3 以下的净气被净气风机送往装置，滤下的粉尘集中送到水泥厂用于生产水泥。干法除尘流程如图 5.8 所示。

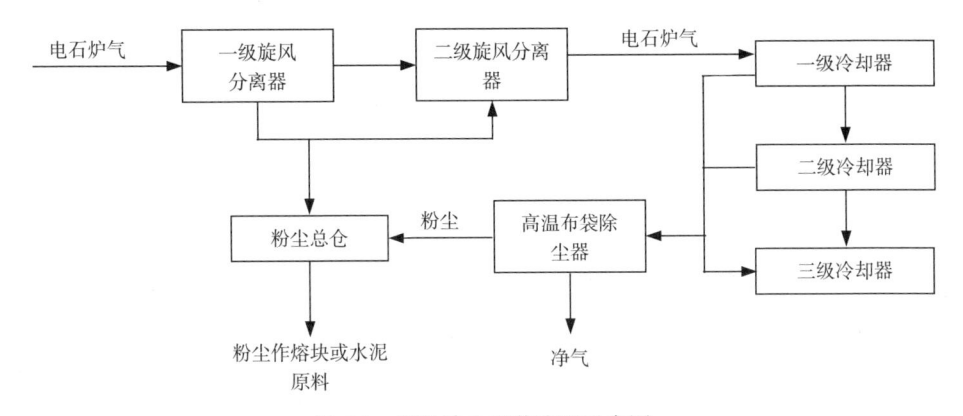

第 5 章 氯碱化工循环经济产业链关键支撑技术

图 5.8 干法除尘工艺流程示意图

2）湿法净化技术

A. 湿法净化装置的组成

湿法净化装置除喷淋塔、洗涤塔外，还需配套建设循环水处理系统。该处理系统主要由冷循环泵、热循环泵、反冲洗泵、排水泵、组合式冷却塔、加药装置、机械过滤器、立式反应器、反冲洗水箱、挤压袋式除油机、全自动刷式过滤器以及热水吸水池、冷水吸水池、隔油沉淀池、应急排放池等设备组成。

B. 湿法净化工艺流程

来自干法除尘工段经初步净化后的炉气先进入复合式洗涤塔，与水流逆向接触，在降低温度（降至 35℃ 左右）的同时进一步脱除剩余粉尘和部分焦油，其中粉尘质量浓度降至 10 mg/m^3 以下。为实现洗气水的循环利用，从洗涤塔出来的洗气水经水循环系统降温除杂，再进入除油器，进一步除去焦油和部分有机物，经过净化后的循环水重复使用。炉气从洗涤塔出来后通过储气柜稳压，由罗茨风机加压输送至外单位使用。湿法净化工艺流程如图 5.9 所示。

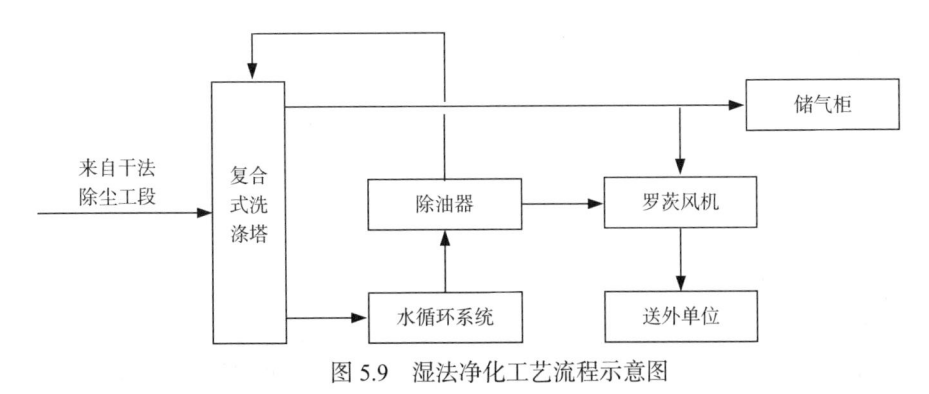

图 5.9 湿法净化工艺流程示意图

3. 研究过程及成果

以新疆天业电石装置副产的电石炉气为原料生产高纯 CO、H_2，用于下游化工产品，是天业延伸循环经济产业链，提高废气资源化综合利用，实现产品的多元化、精细化方向发展的重要项目。该项目是完全利用电石炉尾气作为合成气生产乙二醇和 1,4-丁二醇的技术路线，由于电石炉尾气一氧化碳含量高（最高 85%），杂质组分多，硫含量低，使得气体的净化和变换难度大，在国内乃至世界都没有技术可利用可借鉴，完全需要自主创新和实践。因此，天业炉气净化的运行在国内、国外尚属首次应用，同时为高浓度一氧化碳的净化变换开辟了一条全新的路线和领域，为后续下游产品的开发奠定了坚实的基础，同时在煤化工行业更是一个全新的突破，改变了以往变换技术的传统工艺，装置生产环保清洁化、低能耗，电石炉气经除尘、气柜、压缩、脱磷、脱砷、变换、脱碳、分离、CO 纯化等工序生产出合格的产品。

1）40000 kVA 大型密闭式电石炉的设计开发

新疆天业对原有 16500 kVA、25500 kVA、30000 kVA 三种电石炉几何参数与生产运行情况进行系统分析研究的基础上，进行合理的优化设计。通过对电石炉本体、炉盖、电极装置等进行技术改造，实现了电石炉几何参数的最优化。

（1）40000 kVA 密闭式电石炉炉盖设计通过对内燃式电石炉炉盖进行技术改造，在炉盖几何参数放大的基础上进行优化设计，克服了传统电石炉盖密封不严的问题；通过选用新型复合材料，对电石炉进行密封处理，电石炉炉盖密封效果显著提高，较大程度地保护了炉体设备安全稳定运行，同时减少了热量的损失，改善了炉前的操作环境，保护了操作人员的安全。

（2）40000 kVA 密闭式电石炉通过在传统电石炉的基础上进行优化设计，电极电流较 30000 kVA 炉型有了较大提高。通过对现有炉型的相关参数进行分析，在新炉型的设计中对导电接触元件的尺寸、数量等进行了优化设计，使之更适合新炉况的要求，满足连续生产的需要。

（3）通过电极装置的优化放大设计，电极的升降装置、接触元件、夹持装置、电极筒的设计更加科学合理，符合组合式把持器的要求；电极焙烧和消耗平衡，电极压放更加安全可靠，电极糊消耗较低；电流分布更加合理，导电元件使用寿命进一步提高；日常维护费用低于 30000 kVA 电石炉电极装置，设备开动率也进一步提高，达到了预期的效果。

（4）原料质量的优劣对电石能耗有较大的影响。新疆天业通过精选原料，严把原料质量关，从电石生产源头上出发降低了电石生产的消耗；40000 kVA 密闭式电石炉生产装置通过对公司已有电石炉装置进行深入分析研究，采用合理的操作电压，实现了电量消耗低、电石质量高的预期目标；整套装置通过提高电炉运转率，降低停电次数，保证了电炉设备的安全稳定运行，同时也降低了电力消耗，电石生产成本明显降低；生产装置在埃肯组合式电极的基础上进行了优化设计，在生产运行中通过加强管理，严格执行工艺操作规程，保证电极稳定运行，降低了电耗，保证了电石炉清洁生产的实现。

（5）在炭材加工、运输和储存过程中，会产生7%~10%左右的粉料，电石生产产生大量的石灰粉、炭材粉，既对环境造成了污染，又增加了企业的生产成本。本项目为进一步降低原料消耗，开发出粉料的制球返炉技术，建设2套焦粉制球生产装置，将生产中产生的焦粉送至制球系统压制成球后返炉冶炼电石，实现了焦粉的循环利用，既从根本上解决了粉料堆积对环境造成的污染问题，又降低了电石生产成本。

2）电石炉气深度除尘技术的研究

新疆天业（集团）有限公司全密闭式电石炉气净化技术采用原埃肯公司的干法除尘工艺，电石炉气经除尘后用作电石原料炭材的烘干燃料，经过试运行，出现了炉气压力控制不稳定，不时有直排情况发生，并且炉气温度控制困难的情况。此外，干法处理炉气后无法远距离输送，只能部分用于炭材烘干，能源利用率不高；常规滤袋除尘材料可承受的气体温度不超过280℃，而焦油结焦温度在240℃左右，如此窄小的温度范围实际上不可能保证滤袋的可靠运行，除尘后还必须解决焦油的问题，否则会堵塞管道和阀门。

针对以上问题，公司在国内现有的干法除尘和湿法除尘净化技术的基础上，成功开发出干法除尘、湿法净化组合技术，电石炉气净化后达到了化工用气标准。

目前，国内电石炉尾气净化工艺较多，比较理想的工艺主要分为以下两类，一类是湿法净化后利用，湿法净化的主要特点是：净化速度快，除尘效果好，温度快速降低，但是易析出焦油，对塔设备的寿命有直接影响。该系统优点是降温快，三级水洗效率高，缺点是焦油析出，所有器壁黏结焦油，需经常清理，水洗后带来的二次污染需另行投资进行治理。另一类是干法除尘后再利用，发达国家电石工业均采用大容量的全密闭电石炉配套气烧石灰窑。我国电石行业20世纪80年代末从德国、挪威、日本等国引进8台25500 kVA全密闭电石炉及空心电极、气烧石灰窑、组合式把持器、干法乙炔等新技术。组合式把持器的引进已获得成功，而空心电极、干法除尘技术却没有获得成功。随着我国科技能力的逐步提高，我国自主研发能力也有所提高，近年来，国内电石企业开始自主设计干法除尘装置，工艺水平逐渐提高。但干法除尘的缺点是布袋除尘器容易烧毁，由于只通过一级冷却就直接到布袋除尘器，一般耐高温布袋只能耐220℃的高温，使用该工艺的电石厂常会遇到烧布袋的问题，给后续工序带来不便。

天业作为国内最大的电石生产企业，对装置的电石炉气的除尘技术进行了研究，取得了较好的成绩，研究成果如下：

A. 电石炉气干法除尘技术

从全密闭式电石炉出来的炉气，温度为 500~800℃，炉压为 0~0.665 kPa，炉气先进入一、二级旋风分离器除去粒径≥0.7 μm 的颗粒，然后经过一、二、三级冷却器，温度下降至 250~260℃，再进入高温布袋除尘器（其内设置有特殊材质的耐温过滤袋），从高温布袋除尘器出来的净气（粉尘含量在 50 mg/m³ 以下）被净气风机送往湿法净化装置，滤下的粉尘集中送出用于生产水泥。

干法除尘装置主要由一、二级旋风分离器，一、二、三级冷却器，高温布袋除尘器，净气风机，粗气风机，空冷风机，链板输送机，粉尘总仓等设备组成。

B. 电石炉气湿法净化技术

净气降温至 260℃后进入喷淋塔、洗涤塔，与喷入的 $Ca(OH)_2$ 水溶液并流反应脱除 CO_2、剩余粉尘和焦油，从循环水中滤出的泥渣作为脱硫剂和助燃剂与煤炭一起进入燃煤锅炉。炉气湿法净化装置除喷淋塔、洗涤塔外还配套建设有循环水处理系统，循环水中含有少量的油、酚和氰化物，采用氧化剂次氯酸钠对部分循环水进行处理。正常生产时循环水系统污水不外排，应急排放时加入次氯酸钠作为氧化剂，碱式氯化铝（粉状）作为混凝剂及阴离子型聚丙烯酰胺作为絮凝剂进行处理。

湿法水洗粉尘进入循环水系统，在隔油沉淀池中沉降，其中漂浮物焦油及氧化钙遇水生成的氢氧化钙与炉气中的二氧化碳、氰根生成相应的钙盐，在沉淀池中沉降，形成"炭泥"。从沉淀池中定期清理的炭泥和干法除尘得到的粉尘混合压滤后，由专用罐车运往自备电厂，与燃煤混合后送入燃煤锅炉，其中的可燃物燃烧，氰钙盐在高温燃烧过程中分解为无害物质。

经干法除尘和湿法净化技术处理后的炉气主要为 CO 和少量 H_2 的混合物，除可满足现有的炭材烘干需要外，富余部分通过管道输送至其他公司用作燃料气，或者进一步净化分离处理后作为化工原料使用。

C. 电石炉气深度除尘技术

电石炉气经干法除尘和湿法净化技术处理后，粉尘浓度仍然≥30 mg/Nm³，其粉尘粒径分布在≤5 μm（占 50%~60%），粉尘成分为 $Ca(OH)_2$、$Mg(OH)_2$，在含水分和 CO_2、H_2S 等酸性气体的气氛中具有很高的粘连性，极易结垢而堵塞设备及管道，造成除尘设备失效。电石炉气制高纯 CO 和 H_2 工艺系统要求电石炉气粉尘净化至≤1 mg/Nm³，超细粉尘深度脱除，选用成熟的常规方案根本无效，在国内尚无成熟技术可借鉴，属于世界性技术难题。国内某企业曾经引进挪威成套除尘装备，但除尘设备运行寿命短，深度除尘装置均告失效，成为电石炉气高效益综合利用的第一道技术门槛。

这么高的粉尘浓度对后续工序的生产将构成很大的威胁，必须进行进一步深度除尘处理，将粉尘含量降到≤5 mg/Nm³，才能进入后续变换工段。尽管粉尘会对压缩机产生不良影响，但在常压下进行深度除尘处理难度极大，几乎无法达到预期的效果，因此应当考虑经过压缩后进行深度除尘。

通过大量的模拟试验，最终在加压 2.0 MPaG 条件下进行深度除尘，采用高速水射流对撞技术，在高流速状态下，水与粉尘发生激烈碰撞，用雾化后的水微粒捕集超微粉尘，然后扩径降低流速，含尘水微粒相互碰撞长大后，经高效气水分离器分离，达到脱除超微粉尘的目的。并应用高速水力冲刷，以解决结垢问题，装置后级串联了成熟可靠的过滤装置，去除微量的油污等固液相杂质。在加压 2.0 MPaG 条件下进行深度除尘，其高效气水分离器所分离下来的含尘污水，在气体压力的作用下排污顺畅，不易产生结垢或堵塞。同时水射流对撞喷射喉管的流速设计计算，需满足炉气组分的特点，如果流速太低，除尘效果会大大降低。

新疆天业创新的采用干法除尘和湿法净化结合工艺，自主设计完成了成套电石炉气深度除尘工业装置，对电石炉气进行深度分离提纯，洗气水实现闭路循环，无污染物外排，净化后的炉气实现了远距离输送，净化后的炉气主要由新疆天业下属的自备电厂、化工等外单位作为燃料、合成气原料替代燃煤及天然气使用，实现了炉气资源的综合利用，进一步延长了循环经济产业链，提升了产品附加值。装置投入运行后各项性能稳定可靠，出口电石炉气粉尘≤0.8 mg/Nm³，油污未检出，达到了电石炉气粉尘净化的精度要求。

3）低硫高浓 CO 变换和工艺气体加氢技术的研究

鉴于电石炉炉气 CO 浓度高、经济价值较大但含硫量少和有害气体杂质种类多等特性，回收利用难度较大，完全利用电石炉尾气作为合成气在国内尚属首创，是煤化工行业所面临的新课题。在变换技术上采用传统的耐高温 Fe-Cr 系单段中温变换工艺，通过大水气比来控制反应温度，由于电石炉气的 CO 含量高（75%~85%），该工艺水气比要达到国内正常中温变换水气比 1 倍多，降低水气比不但温度骤升，而且费-托副反应严重，因此该传统的变换工艺生产极不安全，不适合电石炉气的变换路线，而且运行能耗极高，2.2 MPa 蒸汽消耗达 48 吨/小时，并且伴生大量含杂质的蒸汽冷凝水需要处理；同时其只能采用旁路配气调节生产所需要的 CO 量，旁路所带来的未经变换的杂质毒物将给后续系统中的催化剂带来灾难性后果。

变换工序是电石炉炉气净化工段的核心环节，变换工艺的选择将会直接影响净化工段前后工艺流程的确定。因此针对变化工序及配套净化流程，公司进行了详细的研究。

A. 高浓 CO 变换及工艺气体加氢技术的研究

电石炉气的催化剂选择只能是 Co-Mo 系变换催化剂，为配合其工艺，不仅对催化剂进行了深入的了解，而且针对高浓度变换的工艺技术问题，新疆天业技术人员通过自主研发设计，在国内外煤化工领域率先采用水相变移热方式变换工艺技术。通过开发调压技术，探索对电石炉尾气稳压的方法，经往复式压缩机提压，采用水相变移热变换反应技术，将主变换炉产生的大量反应热通过汽包内水汽相变带出，副产的蒸汽返回变换系统循环利用，确保主变换反应在 220~280℃较低温况下进行，同时，通过控制水气比，将 CO 含量由 75%~85%变换至 25%~35%后，进入第二变换炉。第二变换炉内安装了反应热提温装置，将温度提高到 300~320℃后，进行高温加氢催化反应，使部分有机硫转换为无机硫；通过控制水气比，将 CO 含量控制在可满足后序工段碳氢比要求的范围内。

a) 耐硫变换催化剂

目前，我国在中压条件下（2.0~4.0 MPa）以煤或渣油为原料生产氢气和羰基合成气的工业装置，其变换工序采用耐硫变换工艺。根据原料种类和造气方法的不同，中压耐硫变换工艺可大致分为以下 5 种流程：水煤浆加压气化、碎（块）煤加压气化、粉煤加压气化、常压固定层间歇气化和重油部分氧化气化流程。不同的工艺流程对耐硫变换催化剂性能的要求也不尽相同。

水煤浆加压气化又称"德士古"（Texaco）水煤浆加压气化，制得的煤气中 CO 含量仅为 45%左右，相应的水/气比也最大。众所周知，CO 变换反应是一个放热反应，显然，气体组成中 CO 含量越高，放出的热量越多，催化剂床层温升也越大。这就对变化催化剂的热稳定性、抗水合性等性能提出了较高的要求。

德国鲁奇公司设计开发了碎（块）煤加压气化术——鲁奇（Lurgi）加压气化技术。该法制取的煤气中含有大量的焦油、粉煤、酚、萘等杂质，这些杂质进入变换炉后便沉积在催化剂床层上面，使催化剂结块，床层阻力上升。为除去这些杂质，必须对变换工序的催化剂进行频繁的烧炭和再生处理。因此，适应于该流程的催化剂要具有较好的强度、强度稳定性、再生性能和耐焦油性能。为降低生产成本，国内有企业选用国产宽温耐硫变换催化剂，工业应用结果表明，该催化剂的活性能满足工业生产的要求。

常压固定层间歇气化制气，指用含氧或含氧气体和蒸汽对固体燃料（煤或焦炭）进行热加工使碳转化成合成原料气的生产过程。20 世纪 80 年代以前，在我国采用常压间歇制气的工厂中，中变工序多采用 Fe-Cr 催化剂，低变则使用 Cu-Zn-Al 催化剂。进入 80 年代后，随着低温高活性 Co-Mo 系耐硫变换催化剂的开发成功，变换工艺的流程发生了很大的变化，相继出现了中变串低变、全低变和中-低-低等新的变换工艺。

在上述几种不同的流程中，中变为 Fe-Cr 催化剂系，低变则均为宽温 Co-Mo

系耐硫变换催化剂。在中变串低变和中-低-低工艺流程中，煤气中带入的油污和 O_2 等毒物已被一段催化剂所"吃掉"，经过一段变换后部分有机硫已转化为无机硫，使 H_2S 的浓度增加，并且热点温度比全低变低大约 100℃，这些条件均有利于抑制反硫化反应的发生。因此，之后的 Co-Mo 系变换催化剂的使用条件较为缓和。

b）变换工艺技术

经过研究，本技术采用低水气比等温全低变工艺，电石炉气利用的前提条件是气体中要含硫在一定值范围内，要满足此条件需要补充微量的硫。根据电石炉气的特点，可采用耐硫 Co-Mo 催化剂一段变换，实现电石炉气 CO 浓度从 80%变换到 25%~35%左右。设备采用上使用等温变换技术，采用此技术的一氧化碳变换国内还没有业绩。操作简单，只需通过控制补充蒸汽量即可控制变换温度，因其为列管固定式变换炉，反应热被及时移出，进而实现一段变换的温度控制，对电石炉气组分波动造成的反应温升适应性强。该方案的技术特点：在变换炉前增加去除氯、氧、磷、砷、氰等杂质；对电石炉气组分波动造成的反应温升适应性强。

由于电石炉气的硫含量很低，完全依靠自身补硫也难以达到要求值，因此变换炉温度要准确控制在指标范围内，才不会发生"反硫化"，要达到此工艺目标必须采用等温变换工艺。完全利用电石炉尾气作为合成气在国内尚属首创，是煤化工行业面临的新课题，因此必须集合国内先进的反应器和工艺路线方能从根本上解决问题，"等温变换"是最为有效的工艺路线。新课题要有先进的技术措施保险，方能确保成功。

为确保变换工序正常运行，在变换炉之前需进行预变换，在预变换过程中除去原料气中的氧、磷、砷和微小固体悬浮物等杂质。

c）其他杂质气体的脱除

高浓度 CO 气体的变换最为适宜的工艺条件是控制低温运行（<250℃），在高温下极易发生费–托副反应，导致"飞温"反应条件无法控制，并威胁安全生产，同时变换后的工艺气体仍不能满足要求。经研究发现在钴钼等催化剂下，工艺气体的加氢反应能达到要求，加氢反应要在高温状态下进行，并要求具有一定量的 H_2 分压，各种有毒有害杂质的加氢反应方程式如下：

d）不饱和烃转化脱除

不饱和烃转化脱除反应如下：

$$RC{\equiv}CH+H_2 {=\!=} RCH{=\!=}CH_2$$

$$RCH{=\!=}CH_2+H_2 {=\!=} RCH_2CH_3$$

各种有机硫化物转化脱除反应如下：

硫氧化碳	$COS+4H_2 = CH_4+H_2S+H_2O$
二硫化碳	$CS_2+4H_2 = CH_4+2H_2S$
硫醇	$RCH_2SH+H_2 = RCH_3+H_2S$
硫醚	$RCH_2SCH_2R+2H_2 = 2RCH_3+H_2S$
噻吩	$C_4H_8S+2H_2 = C_4H_{10}+H_2S$
二硫醚	$RCH_2SSCH_2R+4H_2 = 2RCH_3+2H_2S$

如何解决好变换和加氢反应出现的矛盾，是本工艺技术的关键环节。

先通过控制小水气比，在催化剂作用下脱除氧、磷、砷、氯、氟等酸性有机物及无机物后，进入在水相变移热方式的变换反应器，在低温条件下先将 CO 含量为 75%~85%的气体变换至 40%以下，然后进入高温加氢反应器，在反应器内设计反应热提温装置，将温度提高到 300~320℃，进行高温加氢反应，经末端变换反应将 CO 含量比例控制在满足后工序碳氢比的要求。

e）电石炉气变换反应的影响因素

电石炉尾气中除含有一定量的 CO、CO_2、H_2、N_2、O_2 和 CH_4 外，还含有其他一些杂质。粉尘含量高、杂质品种多是电石炉尾气的主要特点，也是长期以来影响电石炉尾气作为合成气利用的一个重要因素。如果不经净化处理，直接进行变换，不但没有先例，且变换催化剂的寿命将受到严重影响，这一点毋庸置疑。

f）CO 变换程度

无论采用部分全变换还是采用全气量浅度变换，只有通过调节水气比来控制 CO 变换率，催化剂床层温升高，变换程度不易控制，采用等温变换技术恰恰适合地解决了这一问题，使控制更简便。

g）最低硫含量

宽温耐硫变换催化剂在使用过程中，要求半水煤气中的总硫含量，否则易发生反硫化现象，影响催化剂使用寿命。电石炉尾气中硫含量低，但通过独具创新的微量补硫和硫的高效循环利用实现。

宽温耐硫变换催化剂，最低硫含量有的资料说是 300 ppm，有的资料说的是 500 ppm，但目前技术发展只需要 100 ppm 左右。

根据动力学计算结果可知，通过控制变换的水气比和催化剂装量，可以达到控制反应深度的目的。但试验结果表明：当水气比较小而床层的热点温度又较高（大于 400℃）时，可能引发甲烷化副反应。因此，低水气比流程甲烷化副反应的控制，也就是说床层热点温度的控制，是确定变换炉工艺条件的关键，采用等温变换技术恰恰适合地解决了这一问题，使温度控制更简便，更温和。

水气比是调节变换反应指标的一个重要控制手段。当水气比较高时，主要发生 CO 的变换反应，不会有甲烷化副反应发生；当水气比较低时，特别是当床层温度又大于 400℃时，则容易发生甲烷化副反应，造成床层飞温。不同的催化剂，由于制备方法和组分的不同，对发生甲烷化副反应所要求的最低水气比也不同。

h) 反应压力对甲烷化副反应的影响

当水气比为 0.25、热点温度为 250℃时，不同压力对甲烷化副反应有一定影响，由于甲烷化反应是体积减小的反应，因此压力对甲烷化反应的影响十分明显，特别当压力超过 3.0 MPa 时，出口甲烷含量可超过 1.0%。

i) 床层热点温度对甲烷化副反应的影响

随着床层热点温度的增加，出口甲烷的含量也增加。例如，床层的热点温度从 250℃增加到 300℃时，出口甲烷就高达 0.89%。由此可见，当床层的热点温度超过 350℃时，甲烷化反应的影响就十分明显；而当床层的热点温度低于 300℃，出口甲烷为 0.15%，在此条件下，甲烷化反应的问题可以忽略。因此，为避免甲烷化副反应的发生，要十分注意和重视为控制预变反应器的床层热点温度，必须尽可能降低预变反应器的入口温度，这样，预变反应器所用的催化剂就要在距离露点温度较近的苛刻条件下运行。因此，所选用的耐硫变换催化剂除具有良好的强度和活性等指标外，还必须具有良好的抗水合性和结构稳定性。这样才能满足电石炉气工艺对变换催化剂性能的要求。

B. 高浓 CO 变换硫循环和微量补硫技术

通过电石炉气变换的技术研究，针对高浓度 CO 变换工艺，采用小水气比能够通过调节蒸汽量来实现控制变换反应速率和反应温度，而不用担心变换反应失控的状况。但是 Co-Mo 系催化剂在硫化物形态时才具有反应活性，为了防止催化剂因"反硫化"而失去活性，进变换炉的原料气必须要求有一定的硫化氢含量，而电石炉尾气中的硫化氢含量低，不能满足 Co-Mo 系催化剂的活性要求，因此如何对系统中的硫进行高效的循环利用，是本项目取得成功的关键。而变换后的 MDEA 脱碳系统对硫的高效循环利用起到了关键性的作用，因为 MDEA 溶液脱碳系统兼有选择性脱硫的作用，可以将脱下来的硫化氢返回到前系统与原料气混合，保证了进变换气体中硫的含量指标要求，而 MDEA 溶液的选择性脱硫技术已经有了成熟的工业化应用，可以实现硫的高效循环利用，整个系统密闭运行，过程中不产生硫的污染和排放，能够达到装置的清洁化生产。

硫的高效循环利用主要指从 MDEA 脱碳系统脱除的硫化氢气体返回到压缩机前的电石炉尾气原料气中，增加原料气的含硫量，从而提高进变换的硫的浓度，由于大量的硫化氢被循环利用到系统当中，因此系统中除补充损失的极微量的硫化氢外，其他不需要任何补充即可实现工业的生产。

损失的极微量的硫化氢主要是：经过 MDEA 脱碳后的净化气以及选择性硫化

氢回收的再生气带走的硫化氢损失量，当电石炉尾气中各种形态的硫达到 6.6 mg/Nm³ 时可以保持硫化氢的循环利用的平衡，即脱碳返回的硫化氢即可满足变换对硫的需求，不需要外部任何形式的补硫，保证了硫化氢的密闭高效循环利用，可以达到环保、清洁化生产的要求。

采用高效硫循环综合利用来处理电石炉气变换净化工序对硫的要求，在技术上是可行的，如上述分析，即便是在电石炉尾气中硫的含量极为苛刻的条件下，装置的补充硫也是极微量的，同时通过对脱碳损失的硫化氢进行分析，最终排放的污染物远远低于国家排放的标准指标，对区域的环境不会造成威胁，而且通过微量硫的综合循环利用，可以实现装置的清洁化生产和环保减排生产。

新疆天业通过组合创新，将石化行业的成熟的硫循环回收技术移植到本项目中，并且因此自主研发设计了微量补硫技术，通过 H_2S 循环回用和微量补硫工艺技术的组合，项目成功解决了无硫电石炉气的变换和加氢难题，该技术为国内首创，已获得国家发明专利。

4) 高纯 CO 和 H_2 的制备和分离技术

电石尾气的进一步净化属于国内外新技术，也是项目实施的难点之一。其中氯、氧、磷、氰和砷等杂质每一项必须脱至 0.1 ppm 以下，才不至于对变换催化剂、羰基合成和加氢合成等催化剂造成毒害。

考虑到电石尾气组分的特殊性，公司研究了深度净化的工艺技术，主要在硫、磷、氧、氯、不饱和烃等杂质方面进行了工艺技术研究，用催化剂转化和物理吸附的方法进行预净化，然后再采用化学反应进一步对杂质进行脱除，起到技术把关作用。

PH_3 是电石炉气中的杂质之一，通过催化氧化反应转化为 PO_4^{3-}，并贮存于脱磷剂中。该技术具有以下特点：在较高硫化物含量的尾气中可将 PH_3 脱除至 0.1 ppm 以下；穿透磷容可达 10%（质量分数）以上，工作磷容可达 20%。COS 和 H_2S 是脱碳后的主要杂质气体，在深度净化工艺上对其进行了充分设计，使最终的硫含量低于 0.1 ppm 以下。

微量氧的脱除方法很多，脱氧剂的选择位置问题成为其中毒的主要原因，因此在脱氧装置流程的设计进行了特殊的处理。使其在远离 CO 歧化温度（120~200℃）、空速和压力条件下，对浓度高达 85%以上 CO 气体中的氧有极好的脱除效果，出口氧含量可达 0.2 ppm 以下。为高浓 CO 原料气净化提供了一条可靠的技术路线。

不饱和烃类加氢反应主要涉及两类反应：一是有氢气直接参与的化学反应，如加氢裂化和不饱和键的加氢饱和反应，此过程表现为耗氢；二是在临氢条件（临氢工艺一般指有氢气参加的反应过程工艺下的化学反应）。烯烃加氢饱和反应是放热效应，且热效应较大。因此对不饱和键含量较高的烃加氢时，要注意控制反应温度，避免反应床层超温。

产生的高纯 CO 和 H_2，作为乙二醇、1,4-丁二醇生产原料，对气体净化度和有害杂质含量要求十分苛刻。经过变换系统和脱硫脱碳系统处理后的炉气，仍然含有少量 H_2S、COS、不饱和烃等气体成分，需要通过深度净化处理给予脱除。我公司在气体深度净化方面采用了国内可靠的技术，自主设计净化工艺流程，满足了净化后气体制取高浓度 CO 和 H_2 的要求。

CO 和 H_2 的提纯是将深度净化后的合成气，送到 PSA 提 CO 和 PSA 提 H_2 装置分别对 CO 和 H_2 进行提纯分离。但 PSA-CO 出来的产品气 CO 中 H_2 指标超标，不能满足后续合成要求的纯度，需进一步净化，PSA-CO 出来的产品气 CO，在催化剂作用下，通过加氧脱氢，使 CO 中 H_2 含量降低到 100 ppm 以下，但在加氧脱氢的同时又引进了新的杂质 CO_2、H_2O、O_2，因此在加氧脱氢后，分别需进行脱除 CO_2、H_2O、O_2，使 CO 满足后续催化剂生产要求。

通过实施高纯 CO 和 H_2 的制备和分离技术，将脱碳处理后的混合气体首先经水解塔，在催化剂作用下使微量 COS 转化成易于脱除的 H_2S，然后在精脱硫塔中进行 H_2S 的精脱除，再经深度净化炉进一步脱除气体中微量的 F、Cl、As、PH_3 等有害成分，最后进入加氢反应器进行不饱和烃的加氢反应，以达到去除不饱和烃的目的，最终实现不饱和烃含量 C_2H_4 < 15 μL/L、C_2H_2 < 0.1 μL/L，有毒有害物质总含量 < 0.04 mg/m³，总硫含量控制在 < 0.05 mg/m³。为保证电石炉尾气分离出的 CO 和 H_2 指标达到聚酯级乙二醇的生产要求，本项目研发了 H_2 脱氧提纯技术，将 H_2 产品气中的 O_2 含量由 10 ppm 降至 5 ppm 以下，H_2 纯度 > 99.9%；在 CO 的提纯方面研究开发了 CO 膜渗透分离技术，通过调节真空度，对 CO 产品气中含有的微量 H_2 进行膜渗透抽提分离，使 CO 产品气中 H_2 含量由 1000 ppm 降至 200 ppm 以下，CO 纯度 > 99.8%，制备的 CO 和 H_2 符合乙二醇、BDO 等下游化工产品的原料要求。

5）电石炉尾气制聚酯级乙二醇精制技术

乙二醇工艺路线主要分为石油路线和非石油路线，石油路线主要采用环氧乙烷水解合成乙二醇产品，但由于我国是贫油富煤的能源特点，为减少对石油的依赖，研究煤制乙二醇对我国能源格局调整具有十分重要的意义，然而煤制乙二醇存在一系列问题，造成目前国内企业生产的乙二醇均不能达到聚酯级要求，使用受到极大限制。针对国内乙二醇生产现状，新疆天业（集团）有限公司在成功建成 5 万吨/年电石炉尾气制工业级乙二醇的基础上，电石炉气制乙二醇过程中分塔盘进料及分塔盘侧采技术、脱醇塔微量、合理补精乙二醇技术及优等乙二醇的脱醛技术的研发及工业化应用，解决微量杂质和醛的净化问题，实现非石油路线生产出聚酯级乙二醇产品。

A. 乙二醇精馏技术的研究及应用

乙二醇合成粗产物主要为乙二醇和甲醇,还有众多副产物(表5.2)。乙二醇中杂质的增加给精馏系统净化带来了难度,由于乙二醇粗产品料液沸点高,需要真空操作,且料液中杂质容易和乙二醇形成共沸物,同时沸点升高,常规方法难以精馏。

表5.2 乙二醇加氢粗品中的杂质种类表

序号	停留时间/s	化合物名称	相似度/%
1	2.675	甲醇	99
2	11.625	2,3-丁二醇	95
3	12.092	(2R,3R)-2,3-丁二醇	97
4	12.300	丙二醇	98
5	12.558	甲酸甲酯	92
6	12.725	2-羟甲基-1,3-二氧戊烷	93
7	13.092	乙二醇	98
8	13.300	二甘醇二丙酸酯	91
9	13.408	4-乙基-3-己醇	90
10	13.575	1,2-丁二醇	86
11	19.908	3-戊醇	90
12	19.658	乙醇酸乙酯	80

新疆天业对电石炉尾气制乙二醇精制关键技术进行研发,解决了粗乙二醇杂质成分复杂、精馏过程中易形成共沸等技术难题。加氢催化合成粗乙二醇会产生多种一元醇、二元醇及多元醇等与乙二醇形成共沸的杂质,且随反应时间延长,副反应不断增加,原本产品塔的进料位置已偏离设计值;本项技术创新设计了分塔盘进料、分塔盘侧采新工艺,采用计算机软件模拟了乙二醇的精馏过程,根据模拟计算结果,通过调整进料口位置改变进料塔盘层数,并根据杂质成分调整不同进料口的流量;对塔内的填料数量和位置进行了优化设计;同时,优化了出料塔板的位置;在实际生产中可以根据实际运行情况将出料位置进行调整。合成的聚酯级乙二醇产品中乙二醇含量≥99.95%,紫外透光率220 nm≥81%、250 nm≥94%、275 nm≥96%、350 nm≥100%,达到美标 ASTM E2470-09 聚酯级要求。

B. 提高乙二醇紫外透光率的研究及应用

粗乙二醇中杂质复杂,易形成共沸物,影响紫外透光率。为了解决粗乙二醇中杂质复杂,易形成共沸物,影响紫外透光率的问题;公司技术人员通过研发,采用对主要的脱醇塔及脱水塔采用合理补精乙二醇的方法提纯乙二醇的质量,最终预期使产品纯度达到 99.9%以上水平。项目实施后远远低于目前的石油法中的杂质要求，220 nm 的紫外透光率能达到 85%以上，远远高于国家规定的指标要求的目标。

C. 优等乙二醇的脱醛技术的研究及应用

乙二醇精馏过程中会产生微量的醛类物质，醛含量严重影响乙二醇产品中 275 nm 的紫外透光率，通过对脱醛技术进行比较，采用 YJ-1 型脱醛树脂脱除乙二醇中的醛类物质。电石炉尾气制聚酯级乙二醇的脱醛工艺国内外没有研究的先例，新疆天业为配套新的乙二醇精制技术，设计了新的脱醛工艺，粗乙二醇精馏后进入树脂塔中进行连续脱醛，树脂塔采用特定的串、并联组合方式，产品中醛含量由 8 ppm 降至 1 ppm，脱醛效果显著，同时提高了产品的紫外透光率；并实现了乙二醇精制技术自动化控制，保证了出料产品的稳定性。

乙二醇精馏生产的产品先进入相互既可串联又可并联的树脂塔中进行连续脱醛，树脂主要作用为提高乙二醇紫外透光率，具有脱醛效果，失活后可通过再生，仍具备提高乙二醇紫外透光率效果。

该技术已于 2015 年 9 月 20 日成功应用于公司 5 万吨/年电石炉气制工业级乙二醇项目中，已形成 4.5 万吨/年聚酯级乙二醇生产规模，装置运行以来安全平稳，2015 年 12 月新疆维吾尔自治区分析测试研究院检测人员对项目中涉及的乙二醇产品纯度、乙二醇紫外透光率等主要技术指标进行了现场分析检测，检测结果表明：乙二醇产品质量优于 GB/T 4649—2008《工业用乙二醇》优等品指标，产品质量达到聚酯级标准（表 5.3）。

表 5.3　乙二醇产品主要指标检测数据对比表

指标名称	单位	指标要求	项目实施前	项目实施后
纯度	%	≥99.9	≥99.0	99.99
紫外透光率（220 nm）	%	≥85.0	≥75.0	88.2~89.1
紫外透光率（275 nm）	%	≥94.0	≥92.0	98.3~98.7
紫外透光率（350 nm）	%	≥99.5	≥99.0	100
醛的质量分数（以甲醛计）	ppm	≤1.0	≤8.0	1

4. 技术实践

新疆天业通过技术创新，将净化后的电石炉气用于燃煤发电、烧制石灰、烘干烧碱、为 PVC 生产供氢、作为煤化工原料等，产生了巨大的经济效益和社会效益，解决了长期困扰我国电石企业可持续发展的突出难题。

1）替代燃煤发电

通过对小型发电机组的改造，将电石炉气替代燃煤，作为燃气内燃机发电的燃料，不仅节约了大量的煤炭资源，而且大大改变了操作环境，实现了清洁生产。以输送至电厂的炉气约 4 亿 m^3/a，炉气的热值 $11170\,kJ/m^3$ 和新疆天业采购的原煤的低位发热量 $25122\,kJ/kg$ 来计算，可以节约原煤约 17.785 万吨/年。

2）烧制石灰

在 4.3.2 小节中我们讲过，石灰窑生产线在建立时采用煤粉和煤气两用设计，可以使用电石炉气作为燃料。实践表明，电石炉气可完全替代煤粉，降低生产成本，同时提高烧制石灰的质量，也解决了煤粉制备工段所带来的环境污染。以烧制 1 kg 质量分数为 96% 的石灰所需热量 3762 kJ，输送至石灰窑的电石炉气为 3068 万 m^3/a 计算，可烧制石灰 9.11 万吨/年。

3）替代天然气作清洁燃料

在氯碱生产中，通常烘干 1 t 烧碱需热量 227100 万 kJ，天然气的低位发热量为 $34702\,kJ/m^3$，则烘干 1 t 烧碱需要天然气 $65.44\,m^3$。目前，新疆天业的烧碱装置产能为 100 万 t/a，需要天然气 6544 万 m^3/a，以电石炉气替代天然气，则需炉气 2.03 亿 m^3/a。目前，天然气市场价格为 $1.34\,元/m^3$，则可节约资金 8768.96 万元/a。

4）为 PVC 生产供氢

在 4.5 节中我们提到，NaCl 电解时，产生的 Cl_2 和 H_2 量是相同的，在 4.6 节我们还讲过，在 HCl 合成过程中，H_2 和 Cl_2 配比大于 1，即需要过量的 H_2 资源。电石炉气中除含有体积分数 80% 左右的 CO 外，还有体积分数 5%~10% 的 H_2，可将炉气回收后经过等温变换、变压吸附等工艺分离出 H_2，用于合成 HCl（图 5.10）。

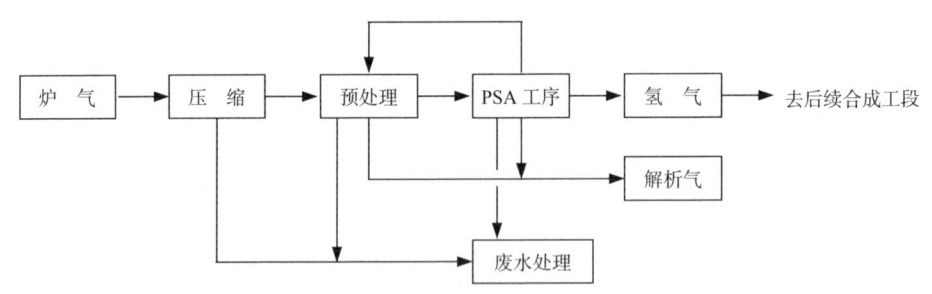

图 5.10 炉气变压吸附分离氢气工艺流程示意图

电石炉气中 H_2 的利用不仅有效消除了 PVC 生产中过量的 Cl_2，而且合成了过量的 HCl，进一步促进了氯乙烯的合成。电石炉气回收利用不仅降低了电石生产成本，而且为 PVC 生产提供了 H_2，代替了部分天然气制氢，具有显著的经济效益。

5）煤化工原料

煤化工技术的发展，特别是甲醇羰基化技术在工业上实现规模化生产，为电石炉气化工利用提供了工业化技术基础。深度净化后的炉气作为化工原料，可广泛用于生产醋酸、醋酐、甲酸甲酯、甲酰胺等羰基合成系列产品，还可用于生产甲苯二异氰酸酯、氨基甲酸酯系列农药等光气系列产品。

新疆天业通过对电石炉气深度除尘技术、高浓度 CO 水相变移热变换技术、高纯 CO 和 H_2 的制备及分离提纯技术等关键技术进行研发，制取高纯 CO 和 H_2，建成了世界首套 30000 Nm^3/h 电石炉气综合利用项目，为 5 万吨/年乙二醇和 3 万吨/年 1,4-丁二醇提供了原料气。不仅使公司化工发展由传统电石氯碱化工向煤化工成功转型，而且使传统的煤化工下游产品嫁接到电石炉尾气的综合利用上来，为电石法聚氯乙烯开辟了一条新的产业链。

5. 实施效果

采用国内最新的干法除尘配套湿法净化的技术，通过新增一套湿法净化装置及对干法除尘装置技改和对炭材烘干热风炉的改造等环节，将尾气净化后达到化工用燃料气的标准，提高了热风炉的热能效率。针对炉压控制不稳定的问题，采用计算机控制，通过风机变频和调节阀门双重调节；针对尾气温度控制，改造旋风冷却器，将尾气温度有效控制在 240~260℃，将热管技术引入解决尾气温度控制，避免干法净化时焦油在受热面析出；经过干法净化后让粉尘含量降到 50 mg/Nm^3 以下，然后经过水洗净化，去除尾气中的焦油，使粉尘浓度降到 10 mg/Nm^3 以下，实现远距离输送，净化后的炉气主要由新疆天业下属的自备电厂及化工等外单位作为燃料气体替代燃煤及天然气使用，实现了炉气资源的综合利用。

天业炉气净化在国内外尚属首次应用，同时为高浓度一氧化碳的净化变换开辟了一条全新的路线和领域，为后续下游产品的开发奠定了坚实的基础，同时在煤化工行业更是一个全新的突破，改变了以往变换技术传统工艺，装置生产环保清洁化、低能耗，电石炉气经除尘、气柜、压缩、脱磷、脱砷、变换、脱碳、分离、CO 纯化等工序生产出合格的产品。

项目工程于 2009 年 12 月建成投入生产运行，整套装置运行安全稳定，各项工艺指标均达到设计指标的要求。通过 40000 kVA 密闭式电石炉及清洁生产技术、电石炉尾气的干法净化湿法净化技术和原料的筛分后粉料的制球返炉技术这三项技术的开发，使公司电石产量、产能明显增加，原料的利用率也大幅提高，创新的炉气干法除尘+湿法净化流程和焦粉的黏结成球回收利用，实现了电石炉气及焦粉的综合利用。以副产的电石炉气为原料制取高纯 CO、H_2 用于下游化工产品生产，是公司延伸循环经济产业链，提高废气资源化综合利用，实现产品的多元化、精细化发展的重要项目，为企业调结构、转方式奠定了良好的基础。通过项目的实施，电石生产各项消耗指标显著降低，生产成本也大大降低，同时大幅降低电石生产过程 CO_2 的排放，产生了较好的经济和生态效益。

2013 年 6 月由中国石油和化学工业联合会组织专家对其进行了科技成果鉴定，鉴定认为该项目解决了电石炉气高值化化工利用的工业关键技术，填补了国内外空白，为电石行业的资源高效综合利用提供了有力的技术保障，为行业科技进步起到积极推动作用，属于国家产业政策资源综合利用鼓励类项目，经济效益及社会效益显著，该工业化集成技术达到国际领先水平。

5.2.2 天然气制氢联产 PVC

1. 概述

在 HCl 合成过程中，为防止 HCl 氢中含游离氯引发氯乙烯工序的恶性安全事故，H_2 和 Cl_2 配比保持在（1.05~1.10）:1.00（摩尔比），造成 Cl_2 过剩，在工业生产中，许多企业通过生产液氯来消化过剩的 Cl_2。但由于液氯市场发展不平衡，液氯运输成本高、销售难度大的矛盾逐渐突出，Cl_2 过剩问题成为企业发展中的"瓶颈"。通过天然气制氢技术的合理运用，能够有效解决富余 Cl_2 的平衡问题。

2. 原理及工艺流程

天然气蒸汽转化、部分氧化和催化裂解制氢是工业上天然气制氢的技术。

1）天然气蒸汽转化制氢

A. 原理

蒸汽转化法是在高温及催化剂存在条件下，甲烷等烃类与水蒸气发生重整反应，生成 H_2、CO 等混合气体（转化气），主反应式如下：

$$CH_4 + H_2O = 3H_2 + CO \quad \Delta H = +206 \text{ kJ/mol}$$

转化气通过水气变化，将 CO 转化为 CO_2 和 H_2，反应方程式如下：

$$CO + H_2O = CO_2 + H_2$$

B. 工艺流程

天然气脱硫后，在 750~920℃高温、2~3 MPa 压力和 Ni/Al_2O_3 催化剂存在条件下进行水蒸气重整反应。在实际生产过程中，为防止析碳，水蒸气通常过量加入，H_2O/CH_4（摩尔比）一般为（3~5):1，生成的 H_2/CO 比约为 3:1。为提高 H_2 产率，天然气蒸汽转化制得的合成气再经过水气变换反应将 CO 转化为 CO_2 和

额外的 H_2。

2）天然气部分氧化法制氢

A. 原理

天然气部分氧化法制氢是由甲烷等烃类与氧气进行不完全氧化生成合成气，反应方程式如下：

$$CH_4 + 1/2O_2 = CO + 2H_2 \quad \Delta H = -35.7 \text{ kJ/mol}$$

该反应是放热反应，无须外接供热，热效率较高。

B. 工艺流程

天然气经过压缩、脱硫后，先与蒸汽混合预热到约 500℃，再与预热到 500℃ 的氧气（或富氧空气）分两股分别从反应器顶部进入反应器进行部分氧化反应，反应生成温度为 900~1000℃、氢含量 50%~60% 的转化气并从反应器下方出口排出。

该工艺是利用反应器内热进行烃类蒸汽转化反应，对烃类原料中杂质含量要求不高，但需要配置空分装置或变压吸附制氧装置，在投资方面高于天然气蒸汽转化法。

3）天然气催化裂解制氢

A. 原理

天然气催化裂解制氢是在高温、催化剂条件下，甲烷发生裂解反应生成 C 和 H_2，反应方程式如下：

$$CH_4 = C + 2H_2$$

B. 工艺流程

天然气催化裂解制氢是将经过脱水、脱硫、预热后的天然气在含有 Ni 基催化剂的移动床反应器中发生催化裂解反应生成 C 和 H_2。催化裂解反应是吸热反应，因此需要在移动床反应器外侧加热补充热量。反应器顶部出口的 H_2 和 CH_4 混合气去变压吸附（PSA）分离提纯，得到产品 H_2。未反应的 CH_4、C_2H_6 等部分产物作为燃料循环使用。反应生成的 C 产物和催化剂从底部流出反应器，通过机械振动筛将 C 产物和催化剂分离，分离出的 C 产物可用于制备碳纳米纤维等高附加值产品，反应后的催化剂经再生后进入移动床反应器循环使用。

该工艺与其他天然气制氢工艺相比，其制氢成本和 CO_2 排放量均大大降低，目前该工艺仍在研究开发阶段。

3. 技术实践

新疆天业为解决"氯平衡"问题，综合考虑利用资源、减少投资、减少销售压力等，选择了配套天然气蒸汽转化制氢装置，利用生产的 H_2 与过剩的 Cl_2 反应合成 HCl，进而增产聚氯乙烯的工艺路线。

天然气制氢技术由天然气与蒸汽转化和变压吸附两部分组成。

1）天然气蒸汽转化

压缩、脱硫后的天然气与水蒸气按一定水碳比（3.5∶1）混合并预热，在 750~850℃和有镍催化剂的条件下，CH_4 与 H_2O（g）在转化管中反应，生成含 H_2、CO 和 CO_2 的转化气。转化气进入中变炉在催化剂作用下进行 CO 的变换反应，其中的 CO 又与 H_2O（g）反应生成 CO_2 和 H_2。CH_4 转化所需热量由底部烧嘴燃烧燃料气提供（图 5.11）。

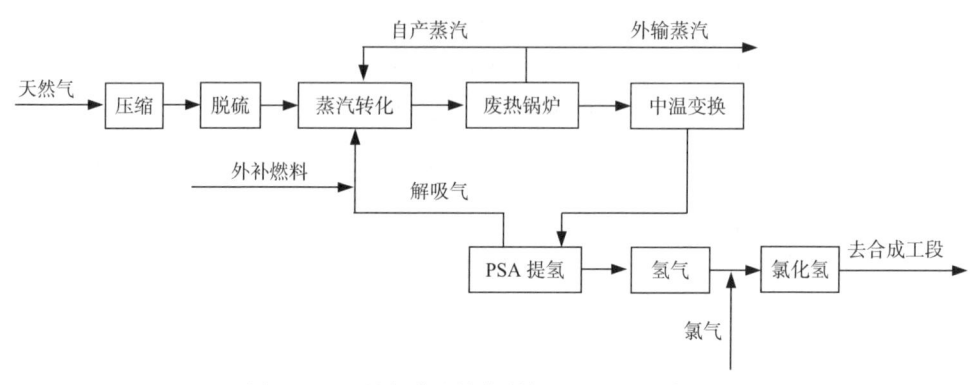

图 5.11 天然气蒸汽转化制氢工艺流程示意图

2）变压吸附

压力约为 1.4 MPa 的转化气进入变压吸附装置，在常温、中压下吸附，在常温、常压下解吸。5 个吸附塔构成一个闭路循环，以保证转化气的连续输入和产品 H_2 的不断输出。

变压吸附部分的主要目的是将粗 H_2 中的 H_2 提浓到 99.9%（体积分数）以上，吸附装置的收率在 80%以上。为了保证变压吸附装置维持最佳的运行效果，在操作中要求吸附塔压力控制在 1.4 MPa，进塔气体温度小于 40℃。

4. 实施效果

2005 年 11 月，氯碱行业第 1 套用于平衡氯气的天然气蒸汽转化制氢装置在新疆天业建成投产，是氯碱化工生产企业中的应用先例。装置投用后运行平稳，解决了新疆天业"氯"平衡问题，在解决液氯储运矛盾的同时，可增产 PVC 10%以上，为新疆天业做大、做强氯碱化工提供了技术保障，为循环经济产业增加了一个新亮点。

5.2.3 制氢尾气制备碳酸钠

1. 概述

在5.2.2小节中提到，氯化氢合成过程中氢气是过量的，为有效解决富余氯气的平衡问题，很多氯碱企业采用天然气制氢技术。但天然气制氢尾气中含有15%左右的二氧化碳（CO_2），CO_2是一种温室气体，向大气中排放会加速全球变暖，且是碳资源的浪费，使用天然气制氢尾气制备碳酸钠是一种回收CO_2的新技术。

2. 原理

利用天然气制氢尾气中的CO_2与NaOH溶液反应，反应的化学方程式如下：

CO_2不足量时　　　　$2NaOH+CO_2 = Na_2CO_3+H_2O$

CO_2过量时　　　　　$Na_2CO_3+CO_2+H_2O = 2NaHCO_3$

从化学方程式中可以看出，当CO_2不足量时，反应生成Na_2CO_3，继续增加CO_2的量，会生成$NaHCO_3$。为得到Na_2CO_3，在反应中，必须使NaOH溶液过量。同时，由于以上反应为放热反应，必须控制反应温度。

3. 研究过程

天然气尾气主要来自于公司两个工序：天然气制氢及片碱工序，天然气制氢工艺主要是以天然气为原料补充氯碱化工中氢资源不足的难题，在制氢过程中会排放出二氧化碳，第二个工序是片碱工序，主要是利用天然气燃烧的热值。这两个工序尾气基本是二氧化碳，不存在其他杂质。而且天然气作为一种清洁能源，燃烧过程只产生二氧化碳，其他杂质均为燃烧时带入的空气组分。通过对两工序尾气的分析，确定尾气中二氧化碳含量平均为20%~25%，其余大部分为氮气、氧气及惰性气体，不参加本次反应。所以本项目主要研究天然气尾气中二氧化碳的回收这一过程。

工艺技术方案的选择：

本项目主要研究碱液吸收CO_2过程，从化工原理分析，本过程为气液混合吸收过程，为保证碱液充分吸收气体中的CO_2。必须将液体充分与废气接触，按传统方法，主要采用碳化塔吸收技术，但该传统方法设备体积大，占地大，气液接触面积小，从塔顶到塔底存在浓度梯度及温度梯度，从而造成控制难度的增加，同时，因为温度梯度存在，不容易保持塔内温度的均匀，容易造成碱液中碳酸氢钠在产品中的含量增加，不能达到盐水所需碳酸钠的指标要求。项目组最终确定了喷射泵及循环吸收新技术构想，简化了工艺操作难度。同时避免了碳化塔工艺存在的浓度梯度及温度梯度的缺陷。作为一种集成创新技术，在国内氯碱行业也是绝无仅有的。

研究的关键技术：

（1）确定吸收碱液的浓度。通过分析天然气燃烧尾气中 CO_2 含量为 20%左右，从而利用公司现有的废碱水配制成 12%~15%的吸收碱液。

（2）反应温度的控制。因为天然气尾气中不仅存在 CO_2 回收气，而且随着气体还带来大量的热量，通过实验发现，反应温度较高时，会促进生成的 Na_2CO_3 转化为 $NaHCO_3$ 这一技术难题，为防止这一副反应的发生，通过不断实验，寻找最佳控制温度为小于 40℃，为防止尾气将大量的热量引入吸收碱液中，必须在尾气进入碱液时，选择用板式换热器作为散热器将尾气热量回收，以便控制碱液温度。

（3）循环吸收工艺方法的确定，传统的 CO_2 回收工艺技术基本上是以炭化塔工艺来完成的，但是该方法存在炭化塔装置较大，投资及占地较大的缺点，且控制及操作有一定难度，不适用于本项目，因为本项目天然气尾气主要来自于片碱及制氢工序，这两个工序控制主要受控于成品碱液供应及氢需求量，尾气供应不均匀，从而烟气量变化幅度较大，不易通过炭化塔来回收。所以项目组选择以喷射泵循环吸收烟气工艺，通过循环吸收泵，经过板换换热控制反应温度，将配制好的碱液利用喷射泵将烟道尾气抽入进行吸收反应，通过检测吸收液中的碱含量来控制反应进程，在循环罐中不断循环参与吸收反应形成最终的碳酸钠溶液。

（4）工艺技术指标的确定：根据工程技术人员的不断实验与测试，找出 Na_2CO_3 转变为 $NaHCO_3$ 的反应条件，通过对反应条件加以控制，抑制液体中 $NaHCO_3$ 的产生，通过反复实验，确定最佳试验条件如下：①控制吸收碱液浓度 12%~15%；②控制反应产物终点游离碱含量 0.5%~1%；③控制反应过程温度小于 40℃。

4. 工艺流程

来自天然气制氢装置的变压吸附尾气进入原料气缓冲罐进行缓冲后进入吸收塔与配备合格的碱液在吸收塔内循环吸收，未被吸收的碱液再次进入吸收塔进行吸收，生产出的半成品纯碱液流入纯碱液循环罐进行循环吸收，未被吸收的杂质气体由风机抽至吸收塔外进行排空。生产出合格的纯碱液送往一次盐水替代现有的固体碳酸钠作为助剂使用（图 5.12）。

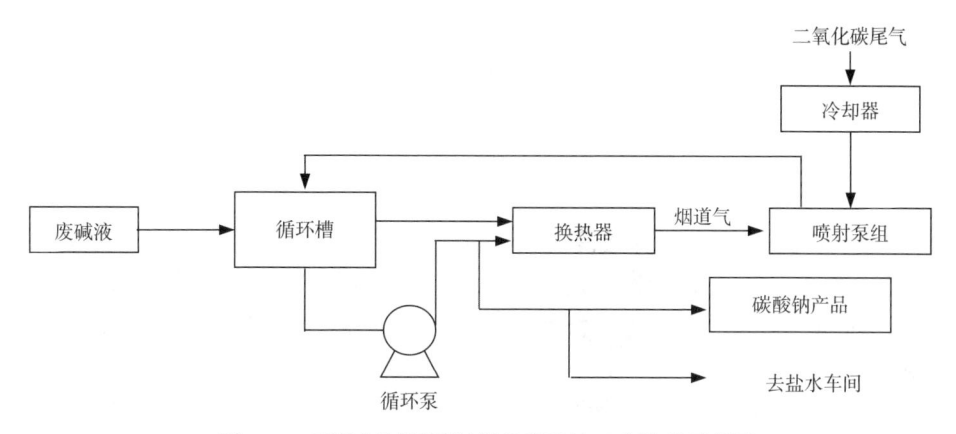

图 5.12 天然气制氢尾气制备碳酸钠工艺流程示意图

5. 技术实践

天然气制氢尾气制备碳酸钠是新疆天业循环经济产业链的子项目，利用烟道气与液碱直接反应制取 Na_2CO_3 溶液，用于一次盐水精制，减少了纯碱采购、运输、配制等费用和仓储费用，降低了生产系统的运行成本，减少了尾气排放，具有积极的社会效益和环保效益。

1）新疆天业制氢尾气制备碳酸钠的工艺流程

新疆天业通过实验，确定了相关工艺参数，并对制氢尾气制备碳酸钠的装置和工艺流程进行了设计。

（1）通过实验，确定了反应条件，即反应温度为 35~40℃；反应液中游离碱质量分数为 0.5%~1.0%。根据烟道气的温度及对反应过程温度的要求，首先利用列管换热器将烟道气温度降至 55~60℃，再通过板式换热器控制反应过程的液体温度为 35~40℃。

（2）粒碱燃烧炉尾气或制氢烟道气经过列管换热器降温后，利用喷射泵将其抽入碳酸钠配置槽，通过循环泵打出与 12%~15%废碱液进行循环反应，反应温度由板式换热器控制，配置槽中循环反应的碳酸钠溶液经检测合格后，用泵打入一次盐水贮槽使用。

2）工艺特点

（1）制氢尾气吸收用的碱液为粒碱装置的落地碱、开车废碱液配制成 12%~15%的碱液。

（2）产品碳酸钠质量分数可达 15%~20%，满足一次盐水工艺对碳酸钠溶液浓度的要求。

(3) 反应后的尾气组成中 CO_2 体积分数由 15% 降低至 0.3%，说明 CO_2 基本反应完全，效果良好。

6. 实施效果

项目装置自 2007 年底完成调试工作后，一直正常运行，无设备堵塞或设备腐蚀等现象发生，碳酸钠装置实现正常生产运行。公司在 20 万吨装置成功调试完毕后，于 2008 年又成功地将该技术运用到 40 万吨聚氯乙烯装置系统中，系统运行平稳可靠。

利用天然气制氢尾气制备碳酸钠的工艺，直接将废气 CO_2 转化为原本外购的 Na_2CO_3 精制剂，降低废气排放的同时产生了良好的经济效益。该技术工艺流程简单、投资小，生产原料均可由氯碱化工系统供应，在氯碱化工行业中具有推广示范作用。

5.2.4 变压吸附回收氯乙烯精馏尾气

1. 概述

电石法聚氯乙烯生产过程中，由于原料气纯度不高且乙炔不可能完全反应，在氯乙烯精馏工段易产生不凝性气体，包括乙炔、氯乙烯和氢气等，在传统的生产过程中，一般采用变温吸附、膜分离等工艺来处理尾气。但是这些工艺具有一定的局限性，这些不凝性气体不能全部回收利用，大部分从系统中排放出去，造成环境污染和能源浪费。

2. 原理

变压吸附就是利用吸附剂对混合气体中不同组分吸附容量的差异且对同一组分的吸附量随压力变化而呈现差异的特性实现气体分离的工艺。

采用变压吸附工艺回收氯乙烯精馏尾气过程中，通过加压，吸附剂选择吸附原料气中乙炔、氯乙烯等吸附能力强的组分，氢气、氮气等吸附能力弱的组分则穿过吸附床由塔顶排出。通过减压，吸附的乙炔和氯乙烯被解吸，解吸气经解吸气缓冲系统稳压后重新返回聚氯乙烯生产系统，同时吸附剂再生。

3. 工艺流程

变压吸附装置的原料气为氯乙烯精馏尾气，在一定压力和温度下进入变压吸附装置界区，先经原料气加热器加热后，进入吸附塔。精馏尾气中的氯乙烯和乙炔气体被吸附剂吸留下来，净化气则输送至变压吸附装置界区外。

吸附结束后，解吸气作为产品气分两部分排出。一部分是吸附塔逆向放压的排出气体，该部分气体排出吸附塔，输至变压吸附界区外，进入氯乙烯生产系统；另一部分为真空解吸气，经真空泵后冷却器及鼓风机加压后，输至变压吸附界区外，进入氯乙烯生产系统。

4. 研究过程及成果

1）技术实施思路

为确保氢气产品中不带乙炔，首先是吸附剂的选择和配比的确定，装填了大量吸附能力很强的分子筛，用来吸附较难吸附的氮气，当大量的较难吸附的氮气都被吸附时，微量的氯乙烯和乙炔更是被完全吸附下来，乙炔不可能穿出分子筛床层进入产品氢气中；其次，在工艺选择、设备配置和时序配合几方面做了充分的考虑，选用了再生更彻底的抽空工艺，确保吸附剂再生更完全，避免了微量杂质的残留可能对产品质量的影响，配置了均压罐并优化了控制时序，使装置在正常运行过程中既有较高的回收率，又使吸附前沿控制在塔内较低位置不致流出，保证了产品质量；在自动控制方面，设计了故障自动检测系统，可使装置在部分硬件故障时不停车处理；设计了自调整控制软件，使装置运行参数可随原料条件的变化自动调整运行参数，确保装置运行稳定；配置了两台在线氢气分析仪，减小了分析仪表故障或漂移对装置产品监测的影响；设置了不合格产品联锁放空系统，确保产品始终合格输出。此外，设计时还考虑了足够的稳压和缓冲系统，即使装置故障，也可保证有几十分钟的产品氢输出，留有足够的故障处理时间。

根据公司实际的生产工艺条件及安全要求，制定了项目工艺控制方案、吸附塔的数量及工艺运行模式，根据工艺控制方案进行组态及控制程序设计，通过调试确定系统运行最佳操作参数和指标，建立了控制安全、简便、运行稳定的氯乙烯净化尾气新工艺。通过进行系统性能测试及对氯气与乙炔的理论分析与试验，完成了各项预期的技术经济指标，确定尾气中含量高达80%以上的氢气可被回收。

2）技术实施方案

针对PVC氯乙烯精馏工段变压吸附尾气净化装置释放的含氢净化气，进行气体分离与回收利用技术、工艺的研究与开发。通过对气体组分与含量进行详细的分析，结合组分气体间的相互作用与化工生产中安全性的要求，开发有效的氢气分离提纯技术，并设计科学可行的氢气回收利用工艺方案，使净化气中的氢气资源得到高效、安全回收利用，进而优化氯碱化工生产系统中的资源利用情况，同时为企业带来可观的经济与社会效益。

3）成果转化

氯乙烯净化氢资源的回收利用新工艺整体稳定性、安全性达到工业化生产设计要求。从氯乙烯尾气回收氢气，在国内外尚属首次，且因该工艺对乙炔的控制非常严格，以往的工艺、硬件配置、控制手段等都不太适用，需要进行针对性的研究和开发。该工艺减少了资源浪费，达到了资源的循环利用，且制氢成本远远低于目前的各种造气制氢装置的氢气成本，具有极好的经济效益。

5. 技术实践

常规的变压吸附精馏尾气装置采用 5 塔流程，工作时任意时刻总有 1 台吸附塔进行吸附操作，其余 4 台吸附塔处于再生过程的不同阶段，5 台吸附塔循环操作。新疆天业在变压吸附装置运行的过程中发现，过大的进气量使得增压机等设备频频报警，产品气中乙炔和氯乙烯含量低，乙炔和氯乙烯经过处理后以混合气的形式返回氯乙烯生产系统时含水量大造成转化器中触媒结块等问题。针对这些问题，新疆天业对常规的变压吸附工艺和装置进行了改进，将传统的 5 塔工艺（图 5.13）改进为 7 塔工艺（图 5.14），乙炔、氯乙烯、净化气作为产品气分路回收。

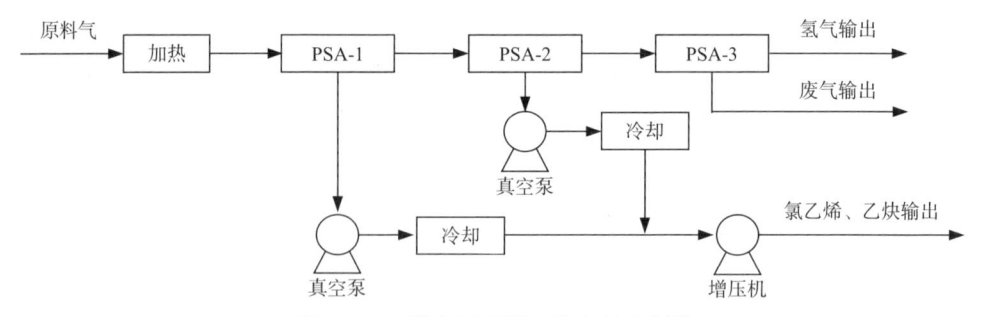

图 5.13　5 塔变压吸附工艺流程示意图

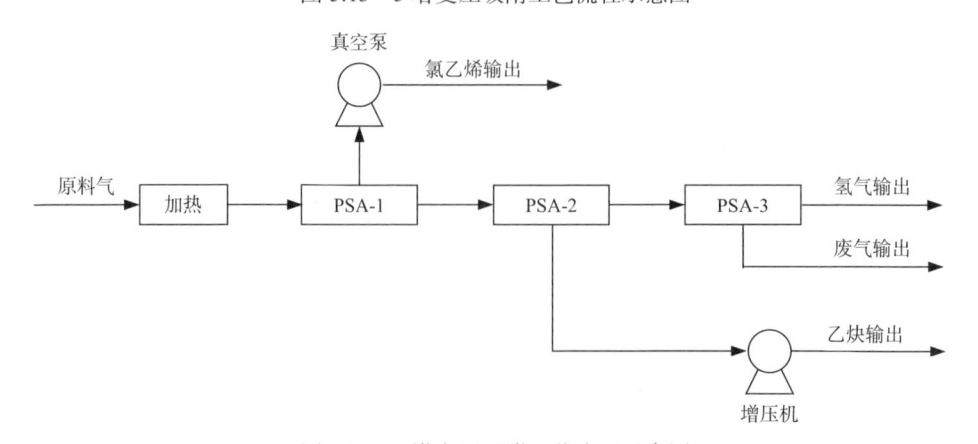

图 5.14　7 塔变压吸附工艺流程示意图

7塔流程的变压吸附装置工艺特点如下：

采用了7塔流程，其中2塔同时吸附，其余5塔处于再生过程的不同阶段，7塔循环操作，达到连续输入原料气和输出半净化气的目的，使原料气分配更合理，吸附更彻底。

将产品气中的氯乙烯、乙炔和氢气分路回收，PSA-1 主要吸附、回收氯乙烯气体至氯乙烯气柜。PSA-2 吸附、回收乙炔至一组转化器。PSA-3 吸附除氢气以外的所有其他组分，氢气则穿过吸附床从塔顶排出，得到纯度大于 99.9%的产品氢气。多样化的回收路线使得收率更高，氯乙烯（含量50%以上）可直接送往氯乙烯气柜，氯乙烯的分流降低了转化器的负荷，降低了产品气水含量及转化器催化剂结块的概率，延长了催化剂的使用周期。

降低了氯乙烯气体在一组转化系统内与氯化氢气体发生副反应生成二氯乙烷的可能性，降低了精馏系统高沸塔的负荷，提高了液态氯乙烯的质量。

改进后的变压吸附精馏尾气装置强化了吸附剂的再生和分离效果，使产品气中氯乙烯和乙炔的浓缩倍数大大提高（原料气中低浓度时浓缩倍数 8~15，高浓度时 3~5）。提升了回收气浓度的同时，实现了排空净化气中氯乙烯和乙炔的零排放，是氯碱化工行业实现经济效益与环保效益双赢的典型技术案例。

5.2.5 氯化氢吸收-解吸技术

1. 概述

合成氯乙烯的过程是将氯化氢与乙炔按分子比为 1.05~1.10 进入混合器中充分混合均匀，混合气经过 2 级石墨冷却器冷凝至 -17~-14 ℃，除去其中大部分的水分，再通过酸雾过滤器，除去少量水分，经过预热器后，混合气进入转化器，当乙炔和过量氯化氢的混合气进入转化器列管中，在氯化汞触媒的作用下，发生加成放热反应合成氯乙烯气体。由于氯化氢气体过量，以及在反应中的少量副反应产生二氯乙烷副产品及大部分的氯乙烯气体组成的粗氯乙烯，经过 2 级膜洗塔除去大部分过量的氯化氢，生成氯化氢质量分数为 32%以上的盐酸，粗氯乙烯气体再经过一级水洗、一级碱洗后，送往压缩，水洗塔产生的含酸废水返回到积水罐循环使用。

合成氯乙烯过程中产生了少量的浓盐酸，由于反应过程带入了微量汞、铁等元素，此酸只能用于要求较低的场合，同时浓盐酸的运输设备必须耐酸、耐腐蚀，对环境污染较大，运输过程也带有很大的危险性。将这部分浓盐酸再变成氯化氢气体重新利用，变成最终产品聚氯乙烯树脂。这样，既解决了环保问题，又可以在不增加氯碱产量和投资的情况下提高聚氯乙烯树脂产量。

2. 原理

1) HCl 的吸收

HCl 气体具有易溶于水的特性，在 HCl 的量小于其在水中溶解度的条件下，其可被水吸收得到稀盐酸。

2) 浓酸解吸

通过常规的加热方法，利用 HCl 在气-液平衡条件下气相中的浓度大于液相中的浓度这一特性，通过蒸汽直接加热，使其在沸点下按一定比例富集于气相，可以将浓盐酸部分解吸。

3. 工艺流程

氯化氢吸收-解吸工艺流程如图 5.15 所示，主要包括过量 HCl 在组合塔中的吸收和浓酸解吸出 HCl 两个工段。

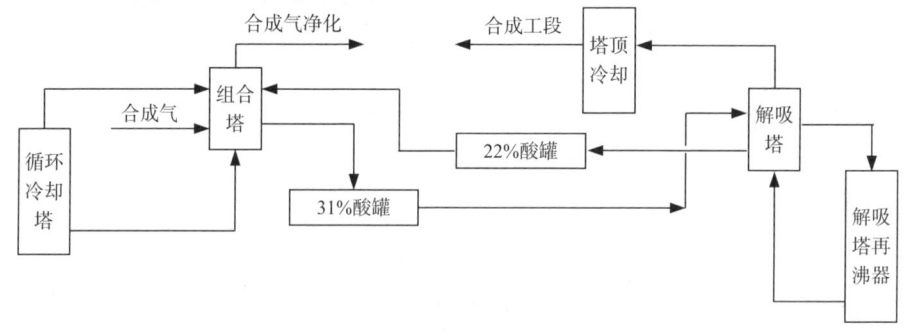

图 5.15 氯化氢吸收-解吸工艺流程示意图

1) 过量 HCl 在组合塔中的吸收

解吸塔釜解吸后的浓度为 22%的稀酸通过稀泵送往冷却器中，冷却后进入组合塔顶部进行喷淋，在组合塔中进行传质，与氯乙烯单体合成气充分接触，过量的 HCl 气体为稀酸所吸收，在塔底部产出 31%的浓酸，送入浓酸罐中。同时一部分浓酸通过冷却器冷却后再进入组合塔中来降低组合塔中 HCl 溶解于水中放出大量的热量。

2) 浓酸解吸出 HCl

31%的浓酸经浓酸泵由浓酸罐中，计量并送往解吸塔中进行解吸，浓酸进入解吸塔釜中，通过蒸汽加热，浓酸中的部分 HCl 被解吸出来，浓酸解吸后酸浓度降低为22%左右,经过两级解吸塔釜冷却器冷却后下到22%酸罐中,用泵将22%稀酸再次经过冷却后,送往组合式吸收塔重复使用;被解吸出的HCl气体通过解吸塔顶冷却器冷却后,经过除雾干燥后送往合成工段与C_2H_2反应,生成氯乙烯。

4. 研究过程及成果

1)小试研究

盐酸零解吸小试:小试分成3项,分别进行对比试验,第1项是在同一浓度氯化氢中加入不同浓度的氯化钙,测定其沸点及残液含酸,目的是为确定稀酸解吸塔温度控制。在第1项比对实验基础上,进行了第2项比对实验,实验内容是在同一浓度氯化钙中加入不同浓度(5%~22%)的氯化氢,测试氯化钙对氯化氢气相分压及溶液沸点的影响,为氯化钙提浓塔的控制提供有益的参考数据。第3项实验是根据以上2项实验得出的数据结果进行分析研究,通过放大,查找与小试条件不相同的干扰因素,再对几种氯化氢与氯化钙的配比进行重点实验,为稀酸进料量与氯化钙提浓塔进料比提供基础参数。通过采用以上几项试验数据,建立数学模型,确定主因,即主要运行变量,利用牛顿向前插值法数理计算方法,得出稀酸塔、氯化钙提浓塔的控制温度及稀酸与氯化钙的配比系数。计算出较为精确的系统控制温度及各塔的压力,为工业化生产提供数据。

浓酸解吸通过常规的加热方法,利用其在气-液平衡条件下气相中的浓度大于液相中的浓度这一特性,通过蒸汽直接加热,使其在沸点下按一定比例富集于气相。可以将浓盐酸部分解吸,当盐酸中氯化氢质量分数达到20%左右时,在常压下达到恒沸点,此时,即使加入再多的热量也无法改变氯化氢的气相浓度,进一步将其解吸出来。国内外很多专家学者经过多方试验,发现在20%稀酸系统中加入高浓度氯化钙溶液,可以帮助盐酸彻底解吸。$CaCl_2$溶液是作为共沸打破物,相对于HCl蒸气,可降低水蒸气的压力,促进氯化氢气体的逸出。

2)零解吸设备研究

零解吸设备使用全石墨双层解吸塔,攻克了国内外大多存在的流体壁效应和端效应等难题。高效流体分布器采用引入排管初液分布器,克服了液体初始分布不均现象。稀酸解吸塔、浓酸解吸塔的再沸器采用国际先进技术和欧洲标准制造,设备的使用温度和压力以及寿命都得到很大提高,从而使得解吸段的生产能力增大,动力消耗大大降低。解吸塔与再沸器之间,充分利用虹吸原理,保证再沸器换热及时,不出现局部过热现象。石墨管道采用钢衬多层石墨,使得最外层石墨与碳钢膨胀系数相近,保证石墨与碳钢在受热情况下不出现分层。在管线设计上,充分考虑能量消耗问题,利用节流降温原理,充分节约冷却水的用量,此外,稀酸罐内置除汞装置，有效地防止汞累积导致氯化钙过快失效，保证了氯化钙的长期循环使用。在零解吸系统中，设备的选择也非常重要。盐酸挥发性极强，稀酸泵与浓酸泵均要求有很高的密封性，氯化钙进料泵内是高温、高浓度氯化钙的稀酸溶液，溶液中可能带有结晶的氯化钙固体，要求泵既要在高温下耐稀酸，也要能在有固体颗粒的混合液中运行。浓酸泵、稀酸泵使用耐腐磁力泵，氯化钙泵使用耐腐离心泵。

3）零解吸工艺研究

在小试及数学模型的基础上，又进行了大量的数据收集，进行相关工程计算，根据实际进行了外围工程管线的配置。根据现行的规模，确定了适合的盐酸零解吸工艺。

用泵将浓盐酸加压，通过气动阀调节流量进入浓盐酸、稀盐酸双效换热器，经过热量交换，将浓盐酸温度提到 70 ℃左右，从浓酸解吸塔塔顶部进入，浓盐酸在低压高温的解吸塔内与经过再沸器加热的高温氯化氢与水蒸气连续进行接触逆流传质、传热，浓盐酸靠重力沿填料表面下降，与上升的气体接触，从而使上升气体中氯化氢含量不断增加，在塔顶得到含饱和水的氯化氢气体，而塔底得到质量分数为 19%的恒沸酸。塔顶的氯化氢气体经过两级冷却器，温度降到 20 ℃左右，与稀酸解吸塔的氯化氢气体共同经过除沫器脱水后，并入合成系统氯化氢总管冷却器的冷凝酸回到浓酸塔重新解吸。19%恒沸酸经浓酸解吸塔底部进入双效换热器，温度降到 80 ℃，再经过一级冷却后温度低于 45 ℃，进入稀酸罐。稀酸经过泵、气动阀调节控制一定量的恒沸酸与氯化钙提浓塔送来的高温、高浓度氯化钙溶液同时进入稀酸解吸塔，与来自再沸器高温的汽水混合物在填料表面充分接触。在三相共沸点下，氯化氢气体充分解吸出来，塔顶氯化氢气体经过二级冷却后，经捕沫器脱水进入氯化氢总管，冷凝酸回到稀酸塔重新解吸。稀释后的氯化钙溶液流入氯化钙提浓塔内，经再沸器加热将大部分水蒸出，水蒸气经过冷却器冷凝成水，经积水兜进入废水收集罐。提浓后的氯化钙溶液经氯化钙泵加压，与稀酸一起按一定的配比进入稀酸解吸塔循环使用。

此工艺具有明显的特点：①经此工艺解吸后最终废水中含酸量≤1%；此系统开车运行后，废水浓度最小可达到 0.05%，完全可以回收到合成主系统，用做膜洗塔、水洗塔密闭循环的补充水，作为吸收剂重复使用。②整个过程采用 DCS 远程控制，由于在整个工艺过程中，盐酸都在高温下运行，操作的危险性很大，系统采用防酸的衬 PTFE 仪表，运用远程控制，将整个系统的运行情况清楚显示在远程操作站，大大提高了操作的安全性。③此工艺中使用全石墨的双效盐酸换热器，节约运行成本，降低能源消耗；在整个工艺设计过程，严格考虑能耗问题，充分利用浓酸高温解吸后稀酸的余热，与常温的浓盐酸充分换热后，将 25 ℃浓酸升温至 70 ℃，将 110 ℃稀酸降温到 75 ℃，节约了很大的热量及冷量。④高浓度氯化钙非常容易结晶，堵塞管线，造成停车。针对此情况，在关键设备的特殊点加有补水阀，根据实际情况及时向系统补软水，防止管道设备结晶。⑤此装置中设计了废酸中汞的收集和回收装置，解决了废酸的汞污染问题。

零解吸从整体上平衡了合成系统的水资源。水资源平衡流程示意图见图 5.16。

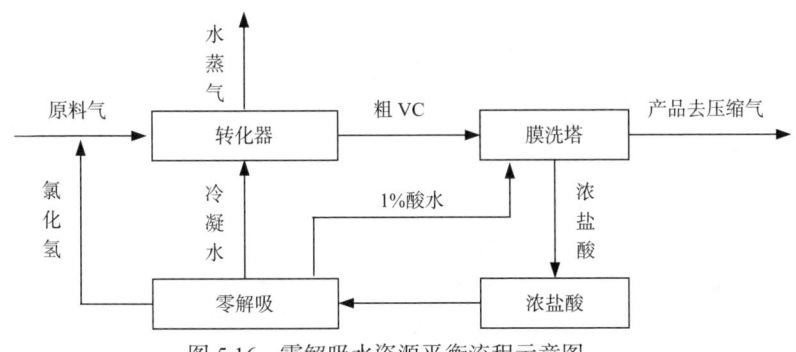

图 5.16　零解吸水资源平衡流程示意图

解吸过程产生蒸汽冷凝水和 1%稀酸，利用废弃的陶瓷罐收集废水，用泵将其打回膜洗塔密闭循环罐，作为吸收过量氯化氢的吸收剂，整个系统水物料平衡，不需要再加入新鲜自来水。再沸器等加热设备产生的蒸汽冷凝水打入转化器热水槽作为补充水或者将多余的水送到制水车间作为升温和原水使用。按现行规模，完全解吸膜洗塔产生的浓盐酸每小时大约需要 1.5 t 蒸汽，产生约 1.2 t 冷凝水（部分蒸汽以低热蒸汽被环境吸收），刚好可以替代热水槽热气进入环境的软水补充量。

5. 实施效果

该工艺采用了国内最新的设备与技术，消除了电石法生产聚氯乙烯工艺中氯乙烯合成工段合成气 HCl 过量对环境的不利影响，基本实现了废酸的零排放。首次将组合塔与盐酸解吸技术在工艺上结合起来，体现了新疆天业"从绿色环保、节能降耗提高自身竞争能力"的循环经济发展理念。实现了 HCl 回收利用的同时，节约了水资源，减少了废酸排放，解决了国内同行业电石法生产 PVC 过程中副产相当量废酸的问题。

5.2.6　热能综合利用技术

1. 概述

在化工生产中，从物料投入到产品产出将产生大量的余热，如反应热、物料相变热等，常有大量的反应热没有得到充分利用。在氯碱化工企业生产过程中，氯化氢的合成和氯乙烯转化合成是最大的热源点，反应热全部采用循环水降温的方式吸收，再采用凉水塔降温或空气降温的方式冷却循环水，造成了热能的浪费。溴化锂吸收式制冷技术的开发应用，有效解决了余热回收利用的问题，取得了良好的经济效益，在全国氯碱化工行业中已得到了广泛的推广。

溴化锂吸收式制冷技术主要针对氯化氢合成炉和氯乙烯转化器反应热的综合利用。氯化氢合成炉反应热通过夹套冷却水转移，产生大量高温热水。氯乙烯转化器反应热利用途径为通过溴化锂机组制取 7℃冷却水，替代循环水用于聚合釜冷却水，提高聚合釜传热效果。透过热能综合利用，节约了电力和蒸汽能耗，使聚氯乙烯装置综合能耗下降。

2. 原理

溴化锂属盐类，性质与食盐相似，沸点为 1265℃，故在一般的高温下对溴化锂水溶液加热时，可以认为仅产生水蒸气，整个系统中没有精馏设备，因而系统更加简单。溴化锂具有极强的吸水性，但溴化锂在水中的溶解度是随温度的降低而降低的，溶液的浓度不宜超过 66%，否则运行中，当溶液温度降低时，将有溴化锂结晶析出的危险性，破坏循环的正常运行。溴化锂水溶液的水蒸气分压，比同温度下纯水的饱和蒸汽压小得多，故在相同压力下，溴化锂水溶液具有吸收温度比它低得多的水蒸气的能力，这是溴化锂吸收式制冷机的机理之一。

吸收式制冷是利用液体（制冷剂）气化来实现制冷，其主要特点是耗电少、可充分利用废热、余热、制冷剂无污染等。在氯碱化工中，将生产过程中产生的氯乙烯转化器余热，盐酸合成炉余热等余热、废热回收，作为吸收式制冷装置的动力，既为换热设备提供了冷量，又有效地进行了节能降耗工作。

溴化锂吸收式制冷机是利用溴化锂溶液在常温下吸收水蒸气，而在一定的压力下被加热时水蒸气很容易蒸发的特性来工作的，通过加热或冷却使溶液在机内产生状态变化，从而使冷剂水在真空（通常在 6 mmHg 以下）下蒸发吸热获得制冷效应，溴化锂稀溶液经热水加热浓缩后循环使用。

3. 工艺流程

冷剂（一般为纯净水）通过冷剂泵喷洒到蒸发器的传热管上，传热管表面的冷剂吸收管内流动的冷水的热量（蒸发潜热）后蒸发，以此使冷水的温度下降。蒸发器中产生的冷剂蒸气经挡液板除去液滴后进入吸收器，喷淋在吸收器传热管上的吸收溶液（溴化锂水溶液）吸收在蒸发器产生的冷剂蒸气。吸收冷剂时产生的吸收热被管内流动的冷却水带走，由此，在传热管表面吸收溶液的蒸气分压力下降，吸收作用持续进行。吸收冷剂蒸气后浓度下降的吸收液（稀溶液）由溶液泵经热交换器被送至发生器。发生器中的稀溶液被发生器传热管内流动的热水加热，被加热的稀溶液产生冷剂蒸气，溶液浓缩。来自发生器的浓溶液依靠压差及溶液落差经热交换器返回吸收器。同时，由稀溶液分离产生的冷剂蒸气通过挡液板除去液滴后进入冷凝器，冷剂蒸气被冷凝器传热管内流动的冷却水冷却，冷凝后变成冷剂。冷剂液体经节流后流向蒸发器，再次喷淋到蒸发器传热管上，如此反复循环。

4. 技术实践

主要针对氯化氢合成炉和氯乙烯转化器反应热的综合利用。氯化氢合成炉反应热和氯乙烯转化器通过夹套冷却水转移，产生大量高温热水，利用高温热水通过溴化锂机组制取 7℃冷剂水，替代循环水用于聚合釜冷却水，提高聚合釜传热效果，通过相应的配方调整，70 m³ 聚合釜能力由 2 万吨/年提高到 2.5 万吨/年。冬季该热能还可用于采暖机组。通过实施热能综合利用，节约了电力和蒸汽能耗，使聚氯乙烯装置综合能耗下降5%（图 5.17 和图 5.18）。

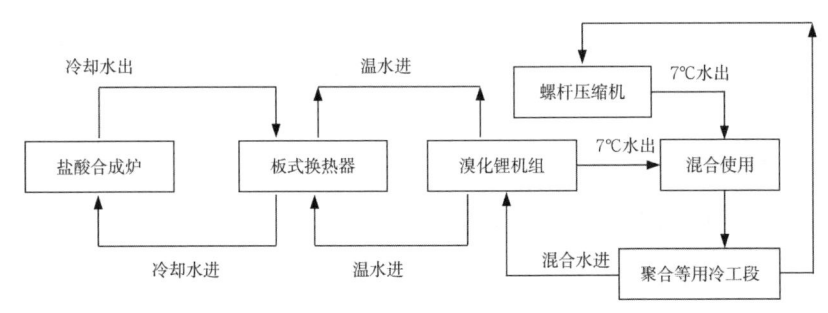

图 5.17 废热利用（夏季制冷用）工艺流程简图

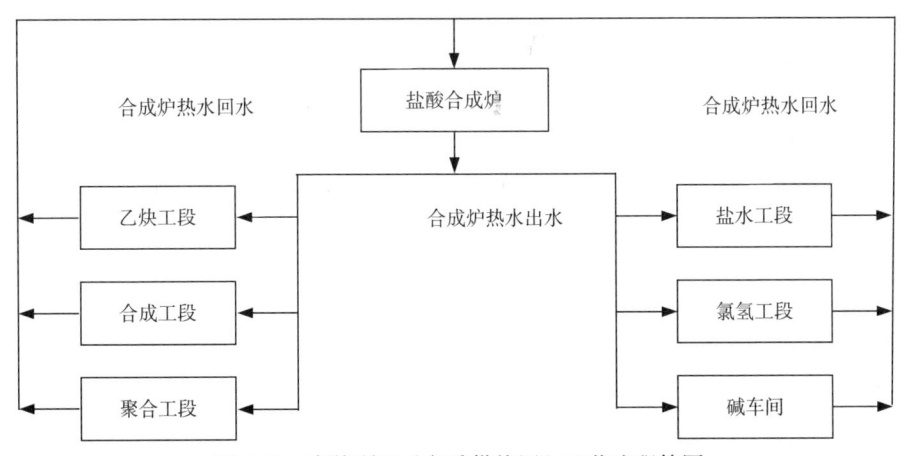

图 5.18 废热利用（冬季供热用）工艺流程简图

5.3 废渣综合利用

在氯碱化工生产过程中，会产生电石渣、粉煤灰、石灰渣、炉渣、焦粉等工业废渣，最早多采用堆放、填埋等方式处理，既造成了环境污染，又造成了资源浪费。怎样将这些废渣有效地综合利用，是行业可持续发展的一大难题。在此大背景之下，氯碱化工企业通过自主创新和技术研发，开发了电石渣制水泥、粉煤灰烧结砖、电石渣烟气脱硫等废渣再利用项目，使上游企业的废物成为下游企业的原料，实现资源的最有效利用。不仅解决了废渣排放的问题，而且变废为宝，废渣综合利用成为氯碱化工循环经济产业链中最重要的环节之一，形成了独具特色的化工—水泥—建筑的废物利用产业链。

5.3.1 干法乙炔配套电石渣干法水泥技术

1. 概述

干法乙炔技术是一种新型乙炔发生技术，其反应耗水量仅为湿法乙炔的20%左右，产生的电石渣含水6%左右（湿法电石渣含水超过50%），杜绝了电石渣浆的产生，节水效果显著。同时，由于产生的电石渣含水率低，为发展电石渣新型干法水泥技术提供了条件。

国家颁布的《氯碱（聚氯乙烯、烧碱）行业准入条件》（国家发改委2007年74号）中鼓励干法制乙炔，新疆天业自主开发的干法乙炔工艺是行业重大的关键共性技术，奠定了氯碱化工行业循环发展的基础。

由于干法乙炔工艺的开发，配套传统湿法乙炔的湿磨干烧的电石渣制水泥工艺也迎来了工艺变革，新型电石渣干法水泥技术应运而生，将乙炔发生产生的干电石渣（含水5%）直接作为新型电石渣干法水泥生产原料，替代石灰石，通过管带机送到电石渣料仓中，通过皮带秤称量，与生料按一定的配比进烘干磨磨出及选粉合格的生料（风积砂、硫酸渣、粉煤灰等）通过计量后共同进入窑尾干燥管中烘干、混合为1%水分的生料送到生料均化库、窑尾三级窑外分解炉入窑进行煅烧。干法乙炔配套的新型干法水泥装置能耗与湿法乙炔配套的湿磨干烧工艺相比，干法乙炔配套的新型干法水泥技术不仅从根本上解决了聚氯乙烯生产过程产生的大量电石废渣堆放问题，而且节约了大量的石灰石资源，降低了能耗，减少了CO_2的排放，节水、节能、减排效果显著。

2. 原理

1) 干法乙炔技术原理

我国传统的电石乙炔发生主要以湿法乙炔为主，干法乙炔工艺是行业的重大技术创新。湿法乙炔发生是用多于理论量 17 倍的水分解电石，产生的电石渣浆含水量为 90%，反应热由渣浆水带走，有将近 1% 的溶解损失。干法乙炔发生是用略多于理论量的水以雾态喷在电石粉上使之水解，产生的电石渣为含水量 4%~10% 干粉末，反应热由水汽化带走，经由非接触式换热器传给循环水（没有乙炔溶解损失），反应耗水量仅为湿法乙炔的 10% 左右，节水效果显著。干法乙炔技术大幅减少乙炔发生用水量的同时，减少了因水溶解乙炔造成的损失以及湿电石渣烘干造成的能源消耗，节能效果显著。

2) 电石渣新型干法水泥技术原理

干法乙炔使用略多于理论量的水以雾状喷在电石粉上使之水解，产生的电石渣为水含量很低的干粉末。粗乙炔中水蒸气分压为 0.078 kPa，反应温度气相为 85~95℃，固相温度为 95~100℃，水与电石的加入量比为（1.0~1.1），反应热由水汽化带走，经由非接触式换热器传给循环水。电石的水解率>99.0%，乙炔收率>98.5%。干法乙炔工艺中乙炔发生器产生的电石渣含水量 5%~8%，表观为灰白色粉体。本项目通过采用干法乙炔干法制水泥工艺，创造性地解决了电石渣脱水的问题，为后续大宗消纳电石渣等工业废渣奠定了基础。

电石渣等是上游产业的工业废渣，由于存储均化条件不足，其中含有 Cl、S、F、P、K、Na、As 等有害物质，使物料的黏附力、腐蚀性增强，在采用高温煅烧水泥熟料的情况下，高温废气在窑尾预热器逐步被物料冷却吸收温度降低，再加上系统大量使用空气炮，遇到冷空气硫、碱、氯由气体转变成固体黏结在窑尾内壁、烟室、分解炉缩口、预热器入口、下料管、废气管和高温风机叶轮上，影响窑系统的通风、下料和设备的安全运转，这是制约大多数电石渣制水泥生产线正常运行的瓶颈，也造成热量浪费严重。

电石渣配料与常规石灰石配料生产水泥熟料存在较大差异，电石渣除物理性能及化学成分与石灰石不同外，生料煅烧时两者的化学反应过程亦不相同。一方面电石渣中 $Ca(OH)_2$ 的分解温度与石灰石中 $CaCO_3$ 的分解温度不同，石灰石的主要成分是 $CaCO_3$，加热至 750℃时，开始分解，900℃左右分解剧烈而快速进行，分解反应式如下：

$$CaCO_3 \longrightarrow CaO + CO_2\uparrow$$

而电石渣的主要成分 $Ca(OH)_2$，在加热过程中部分 $Ca(OH)_2$ 会吸收气体中的 CO_2 生成 $CaCO_3$，加热至 390℃时 $Ca(OH)_2$ 开始分解，至 580℃时就完全失水生成 CaO，生成的部分 CaO 又会吸收气体中的 CO_2 生成 $CaCO_3$。在 900℃以上时，上述两部分生成的 $CaCO_3$ 会重新分解。上述反应式如下：

$$Ca(OH)_2 + CO_2 \longrightarrow CaCO_3 + H_2O\uparrow$$

$$Ca(OH)_2 \longrightarrow CaO + H_2O\uparrow$$

$$CaO + CO_2 \longrightarrow CaCO_3$$

$$CaCO_3 \longrightarrow CaO + CO_2\uparrow$$

实际上，采用预分解生产工艺，尽管利用电石渣配出的生料在预热、分解阶段，其中的 $Ca(OH)_2$ 及分解生成的部分 CaO 有吸收气体中的 CO_2 生成 $CaCO_3$ 的现象，但由于在预热器中物料与气体的接触时间短，发生这种反应的量很少，这样生料在 580℃以上时就已存在大量由 $Ca(OH)_2$ 分解生成的 CaO，$Ca(OH)_2$ 的分解是在预热器中进行而不是分解炉中进行。这是与石灰石配料的不同之处。这些过早出现的性质活泼的游离 CaO 很容易与生料中的 Fe_2O_3、Al_2O_3、SiO_2 等氧化物反应，并随温度升高，反应速度加快，这种物料一旦遇到高温极易造成预热器、分解炉结皮堵塞。

另一方面 $Ca(OH)_2$ 的分解吸热与 $CaCO_3$ 的分解吸热不同，前者分解吸热为 1160 kJ/kg，而后者为 1660 kJ/kg，$CaCO_3$ 分解时需要吸收大量的热量，是水泥熟料形成过程中消耗热量最多的过程。由此可见，利用电石渣替代石灰石生产硅酸盐水泥，仅此一项就可节省 500 kJ/kg 的热量。

3. 研究过程及成果

技术主要依据新疆天业 100%电石渣为主体原料生产电石渣水泥技术、干法乙炔生产技术和成熟的新型干法水泥生产技术为基础，结合上游产业产生的各种工业废渣的物理、化学特性，进行主体成分的归属，实行方案设计、合理搭配、产前试验、类比筛选，工艺选定；通过初步均化、分类存储、有效计量、生产制备、例行监控和二磨一烧的工艺流程研制而成。即将 100%电石渣作为主要钙质原料，再适量添加各种另类钙质、黏土质、铁质类废渣进行全废渣水泥熟料的煅烧。进而利用脱硫灰或柠檬酸渣替代天然石膏，粉煤灰、煤矸石、石灰石碎屑做混合材生产全废渣硅酸盐水泥，成功地获得符合国家水泥标准的全废渣硅酸盐水泥熟料和全废渣硅酸盐水泥。

全废渣原料主要来源于新疆天业所属的化工产业、电石产业、热电产业、生化公司等上游产业产生的电石渣、电石炉收尘灰、石灰渣、石灰石碎屑、净化灰等钙质原料，粉煤灰、炉渣、煤矸石等黏土质原料，硫酸渣、铜渣、铁质尾矿等校正原料，脱硫石膏、柠檬酸渣等缓凝剂原料等十余种废渣。

100%电石渣为基础的全废渣制水泥技术还依托于天能水泥公司工程技术人员的积极探索和努力创新，结合生产实际，不断修正优化方案，指导系统运行操作，形成集成创新的技术成果，具体包括废渣原料预均化、新型节能粉磨、原料均化、高效悬浮预热器、优化分解炉、新型篦式冷却机、烧成脱氯、脱碱技术、高温耐磨以及隔热材料、DCS 控制技术等环节。从而实现以 100%电石渣为钙质原料，粉煤灰、炉渣、煤矸石作为硅质原料，以及辅以电石炉收尘灰、石灰渣拌和灰、石灰石渣分别计量经中卸烘干磨混合粉磨后，与含 6%左右水分的电石渣经风扫式烘干管内均化烘干成含水分 1%生料，入均化库二次均化，然后进入窑尾三级悬浮预热系统预热、分解炉分解、入窑煅烧和篦冷机极冷制成全废渣硅酸盐水泥熟料。研究过程及涉及关键技术如下：

1）全工业废渣窑100%电石渣制水泥技术

利用氯碱行业产生的电石渣、电石炉收尘灰、石灰渣、石灰石碎屑、净化灰等钙质原料，粉煤灰、炉渣、煤矸石、硅灰等黏土质原料，硫酸渣、铜渣、钢渣、铁质尾矿等铁质校正原料，脱硫石膏、柠檬酸渣等水泥缓凝剂原料等十余种工业废渣生产高质量水泥，同时避免以上废渣中所含 Cl、S、F、K、Na、As 等有害元素对水泥质量的影响对氯碱配套水泥行业是一个长远的课题。新型干法窑 100%干法电石渣为基础的全废渣制水泥技术是基于 2008 年新型干法窑 100%干法电石渣替代天然石灰质原料生产电石渣水泥技术获得重大成功后，保证国家环保要求和新疆天业必须综合利用"吃干榨尽"的最终目的，结合上游各产业产生的各种工业废渣进行了现场取样和理化成分分析及分类归属，根据废渣成分确定替代传统物料，提出了新型干法窑 100%电石渣为基础的全废渣制水泥技术的研发方案。

2）全废渣制水泥对氯、碱含量有效控制应用技术

氯碱行业废渣含有氯、硫、碱等影响新型干法窑熟料煅烧的挥发性有害元素。其中氯主要来源于氯碱化工清洗乙炔发生器产生的次钠液，循环利用的含氯废水混合在电石渣中。硫、碱主要来源于燃煤和热电产业的粉煤灰、炉渣等收尘灰中。这些挥发性元素随着生料入窑，在 800~1300℃区间内挥发进入窑炉高温烟气，在窑尾预热器、分解炉管道缩口温度在 600~700℃处形成结皮，形成有害元素的内循环富集，结合有害元素的外循环富集，使物料液相提前出现，黏附大量粉尘物料在分解炉、预热器的缩口处形成结皮造成系统堵塞，严重影响窑系统的正常煅烧。为了解决这一难题，开发旁路放风装置及应用技术。该项技术的开发应用，平衡了挥发性有害元素循环富集，克服了干法乙炔配套的电石渣干法水泥工艺系

统结皮堵塞、运转率低、熟料强度低的缺陷，保证了系统的稳定运转与水泥质量，解决了窑尾系统因挥发性有害元素循环富集导致频繁结皮堵塞，使窑的运转率由初期的 70%左右，提高到 85%以上；熟料质量和产量也显著提高。

3）电石渣低温急剧煅烧水泥熟料技术

旁路放风技术使用改变原料中硫氯碱工艺指标。特定含量的氯离子煅烧硅酸盐水泥还具有积极作用，可降低物料形成液相的温度和黏度，促进硅酸三钙的形成。利用废渣中的多种微量元素的复合矿化效应和高温水淬形成的矿物晶种作用，在控制微量元素不超标，利用其降低液相黏度和烧成温度的条件，把握适宜出现液相的温度和黏度，促成 C_3S 形成。全废渣配料中的氯、硫、碱，微量元素和晶种，提供了降低液相黏度和温度的条件，同时保证生产硫铝酸四钙（C_4A_3S）、阿利尼特矿物（$21CaO \cdot 6SiO_2 \cdot Al_2O_3 \cdot CaCl_2$），并使 $C_2S+CaO \longrightarrow C_3S$ 在 ≤1300℃时的充分液相中反应和形成。控制入窑物料的氯离子含量，降低硅酸盐熟料烧成温度和系统温度 100℃左右的前提下，在无过量氯化钙存在的条件下，确保阿利尼特矿物，C_3S 在 ≤1300℃大量形成。

4）电石渣低硅酸率高强度水泥熟料技术

项目在投运试生产期间，配料采用中饱和比，高硅率配料方案，但因各种废渣特性的影响，二氧化硅含量偏高，溶剂矿物含量少，物料耐火难烧，飞沙现象严重，系统温度难以掌控，经多次调整配比，熟料的产品质量均未得到改善，直接影响着水泥产业发展。经过总结分析，结合废渣的特性，将饱和系数调为 KH=0.89±0.1、硅率调整至 2.1±0.1，改善了生料的易烧性，也使现有的硅质废渣物料炉渣、粉煤灰替代风积沙和硅砂-成为可能，经多次计算、调整、优化配料方案、确定全废渣低硅酸率配料方案。物料易烧，在 1250℃就能出现液相，促成在 1300~1350℃时 C_3S 的快速形成，从而降低了熟料烧成温度，变更操作机制，确定新的工艺参数，要求薄料快烧，窑速稳定在 3.8~4.0 r/min。为快速低温煅烧硅酸盐熟料奠定了基础。

5）联合粉磨技术

水泥粉磨系统从最初的小直径钢球磨发展到大直径的水泥球磨，然后又发展到超细磨，这几个都是从球磨上的发展，虽然产量和电耗有一定的提高，但是提高幅度不是太大。随着技术的不断提高，发现应用水泥立磨和辊压机来粉磨水泥可以大大地降低电耗，但是粉磨的水泥性能不是太好。后来经过改进把辊压机加球磨组合到一块成为联合粉磨系，使得水泥磨的台时产量大幅度提高，电耗也降低不少，水泥性能也较好，因此联合粉磨系统也最受人们的青睐。

联合粉磨系统亦称结合粉磨、二次挤压粉磨、二段粉磨系统等，它是当今辊压机应用的主要流程。联合粉磨系统是将挤压后的物料（包括料饼）先经打散分级机打散分选，小于一定粒径的半成品（一般小于 0.5~3 mm）送入球磨机粉磨，粗颗粒返回辊压机再次挤压。球磨机系统可以开路，也可以闭路的。

4. 工艺流程

本技术主要工艺包括干法乙炔工艺及电石渣干法水泥生产工艺两部分，在 5.1 节中已经介绍了干法乙炔工艺。本节主要介绍电石渣干法水泥生产工艺。

（1）干法乙炔工艺中乙炔发生器产生的含水质量分数 5%~8%电石渣由输送机输送至电石渣库，再通过管道式输送机送入干燥混合系统的配料钢仓储存和配料。生产水泥各种辅料经各自库底计算机自动配比系统配料后，经胶带输送机送入生料磨内粉磨，出磨物料经选粉机选粉后，粗粉回磨内继续粉磨，电石渣与从选粉机出来的辅料进行配混后进入干燥系统干燥。

（2）干燥后的生料由旋风分离器收集后输送至生料均化库储存。经计量的生料送至窑尾一级、二级、三级预热器预热后经下料管送入分解炉。煤粉从分解炉下部喷入，在分解炉内形成无焰燃烧。生料粉在经过高速分解和充分搅拌，分解率达到 90%~92%。进入旋风筒的生料经下料管道进入回转窑内煅烧。

（3）回转窑内所需的热量由煤粉燃烧产生。来自煤粉仓内的煤粉通过螺旋泵送到窑头，由罗茨鼓风机送至窑头多通道喷煤管喷入回转窑内燃烧。回转窑设置胴体表面红外温度测温系统，对窑体温度进行实时检测，以避免窑衬减薄、脱落而烧坏窑体。经回转窑煅烧的熟料由窑头卸出，经梁篦式冷却机强制通风冷却后，输送至熟料堆场储存，混合后的熟料送入熟料储存库内储存。熟料、脱硫灰、混合材经库底计算机自动配比系统配料后，经过称量后由胶带输送机送入水泥粉磨车间辊压机系统，进入辊压机挤压。出辊压机的物料饼由斗式提升机送入打散分级机分级，粗粉经提升机返回稳流仓再进入辊压系统，细粉进入高产筛分球磨机粉磨。出磨成品及磨尾收尘器收集的细粉由空气输送斜槽、提升机送入水泥库。

（4）经包装机自动包装计量后，袋装水泥由成品胶带输送机送入成品库储存，或直接装车通过汽车衡计量后出厂。

5. 工艺特点

干法乙炔及配套电石渣干法水泥技术是聚氯乙烯行业先进的生产工艺，具有多方面的技术先进性。

（1）电石渣的产生是连续的，生产水泥也基本可连续生产，改变了水泥行业原有的间断性生产方式。

（2）干法乙炔装置产生的电石渣含水质量分数 5%~8%，电石渣及其他辅料的输送和配混均可实现机械化、连续化。此外，新型干法水泥工艺和干法乙炔的生产过程均采用 DCS 进行监控和管理，运行安全可靠，确保各主要生产环节稳定、协调、高效。

（3）新型干法水泥装置窑径及长度小，产能高。经过计算可知，1 条熟料生产能力为 2000 t/d 的新型干法回转窑比湿磨干烧回转窑尺寸小 30%左右。

（4）干法乙炔装置节约用水，减少了压滤、烘干等工序，投资少，热耗低。

（5）从发生器出来的电石渣全部采用密闭设备运输，很好地解决了在输送过程中电石渣对环境的污染问题。

（6）为防止乙炔气体积聚，在电石渣运输、储存设备中均安装了乙炔气体自动在线检测。

6. 实施效果

新疆天业第一套干法乙炔装置及配套新型干法水泥装置于 2007 年 12 月末开车，目前已发展到 400 万吨/年的生产规模，生产出的水泥熟料具有高强度和高稳定性。该技术的开发与应用，实现了 100%利用电石渣生产水泥的工艺循环经济链，在投资、占地面积、运行费用和节水等方面优势显著，兼具经济效益、环保效益和社会效益，是电石法聚氯乙烯行业史上突破性的创举，为建立电石法聚氯乙烯行业循环经济产业链起到示范作用。

采用的干法乙炔生产技术是对北京瑞思达公司技术的改进，也是国内唯一一套连续安全运转的装置，电石渣 100%替代石灰石的新型干法水泥生产工艺在国内属于首创，解决了干电石渣的安全稳定连续输送，有效控制电石渣氯根和矽铁含量，确保干法水泥装置长周期稳定运行，与传统湿磨干烧电石渣水泥工艺比较，吨水泥的综合能耗降低 15%，清洁生产技术达到国内领先水平。

通过电石渣干法水泥的应用示范，重点解决聚氯乙烯干法乙炔电石渣新型干法水泥应用过程中干电石渣的安全稳定连续输送、电石渣氯根和矽铁含量有效控制、干法水泥装置的长周期稳定运行、干电石渣水分的控制等问题，"干法乙炔发生配套干法水泥技术"列入行业清洁生产推广技术，新型全工业废渣干法生产水泥示范项目被列入 2012 年工信部第一批循环经济重大技术示范工程。新疆天业全工业废渣干法制水泥项目被列为国家发改委资源综合利用"双百工程"骨干企业，为此项技术在行业内推广起到很好的示范推广作用。

5.3.2 高掺量粉煤灰及烧结空心砖技术

1. 概述

粉煤灰，是从煤燃烧后的烟气中收捕下来的细灰，是燃煤电厂排出的主要固体废物，过去常采取堆放的处理方式，严重污染环境。我国是世界上最大的煤炭消耗国家，粉煤灰的排放量巨大，因此，国家一直积极鼓励火电企业开展粉煤灰的综合利用，提高粉煤灰的利用率。在第 4.1 节提到，新疆天业立足优势资源就地转化战略，建设煤电热一体化项目，企业拥有自发自用、自我平衡的内部自备热电厂。而自备热电厂在运行过程中，会产生大量的粉煤灰，采用高掺量粉煤灰烧结空心砖的技术，既避免了粉煤灰的大量堆放，又使其转化成了新型墙体材料，可谓一举多得。

2. 原理

粉煤灰的主要成分是氧化硅和氧化铝，还有钙、镁、铁、钾等氧化物，各地粉煤灰的组成差距较大，通过相关资料查询，我国电厂粉煤灰的化学成分构成如表 5.4 所示。

表 5.4 我国电厂粉煤灰的化学成分组成表

化学成分	含量范围/%	平均值/%
二氧化硅	33.9~29.7	52.1
三氧化二铝	16.5~35.4	30.5
三氧化二铁	1.5~19.7	7.1
氧化钙	0.8~10.4	2.8
氧化镁	0.7~1.9	1.2
氧化钠	0.2~1.1	0.5
氧化钾	0.6~2.9	1.3
三氧化硫	0~1.1	0.3
烧失量	1.2~23.6	8.2

粉煤灰等原材料按照一定的配比，经过陈化、混炼处理，挤出成型，制成一定规格的坯体。再经干燥、高温焙烧，坯体烧成，粉煤灰中的玻璃体直接参与黏土质成分的共熔，形成共熔体。在高温的作用下，坯体内发生一系列的理化反应，原料中的铝、铁、钙、镁、钾、钠等的氧化物与硅氧化物结合形成复杂的硅酸盐产物，在砖坯中产生了液相，融化的玻璃体也把未熔颗粒包裹起来，相互牢固地勃结成一体。在冷却时重新析晶形成稳定的莫来石等多种晶相，赋予制品很高的强度，其微观机理可分为以下几个步骤：

$$Al_2O_3 \cdot 2SiO_2 \cdot 2H_2O = Al_2O_3 \cdot 2SiO_2 + 2H_2O$$

$$2(Al_2O_3 \cdot 2SiO_2) = 2Al_2O_3 \cdot 3SiO_2 + SiO_2$$

$$2Al_2O_3 \cdot 3SiO_2 = 2(Al_2O_3 \cdot SiO_2) + SiO_2$$
$$3(Al_2O_3 \cdot SiO_2) = 3Al_2O_3 \cdot 2SiO_2 + SiO_2$$

3. 工艺流程

高掺量粉煤灰烧结空心砖生产的关键在于原材料的混合均化、成型和烧成这几个步骤，工艺流程如图5.19所示。

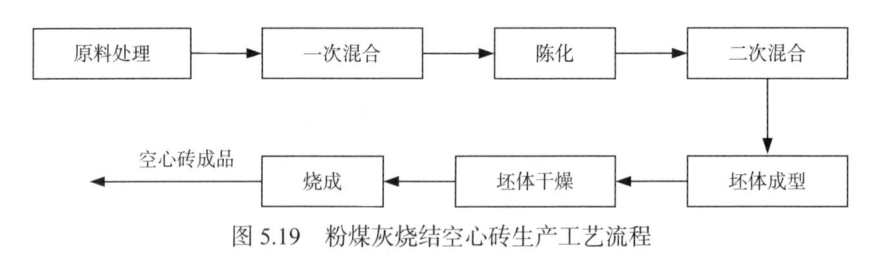

图 5.19　粉煤灰烧结空心砖生产工艺流程

1) 原料处理及一次混合

粉煤灰无塑性，空心砖原料主要依靠黏结料起"胶结"作用，经过挤压成型。依据原料的基本特征、陈化与困存时间、粉煤灰与黏结料之间的掺配比，对不同原料采用不同的困存方式，进行不同掺配量的混合处理（高掺量粉煤灰烧结空心砖技术可实现粉煤灰掺加量50%~70%），经过一系列原料处理，可提高混合料的均匀性、胶结性、成型性能和焙烧性能。混合处理的方法是将多种原料进行强制混合，掺和均匀，用高速轮碾机等设备将混合料进行捏练。

2) 混合料陈化

陈化是大掺量粉煤灰砖生产过程较重要的一环，目的是解决原料均匀性问题。陈化库或陈化场是陈化的常用地点，适时用洒水器对混合料进行喷洒可加速陈腐熟化。陈化过程可使原料均匀松软，从而提高原料塑性、黏结性和成型性能，增强坯体密实度，使砖坯表面光滑平整。

3) 原料二次混合

原料经首次混合与陈化后，基本解决了粉煤灰与黏结料表面及内部性能均匀问题，但粉煤灰与黏结料的混合程度尚未达到理想状态。混合料必须经过二次混合，才能进一步加强粉煤灰与黏结料的均匀混合。二次混合在双轴搅拌机斗内进行多次搅拌捏练，挤压后送至双级真空挤砖机成型。

4）坯体成型和干燥

烧结粉煤灰空心砖坯成型的关键是水分的控制，一般要求挤砖机成型含水率在 10%~20% 之间，挤出压力在 2.1~2.5 MPa 之间，真空度控制在 –0.092 左右。烧结粉煤灰空心砖坯体干燥可采用自然干燥法或人工干燥法。

5）烧成

码烧工艺包括一次码烧和二次码烧，选择码烧工艺流程的关键因素是粉煤灰掺量大小、塑性指数高低、敏感性系数大小。将经过成型和干燥的空心砖坯送入烧结窑烧成，得到空心砖成品。

4. 技术实践

新疆天业采用的高掺量粉煤灰烧结空心砖技术将粉煤灰的掺加量由 10%~30% 提升至 50%~70%，实现了粉煤灰的 100% 利用，空心砖作为一种新型墙体材料，被广泛推广使用，降低了生产成本，减少了产品能耗和污染物排放，具有良好的环保效益和经济效益。

新疆天业还开发了粉煤灰制蒸压砖技术，相比于烧制砖，蒸压砖采用在蒸压釜等压力容器内用蒸汽养护提高制品早期强度的生产工艺，可进一步提高砖的抗压力。粉煤灰蒸压制砖的主要生产工艺流程如图 5.20 所示。

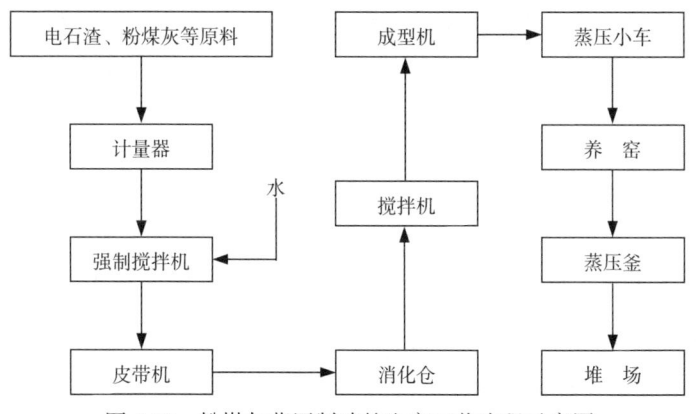

图 5.20 粉煤灰蒸压制砖的生产工艺流程示意图

将符合要求的电石渣、砂、炉渣、粉煤灰等按设计配合比分别计量后，送入强制式搅拌机中，加入适量水，强力搅拌均匀，搅拌好的混合料由皮带机送入消化仓中进行熟化消解（通常为 3~6 h），为获得很好的塑性及均匀性，消化好的混合料经二次搅拌后送入成型机进料仓。混合料压制成砖坯后堆垛于蒸压小车上送入养窑中在60℃下预养6 h，送入蒸压釜中蒸压养护，蒸汽压力1.0~1.2 MPa，蒸压温度184~196℃，蒸压时间8~10 h。经蒸压养护后，形成托贝莫来石晶体和凝胶体等共生体，具有较高的强度，出釜经检验合格后，将蒸压砖送至堆放待售。经过实际生产运行，生产的增压砖抗压力是烧制砖的3倍，废物再利用的经济价值高且具有很高的环保价值。

5.3.3 冷冻除硝联产元明粉技术

1. 概述

我国氯碱化工生产技术主要有离子膜法和隔膜法两种，对离子膜法工业而言，一方面硫酸根会在盐水系统中积累，另一方面，为消除盐水中游离氯对装置的危害而添加亚硫酸钠，亚硫酸钠被氧化后同样以硫酸根形式富集在盐水系统中，当盐水系统中的硫酸根超过一定浓度后，会增加电解盐水的耗电量，甚至对装置阳极产生较为严重的破坏。

国内去除盐水中硫酸根的方法主要有氯化钡法、钙法、冷冻法、膜法和树脂法等。氯化钡法和钙法的缺点是引入新的杂质离子且产生大量盐泥；冷冻法适用于生产系统中硫酸钠含量高的情况，否则经济性较差。

针对离子膜法制碱生产过程中硫酸根去除难题，新疆天业在原有氯化钡法去除硫酸根工艺的基础上，通过自主研发和科技攻关，成功研究开发了"纳滤膜法+冷冻除硝"工艺，将硫酸根转变成芒硝，并开发出"热熔法+四效逆流蒸发+流化床干燥+布袋除尘"工艺技术，将固废物芒硝加工成有利用价值的元明粉。

元明粉广泛适用于维尼纶、泡花碱、漂染、玻璃、制革、输油气管道防腐、金属冶炼、表面处理等行业。合成洗涤剂用作填充剂。用于硫化钠、群青、硅酸钠等化工产品的制造，造纸工业中用于制造硫酸盐纸浆，玻璃工业中用来代替纯碱，染料工业中作填充剂。印染工业中用作助染剂，医药工业中用作缓泻剂和钡盐中毒的解毒剂等。此外，在合成纤维、瓷釉、肥皂等的制造中也有应用。

2. 原理及工艺流程

由于芒硝作为结晶水合物的特殊性，其受热脱水过程并不是直接的水分减少，而是相态变化的过程。

（1）芒硝受热，由固态变为液态，硫酸钠溶解于结晶水和表面水中。

（2）继续受热，水分蒸发，由液态转换为熔融态的硫酸钠。

（3）受热干燥，由熔融态转化为无水硫酸钠。

工艺流程概述：由泵送来的热熔后的硝浆分送至三效蒸发罐进行蒸发结晶，

硝浆由蒸发罐的硝腿排至硝浆桶后送至硝浆增稠器，增稠后的硝浆排入离心机，经离心机分离的湿硝落入硝沸腾干燥床，由干燥床排出的干硝经直线振动筛筛分后得到成品无水硫酸钠，送入自动包装机，定量包装后进入库房。

3. 研究过程及成果

1）纳滤膜法除硫酸根技术

纳滤膜法除硫酸根技术采用表面孔径为 0.5~1.0 nm 的纳滤膜，在高于溶液渗透压的压力下，对 1 价离子则具有较高的透过率，对 2 价或更高价离子（如硫酸根）具有很高且稳定的截留率，根据膜对各种离子的截留率不同，达到将硫酸根离子与系统分离的目的。

纳滤膜法除硫酸根工艺流程如图 5.21 所示：首先加入盐酸调节来自电解工序的脱氯淡盐水的 pH，经过降温、过滤除杂后进入合格盐水储槽。再经高压泵送到膜过滤装置，进膜淡盐水的硫酸根质量浓度在 7 g/L 左右，通过膜过滤装置后产生硫酸根质量浓度 60 g/L 浓缩液，浓缩液送至后处理工序；渗透液中硫酸根的质量浓度在 1.2 g/L 左右，渗透液返回盐水循环系统。

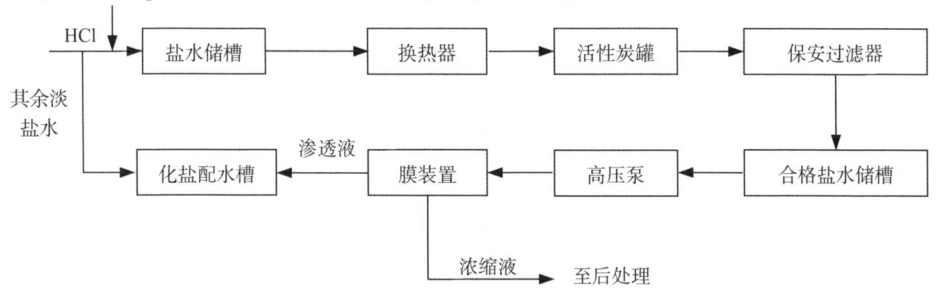

图 5.21　膜法除硫酸根工艺流程示意图

2）冷冻除硝技术

冷冻除硝是根据氯化钠的溶解度随着温度的降低而增大，而硫酸钠的溶解度则是随着温度的降低而减小的原理，通过选择合适的温度确保硫酸钠的析出量最大而氯化钠析出量最小，从而实现硫酸根的有效分离，最终得到副产物芒硝。

冷冻除硝工艺流程如下：从膜装置来的浓缩液经过喷射器与氢氧化钠混合调 pH 至 7~11，经过预冷换热器和预冷换热器降温后进入盐水兑卤罐，与经冷冻换热器循环回流的部分冷冻水及离心母液部分盐水混合后温度下降至 10℃，然后通过低硝盐水泵输出，经冷冻换热器循环冷却，当温度降至-5~10℃左右时部分进入盐水沉降器，在此沉降器中结晶析出带结晶水的硫酸钠。然后带有大量结晶体的浆料经过离心机离心处理，离心母液进入低硝盐水储罐，带结晶水的硫酸钠包装送出。冷冻除硝工艺流程如图5.22所示。

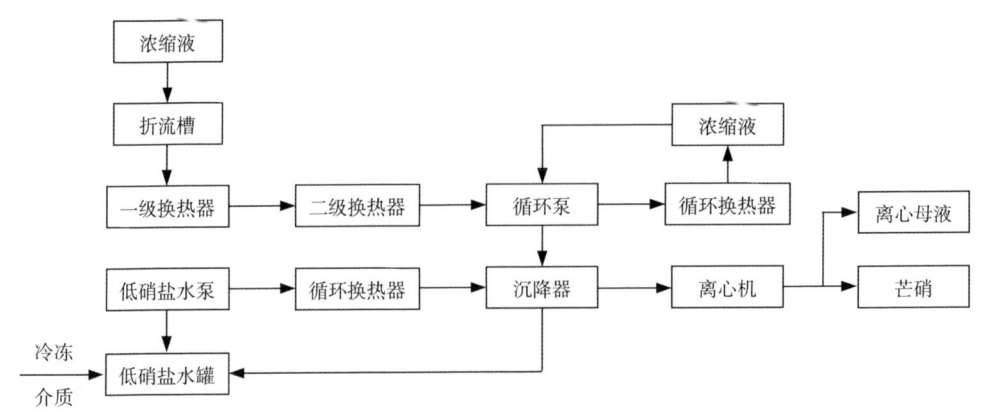

图 5.22　冷冻除硝工艺流程示意图

3）芒硝生产元明粉技术

将固废物芒硝倒入料仓，通过皮带机连续加入到熔硝槽，经过蒸汽循环加热熔解，来自熔硝槽的上清液自流入清硝液槽，通过清硝液泵打入四效逆流蒸发工序；然后蒸发后的浆料由出料泵送至离心机，再进入流化床进行干燥，干燥后的成品料经筛分后进入成品料仓，最后进行包装。芒硝生产元明粉工艺流程图如图5.23所示。

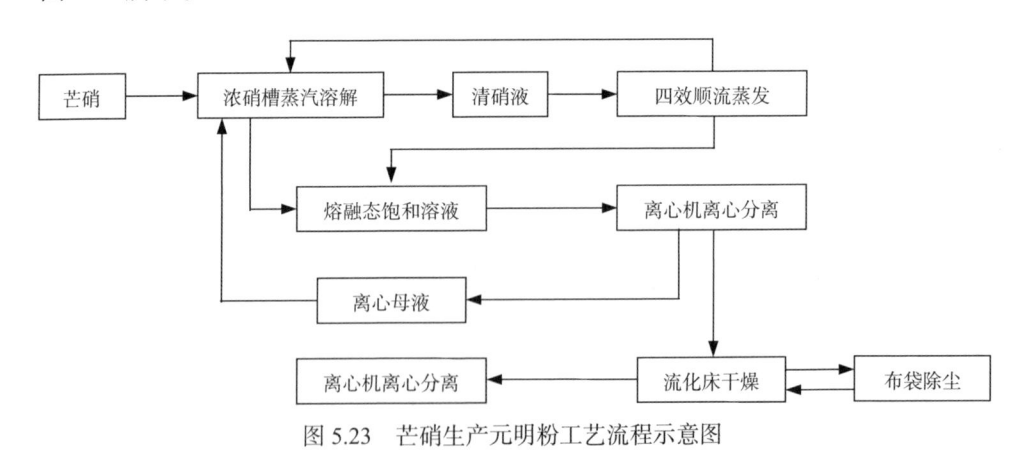

图 5.23　芒硝生产元明粉工艺流程示意图

4. 实施效果

膜法冷冻除硝联产元明粉新工艺生产的元明粉质量满足一等品指标。该技术的应用不仅避免了有毒氯化钡的使用，有效减少重金属盐泥的排放量，而且将固废物芒硝加工成为有一定经济价值的元明粉，提高了资源回收及循环利用率，实现了以废治废、变废为宝，为氯碱行业发展解除后顾之忧，又为实现企业可持续发展增加了动力，为企业增加新的经济增长点，真正实现了经济效益、社会效益和环保效益的共赢，极大地推动了氯碱化工企业清洁生产的实施。

5.3.4 电石渣烟气脱硫技术

1. 概述

二氧化硫（SO_2）是大气污染首要污染物，我国每年排放量在 2000 万吨以上，居世界首位。燃煤电厂作为 SO_2 排放量"大户"，烟气脱硫是其控制 SO_2 气体排放最有效和应用最广的技术。

在过去九十多年，全球已经开发出 200 多种二氧化硫治理技术。按照处理阶段可分为：燃前脱硫、燃烧中脱硫以及燃后脱硫三类。对于燃后脱硫，由于是对燃烧所得的烟气进行处理，所以又称烟气脱硫技术（flue gas desulfurization，FGD）。该技术不干扰锅炉正常燃烧及其换热，成为当今使用最多的烟气二氧化硫处理技术。烟气脱硫技术依据工艺差别划分为湿法脱硫、半干法脱硫以及干法脱硫三大类。通过对比各类烟气脱硫技术，可以发现，湿法脱硫技术应用最普遍，该技术商业化推广最为广泛，但是该技术仍存在运行维护成本较高的问题；对于半干法脱硫技术，其脱硫效率虽处于中等水平，但是该技术的投入资金以及运行维护成本都要低于湿法脱硫路线；而干法脱硫工艺的经济性虽然最好，但是其脱硫效果在三种方法中最低，因此大大影响了该技术的推广使用。

一般的烟气处理工艺都会在不同程度上需要碳酸钙、氧化镁、碳酸钠、液氨等脱硫剂。以上脱硫剂都存在成本偏高的问题，最廉价的脱硫剂碳酸钙每吨价格也达到 40~100 元，应用于脱硫工艺的液氨吨价更是高达 3000 元。总体看来，使用以上各类脱硫剂都会造成投资费用的提高。为了解决上述投入费用偏高的问题，许多企业开始考虑采用碱性固体废弃物替代传统脱硫剂，既可以解决固废污染问题，也可以达到烟气脱硫的目的。电石法乙炔工艺会产生固体废弃物电石渣，电石渣主要化学成分为氢氧化钙，因此常被作为钙基脱硫剂替代天然资源石灰石，所制备的石灰浆液可以满足湿法脱硫要求。用电石渣替代石灰作为脱硫剂，不仅可以消纳工业废渣带来的环境问题，也可以减少石灰石资源的消耗，对环境保护有双重意义。

有数据显示，在我国干基电石渣产量近 1600 万吨，未能妥善利用的电石渣会占据大片区域，造成环境污染。电石废渣能否得到妥善解决成为塑料加工企业面临的严重问题。而将电石渣应用于烟气脱硫技术，不仅能够妥善解决电石渣的综合治理问题，还能起到治理烟气二氧化硫的作用。

电石渣烟气脱硫技术经过国内多家研究单位和企业的联合技术攻关，目前已大规模应用于电石渣量较多区域的电厂烟气脱硫装置中。较之国外技术的引进，烟气处理设备的国内加工制造能够有效地减少企业的投资。

新疆天业针对电石渣的特性，与浙江大学环境工程研究所、浙江天蓝脱硫除尘有限公司合作，将电石法聚氯乙烯生产过程中产生的电石渣作为脱硫剂，开发了电石渣烟气脱硫技术，将脱硫废渣充分转化为能够用作水泥缓释剂的脱硫石膏，既节约了成本，又实现废渣的资源综合利用。

2. 原理

电石渣是以电石为原料生产聚氯乙烯路线中产生的固体废物。

首先，通过焦炭与CaO在高温条件下，经过化学反应制得电石原料：

$$CaO+3C \longrightarrow CaC_2+CO-467\ kJ$$

电石与水反应生成乙炔气（C_2H_2）和电石渣（$Ca(OH)_2$）：

$$CaC_2+2H_2O \longrightarrow Ca(OH)_2+C_2H_2+127\ kJ$$

受溶解度的限制，大部分$Ca(OH)_2$会以固体形态从液相中析出，固体颗粒之间通过碰撞、聚集、沉淀最终得到副产物电石渣。其化学组成及粒径大小如表5.5和表5.6所示。

表5.5 典型电石渣成分

成分	$Ca(OH)_2$	SiO_2	Al_2O_3	Fe_2O_3	$CaCO_3$	H_2O	其他成分
质量分数/%	58.69	3.92	2.04	0.53	1.44	31.71	1.67

表5.6 典型电石渣的粒径分布

料径/μm	<15	<65	<80	<170	<315	<450	<800	>800
累计份额	26.78	41.93	63.87	72.18	80.51	87.67	94.64	5.36

可以看出，电石废渣的主要组分为$Ca(OH)_2$，其含量为58.69%，若不考虑水含量，干基含量可高达85.94%。粒径小于80 μm的颗粒也高达63.87%。从以上参数分析，电石渣是较为理想的脱硫剂成分。

电厂排放废烟中的SO_2首先会与水反应生成H_2SO_3：

$$SO_2+H_2O \Longleftrightarrow H_2SO_3$$

电石渣浆液 [Ca(OH)$_2$] 与亚硫酸（H$_2$SO$_3$）反应生成亚硫酸钙（CaSO$_3$·1/2H$_2$O）：

$$2Ca(OH)_2+2H_2SO_3=\!=\!=2CaSO_3 \cdot 1/2H_2O+3H_2O$$

随后在系统中通入空气，将 CaSO$_3$·1/2H$_2$O 氧化为 CaSO$_4$·2H$_2$O：

$$2CaSO_3 \cdot 1/2H_2O+O_2+3H_2O=\!=\!=2CaSO_4 \cdot 2H_2O$$

脱硫操作过程中，SO$_2$ 的脱除过程在气、液、固三相中都有发生，对整个过程分析，系统中会进行气-液及液-固反应。中间生成的 H$_2$SO$_3$ 性质不稳定，因此浆液中的 SO$_3^{2-}$ 和 SO$_4^{2-}$ 共存，总反应式如下：

$$Ca(OH)_2+SO_2+H_2O+1/2O_2=\!=\!=CaSO_4 \cdot 2H_2O$$

上述方程式表明，CaO 与水反应得到的 Ca(OH)$_2$，在组成上和电石渣一致，因此利用石灰进行脱硫与利用电石渣脱硫的原料基本相同。

3. 工艺流程及特点

1) 工艺流程

新疆天业的电石渣湿法烟气脱硫系统采用国产主体设备，整套系统包括烟气系统、吸收系统、氧化系统、脱硫剂制备和供给系统、石膏脱水系统、石膏干燥及贮存系统、电气控制系统、工艺水及辅助系统等，采用"两炉一塔"工艺和 1 套公用系统。

利用电石渣制成合格的浆液贮存在成品电石渣浆液罐中备用。新鲜的电石渣浆液经管路送入吸收塔底部的反应池，反应池中的浆液经由 3 台循环泵送至吸收塔上部的喷淋系统，吸收塔反应池上的 4 台侧进式搅拌器使反应池中的固体颗粒保持悬浮状态。从 2 台机组引风机出来的烟气由增压风机增压进入吸收塔，在吸收塔内，烟气折流向上，穿过喷淋系统喷出的电石渣浆液雾滴区域逆流而上，脱去其中的 SO$_2$，再经过除雾后的烟气返回原烟道进入烟囱，排至大气。

吸收塔反应池中的部分浆液和原烟道中的一股烟气进入氧化塔系统，对氧化塔内的浆液进行酸化，以降低其 pH 值，有利于浆液中的脱硫产物氧化成石膏。空气经氧化风机送入氧化塔反应池，把脱硫反应中生成的亚硫酸钙强制氧化为二水硫酸钙。生成的石膏送至旋流站进行一级脱水，悬浮物固体含量为 40%~50% 的底流浓缩液依靠重力，通过控制旋流底流分配槽流到指定的真空皮带脱水机上进行二级脱水，石膏含水量小于 10%，通过真空皮带输送机送入石膏干燥系统进行烘干处理后送至车间外由汽车外运，滤液则回收至化浆水储池重复利用。电石渣烟气脱硫工艺流程示意图见图 5.24。

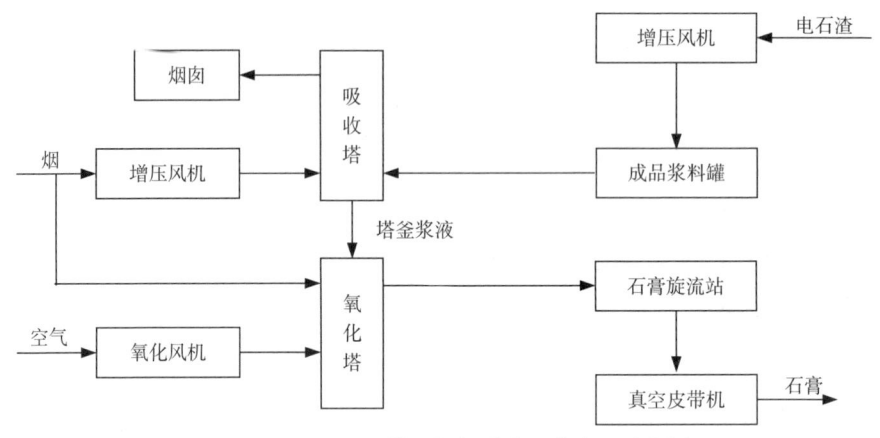

图 5.24 "两炉一塔"烟气脱硫工艺流程示意图

2）工艺特点

（1）采用"两炉一塔"工艺，烟气处理量相当于 300 MW 机组，充分证明电石渣脱硫技术应用于大型热电机组是完全可行的。

（2）采用特殊的塔外氧化脱硫工艺，脱硫效率达到 95%以上，同时确保脱硫石膏质量分数达到 90%以上，完全满足用作水泥缓凝剂的使用要求。

（3）采用电石渣作为脱硫剂，经过合理的工艺设计和生产实践，使得该脱硫装置的年运行成本约为传统石灰石-石膏法脱硫装置的 50%左右。

（4）减少了 CO_2 的排放。石灰石-石膏工艺每脱除 1 吨 SO_2 的同时，产生约 0.69 吨 CO_2，而电石渣-石膏工艺不存在 CO_2 的排放。

4. 技术实践

新疆天业 2×135 MW 燃煤热电机组配套建设高效脱硫塔工业性示范装置已于 2010 年 6 月建成投入生产运行，这是全国第一套大型热电机组电石渣脱硫项目，这也是新疆第一家电厂脱硫项目，脱硫效率 95%以上，脱硫废渣的综合利用率达到 100%，降低烟气脱硫运行成本 50%。项目关键技术在新疆天业 180 万千瓦热电机组上推广使用，辐射到天富热电等石河子周边热电厂，电石渣烟气脱硫后的石膏重新作为水泥生产使用，形成了废渣综合利用闭环。新疆天业通过电石渣烟气脱硫技术的实施构筑了"以废治废"的循环经济产业链，为电石法聚氯乙烯行业电石渣的高效利用提供了可行的途径。同时，电石渣烟气脱硫技术打破了我国大型燃煤电站烟气脱硫技术长期依赖国外进口的局面，为推动国内烟气脱硫技术的发展提供了示范。

5. 研究过程及成果

1）技术难点和优势

就烟气脱硫（flue gas desulfurization，FGD）技术而言，湿法脱硫工艺因其吸收剂廉价易得、脱硫效率高等优点成为目前应用最为广泛、最为成熟的技术，尤其是对小型火电机组的烟气脱硫颇为成功。但对于大容量发电机组的烟气脱硫技术直至目前尚不尽如人意。存在的主要问题是技术核心为国外公司所掌握，且其装置的投资相对大，运行成本较高，脱硫废渣未综合利用，形成二次污染。因此，自主研发投资相对较小、运行成本低的大型热电机组烟气脱硫技术势在必行。

本项目拟采用自主研发的烟气脱硫技术，用电石渣浆作为新型烟气脱硫剂，替代目前常用的石灰石完成烟气脱硫。

其中的技术难点主要有：

A. 脱硫塔结构的设计

各种研究试验数据表明，在塔内烟气流速相同的情况下，本项目采用空塔喷淋，塔内传质稳定、阻力最小、气液接触充分，其塔内件较少，结垢的概率较小，同时易于控制，可保证系统的高效稳定运行，能够达到最佳脱硫效果。

B. 喷淋层的设计

脱硫塔喷淋层的设计，使喷淋层的布置达到所要求的喷淋浆液的覆盖率，使吸收浆液与烟气充分接触，以保证在适当的液气比条件下能可靠地实现所要求的脱硫效率，且第一步生成的是亚硫酸钙，在脱硫塔的内表面不易产生结垢。浆液循环一般采用单元制设计，每个喷淋层配一台循环泵，从而保证脱硫塔内所要求的浆液喷淋覆盖率。

C. 氧化塔空气布管的设计

空气通过管道进入氧化塔浆液池，必须保证氧化空气分布均匀，通过对氧化过程 pH 值的控制使氧化性能提高，保证石膏的生成效果和质量，方便检修和清洗。通过空气分布装置的独特设计，在氧气用量较低的情况下，也能保证氧化反应的彻底进行，并具有自清洗功能，有效防止了分布管的堵塞。

通过克服上述技术上的难点后，电石渣/石膏湿法烟气脱硫技术所具有的优势有：

（1）通过控制脱硫塔浆液 pH 值，使脱硫塔内循环浆液以亚硫酸钙成分为主，大幅度减少了对材料的磨损和结垢的机会。

在传统的烟气脱硫技术中，脱硫塔内部的循环浆液以硫酸钙为主，对脱硫塔和循环泵的材质要求苛刻，造成脱硫系统投资巨大。

本项目通过技术的创新，脱硫塔内部的循环浆液以亚硫酸钙为主，大幅度减少了对材料的要求，使国内现有材料发展水平完全能够满足使用要求，大幅度降低了脱硫投资成本，延长了脱硫塔的使用周期在 6 个月以上。

（2）塔外氧化技术

传统脱硫技术中，亚硫酸钙的氧化在塔内完成，堵塞严重，石膏（硫酸钙）品质差，难以实现综合利用。本项目采用塔外氧化技术，引部分烟气调节氧化塔 pH 值的塔外氧化工艺，可以有效地控制亚硫酸钙的 pH 值的反弹，有利于实现烟气脱硫废渣的综合利用。

（3）本项目以电石渣作为脱硫剂，与目前广泛使用的石灰相比，其活性较高，降低了脱硫过程的液气比，输送液体动力消耗降低约 40%。

2）主要工艺技术研究过程

项目通过引入电石渣作为烟气脱硫剂，设计高效脱硫塔及亚硫酸钙塔外氧化技术及相配套的自动化工艺控制技术，有效控制大型燃煤电厂中的 SO_2 的排放，根据装置运行情况及环保监测报告，脱硫效率达到 95% 以上，装置通过 DCS 自动控制系统，有效地解决传统脱硫装置中脱硫塔易结垢的难题及湿法脱硫系统运行不稳定等一系列问题。项目完成打破了我国大型燃煤电厂烟气脱硫技术长期依赖国外进口的局面，提升湿法烟气脱硫的技术水平，从而推进了大型燃煤电厂烟气脱硫技术的国产化进程。

A. 脱硫塔结构的选型与设计

脱硫塔是烟气脱硫工艺中关键的核心设备，脱硫塔设计成功与否直接关系到整个脱硫系统的成败。脱硫塔具有以下特性：属于低温、低压且时间常数大的设备；吸收液的 pH 值及浓度影响脱硫效率；塔内易发生结垢、堵塞和腐蚀，因而是处理腐蚀性很强的流体的设备。所以在选择设计脱硫塔进行了全面考虑，使其具有较高的脱硫效率，以及较低的脱硫剂过剩率，解决了结垢严重，影响塔的使用寿命等问题。

针对脱硫塔的特性，在设备选型与设计时主要考虑如下几点：

（1）采用垢难以附着的、液体滞留少的简单塔结构。

采用先进可靠的空塔喷淋技术，脱硫塔内气液接触区无构件，可有效降低塔内运行阻力，有效杜绝异常工况下塔内堵塞结垢现象，确保脱硫系统连续稳定运行。

（2）通过试验调试控制吸收反应的 pH 值范围和吸收液的液气比，在提高脱硫率的同时减少脱硫剂的过剩率，确保脱硫效率保证在 95% 以上。

（3）通过数值模拟对脱硫塔流场分析，选择最佳烟气流速，进行吸收液的最佳分配，使吸收液能均匀分布，防止偏流发生，从而提高脱硫效率，减少结垢发生。

脱硫塔的流场分布情况是影响脱硫效率以及导致脱硫塔结垢的一个重要因素。对于喷淋塔来说，由于喷淋对脱硫塔的流场分布产生很大的影响，因此在设计时，通过对其流场做一些模拟试验和模拟计算，进行脱硫塔流场的分析，使其流场均匀分布，防止偏流的发生，且在塔中心充分混合后反应生成物迅速落入浆池。

B. 喷淋层的设计

脱硫塔喷淋层的设计，使喷淋层的布置达到所要求的喷淋浆液的覆盖率，使吸收浆液与烟气充分接触，保证在适当的液气比条件下能可靠地实现所要求的脱硫效率，且在脱硫塔的内表面不产生结垢。最重要的设计参数是层数和层间的垂直距离。这些参数涉及吸收塔的总高度，是影响设备费用的重要因素。典型的喷淋空塔设计 3~5 个喷淋层。喷淋层高度也是脱硫效率的重要影响因素。每个喷淋层产生的液滴表面积随喷淋层在塔内高度的增加而增加，因为喷淋层位置越高，其产生的液滴在离开吸收塔之前经过的行程越长。由于液滴离开喷嘴后的行程加长，其速度降低，气膜与液膜的厚度增加。顶部喷淋层产生的液滴表面积到达喷淋层下部时的脱硫效果比低位喷淋层提供的"新鲜"表面积的效果差，喷淋层高度对脱硫效率的影响要比预期的小。

本项目脱硫塔设计采用三层浆液喷淋设计，不仅确保取得最佳脱硫效果，还降低锅炉机组处于较低负荷时的能量消耗。第一层布置在离烟气进口烟道上方足够远的位置，使得喷淋浆液能够接触进入的烟气，且不会有过多浆液喷入进口烟道，距进口烟道顶部的距离为 2~3 m。相邻喷淋层的距离为 1~2 m。最上层与除雾器底部的距离为 2 m。喷淋层的合理布置增加了浆液与气体的接触面积和概率，保证了脱硫塔横截面被完全布满，二氧化硫被充分脱除。

选用独特的喷嘴布置形式，对整个塔体有效截面进行充分合理的覆盖，截面喷淋量均匀，雾化效果好，气液接触面积大，有效提高了脱硫效率。并采用国际先进的空心锥喷嘴，在同等喷雾条件下，对泵的压力需求较低。浆液循环采用单元制运行方式，每个喷淋层配一台循环泵，从而有效保证了脱硫塔内所要求的浆液喷淋覆盖率。在锅炉较低负荷工况下，关停一层喷淋装置，达到节能和经济运行的目的。

C. 氧化塔空气布管的设计

氧化空气通过氧化空气管进入氧化塔，促进氧化塔内石膏的形成，通过对氧化空气管网选择的全面优化，使氧化空气分布均匀，提高了分离效率，解决了氧化塔结垢的问题，最终提高了整个设备的脱硫效率和石膏产品的质量。

通过采用先进的曝气分布管路和多个侧进式搅拌器，使氧化空气分布均匀，氧化性能高，整体结构简单，压降小。在氧气用量较低的情况下，也能保证氧化反应的彻底进行。开放式氧化空气管设计独特，具有自清洗功能，可有效防止分布管的堵塞。

6. 实施效果

1）经济效益

在烟气脱硫技术方面，国内一些专家在几十年的时间里做了大量的研究工作，在小型火电机组和工业锅炉烟气脱硫方面积累了大量的经验。但在大容量发电机组的烟气脱硫方面，几乎全是国外技术。国外引进的脱硫装置相对投资大，通常在 200 元/kW 以上；脱硫运行成本高，其运行成本在 0.008 元/(kW·h) 以上，使烟气脱硫成为国内企业不得不面对沉重的经济负担，也是政府执行相应环保政策的一个难点。

本项目采用电石渣湿法烟气脱硫，按 180 万千瓦燃煤热电机组配套建设高效脱硫塔装置测算，脱硫效率≥95%，脱硫废渣资源化利用率 100%，其脱硫装置脱硫投资每千瓦 160 元，运行成本≤0.008 元/(kW·h)，整体技术装备全部国产化，可节约投资约 7200 万元，年降低运行成本近亿元。

与国内外普遍使用的石灰石-石膏法工艺比较（表 5.7），由于该脱硫塔技术具有自主知识产权，且装置投资、脱硫成本、脱硫效率和废渣综合率与国内目前的脱硫塔技术相比具有较强的竞争力，可广泛应用于大型燃煤电厂。

表 5.7 脱硫工艺对比

序号	名称	石灰石-石膏脱硫法	电石渣-石膏脱硫法
1	脱硫效率	95%	≥95%
2	钙硫比	1.1	1.03
3	脱硫副产物	$CaSO_4 \cdot 2H_2O$，未综合利用	$CaSO_4 \cdot 2H_2O$，综合利用
4	电耗占总发电量的比例	1%~1.5%	1%
5	单位投资	350 元/(kW·h)	129 元/(kW·h)
6	运行成本	0.015 元/(kW·h)	0.008 元/(kW·h)
7	环境特性	好	好，同时减排 CO_2

2）社会效益

本项目是国内首套在大型热电机组上采用我国拥有独立知识产权的电石渣/石膏湿法烟气脱硫技术，彻底打破我国大型热电机组烟气脱硫技术长期依赖国外进口的局面，并具有国产化脱硫技术对国内烟气脱硫产业的示范和带动作用。

新疆具有丰富的煤炭资源，对发展煤化工、煤热电具有得天独厚的优势，可是大量的燃煤燃烧势必造成二氧化硫外排,对环境造成严重污染,阻碍了新疆工业化进程可持续发展的步伐。本项目的建设运行,为新疆优势工业的可持续发展提供了有力的技术保证。

通过引入电石渣作为脱硫剂,每年可消化掉约 14 万吨电石渣,实现了废渣的资源综合利用,同时利用脱硫废渣-石膏制造水泥,不仅可以减少燃煤电厂脱硫产物的堆放场地,减少二次污染,而且可以减少天然石膏的开采和资源消耗,保护天然石膏资源,节省开矿费用,降低水泥厂的生产成本,符合我国可持续发展战略和循环经济理念,具有重要的现实意义。

3)生态效益

大型燃煤电厂排放的 SO_2 是造成大气污染的主要原因之一,污染物的排放将严重影响周边环境和人民生活,国家有关部门也出台了相关政策,将其纳入节能减排的重点行业。项目实施成功后,SO_2 的排放指标较脱硫前大有改善,每年减少 SO_2 排放量 10 万吨,副产脱硫石膏 25 万吨,脱硫石膏直接用于电石渣生产水泥,不仅不会形成二次污染,而且增加了经济效益,延长了循环经济产业链。同时与传统的石灰石/石膏工艺相比减少了 CO_2 的排放。采用石灰石/石膏工艺每脱除 1 吨 SO_2 的同时,产生约 0.6 吨 CO_2,按本项目减排的 SO_2 量,年减少 CO_2 排放 6 万吨。

5.3.5 石灰粉与二氧化碳尾气生产碳酸钙

1. 概述

电石生产过程中会产生大量氧化钙废渣,电石炉气制乙二醇工艺会产生大量高纯 CO_2,氧化钙废渣和 CO_2 排放都会带来环境污染问题。习近平总书记在十九大报告中指出,必须树立和践行"绿水青山就是金山银山"的理念。近年,我国循环经济发展取得了显著成效,循环经济发展不仅为高质量发展提供了二次资源,为资源节约和生态环境保护提供有效路径,更为行业的转型升级提供了模式借鉴。只有提高再生资源回收利用及工业"三废"综合回收利用率,构建循环经济发展模式,才能最终实现发展与资源、环境的和谐统一。

近年来,国内氯碱生产逐渐形成"煤—电—电石—聚氯乙烯—电石渣水泥"循环经济模式,而电石的生产会副产大量含碳炉气。密闭式电石炉生产 1 吨电石,一般要副产炉气 400 Nm³,炉气中 CO 和 H_2 的含量超过 90%。氯碱企业通过开发电石炉气制氢技术,实现了电石炉气的资源综合利用,新疆天业也是其中一家,但是在炉气利用过程中会排放出大量二氧化碳。同时电石生产过程中也产生大量的钙基废渣,如果不对气体和废渣综合利用,将造成严重的环境污染和资源浪费。

目前，我国采用工业排放二氧化碳和钙基废渣生产碳酸钙的技术尚处于探索阶段，由于电石法聚氯乙烯钙基废渣粒度小，难以在反应介质中均匀分散，致使反应不彻底，粒度分布较宽，不符合碳酸钙对颗粒尺寸的要求。另外，电石炉尾气排放的二氧化碳废气成分复杂，反应性杂质和活性气体反应性杂质对碳酸钙的白度有极大的影响，导致产品质量不合格；而活性气体氢气和一氧化碳，通过系统循环富集，浓度易达到混合气的爆炸极限，给整个生产环节带来重大安全隐患。以上因素导致了该项技术没有工业化装置的现状。

新疆天业以废弃物资源再利用为原则，开发了以氧化钙废渣和工业排放 CO_2 为原料，生产碳酸钙系列产品的整套工艺技术，提高废物资源化利用率，降低产品生产成本，且为工业排放二氧化碳及氧化钙废渣提供了一条全新的高附加值利用途径，达到以废治废的目的。

2. 原理

1）碳化和消化技术原理

钙基废渣的主要成分为氧化钙，氧化钙溶于水可以得到氢氧化钙粗浆（式①），对该粗浆精制除杂后可以得到纯度较高的、适宜制备轻质碳酸钙的氢氧化钙精浆（式②），将二氧化碳通入该浆料中，通过控制温度、转速、浓度等参数，即可制得符合国标的碳酸钙产品（式③④⑤），主要反应的技术原理如下：

$$CaO + H_2O \longrightarrow Ca(OH)_2 \quad ①$$

$$Ca(OH)_2 \longrightarrow Ca^{2+} + 2OH^- \quad ②$$

$$CO_2(g) \longrightarrow CO_2(aq) \quad ③$$

$$CO_2 + OH^- \longrightarrow HCO_3^- \quad ④$$

$$Ca^{2+} + CO_3^{2-} \longrightarrow CaCO_3 \quad ⑤$$

消化是将钙基废渣与水发生化学反应，得到氢氧化钙，碳化的目的是将精制合格的 $Ca(OH)_2$ 溶液与 CO_2 气体发生化学反应，得到所需要的碳酸钙乳液。

2）碳酸钙改性

碳酸钙直接用于有机塑料、橡胶、涂料等高分子基质中存在两个致命缺陷：一是分子间力、静电作用、氢键、氧桥等引起碳酸钙的团聚；二是碳酸钙为亲水性无机化合物，其表面有亲水性较强的羟基，呈强碱性，使其在聚合物的亲和性变差，易形成团聚体，造成在高聚物中分散不均匀，导致两种材料间界面缺陷，根本不能体现出碳酸钙的添加效果。

碳酸钙改性的作用机理为表面物理作用（包括表面包覆和表面吸附）和表面化学作用（包括表面取代、聚合和接枝等）。表面改性方法又可分为干法表面改性工艺和湿法表面改性工艺。湿法改性是在碳化后的熟浆溶液中对碳酸钙进行表面改性处理。利用碳酸钙在液相中比在气相中更易分散，且加入分散剂后分散效果更好的特点，使碳酸钙颗粒与表面改性剂分子的作用更均匀。碳酸钙颗粒经湿法改性处理后，其表面能降低，即使经压滤、干燥后形成二次粒子，也仅形成结合力较弱的软团聚，有效地避免了干法改性中因化学键氧桥的生成而导致的硬团聚现象。氧化钙在水中经过消化、陈化成为精制的氢氧化钙溶液，然后通入二氧化碳进行碳化后，在碳酸钙浆料中加入适量改性剂进行表面改性，例如硬脂酸盐、铝酸酯、粉体表面改性剂 AD755，铝酸酯偶联剂改性碳酸钙机理为铝酸酯中的单烷氧基与碳酸钙表面上的羟基氢离子反应形成化学键合如图 5.25 所示，另外两个有机长链与聚合物分子发生缠绕，将聚合物与轻质碳酸钙紧密地结合起来。

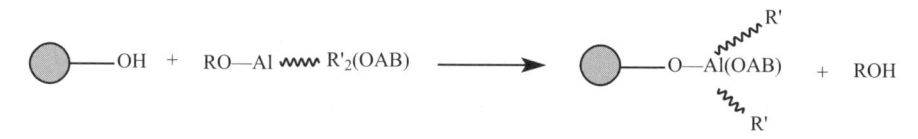

图 5.25 碳酸钙改性机理示意图

3. 工艺流程方案

1）工艺流程简介

首先对含氧化钙的钙基废渣进行消化，并将得到的悬乳状氢氧化钙在高剪力作用下粉碎，经多级悬液分离除去颗粒及杂质，得到一定浓度的氢氧化钙悬乳液。通入二氧化碳，加入适当的表面改性剂，碳化至终点，得到要求晶型的碳酸钙浆液，再进行脱水、干燥、表面处理，得到所要求的活性碳酸钙产品。主要生产过程分三个工序：消化、碳化改性、干燥包装。工艺流程图如图 5.26。

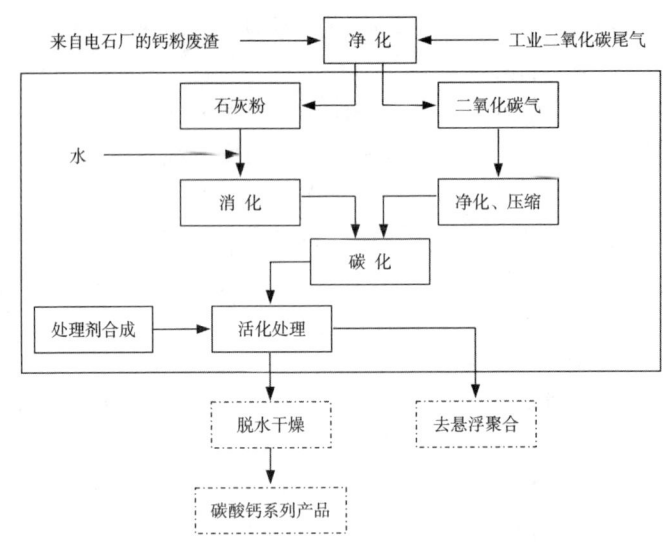

图 5.26 二氧化碳工业尾气生产碳酸钙工艺流程示意图

A. 消化

消化是将钙基废渣与热水发生化学反应，化学反应方程式为：

$$CaO + H_2O \longrightarrow Ca(OH)_2$$

得到粗的 $Ca(OH)_2$ 溶液，经旋液分离过滤等处理后得到精制的 $Ca(OH)_2$ 溶液，备碳化改性用。

储存在仓中的钙基废渣经加料器按一定的速度加入消化反应器中，在消化器中与按一定灰水比例加入的热水反应。消化反应后的乳液经除渣机分离出大粒径的灰渣后进入粗石灰乳槽；不溶渣石在消化反应器尾端经洗涤、沥水后送至堆场。

粗石灰乳槽中的灰乳加水粗调至 13%~15%后，由粗石灰乳泵送至旋液分离器中进行分离，从分离器溢流口出来的灰乳进入石灰乳槽中进一步熟化和细化后，由石灰乳泵送至振动筛进一步净化后流至精浆槽，由精浆泵送至下一工序碳化改性工段。从渣液分离器底口流出来的黏稠的灰渣浆，收集于渣液槽中；加水稀释后，由渣液旋液分离器回收部分浆料，产生的废渣连同除渣筛、振动筛以及消化反应器所产生的废渣一起运至渣场。

B. 碳化改性

碳化的目的是将精制合格的 $Ca(OH)_2$ 溶液与二氧化碳气体发生化学反应，得到所需要的碳酸钙溶液。化学反应方程式是：

$$Ca(OH)_2 + CO_2 \longrightarrow CaCO_3 + H_2O$$

改性的目的是满足不同产品的生产需要，加入适量的改性剂，使产品的用途更加广泛。

a）碳化

经过精制的石灰乳在精浆调制罐中加入水稀释到所需浓度；然后加入到循环罐中；由循环泵以一定的流量将物料送入碳化反应器中，并与二氧化碳反应生成碳酸钙。当反应液的 pH 值和电导率达到规定要求时，反应结束。然后，将循环管路中的浆料先卸入熟浆接收罐中，碳化反应器经简单的水洗后，开始下一反应循环。数次反应后，用稀酸对反应器及相关管路进行酸洗。

b）改性

由碳化反应得到的熟浆经热物料换热器和熟料加热器后，加入到改性罐中，通过乳化机将改性剂乳化、分散后加入到浆料中。改性结束后，物料被冷却到 30℃以下，送至干燥、包装工区。

C. 干燥包装

设置一套过滤、干燥、包装生产线，由 DCS 控制该系统，包装机包装的瞬时包装包数及累计包装包数均显示在 DCS 上。

旋转列管干燥机是一种采用热传导及对流传热原理组合型干燥设备，来自碳化改性工段的碳酸钙浆料在压滤机给料槽中由搅拌器搅拌均匀，再由压滤机给料泵送入压榨式压滤机进行压滤。压滤后的活性碳酸钙滤饼落入滤饼导向槽，滤液流入滤液罐再由滤液泵输送到污水处理场进行处理。

高温热介质（饱和蒸汽或导热油）经旋转接头进入干燥机并分布到各列管内。物料由抄板抄起翻到转子的上部并靠本身的自重力向下散落，通过管束给予加热蒸发水分。转子上装有一定数量带角度的抄板，抄板推动物料不断前移，达到连续高效干燥的目的。换热后的高温热介质经旋转接头（饱和蒸汽介质须在旋转接头后加装疏水阀）排出干燥机。

合格的活性碳酸钙粉由旋风除尘器、带式除尘器进行收集再由星形给料机、螺旋输送机送入成品仓等待包装。

当成品仓发出仓满信号后，启动半自动包装机进行包装，当成品仓发出空仓信号后，关闭半自动包装机，包装好的活性碳酸钙粉送往成品库储存。

2）生产工艺设计的特点

（1）本设计根据生产可靠、技术先进、节省投资、提高效益的原则，采用国内开发的先进技术和设备。

（2）生产车间总平面布局根据厂址的地形特点，做到流程顺畅、布置紧凑，占地面积小，并留有扩建的余地。

（3）根据生产工艺特点及要求，将钙基废渣堆场等车间的设备露天布置，将部分提升机、收尘器等辅助设备设置室外，简化检修设施的设置，尽量减小厂房荷载以减小土建造价，节省总投资。

（4）加强环境保护，采用高效率的气震式袋收尘器，使排放浓度达到国家标准要求。

3）工艺的优越性

本项目利用工业产生的氧化钙废渣和二氧化碳工业尾气为原料进行碳酸钙的制备具有以下优越性：

工艺方面：同传统碳酸钙生产工艺相比，直接使用氧化钙废渣为原料，而不是石灰石为原料，减少了石灰石煅烧工段，降低了投资和劳动强度，优化了工艺；

成本方面：以工业产生的氧化钙废渣和二氧化碳工业尾气为原料，降低了生产成本，且优势十分明显；

节能减耗方面：减少了大型耗能设备，以废渣废气为原料，减少了能源消耗和节约了宝贵的资源；

环保方面：以工业产生的废渣和废气为原料，生产过程实际就是变废为宝的过程，减少了废渣和废气的排放，解决了环境污染问题，对环境保护有着积极的推进作用。

4）主要设备

A. 消化反应器

消化反应器或称化灰机，普遍应用于湿法消化石灰。化灰机具有机械化程度高、产量大、环境污染小等特点，适合于本工艺要求。

B. 碳化反应器

碳化反应器，亦称碳化塔，用于氢氧化钙与二氧化碳的碳化反应，是合成碳酸钙的核心装置，本项目采用间歇搅拌式碳化工艺，要求搅拌式碳化塔，该碳化塔能增加了气液接触面积，能够使碳化反应更加均匀，得到的产品粒径分布也较窄。

C. 压滤机

实现固液和悬浮液固、液分离的设备，该设备操作简单，运行安全可靠稳定。

D. 干燥器

采用旋转列管干燥机，旋转列管干燥机是一种采用热传导及对流传热原理组合型干燥设备。旋转列管干燥机机身壳采用隔热材料保温，热损失少，热效率高。针对不同比重、粒度的颗粒状、纤维状、粉状物料的不同含水量，可通过调节热介质温度、流量和调整不同角度抄板的配合比例均能达到良好的干燥效果。物料在呈负压状态的封闭腔内被干燥，作业环境清洁。旋转列管干燥机无须打地基，推荐放置于水平混凝土地面上。

E. 包装机

轻质粉料易搭拱、易吸湿结块。轻质粉包装机采用强迫给料方式，使物料在衡器中不滞留；装袋过程采用缓释技术抑制粉尘的发生，且备有吸尘口，及时吸除粉尘，既保证称量的准确度，又保护了操作环境。

4. 技术实践

新疆天业为国内外首套以电石法聚氯乙烯生产过程中排放的 CO_2 和钙基废渣为原料制备活性轻质碳酸钙的工业化装置。以 CO_2 和氧化钙废料为原料，在小试、中试放大研究基础上，完成了一期 3 万吨/年活性碳酸钙工业示范装置的建设，通过逐步设备调试与工艺优化，装置运行稳定。截至目前，新疆天业拥有 3 万吨/年活性轻质碳酸钙和 2 万吨/年纳米碳酸钙生产线。

以电石生产的氧化钙废渣和工业排放高纯 CO_2 为原料生产碳酸钙系列产品项目每年可减排大量 CO_2 气体和固体废弃物，解决二氧化碳排放及废弃氧化钙造成的环境污染问题，是新疆天业循环经济产业链的延伸。

5. 研究过程及成果

根据新疆天业目前的资源配置情况，针对目前电石产业的钙基废渣附加值较低的情况，制定出利用钙基废渣以及化工产业排放的二氧化碳工业尾气生产高附加值的碳酸钙的废物利用的循环经济思路。以此为指导，分别设计了原料预处理及消化、碳化改性、干燥包装等工艺流程方案，通过小试、中试实验验证该套技术工艺路线的可行性，以此为放大依据，分别展开万吨级技术工艺的设计、设备选型与升级改造、数据衡算以及选址建设的工作，最终，完成 3 万吨/年碳酸钙生产线的建设。其中，针对工业排放二氧化碳尾气及钙基废渣回收利用制备碳酸钙过程中遇到的问题，进行反应器结构的优化设计、升级改造和工艺条件的优化，突破废气、废渣综合利用制备高性能碳酸钙的技术瓶颈，开发出产品纯度高、生产周期短的新工艺。涉及关键技术如下：

1）钙基废渣在消化过程中的分散技术

普通轻质碳酸钙生产工艺采用的原料为粒径 30~80 mm 的生石灰，块状的生石灰直接进入消化反应器进行消化处理，在消化过程中，生石灰块边反应边被打磨，反应了的生石灰部分形成 $Ca(OH)_2$ 乳并被打磨进入浆料中形成标准的 $Ca(OH)_2$ 粗浆。而钙基废渣为电石法聚氯乙烯行业生产电石的废渣，为粉末状，经过初除杂之后，进入消化反应器的钙基废渣粒径为 2 mm，粒径较小，具有微颗粒子的表面效应，进入水体中不易分散，致使反应过程不彻底，形成糊状浆料，甚至堵塞下料口。为解决这一问题，本项目对消化机内部结构进行设计，在消化机进口处设置具有特殊结构的螺道，并通过内部分散构件的介入，强化物料的分散，使进入消化机的钙基废渣形成微悬浮颗粒，并与水体充分接触，进而得到充分反应，形成均质的 $Ca(OH)_2$ 粗浆。同时，普通生产工艺中石灰石生产的 $Ca(OH)_2$ 粗浆粒度范围适中，较易生产出合格的轻质碳酸钙中间品，而采用钙基废渣生产出的 $Ca(OH)_2$ 粗浆颗粒较细，易形成少部分纳米级尺寸的颗粒，且粒度分布较宽，生产出的产品不符合轻质碳酸钙对颗粒尺寸的要求。因此，通过消化机内部结构、分散构件及工艺条件的双重设计实现石灰乳颗粒尺寸的可控合成。

2）消化过程中，$Ca(OH)_2$ 浆液粒度的控制技术

普通生产工艺中石灰石生产的 $Ca(OH)_2$ 粗浆粒度范围适中，较易生产出合格的轻质碳酸钙中间品，而采用钙基废渣生产出的 $Ca(OH)_2$ 粗浆颗粒较细，易形成少部分纳米级尺寸的颗粒，且粒度分布较宽，生产出的产品不符合轻质碳酸钙对颗粒尺寸的要求。因此，本项目通过消化机内部结构、分散构件及工艺条件的双重设计实现石灰乳颗粒尺寸的可控合成。

3）工业 CO_2 废气纯化技术

采用电石炉气综合利用过程排放的二氧化碳为原料进行碳酸钙的生产，但其中含有大量的杂质气体，如硫化氢、甲烷和不凝性气体等，对碳化体系造成一定的影响，甚至部分气体与 $Ca(OH)_2$ 浆料反应，生成其他杂质，对产品的质量造成一定影响，因此，本项目通过对工业二氧化碳废气的预处理，采用喷淋除尘器、泡沫洗涤塔和吸附过滤塔三塔组合工艺的处理，实现工业 CO_2 尾气的循环除杂过程，最终使工业 CO_2 尾气杂质浓度达到碳化要求。

4）碳化过程撤热补强技术

普通轻质碳酸钙生产工艺采用石灰石高温煅烧产生的二氧化碳气体生产碳酸钙，由于高温煅烧过程中产生的气体中含有大量的杂质气体，有效反应气体 CO_2 浓度为 30%~40%，因此，不仅影响碳酸钙合成过程中的合成效率，还影响生产产品的品级质量。而本项目原料气为工业排放的二氧化碳气体，杂质气体含量少，二氧化碳浓度高，高达 95%，因此，本项目产品的纯度优于一般产品，产品品质高，但由于二氧化碳的浓度较高会导致反应体系反应过于激烈，从而产生大量的反应热，无法撤出，导致反应失控。本项目通在碳化塔内部构件中加设双排管式撤热构件，快速导出热量，从而使反应达到可控，进而提高了碳化单元的生产效率，缩短生产周期，提高企业生产效益。

5) 成品碳酸钙干燥阻聚技术

传统的国内生产碳酸钙的企业常采用烘房干燥、盘式干燥、真空耙式干燥、旋转快速干燥等一级干燥系统，用蒸汽进行间接干燥纳米碳酸钙，蒸汽中的冷凝水不能及时排出和再次利用，不能有效地控制纳米碳酸钙的水分含量，几乎每种都会遇到产品颗粒的二次团聚问题。本项目通过设计蒸汽系统、两级干燥设备、排潮除尘系统及冷凝系统，两级干燥系统依次采用桨叶干燥机、滚筒干燥机，解决了设备结垢、物料结块问题，确保系统稳定干燥出合格的碳酸钙产品。

6) 碳酸钙在 PVC 复合材料中的应用技术

将 $CaCO_3$ 与 PVC 树脂浆料通过液相共混法制备成碳酸钙/PVC 复合树脂，进行材料加工，与纯 PVC 相比，$CaCO_3$ 与 PVC 树脂复配 PVC 复合材料缺口冲击强度明显得到了提高，且拉伸强度和维卡软化点也得到了相应的改善。原因是表面改性 $CaCO_3$ 粒子的细微化，体积减小，比表面增大，因而与基体树脂接触面积增大。当材料受到外力作用时，刚性 $CaCO_3$ 粒子引起基体树脂银纹化吸收能量，从而达到对 PVC 树脂增韧效果。

6. 实施效果

针对工业排放二氧化碳及电石厂石灰粉废料带来的环境污染和资源浪费问题，以及当前国际环境对该行业废物资源化、清洁生产等政策要求，以二氧化碳和氧化钙废料为原料，在小试、中试放大研究基础上，完成了3万吨/年碳酸钙工业示范装置的建设，形成一整套碳酸钙制备工业示范技术，从根本上解决我国二氧化碳及电石法行业废物资源化的技术瓶颈问题，同时形成循环经济发展模式，推动我国电石法聚氯乙烯行业和相关行业的可持续发展、提高企业经济效益和社会综合效益，具有良好的推广应用和产业化前景。

新疆天业首套碳酸钙装置产品于2017年9月正式投放新疆市场，年产多种型号碳酸钙3万吨，年实现销售收入2000万元以上，实现利润1000万元以上。

新疆天业用工业二氧化碳废气和电石厂过筛后废弃的钙基废渣为主要原料来生产高附加值的碳酸钙系列产品，达到以废治废的目的，每年可减排大量二氧化碳废气和固体废弃物，无矿产资源开采环节，减少项目投资及占地面积，提高资源综合利用率。3万吨碳酸钙生产规模可实现年减排二氧化碳废气1.5万吨、钙基废渣1.95万吨，节约原生矿石开采3.6万吨。

项目实施有利于企业自身产业结构及产品结构调整，进一步完成天业循环经济产业链，为新疆天业 PVC 产品差异化战略提供技术及基础原料支撑，提升主导产业竞争力。同时可带动和促进西部地区乃至全国碳酸钙行业产品升级，并对相关行业产品质量的提高和产品成本的降低有着非常重要意义。

5.3.6 废焦粉制焦球技术

1. 概述

在电石的生产过程中，每生产 1 吨电石，将产生近 0.28 吨的兰炭、焦炭粉末，大量的焦粉堆积在厂区内不仅影响厂区环境，还占用大片厂区，在电石行业中解决焦粉再次利用问题将成为更加迫切的问题。电石生产过程中的废弃物焦粉进行造粒成型再利用，将会大幅度地提高电石的利用率，同时，也完善了新疆天业坚持发展的循环经济道路。

2. 原理

焦粉是由大块工业焦经破碎、过筛、筛下直径小于 3 mm 的颗粒混合物，它是一种自身成型性能极差的物质，若在常温下使其成型，必须选择黏结性能优良的黏结剂，改变焦粉的成型性能，否则仅靠加压是不可能实现焦粉成型的。

焦粉成型工艺是根据焦粉特有属性而定的，首先将焦粉按照不同粒度计量配料，然后把添加剂的各组分计量加入复配罐中进行混合复配，复配好的添加剂贮存在容器中供焦粉成型时用，可保证球体在冷热状态下都具有一定的机械强度。

3. 工艺流程

焦粉成型的关键在于黏结剂配方及干燥炭化的生产工艺，电石用的焦球要求不降低灰分、不降低固定炭，而且要保证焦球的冷态强度。成球工艺为筛下物、烘干炉除尘灰、黏结剂按配比经计量后依次进入一级双轴卧式搅拌和二级双轴卧式搅拌，然后在三级搅拌按配比加入少量的水后，进入四级搅拌系统。搅拌均匀的物料进入对辊成球装置，成型后料球进入烘干系统进行烘干，烘干温度控制在 150℃以下，烘干后的料球进入料仓备用。采用 3 台焦粉仓（单台 150 m³）作为进料缓冲仓，皮带秤定量的焦粉、黏结剂、水经计量后进入多级双轴搅拌机（4 台）混合，混合物料由皮带输送至压球机（2 台，单台能力 20 t/h），压好碳球进入碳球烘干窑（1 台，单台能力 40 t/h），烘干热风由热风炉（1000 万卡）供应，烘干后碳球筛分冷却进入 4 个储仓（单台 150 m³），皮带秤计量后输送装车至用户使用单位。生产流程如图 5.27。

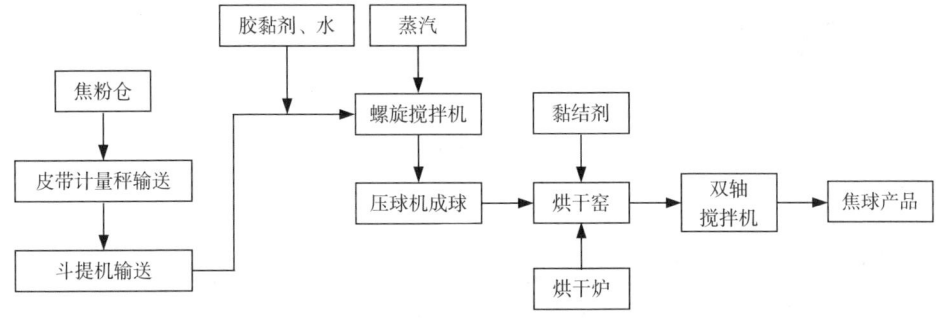

图 5.27 废焦粉制焦球流程示意图

4. 技术实践

新疆天业在国内首次解决了电石生产中下脚料（焦粉）的成型问题，并且在应用中满足电石生产需要。既把电石生产过程中的废弃物焦粉进行造粒成型再利用，又提高了原料的利用率，使原料的利用率达到100%。

5.3.7 电石渣循环制石灰技术

电石渣是在电石法生产聚氯乙烯（PVC）过程中的副产物，主要成分是$Ca(OH)_2$，颗粒很细且具有强碱性。如采用堆积、填埋的方式处理电石渣，将占有大量土地，污染土壤及水体，国家生态环境部已将电石渣纳入Ⅱ类一般工业固体废物，要求进行处理、回收利用。

针对电石法PVC严重的电石渣污染问题，基于目前电石渣综合利用现状，结合国内氯碱化工循环经济的发展理念，新疆天业提出"电石渣循环再利用生产氧化钙"方案，即通过对电石渣进行纯化、煅烧等工艺得到氧化钙，实现电石渣的100%回收利用，进一步完善循环经济产业链，提升竞争力。该方案的实施不仅可以实现电石法PVC过程中资源再利用过程，同时也是根本上解决电石行业的污染物，缓解经济发展与资源、环境的矛盾的必由之路。

1. 概述

1）基本情况

国内电石渣利用途径主要有三个方面，一是建材，主要包括水泥、粉煤灰砖、砌块等；二是用于电厂等的废气治理，主要产品有硫酸钙、碳酸钙等；三是普通化工产品，主要有漂白粉、氯化钙等。值得注意的是，在现有应用途径中，普遍存在产品附加值偏低、竞争力不足、市场区域局限性较大、目标市场缺乏持续性和稳定性等一系列问题。开发电石渣新的综合利用途径，提高产品附加值，对于电石法 PVC 企业而言意义重大。

2）生产技术

电石生产要求石灰具有一定的形状及强度，主要方法有两种：一是先成型后煅烧，二是先煅烧后成型。

两种方法区别在于先成型后煅烧工艺所得滤饼通过气流干燥、挤压成型，粒径控制为 20~50 mm，型球经窑炉在 900~1100℃煅烧制成块状活性氧化钙电石原料。先煅烧后成型工艺所得滤饼通过窑气气流干燥后，在旋转窑 900~1100℃煅烧制成粉状活性氧化钙，其挤压成型，粒径控制为 20~50 mm，制成块状活性氧化钙电石原料。

先成型后煅烧工艺成熟，但成型后电石渣煅烧后容易出现破损，粉末率偏好，导致利用率偏低。另外，该工艺能量利用率较低、能耗偏高。先煅烧后成型工艺成熟，所得产品活性高、强度高，成型后没有破损，符合电石生产用石灰要求。

2. 工艺流程

乙炔生产生成的电石渣配成固含量为 10%~20%的悬浮液。通过级筛分离、旋液分离、浮选深度脱除硫脱硅技术对电石渣杂质进行分离。然后经板框过滤脱去 60%的水分。所得滤饼通过窑气气流干燥后，在旋转窑 900~1100℃煅烧制成粉状活性氧化钙。其挤压成型，粒径控制为 20~50 mm，制成块状活性氧化钙电石原料。主要生产过程分五个工序：配浆、分离净化、干燥、煅烧、成型。简要工艺流程如图 5.28 所示。

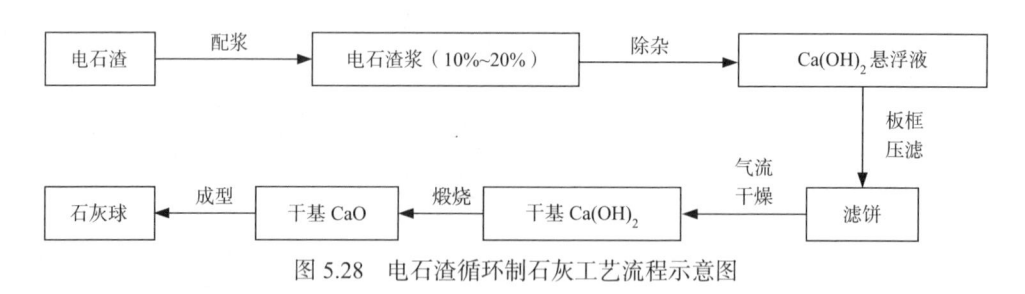

图 5.28　电石渣循环制石灰工艺流程示意图

1）配浆

配浆的是将电石水解产生的电石渣，添加一定量的水，在搅拌作用下，形成固含量为 10%~20%的电石渣浆，目的是将 Ca(OH)$_2$ 充分溶解，有利于后续分离、除杂工艺。

2）分离净化

采用旋流分离与浮选深度脱硫脱硅分离的方法，对电石渣原料进行分离与净化，通过旋流分离与深度净化，电石渣中 CaO 含量达到 93.48%，其中酸不溶物含量为 0.657%。

3）煅烧、成型

压滤所得滤饼经干燥后进入旋转窑煅烧，得到 CaO，经加压成型制成 20~50 mm 大小的颗粒，对颗粒理化性能测试，并对照电石生产用氧化钙标准进行评估。

3. 技术实践

电石渣循环制石灰技术解决了电石渣造成的环境污染问题，进行废物资源再利用，发挥资源和环保的双重优势，实现可持续发展的循环经济理念，新疆天业的本项目每年可减排电石渣 48 万吨。

5.4 汞消减技术

随着电石法聚氯乙烯技术的发展，其生产装置的规模化、技术先进性均有显著提升，但随着产业规模的急剧增长，氯乙烯合成过程中汞触媒的问题逐渐凸显出来。汞及其化合物因具有生物毒性、生物累积性、持久性、长距离传输性等特征，其产生和排放对环境及国家资源安全存在潜在风险。

新疆天业是国内电石法聚氯乙烯生产的领军企业，一直注重电石法聚氯乙烯生产技术的可持续发展，2012 年新疆天业化工研究院自主研发低固汞催化剂，并建成 3000 吨/年生产装置，2013 年实现企业内部聚氯乙烯生产全面使用低固汞催化剂，后又向其他氯碱企业推广。2017 年 8 月 16 日，《关于汞的水俣公约》正式生效，为了更好地履约，新疆天业电石法 PVC 基于汞的全生命周期进行相应的管控，构建了低汞催化剂生产—应用—高效回收一体化体系，一体化体系涵盖汞的来源、使用、排放和释放、含汞废物的处置、汞污染场地的管控，实现汞全生命周期管理数据的无缝对接。

低汞催化剂生产、应用、回收一体化体系实施，有助于推进行业汞平衡查定，建立行业汞资源闭式高效循环利用发展模式，实现从汞使用的源头、过程和末端全周期控制加速推进行业汞污染防治工作。随着低汞催化剂生产—应用—高效回收一体化模式的深入推进，新疆天业将电石法聚氯乙烯行业的汞资源循环利用率提至95%以上，显著降低行业单位产品的新鲜汞用量，基本解决行业的用汞问题。新疆天业构建低汞催化剂生产、应用、高效回收一体化体系并建成示范装置，主要包括低固汞催化剂的生产和使用、高效气相脱汞、含汞废水处理以及废汞催化剂的回收，并于2019年通过了中国石油和化学工业联合会和中国化工环保协会对低汞催化剂生产—应用—高效回收一体化平台认定，该一体化技术是加速推进行业汞削减工作的重要途径。

新疆天业按照"源头减排、过程防控、回收循环利用"的总体思路，开展低汞催化剂生产—应用—高效回收一体化体系建设。在低汞催化剂生产方面，已成功开发出稳定性好、活性高的低固汞催化剂，达到年产3000吨生产规模，产品品质符合《低汞触媒生产企业质量环保评价要求》，被列入中国石油和化学工业联合会2015年低汞催化剂生产企业第一批推荐名单。在低汞催化剂应用方面，为实现其高效应用，开发配套气相脱汞、含汞废水回收等技术，制定低固汞催化剂精细化操作规程，实现过程含汞衍生物的分级管控，最大限度地降低低固汞催化剂应用环节汞资源流失。在含汞废物的回收方面，基于含汞废物的全覆盖，应用企业自主研发专利技术，建成8000吨/年含汞废物处理回收项目，实现汞资源的高效回收循环利用。随着《关于汞的水俣公约》及一体化技术的持续推行，新疆天业全面推进无汞催化剂的研发，现已完成单管工业化测试20000小时。

5.4.1 低固汞催化剂技术

1. 概述

电石法生产聚氯乙烯过程中，氯化汞为乙炔和氯化氢合成氯乙烯工序的催化剂。低汞催化剂行业标准与国家标准的发布不同类型氯化汞催化剂划分：高汞催化剂（>6.5%）、低汞催化剂（4%~6.5%）、超低汞催化剂（≤4%）。

2007年，新疆天业成立研发团队，着手低固汞催化剂研发，经历了从催化剂（含载体）制备、催化剂（含载体）相关检测与表征、催化剂性能指标与评价、单管测线试验、单台转化器运行到工业化应用。最终开发出具有自主知识产权的固汞催化剂技术，建成3000吨/年固汞催化剂工业生产示范装置，并于2013年率先实现企业全面低汞化。

2. 技术原理

1）乙炔与氯化氢合成氯乙烯的反应机理

$$CH\equiv CH + HCl \longrightarrow CH_2=CHCl$$

气态乙炔与氯化氢使用氯化汞催化剂、非均相反应合成氯乙烯单体,反应分外扩散—内扩散—表面反应—内扩散—外扩散五个步骤,其中表面反应是控制反应,温度和压力均会影响反应速率;100℃以下反应缓慢(几乎不反应),氯化汞可与乙炔形成中间络合物,加速合成反应的进行,其他不同元素的氯化物也具有一定的催化活性,只是活性相对氯化汞较弱。

2)氯化汞催化剂的失活

氯化汞催化剂在使用过程中会因活性组分流失、中毒、积炭等原因逐渐失活,直至报废。活性组分流失与积炭是导致氯化汞催化剂性能下降的主要因素,一方面与催化剂的品质有关,不同品质的催化剂,其应用中活性组分流失与积炭的情况差异很大,而催化剂的品质与制备过程中载体的筛选(包括强度、比表面积、孔容、粒度等)、活性组分配方、催化剂制备工艺(浸渍温度、液固比、顺序,活性组分的使用效率、负载效果、分布均匀度与吸附强度等)有直接的关系;另一方面与催化剂的应用条件有关,不同空速和温度条件下,氯化汞催化剂失活与积炭的速率也不同。

3)氯化汞催化剂工业应用中的特点

氯化汞催化剂在工业应用中的不同阶段,表现出的性状大有差异,反应初期,催化剂活性很高,反应剧烈,放热较多,氯化汞挥发损失较快,短时间内含量有大幅下降;反应中期,催化剂活性适中,反应稳定,氯化汞含量下降缓慢;反应后期,催化剂活性下降较快,放热不足(需外部供热维持反应);从整个过程看,汞资源未得到有效利用,尤其在反应初期,原料气通过外扩散到达催化剂的表面、通过内扩散到达活性表面,产物通过内扩散到达催化剂的表面、外扩散进入合成气中。

本技术基于氯化汞催化剂的催化机理、失活与应用特点,从搭建实验平台与工业应用示范着手,综合考虑催化剂(载体)表征、制备工艺、评价方法(空速与温度等)、工业使用寿命、工业运行条件和操作方法等方面,开展新型氯化汞催化剂(固汞催化剂)的研究;通过降低催化剂中氯化汞的含量、增加一些辅助组分,达到消减汞的使用与排放、提高汞资源利用率的目的。

3. 工艺流程

低固汞催化剂生产采用过量循环加热浸渍工艺。生产过程主要包括活性炭预处理、浸渍、干燥、产品包装、尾气处理、粉尘收集与废水处理等环节。具体如下:

(1)活性炭经酸浸泡除杂预处理,起到除灰、除杂和调节表面性质的作用。

(2)采用加热循环浸渍方法,使各组分分布更加均匀。

（3）采用电加热+两级干燥的微负压系统对触媒进行干燥，有效降低氯化汞的挥发损失，具有控温稳定、节能环保的特点。

（4）采用半自动包装，配套袋式除尘，现场工作环境良好。

（5）采用二级水洗+两级吸附+高效脱汞技术处理干燥尾气，实现尾气达标排放。

（6）配备上料与空间除尘装置，除尘率达99%，避免粉尘污染，优化工作环境。

（7）配套专用的吸附法含汞废水处理系统，处理各类含汞废液，吸附剂再生液用于触媒生产。具体如图5.29。

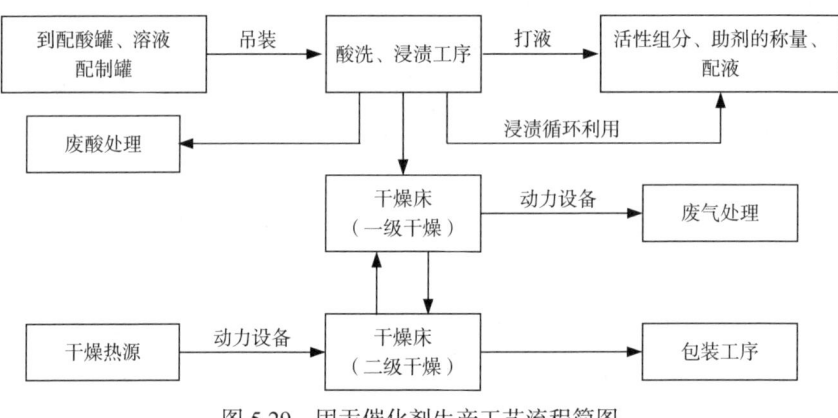

图5.29 固汞催化剂生产工艺流程简图

4. 关键技术研究过程

1）建立低汞触媒研发平台及应用评价体系

催化剂研究是一项复杂而系统的工作，影响催化剂性能的因素也很多，为了保证催化剂研发方向的正确性，研发过程中所有因素都应纳入研究的范围，加以考虑；为了保证催化剂研发的灵活性与时效性，应建立必要的微型或小型试验装置、改变试验条件，加快对其性能的评价；同时，客观准确地表征（载体与催化剂，反应前后）对于合理评判研发中采用措施的效果也十分必要。

从加快催化剂研发的速度、减少过程资金的投入考虑，建立实验平台十分必要，而研究实验平台的设计与配置对于研发的进展具有至关重要的作用。新疆天业根据企业现有的工业化基础，选定对应的工业化装置与中试装置，配合评价体系中的主体实验装置，对不同类型的催化剂产品在不同的使用条件下，进行性能综合评价，认真研究数据，经对比分析，确立其中的对应关系，形成科学、有效、全面的催化剂评价体系,对各类催化剂产品进行快速评价,并以此指导、管理催化剂的工业生产与应用。建立低汞触媒完善的科学评价体系,为低汞触媒的进一步推广提供一流的试验、验证平台。基于体系,建立低汞触媒企业应用评价标准,并力争成为行业标准,这是实现从源头减排汞的重要手段。为后续低汞、无汞催化技术持续深入研究打下基础。

低汞触媒研发平台及应用评价体系技术路线见图 5.30,工业性试验平台见图5.31。

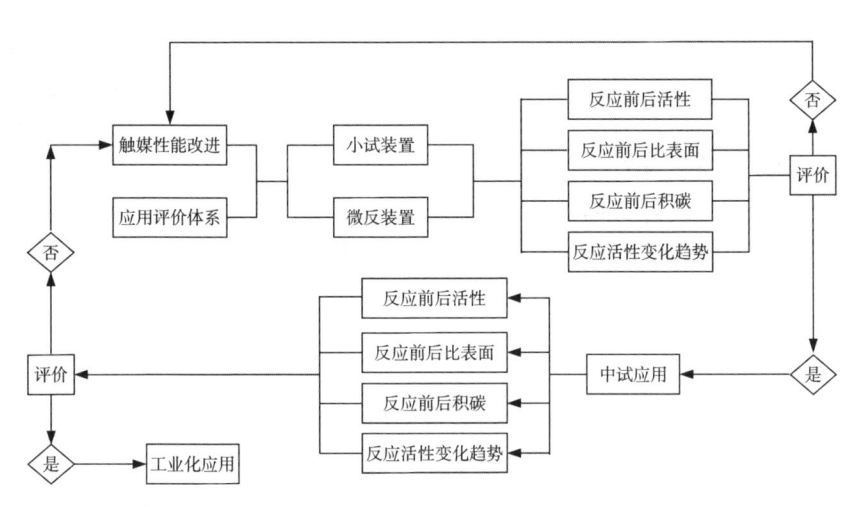

图 5.30　低汞催化剂应用评价体系技术路线

图 5.31　低汞触媒工业性试验平台

2）低固汞触媒的开发技术和工业化放大制备技术。

低固汞触媒催化技术：氯化汞含量为 4%~6.5%。大幅降低氯化汞含量后，通过添加助活性组分 A 使低固汞触媒的催化活性可以与高汞触媒相媲美；为抑制氯化汞在反应过程中的挥发流失，通过添加弥补晶格缺陷的辅助组分 B，使低汞触媒的氯化汞挥发损失率下降 70%以上。

低固汞触媒工业化放大制备技术：通过逐级工业化放大消除催化剂放大效应；通过酸浸泡活性炭除杂、除灰预处理过程优化载体表面官能团；通过加热循环浸渍液方法使活性组分分布更加均匀；通过电加热+两级干燥的微负压系统对触媒进行干燥，避免干燥过程中活性组分的团聚、迁移，有效降低氯化汞的挥发损失。

低固汞触媒生产过程中的汞污染防治技术：通过半自动包装+袋式除尘装置、上料与空间除尘装置有效捕集含汞粉尘固废物，除尘率达 99%，避免粉尘污染；通过二级水洗+两级吸附+高效脱汞技术处理干燥尾气，实现了尾气达标排放；通过专用的吸附法含汞废水处理系统，处理各类含汞废液，吸附剂再生液用于触媒生产，实现生产全过程的空污染管控。

5. 技术实践

新疆天业低汞催化剂取得重大技术突破后，积极响应国家电石法聚氯乙烯行业低汞化要求，于 2013 年率先实现企业全面低汞化并编制低汞触媒产品配套的应用操作规范，通过低汞触媒应用过程控制的不断提高，触媒消耗逐步下降（图 5.32）。

图 5.32 天业自行开发的低汞触媒工业化推广应用示范图

电石法聚氯乙烯行业提高汞资源循环利用效率，低固汞催化剂品质是基础，应用是关键。新疆天业高度重视低固汞催化剂应用过程控制，配套低汞催化剂产品编制相应操作规范。低汞催化剂应用规范如下：

（1）原料气要求：混合气含水小于 600 ppm；乙炔气中 S、P 含量，硝酸银试纸检测不变色；HCl 纯度 93%~96%；配比：C_2H_2：HCl=1：1.05~1.1。

（2）催化剂装填要求：催化剂包装袋打开后应立即装填，翻倒时需过筛除粉，应使每根列管填装充分、均匀，无搭桥现象；测温列管的催化剂填装需专人负责，计算实际填装数量并称量，确保催化剂填装充分、均匀，无搭桥现象，且热偶位于列管中心位置。待后续安装热偶时，再向测温列管中填装催化剂，装填后，使用氮气进行试漏、置换。

（3）干燥活化：新催化剂装入后台转化器，使用前通氮气干燥，温度大于97℃，干燥 8 小时以上，直至下酸玻璃视镜中没有液态水珠。随后进行活化操作，通入 97~100℃的干燥氯化氢（纯度 > 93%），深度活化 24 小时以上，直至进出口氯化氢浓度差≤3%。

（4）生产运行要求：诱导期≥720 h，当前台转化器出口乙炔百分含量在 20%~30%时，乙炔空速设定在 15 h^{-1} 以下；当前台转化器出口乙炔小于 20%时，应适当降低空速；确保转化器连续三点温度≤140℃。诱导期结束后，进入稳定期，控制转化器连续两点温度≤160℃，130~150℃最佳；流量调节幅度不能过大，单次调节梯度≤50 m^3/h，两次调节的间隔≥300 h，逐步调整到设计负荷。整体应用过程中，应严格控制流量的波动，尽量避免大起大落，同时密切关注转化器的温度分布。

（5）翻倒及下线：做好生产计划的统筹安排，建立催化剂倒换周期计划表，避免多台转化器集中翻倒催化剂，减少催化剂各阶段流量控制对生产过程的影响。正常情况下，根据后台转化器出口乙炔含量（使用 4000~5000 小时、出口 C_2H_2 含量≥3%）标准翻倒催化剂，筛分后装填至前台转化器。出现异常情况，包括：短时间内（2000~3000 小时）后台转化器出口乙炔含量 > 3%，需对催化剂进行翻倒，重新装填至原转化器；催化剂翻倒至前台转化器后，短时间内（2000~3000 小时）出口乙炔 > 35%，需对催化剂进行翻倒，重新装填催化剂至原转化器；使用过程中，转化器压降明显增大，也应适时对催化剂进行翻倒，重新填装至原转化器。

6. 实施效果

新疆天业固汞触媒（$HgCl_2$ 含量为 4%~6.5%）为自主研发技术，属低汞触媒范畴，是我国当前汞削减领域的重大技术突破，氯化汞消耗量下降 50%以上，氯化汞损失率下降 70%以上，污染小，降低了后续治理成本（表 5.8）。

2012 年，新疆天业的低固汞催化剂生产装置正式投入生产，通过原料品质控制、过程工艺控制、产品品质检测评价等手段使得装置产品品质得到稳定保障，产品氯化汞含量为 4%~6.5%，符合 GB/T 31530—2015 氯乙烯合成低汞催化剂国家行业标准要求。2012年该产品被列为国家重点新产品,2014年新疆天业低汞催化剂首次获得北京中化联合认证有限公司产品质量认证证书,荣获自治区优秀新产品一等奖,固汞触媒相关技术获得国家知识产权专利授权4项,其中"乙炔氢氯化固汞催化剂"发明专利荣获2013年中国专利优秀奖。截至目前,该装置累计生产优质低汞触媒产品14000余吨,创造利润10000多万元。销往新疆内外聚氯乙烯生产企业近10家,应用规模达200万吨左右,平均使用寿命达10000小时以上,得到广大用户一致好评。

表5.8 固汞触媒产品指标对标表

项目	氯化汞/%(质量分数)	水分/%	粒度 (3~6 mm)×(3~8 mm)/%	机械强度/%	填装密度/(g/L)	氯化汞损失率/%(质量分数,250℃条件下烘烧3h)
固汞触媒指标	4.0~5.5	≤0.3	≥95	≥95	≤550	≤3.0
国家行业标准	4.0~6.5	≤0.3	≥95	≥95	≤580	≤3.0

2013年新疆天业率先实现企业全面低汞化并编制低汞触媒产品配套的应用操作规范,通过低汞触媒应用过程控制的不断提高,触媒消耗逐步下降,单位产品的用汞量<45 gHg/tPVC,在行业内起到了很好的引领示范作用,极大地推动了行业低汞化进程。

5.4.2 高效气相脱汞技术

1. 概述

氯化汞固有的物理化学特性,决定低汞催化剂使用时氯化汞的升华损失不可避免。对低汞催化剂使用过程中流失汞的高效回收,是实现电石法PVC行业汞污染过程防控的重要途径,也是实现汞资源闭式循环利用的关键。

大部分电石法聚氯乙烯生产厂家采用的是传统脱汞器,即活性炭吸附器,这种脱汞器存在填装吸附剂量小、气体停留时间短、气体阻力大、吸附不均匀、不方便更换活性炭等问题。针对传统脱汞器存在的各种问题,新疆天业设计开发了新型高效脱汞装置,通过高效气相汞回收技术,对电石法聚氯乙烯生产工艺过程中流失的汞进行回收,大大降低电石法聚氯乙烯行业汞污染排放,提高了行业汞资源综合利用效率。

2. 技术原理

1) 吸附原理

吸附作用又称为吸着作用,是两相界面上物质分子浓度自动发生变化的自然现象。研究表明,吸附现象不仅发生在固-气界面上、液-气界面、固-液界面上同样也会发生。

吸附体系由吸附剂和吸附质组成,将具有一定吸附能力的材料称为吸附剂,将被吸附的物质称为吸附质。在氯乙烯气相脱汞中,常用吸附剂为活性炭或改性活性炭。氯乙烯气体中的单质 Hg、$HgCl_2$ 和 Hg_2Cl_2 为吸附质。

吸附分为物理吸附和化学吸附,如果吸附剂和吸附质之间是通过分子间引力(范德华力)而产生吸附,称为物理吸附;如果吸附剂和吸附质之间产生化学作用,生成化学键引起吸附,称为化学吸附。物理吸附和化学吸附并非不相容,但在一个系统中,可能某一种吸附是主要的。在氯乙烯气相脱汞中主要以物理吸附为主。

2) 影响吸附的因素

吸附能力和吸附速度是衡量吸附过程的主要指标。固体吸附剂吸附能力的大小可用吸附量来衡量。吸附速度是指单位质量吸附剂在单位时间内所吸附的物质量。吸附速度决定与吸附剂接触的时间。吸附速度慢,则所需的接触时间长,气体的速度慢,吸附设备的容积大。

吸附速度主要取决于外部扩散速度和孔隙扩散速度。颗粒外部扩散速度与气体中吸附质浓度成正比,也与吸附剂的比表面积的大小成正比。因此吸附剂颗粒直径越小,外部扩散速度越快。孔隙扩散速度与吸附剂孔隙的大小和结构,吸附质颗粒的大小和结构等因素有关。一般,吸附剂颗粒越小,孔隙扩散速度越快。

另外,吸附剂和吸附质的物理化学性质、pH 值、反应温度对吸附也有很大影响。吸附质的浓度增加,吸附量也随之增加;活性炭一般在酸性条件下比在碱性条件下有较高的吸附量;吸附反应通常是放热反应,温度低对吸附反应有利。

3) 增强吸附效果的相应措施

结合吸附原理及其影响因素,本技术在氯乙烯气相脱汞过程中主要采取以下措施增强气相汞吸附效果。

A. 气速降低

增加其他物质在吸附剂上的停留时间,从而增强吸附效果。

根据吸附动力学,吸附过程基本上可分为三个联系的阶段。第一阶段为吸附质扩散通过气膜而到达吸附剂表面；第二阶段为吸附质在空隙内扩散；第三阶段为溶质在吸附剂内表面发生吸附。通常第三阶段吸附反应速度非常快，总的过程速度由第一、第二阶段所控制。一般情况下，吸附过程开始时往往由膜扩散控制，而在吸附终了时，内扩散起决定作用。

为了增加吸附效果，必须保证吸附质氯化汞、氯化亚汞和单质汞在吸附剂表面的停留时间，才能达到吸附的效果。所以气速降低可以增强气相汞的吸附。

B. 两级或多级吸附

在吸附的中后期随着部分吸附剂吸附逐渐饱和，吸附效果降低，整体吸附达不到指标，但是若更换新吸附剂，消耗将大大增加。为了既保证吸附剂的吸附效果，同时降低吸附剂的使用量，必须进行两级或多级吸附。

C. 采用改性吸附剂，增加对单质 Hg 的化学吸附

氯乙烯合成过程中的催化剂为 $HgCl_2$ 活性炭催化剂，因在反应过程中，反应温度过高导致 $HgCl_2$ 的挥发，并且还有少量的单质 Hg 生成，原因如下：

（1）单质 Fe 的存在，导致催化剂中毒，发生反应：

$$HgCl_2 + Fe \longrightarrow FeCl_2 + Hg$$

（2）乙炔过量易使催化剂中氯化汞还原为 Hg_2Cl_2 或 Hg。摩尔比不同，催化剂升华结果不同，见表 5.9。

表 5.9 不同摩尔比下，氯化汞催化剂的升华结果

乙炔：HCl（体积）	2：1	1：1	1：2
催化剂升华物	Hg_2Cl_2+Hg	Hg_2Cl_2	微量 Hg_2Cl_2

（3）$HgCl_2$、乙炔、水三者生成的有机配合物在高温下的进一步分解（低温时，这种有机配合物分解缓慢，易覆盖 $HgCl_2$ 催化剂表面而降低活性）。

针对这个问题，本技术通过表面氧化改性、表面还原改性以及负载金属改性等方法改善活性炭表面的官能团及其周边氛围的构造，使其成为特定吸附过程中的活性点，从而控制其亲水、疏水性能以及金属或金属氧化物的结合能力，从而增强化学吸附性能。

3. 工艺流程

含有汞的氯乙烯气体经过过滤装置除尘后，进入冷却系统，冷却系统将温度冷却后，送入后续系统对汞进行吸附，排出后的氯乙烯气体汞含量下降 90% 以上，吸附效果显著。

具体工艺流程如图 5.33 所示。

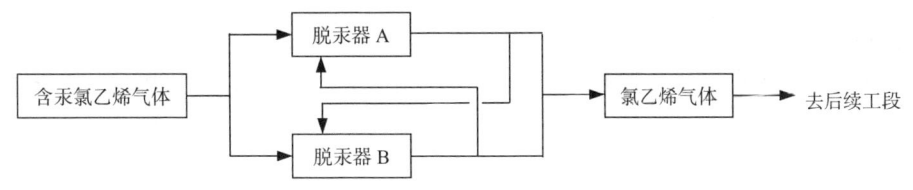

第 5 章 氯碱化工循环经济产业链关键支撑技术

图 5.33 新型高效脱汞器吸附工艺流程示意图

含汞废气自塔底进入高效脱汞器，采用固定床工艺，两个脱汞器可并联也可串联使用。

开车初期运行脱汞器 A，脱汞器 B 备用。随着装置的运行，当高效脱汞器出口汞含量接近穿透时，A 床层下部脱汞剂已经饱和，但上部脱汞剂还有 20%~30% 的脱汞容量尚未利用。此时投用脱汞器 B，并将脱汞器 A 与脱汞器 B 串联，待脱汞器 A 中脱汞剂（改性活性炭）全部饱和后，切出脱汞器 A，更换新鲜脱汞剂，单独运行脱汞器 B。当脱汞器 B 接近穿透时，投用脱汞器 A，将流程改为脱汞器 B 与脱汞器 A 新鲜脱汞剂串联，当脱汞器 B 完全饱和后，更换脱汞器 B 中脱汞剂，完成 1 个操作周期。该工艺流程在高效脱汞器运行后期采用接近饱和的脱汞剂与新鲜脱汞剂串联操作，最大限度地提高了每个脱汞器的吸附容量，延长了脱汞剂的使用寿命，比并联流程节省了 20%~30% 脱汞剂，降低了运行成本。

4. 技术实践

新疆天业高效脱汞器技术为自主研发成果（图 5.34）。获得国家发明专利授权 1 项，采用径向床结构可串可并的工艺，实现了不停车换脱汞剂，通过阀门操作装卸省时省力；采用侧向旋流进气，用大孔丝网替代玻璃丝棉，延长吸附剂的使用时间，节省吸附剂 20%~30%。该技术通过第三方检测机构"新疆维吾尔自治区分析测试研究院"检测，气相脱汞效率达到 85% 以上，具有气相脱汞效率高、阻力小、吸附剂装卸方便的优点，列入行业汞减排推广技术，新疆天业下属企业均配套应用，达到了良好的使用效果。《一种电石法氯乙烯气体中氯化汞的脱除

图 5.34 高效气相脱汞装置

方法》发明专利荣获 2015 年中国专利优秀奖。目前行业领军企业多已采用类似技术，有效降低了后续含汞废物的产生量和处理难度，为提高汞的回收利用率提供了保障，具有较好的经济效益和环境效益。

5. 关键技术研究过程

1）低汞触媒应用过程控制技术

通过低汞触媒的应用及配套相关工艺控制，目前单位产品的用汞量 <45 gHg/tPVC。编制配套低汞触媒产品操作规范，主要要求有：①原料气净化：混合气采用深冷冻脱水和高效除雾器脱水，使混合气含水小于 600 ppm，也可结合乙炔和氯化氢的单独脱水工艺；采用二塔或三塔自动控制清净工艺，用硝酸银试纸检测乙炔气中 S、P，乙炔纯度 >98.5%；HCl 纯度 93%~96%；配比：C_2H_2：HCl=1：1.05~1.1。②计量式装填触媒：确保均匀、无搭桥装填。确保热偶位于列管中心位置。③生产运行控制：诱导期≥720 h，确保转化器连续三点温度≤140℃；稳定期，控制转化器连续两点温度≤160℃，130~150℃最佳；流量调节幅度不能过大，单次调节梯度≤50 m^3/h，两次调节的间隔≥300 h，逐步调整到设计负荷。④翻倒及下线：避免多台转化器集中翻倒触媒，减少触媒各阶段流量大幅波动。常规翻倒触媒（二组翻倒至一组转化器）；异常翻倒（短时间内二组转化器出口乙炔含量 >3%；短时间内一组转化器出口乙炔含量 >35%；转化器压降明显增大等）。

2）高效脱汞器的设计

通过对传统脱汞器的分析，影响吸附的主要原因：一是运行一段时间后，底部玻璃棉堵塞灰尘和酸垢，导致阻力上升；二是吸附床的气速高，该结构形式脱汞器不易进一步降低空速；三是吸附层活性炭结块或沟流，导致气体走短路，吸附效果大大下降。为了解决以上三个方面的问题，特设计出了径向结构的高效脱汞器（图 5.35）。

该高效脱汞器特点如下：

（1）该高效脱汞器没有玻璃丝棉，采用的大孔丝网，所以不用担心丝网堵塞而导致阻力上升。

（2）该高效脱汞器与普通脱汞器的直径一样，但是采用径向结构后，通过设计气速为普通脱汞器的五分之一，吸附效果增加。

（3）该脱汞器进气采用侧向旋流进气，达到酸滴和粉尘分离的效果，所以活性炭吸附层结块的可能性会降低，所以吸附效果不会受到很大影响。

（4）该高效脱汞器装卸吸附剂方面，可以直接在顶部打开阀门装活性炭，卸活性炭时打开底部阀门可以方面活性炭的卸料。

（5）该高效脱汞器因为气速降低，阻力降大大下降，从实际运行测试效果来看，其阻力降也是明显下降。

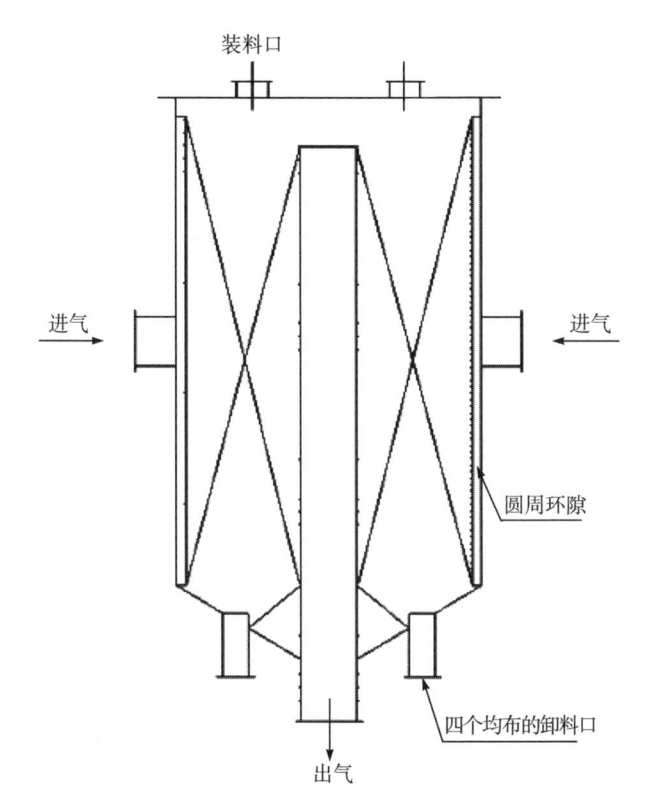

图 5.35　高效脱汞器设计示意图

3）高效气相汞回收技术

针对氯乙烯合成工序气相汞回收技术，开发出的径向结构的高效除汞器及两级串并联的高效气相汞回收工艺技术，通过可串可并的工艺，利用阀门操作装卸，实现不停车换脱汞剂；通过侧向旋流进气，达到酸滴和粉尘分离的效果，基本消除了活性炭结块或沟流现象的产生，降低气阻；通过大孔丝网替代玻璃丝棉，消除了因玻璃丝绵堵塞而导致的阻力上升现象；通过装填高比表面积活性炭和载硫碳，极大提升捕集汞的效率。

为了增加对氯乙烯气体中汞的吸附效果，我们采用高比表面的活性炭，高比表面积活性炭微孔发达，孔道长，汞吸附在上面难迁移到外表面而流失。同时高比表面积活性炭孔容大，吸附容量大，也减少了活性炭的更换频次。通过添加一部分载硫碳，增加对氯乙烯气体单质 Hg 的化学吸附，极大提升捕集汞的效率，保障对氯乙烯气体中总汞的吸附效果。

气相脱汞效率达到 85% 以上，废酸中汞浓度降低 50% 以上，阻力降远低于普通脱汞器。①高效脱汞器为径向床结构，采用可串可并的工艺，通过阀门操作装卸，实现不停车换脱汞剂。②采用侧向旋流进气，达到酸滴和粉尘分离的效果，基本消除了活性炭结块或沟流现象的产生，降低气阻。③采用极大孔丝网替代玻璃丝棉，消除了因玻璃丝绵堵塞而导致的阻力上升现象。④装填高比表面积活性炭和载硫碳，提升捕集汞的效率（表 5.10）。

表 5.10　高效脱汞器与普通脱汞器性能对比表

性能参数	普通脱汞器	高效脱汞器
床层结构	轴向	径向
空塔气速	较高（0.2 m/s）	非常小（0.034 m/s）
吸附剂装卸	不方便	方便
气体阻力	高	低
吸附效果	≤67%	≥85%

6. 实施效果

新疆天业高效脱汞器技术为自主研发成果。获得国家发明专利授权 1 项，采用径向床结构可串可并的工艺，实现了不停车换脱汞剂，通过阀门操作装卸省时省力；采用侧向旋流进气，用大孔丝网替代玻璃丝棉，延长吸附剂的使用时间，节省吸附剂 20%~30%。该技术通过第三方检测机构"新疆维吾尔自治区分析测试研究院"检测，气相脱汞效率达到 85% 以上，具有气相脱汞效率高、阻力小、吸附剂装卸方便的优点，列入行业汞减排推广技术，新疆天业下属企业均配套应用，达到了良好的使用效果。《一种电石法氯乙烯气体中氯化汞的脱除方法》发明专利荣获 2015 年中国专利优秀奖。目前行业领军企业多已采用类似技术，有效降低了后续含汞废物的产生量和处理难度，为提高汞的回收利用率提供了保障，具有较好的经济效益和环境效益。

5.4.3　含汞废水处理技术

1. 概述

由于汞催化剂的使用，电石法 PVC 企业不可避免地会产生较多的含汞废水，主要包括催化剂装卸及装填、转化器内催化剂翻换洒落的粉末与雨水、雪水混合产生的含汞水，新催化剂装填活化时的排酸，催化剂抽出时水环真空泵产生的废水，转化器泄漏排出的废水，泡沫脱酸塔、水洗塔等设备、管线泄漏的废酸，碱洗塔换碱排放的废碱液即及洗塔废水，碱洗塔、常规解吸、深度解吸系统排出废酸里的沉积物，检修时设备、管线留存的一些含汞水等。

化学沉淀法是电石法 PVC 生产过程中处理含汞废水重要方法之一，该技术在汞含量高的废水治理中表现优异，具有较高的性价比。此方法将工业含汞废水的 pH 值调节到 9~11，常采用 Na_2S 为沉淀剂（投加量为理论量的 5~20 倍），再加入质量分为 0.01%~0.03%无机絮凝剂，搅拌充分反应，经沉淀后过滤清液，达到要求后排放。

离子交换法是利用离子的活泼性进行处理废水的一种方法，这种方法适宜于处理废水容量大的情况，并且没有二次污染。但是这种方法进行离子交换的设备一般情况下价格比较昂贵，并且离子交换完成后不能再生，经济性不佳。

电解法进行含汞废水无害化处理设备比较简单，工艺操作简单，并且能够很好地回收有价金属。但是运用电解法进行处理时电流效率比较低，并且能耗较高，但是随着科学技术的进步，能够通过对电化学反应进行优化，提高反应的电流效率，从而提高处理的效率。

吸附法是采用天然吸附剂或合成吸附剂处理含汞废水的一种方法，常用于对经化学沉淀法处理后的含极低浓度 Hg^{2+} 离子的废水进行深度处理，是一种十分经济有效的方法。在进行含 Hg^{2+} 浓度较高的废水时，通常情况下会先通过化学沉淀法进行 Hg^{2+} 沉淀，然后使用活性炭进行吸附，达到最佳效果。通常情况下，活性炭吸附 Hg^{2+} 重复进行吸附再生使用，能够在很大程度上降低成本。陶氏化学的 MR10、杜笙的 CH-97 和 CH-95 等是使用较多的合成吸附剂。

2. 工艺流程

固汞催化剂生产过程中，酸洗工序产生少量 pH 值为 1 的含汞废酸，干燥尾气经水洗塔水洗处理时产生中性含汞废水。随后进入新增的压滤机，可以除去悬浮物及结晶盐。净化后的水进入中间罐，根据检测结果对原水进行再次调节，控制原水 pH 值在 5~8。调整后的原水再进入系统的原水箱，然后通过原水泵输送到装有 0.03 μm 薄膜的预过滤装置，除去废水中悬浮物、胶体和大分子有机物等；预处理出水进入中间水箱，利用吸附柱中的除汞吸附剂 Dow Ambersep™ MR10 吸附回收废水中的汞，处理后的废水中的汞含量降至国家排放标准以下；达到合格指标的出水被收集到产水箱，大部分可作为杂用水回用，一小部分作为预过滤装置的反洗水（图 5.36）。

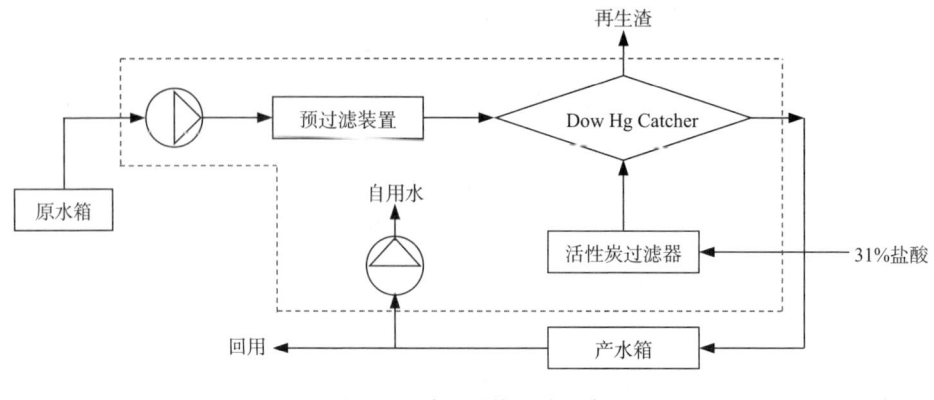

图 5.36 除汞系统工艺示意图

3. 主要工艺技术及特点

电石法 PVC 企业多采用化学沉淀法、吸附法或二者结合的方法处理含汞废水，也有部分企业采用蒸发浓缩的方法。新疆天业与陶氏化学合作开发吸附法含汞废水处理技术，并于 2011 年建成国内首套树脂吸附法含汞废水处理工业示范装置。本技术吸附剂可再生，再生过程中产生的高浓度含汞液体用于固汞催化剂生产，具有出水汞含量稳定、吸附剂可再生、自动化程度高、操作方便等优点。创新性如下：

（1）出水汞含量稳定＜0.003 mg/L，满足《烧碱、聚氯乙烯工业污染物排放标准 2016》对总汞排放限值的要求。

（2）针对吸附剂饱和吸附量大、可再生特点，开发配套工艺，实现废水中汞的回收利用；处理过程无汞泥产生，无二次污染。

4. 实施效果

本技术处理后水的总汞含量持续稳定＜0.003 mg/L。①0.03 μm 薄膜的预过滤装置，除去废水中悬浮物、胶体和大分子有机物等；②组合吸附柱中的除汞吸附剂 Dow Ambersep™ MR10 树脂材料，能有效地吸附回收废水中的汞，使其出水含汞量能够稳定达到合格指标＜0.003 mg/L；③脱附再生，使用脱附剂对吸附饱和的树脂进行脱附处理，使其恢复除汞能力，脱附液可用于触媒制备。至今装置已连续运行 10 余年，在行业内起到了良好的引领示范作用，推动国内部分企业采用该技术进行升级改造。

5.4.4 废汞催化剂回收技术

1. 概述

由于电石法聚氯乙烯行业无汞触媒成本高、生产技术有待进一步完善、全生命周期评估尚未完成等问题，无汞触媒工业化尚需时日。电石法聚氯乙烯行业仍处于深度低汞化发展阶段，低汞触媒的生产、应用及回收一体化技术不仅降低了行业汞消耗，而且促进了汞资源的高效循环利用。据调查，电石法聚氯乙烯行业年用汞量 700 多吨，产生含汞固废 2 万多吨，汞资源消耗与减排压力巨大。新疆天业在国家汞污染防治政策的号召下，积极践行"绿水青山就是金山银山"的发展理念，按照"源头减排、过程防控、循环利用"的总体思路，通过"低汞触媒开发与示范、高效气相汞回收、含汞废水处理、废汞触媒回收与示范"等打通了电石法聚氯乙烯行业汞资源循环利用的整个流程，实现了对行业用汞的全生命周期管理。

2013 年新疆天业率先实现了全面低汞化，在电石法聚氯乙烯行业起到了引领示范作用。开发的低汞触媒产品获得中国石油和化学工业联合会首批次质量认证。开发的高效气相汞回收技术获得国家优秀发明专利奖并成功转化应用。本项目废汞触媒回收应用技术的开发与示范，由新疆天业与国内汞行业龙头企业贵州万山矿产有限责任公司强强联合，充分发挥新疆天业自身技术优势，在贵州万山共同建设废汞触媒回收示范装置，至此，新疆天业形成了全套汞资源高效循环利用发展模式，彻底打通了汞资源全生命周期控制应用技术，对突破电石法聚氯乙烯产业健康持续发展的瓶颈——汞削减与汞污染综合防治问题、有效支撑行业的良性发展、保障国家能源安全、促进国际汞削减活动意义重大。

2. 技术原理

汞触媒中的氯化汞与液碱中的氢氧化钠反应，使其中的汞成为氧化汞状态，然后利用蒸馏炉加热至 700~800℃，使废触媒中的氧化汞在高温下分解为汞蒸气，含汞废气通过管道送入冷凝系统回收金属汞。化学方程式如下：

$$Hg^{2+} + 2OH^- \longrightarrow HgO\downarrow + H_2O$$
$$2HgO \xrightarrow{700\sim800℃} 2Hg\uparrow + O_2\uparrow$$

3. 工艺流程

1）预处理工艺

本项目废汞触媒预处理以烧碱为预处理剂，采用碱浸罐密闭处理，无须堆放发酵，高效环保；烧碱处理后的废汞触媒经电热风炉干燥，去除大部分水，减少蒸馏过程物料板结和设备腐蚀。

经过称量的废触媒和片碱通过密闭的原料皮带输送机输到密闭的碱液罐内。碱液罐内加料完成后，夹套内通蒸汽间接加热，加热过程中开启碱液罐上的搅拌器以保证物料受热均匀，使反应充分。碱液罐反应完成后，剩余的碱液通过管道排入沥碱罐内重新利用。预处理好的废触媒通过位差流入过渡罐然后控制进入振动流化床内进行干燥，干燥系统是在负压状态下进行操作，将物料内水分降到5%以下。

碱液罐加料过程中产生的粉尘经过安装在加料口的抽风口将粉尘抽入布袋除尘器内收集，以保证良好的工作环境。碱液罐上设有排气口，加料过程和加热过程产生的粉尘和废气通过后端的引风机分别抽入除尘器和尾气洗涤塔除尘、洗涤，处理合格后尾气再经过烟囱进行排放。振动流化床的热源采用蒸汽，干燥气经过干燥床后进入除尘器和洗涤塔内依次除尘和洗涤，处理合格后尾气再经过烟囱进行排放。

2）蒸馏工艺

干燥后的物料通过上料系统进入电阻蒸馏炉内；蒸馏炉通过电进行加热，炉内温度控制在 700~800℃；炉内产生的汞蒸气依靠水力喷射真空机组依次进入冷凝系统，绝大部分的汞冷却下来进入汞收集罐内。

以上过程为微负压操作，负压是由自动连锁控制。含汞尾气通过水力喷射真空机组、冷却缓冲罐、多级重金属尾气处理装置、五级吸附床、负压尾气处理装置、活性炭吸附装置处理合格后尾气再经过烟囱进行排放。蒸馏后剩下的废活性炭经过输送机输送到废活性炭堆放场内废渣仓进行冷却，定期按环保要求处置。

3）冷凝及净化工艺

蒸馏炉产生的汞蒸气采用"冷却罐+列管冷却器+多层冷却器+翅片空冷管+水洗塔"冷凝净化系统，汞蒸气依次进入各级冷却设备冷凝，收集相应的液态金属汞和汞齐。该系统增大了换热面积，提高了冷却效果和汞回收效率，降低了后续尾气处理的难度。

冷凝系统处理后的尾气还有少量的汞蒸气，采用"活性炭吸附塔+多硫化钠洗涤"进一步净化处理。

4）汞氽处理

水冷下部的集汞罐中除液态汞外，还有一部分汞氽，含汞量可以达到70%~80%。汞氽送汞氽桶，然后进旋流器分离，多次分离后分离出其中的金属汞，送集汞罐储存，并定期人工装罐入库，汞氽残渣经沉淀、干燥后送蒸馏炉再蒸馏。

5）废水处理工艺

冷凝净化系统等各种废水全部集中收集后进入废水池，含汞废水进入废水池后，经沉淀静置处理得到上清液，送入冷凝系统循环使用，不外排。

6）尾气处理工艺

尾气处理系统工艺采用"水力喷射真空机组+冷却缓冲罐+多级重金属尾气处理装置+五级吸附床+负压尾气处理装置+活性炭吸附装置"系统。

水力喷射真空机组不但可以作为冷却系统的动力设备，而且采取水力喷射形式，使气液充分有效接触，能够高效地降低尾气中的汞，在每个独立的单元采取不同浓度的吸收液，进一步降低尾气中的汞含量，五级吸附床为自有专利技术，配套含硫活性炭脱汞剂。保证排放的尾气稳定达标。

废触媒回收汞工艺流程图如图 5.37 所示。

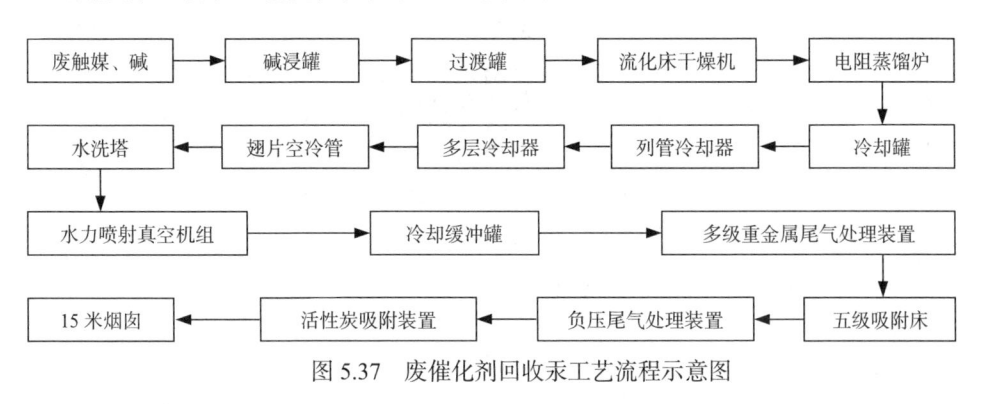

废触媒、碱 → 碱浸罐 → 过渡罐 → 流化床干燥机 → 电阻蒸馏炉
水洗塔 ← 翅片空冷管 ← 多层冷却器 ← 列管冷却器 ← 冷却罐
水力喷射真空机组 → 冷却缓冲罐 → 多级重金属尾气处理装置
15米烟囱 ← 活性炭吸附装置 ← 负压尾气处理装置 ← 五级吸附床

图 5.37 废催化剂回收汞工艺流程示意图

4. 主要工艺技术及特点

1）主要工艺技术

A. 废汞触媒回收的电热卧式蒸馏炉开发

预处理效果和蒸馏条件是影响回收效果的主要因素。蒸馏是氧化汞高温分解

生产汞的过程。蒸馏效果越好，氧化汞的分解越彻底，汞回收效果越好。影响蒸馏的主要因素是蒸馏温度、蒸馏时间和加热均匀性。蒸馏温度越高，越利于氧化汞的分解，但能耗增加，同时分解过快、气速不均不利于后续系统的冷凝及净化。适当延长蒸馏时间，利于氧化汞的充分分解氧化，但会对装置的生产效率产生影响。温度不均易造成汞回收不彻底，影响汞回收效率。

基于上述考虑，本项目开发了一种用于废汞触媒回收的电炉，并获得国家发明专利及实用新型专利授权。该电炉设计加热效率为 16 kW/(h·t)，包括炉盖、炉体、炉罐、分料器、加热元件、加热控制系统、下料器。炉罐外与内部设有测温元件，加热元件及测温元件通过导线与加热控制系统连接，炉罐中部区域设置若干个加热腔，将炉罐间隔成若干个小仓，小仓之间的加热腔内设置内加热元件，电炉分若干个区加热，使加热均匀，自动控温，温度控制精度高，在提高汞回收率的同时，降低了能耗。

B. 废汞触媒回收成套工艺技术

建成国内首套电热蒸馏回收废汞触媒示范装置，装置设置了预处理、蒸馏、冷凝及净化、汞氽处理、生物质锅炉、废水处理和固废处置等单元。

预处理采用强碱液加热，使废汞触媒中的氯化汞更加充分地转化为氧化汞，转化率达到100%，兼具节能环保效果。蒸馏采用自主研发的电炉加热方式，温度控制稳定、均匀，提高了汞回收效率，减少了废气排放和其他配套设备，保证现场环境质量的同时降低投资。冷凝及净化采用"冷却罐+列管冷却器+多层冷却器+翅片空冷管+水洗塔"工艺，高效冷凝收集蒸馏的汞及汞氽，含汞废气达标排放。汞氽采用旋流器方式，多次分离后分离出其中的金属汞，剩余部分返回系统继续回收汞。生物质锅炉为预处理、干燥等环节提供热源，烟气由布袋除尘器处理，可达到排放标准；生物质锅炉的灰渣可作为有机肥使用，不外排。冷凝净化系统等各种废水全部集中收集后进入废水池，含汞废水进入废水池后，经沉淀静置处理得到上清液，送入冷凝系统循环使用，不外排。含汞废物回收产生的工业废渣堆放在经过防渗、处理的临时渣场内，达一定量时运往贵州省当地处理厂处理；多硫化钠尾气处理系统产生的污泥和系统产生的汞氽残渣定期清理，干燥后返回蒸馏炉进一步提汞，最终残渣运往贵州省当地处理厂处理；尾气处理产生的含汞废活性炭，去汞回收工段回收汞；废水收集池的污泥送入工艺中回收汞处理。

整套装置的技术水平和自动化控制程度高，整个生产系统采用微负压控制，提高了汞的回收效率，大幅降低了劳动强度，减少了人员与有害物质的接触，安全性、环保性更高。

2）技术特点及先进性

本项目工艺及主要设备是由新疆天业（集团）有限公司自主设计研发，汞回收率可以达到 99%以上，工艺和设备的技术特点如下：

（1）预处理工艺采用烧碱做预处理剂，碱浸罐加盖密闭。与传统生石灰处理工艺相比，用烧碱浸泡废触媒可以降低蒸馏过程中废触媒黏结概率，同时避免了石灰处理的发酵过程，不占用堆积场地，提高了工艺的连贯性，降低了人工劳动强度，减少了热量的散失和含汞水蒸气的散失，改善了工人的操作环境。

（2）干燥系统操作在负压状态下进行，采用密闭直接干燥，烘干热源采用蒸汽，通过干燥，有效减少蒸馏过程物料板结和出料困难的概率，同时可以降低蒸馏电耗，干燥操作通过 PLC 实现自动控制，保证系统的稳定。

（3）蒸馏设备采用自主设计电阻蒸馏炉，国内首创。每台电阻蒸馏炉蒸馏周期为 6 个小时，装填量为 2 吨。采用电阻丝作为加热元器件，减少了燃煤或者燃气做热源产生的废气排放和其他配套设备，配套了 PLC 自动控制系统，使加热更均匀，温度控制精度更高。

（4）汞蒸气冷凝净化工艺采用"冷却罐+列管冷却器+多层冷却器+翅片空冷管+水洗塔"冷凝净化系统，增大了换热面积，提高了冷却效果和汞回收效率，降低了后续尾气处理的难度。

（5）尾气处理系统工艺采用"水力喷射真空机组+冷却缓冲罐+多级重金属尾气处理装置+五级吸附床+负压尾气处理装置+活性炭吸附装置"系统。水力喷射真空机组不但可以作为冷却系统的动力设备，而且采取水力喷射形式，使气液充分有效接触，能够高效地降低尾气中的汞，在每个独立的单元采取不同浓度的吸收液，进一步降低尾气中的汞含量，五级吸附床为自有专利技术，配套含硫活性炭脱汞剂。保证排放的尾气稳定达标。

（6）整个工艺过程均处于全密封控制状态，有效控制了汞在空气中的散失，保障了工人的职业健康安全。

（7）生产系统中的热源采用蒸汽，蒸汽是由生物质锅炉提供，绿色环保；蒸汽冷凝水及冷却水、厂区内的雨水和事故水均可循环使用，不外排，节约水资源的同时，降低了生产系统的环保处理压力。

（8）整个系统机械化程度较高，实现自动化控制，大大减少了人工操作及人和物料的接触，降低了劳动生产率，保障了职工工作环境。

5. 技术实践

针对目前国内含汞固废回收技术现有工艺复杂、产品品质不稳定、不宜大范围应用、预处理环节效率低、蒸馏设备温度控制不稳定、废渣残余汞含量高、汞回收率低等不足，新疆天业自主开发了以卧式蒸馏炉为核心的废汞催化剂高效环保回收处理技术，并与国内汞行业龙头企业贵州万山矿产有限责任公司深度合作，共同建设废汞催化剂回收示范装置，设计规模达到 8000 吨/年废汞催化剂处理能力,年生产汞 160.97 吨。产品质量符合 GB 913—2012《汞》标准,工业废气排放满足 GB 16297—1996《大气污染物综合排放标准》。至此,新疆天业形成了低汞催化剂的生产—应用—高效回收一体化循环利用发展模式,彻底打通了汞资源全生命周期控制应用技术全流程。

6. 实施效果

本项目工艺示范装置现有 8000 吨/年废汞触媒处理能力,是国内首套实现电加热回收工艺的装置。年生产汞 160.97 吨,按照近年来金属汞的平均价格以 20 万元/吨进行销售,可为企业带来销售收入 3219.4 万元,实现年利润 800 万元以上,经济效益显著。

本项目回收的汞优先用于新疆天业低汞触媒生产,变废为宝,既满足了企业及市场的需求,也降低了汞资源消耗,突出体现了循环经济最大限度提高资源的利用效率和效益的原则。

同时,通过本项目的实施,打通了低汞生产、应用、回收一体化技术,构建了电石法聚氯乙烯汞资源高效循环利用模式,实现了汞资源在电石法聚氯乙烯行业的高效循环利用,为行业顺利实现履约目标提供了可靠保障。本项目成果的成功转化对于电石法聚乙烯行业可持续发展及国家能源安全及资源环境保护也意义重大。

5.4.5 无汞催化技术

1. 概述

2013 年 10 月,《水俣公约》——全球首个通过法律约束力限制汞排放和泄漏的国际公约在日本签署,2017 年 8 月 16 日,《水俣公约》在我国正式实施。随着国际汞公约《水俣公约》的实施,我国电石法聚氯乙烯行业的生存与发展正面临着前所未有的生死考验,电石法聚氯乙烯行业无汞化迫在眉睫。工信部、生态环境部、国家发改委相继出台政策,支持并鼓励无汞催化技术的研发。无汞催化剂开发的成功与否是决定电石法聚氯乙烯能否长期可持续发展的核心环节,只有实现了无汞化,才能从根本上解决电石法聚氯乙烯生产汞污染难题。

1) 氯乙烯无汞生产技术路线

近年来,氯乙烯无汞生产技术路线主要包括三条,第一是煤制烯烃生产聚氯乙烯无汞生产技术路线,第二是"姜钟法"氯乙烯无汞生产技术路线,第三是传统乙炔氢氯化 VCM 合成技术路线。

煤制烯烃技术路线以煤为原料，通过甲醇、二甲醚为中间产物制得乙烯，再通过氯气直接氧氯化得到氯乙烯，避免了使用汞催化剂。该技术路线的关键技术和装备受制于国外，投资大，且对水资源需求大；煤制烯烃工艺很难与我国现有的大量的氯碱/聚氯乙烯产能进行直接嫁接。

姜钟法技术路线是电石法与乙烯法的联合，乙炔和二氯乙烷按1∶1（摩尔比）合成氯乙烯。节能是姜钟法的最大优势，同时解决了汞污染问题。目前该工艺工业化运行还未见报道。

传统电石法乙炔氢氯化VCM合成技术，是开发与原合成系统匹配的无汞催化技术。该技术路线技改成本小，操作控制简单，是目前绝大多数无汞研发人员的首选路线。

2）无汞催化剂研究进展

无汞化是电石法PVC发展的目标，无汞催化剂开发是重要手段。目前，国内无汞催化剂研发主要集中在三个方面，一是贵金属催化剂，主要以新疆天业/清华大学/中国科学院大连化学物理研究所联合体、庄信万丰、南开大学、天津大沽、浙江工业大学为代表。其中，新疆天业、庄信万丰完成贵金属金催化剂的千吨级工业示范装置稳定运行已超过10000 h；浙江工业大学和新疆天业完成贵金属钌催化剂单管测试。二是非贵金属催化剂，主要以中科易工、德州实华为代表，开发的铜基催化剂工业试验装置完成了7000 h应用测试，并通过了石化联合会组织的成果鉴定。三是非金属催化剂，新疆大学和石河子大学等开发非金属无汞催化剂目前主要还在实验室基础研究阶段，尚无工业化测试数据报道。

2. 工艺路线

无汞催化剂研发以气固相反应体系为基础，首先在实验室建立基础研发体系，以贵金属活性组分为主要方向，辅以其他金属组分，在催化剂配方研究、载体处理方法、制备方法及反应条件方面展开探讨，结合催化剂的评价与表征，在实验室形成催化剂配方技术；通过单管侧线测试，考察催化剂工业条件下运行寿命，并对工业运行条件如换热温度、热点控制、杂质影响等进行必要性的研究，为工业化示范提供数据基础；在单管测试基础上，进行催化剂的万吨级工业化示范运行，最终形成包括催化剂配方技术、催化剂放大生产技术以及工业化运行控制技术的一体化无汞催化技术体系，为催化剂的工业化及产业化提供最终的数据支撑（图5.38）。

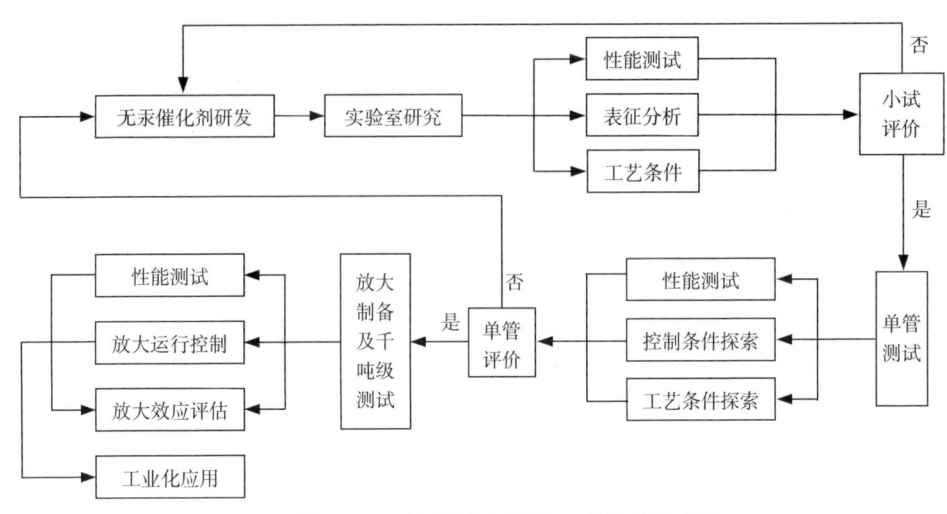

图 5.38　无汞催化剂研发工艺流程示意图

3. 技术实践

新疆天业无汞项目针对无汞催化剂的研发开展，进行了 Au 和 Ru 催化剂的研发。

1）Au 基催化剂

Au 基催化剂以 Au 为活性组分，通过对助剂添加、载体选择及处理、负载方式等方面进行系统研究，新疆天业现已在实验室形成最优低含量 Au/C 无汞催化剂配方技术，催化剂具有良好的活性和稳定性。基于实验室研发成果，进行了超低含量贵金属无汞催化剂（0.01%~0.5%）的研究和工业侧线中试测试。在工业空速下，通过工业单管侧线实验，该 Au 基催化剂连续运行 20000 h 后，乙炔转化率仍大于 75%，氯乙烯选择性大于 99%。Au 基催化剂千吨级工业化测试连续运行 6200 h 以上（目前还在运行），各项指标正常，整体运行数据较好。

2）Ru 基催化剂

在 Au 基催化剂研发的基础上，总结研发思路和经验，顺利开展了 Ru 基催化剂研发。历时两年完成从实验室研发到单管测试线运行，通过钌基催化剂在工业运行中的问题指导优化设计新的研发思路，更加优化完善钌基催化剂，优化改良后催化剂正处于进行实验室最后验证与试制，目前实验室正进行公斤级载体制备与催化剂配方的最终确定阶段，后续将完成工业单管侧线应用。

作为电石法聚氯乙烯行业的一份子，每个企业都有责任、有义务携起手来，克服困难，共同解决当前制约行业发展的汞污染瓶颈问题，为无汞技术的突破而持续努力，为行业的绿色可持续发展做出贡献。新疆天业将一如既往保持开放的态度，开展合作研发与测试工作，推动无汞技术持续向前发展。

4. 主要工艺技术及特点

1）主要工艺技术

研究内容主要包括：无汞催化剂配方及优化、废催化剂的再生及回收、催化剂的工业放大生产制备、催化剂的工业测评与运行示范。具体如下：

A. 建立无汞催化剂实验室平台

建立触媒研发的实验平台，集成载体与催化剂（使用前后）的表征、载体前处理、催化剂样品制备、催化剂微反与小试评价等功能。其次，基于触媒使用中失活机理方面的研究，结合触媒在微反、小试、中试、工业化等不同规模装置、不同使用条件下的性能表现，采用必要的数据处理技术和拟合运算，建立研发实验平台评价与工业化应用间的联系，以指引实验室研究始终保持正确导向。最后，利用实验平台开展新型触媒的研发工作，取得较佳配方后进行工业运行测试（公斤级单管侧线），之后进行工业化应用效果确认（包括新型触媒的工业化制备和触媒在工业转化器中的应用）。

B. 无汞催化剂制备与应用技术

采用密度泛函理论（DFT），计算反应物分子与涉及主活性金属、协同金属、配体及载体在内的催化剂活性中心的结合能，从机理上推测与阐释影响催化剂活性与稳定性等性能的主要原因，为低含量纳米级贵金属无汞催化剂配方的筛选与优化提供理论依据；通过金属与阴离子络合修饰技术，研究化合物间的络合效应及金属组分价态变化情况，筛选出几种性能较优的络合物配体；运用电子助剂和结构助剂修饰技术，研究不同助剂在改变活性组分电子结构、物理性能方面的作用，通过二元、三元或多元复配，筛选新的助剂组分，对催化剂性能进一步优化；运用载体表面官能团和催化剂孔道调节技术，研究载体表面性质及微观结构对催化剂性能的影响，进一步提升催化剂性能。

结合 TEM、SEM、XPS、ICP、TPR、TG、XRD、Raman 和 FT-IR 等催化表征技术，对新鲜催化剂和失活催化剂进行性质分析，研究催化剂的失活机理，指导优化催化剂配方，形成低含量纳米级贵金属无汞催化剂组成配方技术。在已有的工业单管侧线小试装置上，对催化剂进行测试评价，形成适宜的催化剂应用工艺控制方案或成套应用技术。

C. 无汞催化剂放大关键制备技术

研究催化剂载体颗粒尺寸效应，选择形状、大小适宜的载体；优化催化剂载体处理步骤和流程；围绕放大过程中活性组分均匀负载及载体粉化等问题，研究生产制备时的负载方式、液固比、浸渍温度、浸渍时间等重要指标对催化剂性能的影响；研究优化干燥工艺，解决粉化、组分团聚和组分流失的问题；设计建造无汞催化剂的放大生产装置，在试生产过程中对各项工艺参数进行优化，并进行实验室微反装置及工业侧线测试，解决催化剂工业生产制备的放大效应，形成低含量纳米级无汞催化剂放大生产制备技术。

D. 工业转化器的优化技术以及万吨级氯乙烯无汞催化剂工程化技术

建立最优催化剂的动力学模型，使用 ASPEN 模拟软件计算反应流程中的放热、能耗、物料衡算等，确定与无汞催化剂匹配的适宜反应器的形式与结构；对催化反应装置的传质、传热进行研究，设计工业化装置换热系统；用 DCS 数字控制系统对工业化装置催化剂运行过程进行监控和研究，设计并建立精确的催化剂运行控制方案，包括原料气、换热介质的流量控制和运行过程中的连锁控制方案；根据原料气配比及杂质气体对催化剂性能的影响研究其净化处理的优化技术，确定其工艺流程和设备；研究催化剂的存放、装填方式方法，以及催化剂的活化时间、诱导期及稳定期的控制要求，对乙炔空速、催化剂反应热点、反应温度窗口等关键指标对反应过程的影响进行探索并优化控制系统；设计建造万吨级氯乙烯工业运行示范装置，进行长周期测试，得到最优的催化剂工业化运行控制指标，形成一整套无汞催化剂工业化运行控制技术；对失活催化剂的再生及贵金属回收进行研究，以分析评估无汞催化剂的产业化经济性及可行性。

E. 废催化剂的再生及回收技术

废催化剂的再生：①研究无汞催化剂的失活机理，分析催化剂失活与其组分组成、金属价态变化、电子性质以及有机物的生成间的本质联系，探寻抑制其失活的关键因素；②针对失活原因研究适合的催化剂再生的方法，包括金属组分离子的再氧化或再还原方式方法，表面积碳有机物的去除方法，金属组分团聚后的再分散方法，载体表面官能团的处理等；③研究在线或离线再生的不同效果。

废催化剂的回收：①对废催化剂的主要回收方法进行系统研究（干法回收或湿法回收）；对废催化剂焚烧过程所涉及的焚烧温度、焚烧时间、焚烧方式、扬尘分离等重要因素进行研究；②对焚烧后残渣中金属的溶出方式方法进行研究，对其他金属杂质的去除方法以及贵金属的富集及精炼方法进行研究。

2）创新特点

（1）通过对催化剂活性、组分颗粒尺寸效应、活性组分与载体之间的相互作用、催化剂的微观结构和表面性质等因素与催化剂活性和选择性之间的关系进行研究，同时针对催化剂活性组分的负载方式方法，催化剂的干燥工艺等进行重点研究，最终形成具有自主知识产权的成套的无汞催化剂放大生产技术。

（2）国内首次对无汞催化剂万吨级工业化应用示范装置的反应系统、换热系统、控制系统、原料气净化系统等进行研究，设计并建造新型无汞催化剂反应器并配套换热、控制及净化系统等；首次对规模化生产的无汞催化剂进行工业化测试运行，在运行过程对工艺流程、控制方法及技术不断优化，最终形成无汞催化剂工业化运行控制技术。

（3）通过对失活后的无汞催化剂进行失活机理的研究，再生方法的研究筛选以及离线或在线再生的对比分析，得到可行的催化剂再生方法，进一步延长催化剂的使用周期；同时，针对失活催化剂的贵金属回收方法进行研究，包括干法或湿法回收的区别，废催化剂的焚烧方式方法，金属的溶出及杂质的去除等，得到无汞催化剂的贵金属回收技术，使贵金属组分能够重复利用，极大降低了催化剂的生产及运行成本，并形成自主知识产权。

5. 实施效果

根据企业自身发展的需求，2007年，新疆天业自主进行汞催化剂的研发，目的在于研发出新型汞催化剂，解决氯化汞易挥发和容易积碳、寿命短等问题，基于氯化汞触媒的催化机理、失活与应用特点，从搭建实验平台着手，综合考虑催化剂（载体）表征、制备工艺、评价方法（空速与温度等条件）等方面，开展新型氯化汞触媒（固汞触媒）的研究；通过降低触媒中氯化汞的含量、增加一些辅助组分，达到消减汞的使用与排放、提高汞资源利用率的目的。建立一套氯化汞触媒制备、分析检测和性能评价的高效试验平台，采用特殊的配方体系和制备工艺，使触媒在汞含量不变的情况下，其使用寿命延长10%~20%。

2012年，针对传统电石法聚氯乙烯工艺中潜在的污染大、汞资源消耗严重等问题，以实验室研究开发超低汞催化技术，研究开发工业化超低汞催化剂与现有的工业化低汞催化剂活性和寿命相当，催化剂中氯化汞含量降低，气相汞损失率降低等优点的超低汞催化剂。研究开发工业化超低汞催化剂与现有的工业化低汞催化剂活性和寿命相当，超低汞催化剂中氯化汞含量控制在4%以下，催化剂消耗≤1.2 kg/t 聚氯乙烯。

2013年开始至今，致力于无汞催化剂的研发与工业化示范，在实验室电石法氯乙烯无汞催化剂研究成果的基础上，通过研究适合中试应用的氯乙烯合成反应器及无汞催化剂万吨级工业示范装置，形成无汞催化剂中试应用技术体系，形成一整套无汞催化剂工业化运行控制技术，建立氯乙烯无汞催化合成工业装置，完成产业化示范。先后开展贵金属无汞催化剂、低含量贵金属无汞催化剂、超低含量贵金属无汞催化剂、贵金属催化剂回收关键技术局的研发。

目前，新疆天业万吨级无汞催化剂工业示范装置运行已超20000小时。搭建的无汞催化平台多次为国内外高校、科研院所、企业提供共享实验服务，共同推动行业无汞技术进一步优化，提升无汞示范装置运行水平。新疆天业以开发新型非汞催化剂为出发点，以根本上解决行业内汞污染为最终目的，积极落实了国际及国家环保政策，极大地推动了绿色环保型无汞催化剂的研发进程，促进行业非汞化迈向了一个新的台阶，保障了行业绿色可持续发展，也为保障国家能源安全作出贡献。

本技术的成功实施势必将推动无汞催化技术的大规模工业化与产业化，将完全打通行业汞污染瓶颈，彻底解决长期困扰电石法聚氯乙烯行业发展的汞污染问题，每年大幅度减少汞的使用量。采用无汞催化工艺生产的聚氯乙烯产品环保质量也会明显提升，对提高产品附加值具有重要意义，企业经济效益将得到显著提高，企业科技引领创新能力得到明显提升。行业将不再使用和消耗汞资源，保障了行业绿色可持续发展，也为保障国家能源安全以及国际汞污染防治做出重要贡献，为国家履行国际汞公约《水俣公约》提供坚实保障，项目生态效益突出。

5.5 提质增效相关技术

5.5.1 聚氯乙烯树脂品质提升

1. 概述

随着我国城市化进程的不断加深，PVC 的产能总量和消费量呈现快速增长的态势，产能从 1581 万吨调整扩增至 2404 万吨。其中，全国总产能的 80%以上仍为普通 PVC 树脂，其他专用型树脂占比不足 20%。近年，国内电石法 PVC 树脂品质随制品加工对原料要求逐步提升，高品质 PVC 树脂的技术提升成为市场及下游制品加工需求的关键。PVC 行业产品结构化有待进一步以市场需求为导向，进行产品用途细化、质量高端化的调整优化，这将成为氯碱化工行业发展的必然趋势。

依托循环经济发展模式，作为全国循环经济示范企业，新疆天业率先向 PVC 树脂的差异化、高端化发展，现已具备 140 万吨/年的 PVC 产能，PVC 产品型号总计有三十多种。为发挥企业在技术及市场的核心领军能力，新疆天业坚持以科技创新为核心的全面创新，建设国内规模最大的聚氯乙烯专用树脂研发及生产循环经济产业链基地，高品质 PVC 树脂规模化生产与推广将为兵团增加新的经济增长点，形成以"产业结构调整、提升行业增长质量"为核心发展的循环经济升级布局。

在原有工业生产基础上，通过从普通型 PVC 树脂品质提升和 PVC 上下游一体化专用助剂，进一步持续发展高端化的循环经济模式。

2. 工艺技术方案

PVC 树脂品质提升主要有两种途径,一是在 PVC 生产过程中,通过提升 VCM 单体质量、优化合成配方,减少 PVC 分子链上存在的缺陷结构、规整 PVC 树脂颗粒的大小、表面形貌,降低树脂鱼眼数量以及树脂中的黑黄点和外来杂质。二是在下游加工过程中,通过添加具有特殊功能的助剂,克服 PVC 树脂材质偏脆等性能缺陷,赋予 PVC 制品某些特定的功能,满足不同的应用场景。

1)单体质量提升

PVC 树脂的质量主要与 PVC 的链结构、分子量分布、树脂中杂质等因素有关。其影响因素主要是原料氯乙烯单体的质量,聚合配方与工艺的精准控制。因此,通过产品质量对标发现树脂差异,在工业生产中提升氯乙烯单体质量,优化聚合配方与改进工艺技术,提升 PVC 树脂品质(图 5.39)。

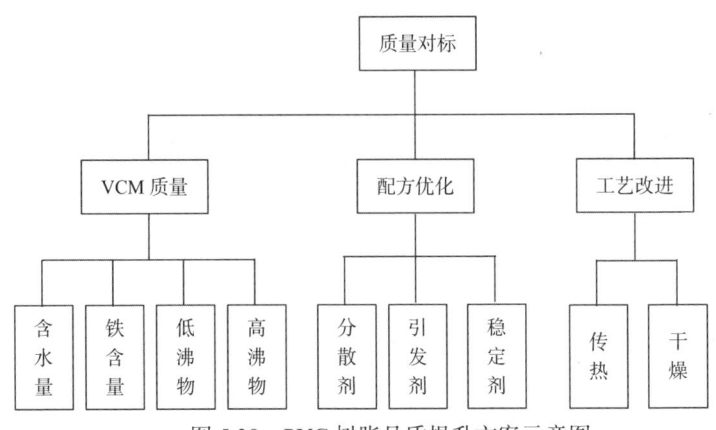

图 5.39 PVC 树脂品质提升方案示意图

2)上下游一体化技术

PVC 上下游一体化发展是提升产品差异化水平的重要手段,也是连接上游生产厂家、下游制品厂家和终端消费群体的最有效途径。一般情况下,普通 PVC 树脂的初级形态均为粉末状,实现上下游一体化一方面需要充分考虑下游客户需求,及时更新、优化 PVC 树脂方案,以保证树脂质量最符合加工需求;另一方面,需要全面掌握终端市场,通过制品加工技术,满足差异化的客户需求。在 PVC 树脂加工过程中需要加入多种助剂,满足 PVC 树脂的塑化成型、稳定、力学性能要求。在力学性能方面,纯 PVC 粉料成型材料通常比较脆,容易发生脆性断裂,影响正常使用,因此,增韧剂成为 PVC 改性加工最常用,也是最重要的助剂之一。通过专用增韧剂的开发和应用，实现 PVC 树脂制品性能最优化、成本最小化，在保证厂家利益的同时，最大限度地满足不同客户群体、不同应用场景的使用需求。PVC 高分子绿色增韧新材料用于 PVC 树脂加工中可增大 PVC 分子间作用力，吸收破坏性能量，阻止材料的脆性断裂，提高材料的韧性。

针对聚氯乙烯行业发展现状，聚焦行业绿色高质量发展需求，围绕 PVC 绿色增韧新材料产业化过程中的专用原料需求、产品后加工应用配方、核心装备设计、放大等关键技术问题展开攻关，通过对功能性高分子聚氯乙烯专用树脂、PVC 高分子绿色增韧新材料改性、加工应用技术的研究，开发出具有自主知识产权和核心竞争力的 PVC 高分子绿色增韧新材料关键技术及制备工艺，形成工业化应用示范装置。

3. 关键技术工艺研究

兵团 PVC 企业产品种类以通用型 PVC 树脂为主，受行业通用型 PVC 树脂产能无序发展的影响，结构性产能严重过剩，企业赢利水平低逐年降低，经营形势异常严峻。

基于对电石法聚氯乙烯行业及 PVC 树脂向专用化和功能化发展的认识，新疆天业确定了"立足新疆乃至全国，稳步提高附加值较高的专用 PVC 树脂在产品中的比重，稳步推进产品的多元化、全方位发展"的总体思路。

专用 PVC 树脂高质化研究与产业化示范项目将切实考虑塑料加工企业对细化下游产品的加工技术要求，严格遵循市场发展规律，完成兵团 PVC 生产与加工产业布局，实现兵团 PVC 生产与加工上下游一体化发展，打造具有行业竞争能力的氯碱基础化工原料制造业基地。

1）单体质量提升技术

新疆天业通过与国内外先进企业聚氯乙烯树脂的深入对标分析，结合行业发展大趋势，以客户需求为目标，以技术创新为手段，不断提升电石法聚氯乙烯树脂品质，为实现通用树脂高端化发展奠定坚实基础。

A. PVC 树脂质量对标

选择国内外先进的电石法/乙烯法 PVC 树脂与天业 PVC 树脂进行质量对标。对标内容包括国标 GB/T 5761—2006《悬浮法通用型聚氯乙烯树脂》各项性能指标，树脂的粒度分布、比表面积、颗粒形态及皮膜分布情况、分子量分布、凝胶含量、鱼眼消失速率、热老化性能、透明度、热失重、塑化度、维卡软化点和干粉流动性等非标性能，以及抗冲击强度、拉伸强度、断裂伸长率、弹性模量、弯曲强度、制品片热老化性能、流变性能等加工性能指标。

通过质量对标，结合下游终端用户对 PVC 树脂的具体要求，从生产源头发现

B. 氯乙烯单体质量提升

氯乙烯单体质量是生产 PVC 树脂的聚合原料，从源头决定着 PVC 树脂的质量。其中，氯乙烯单体中的含水量、铁含量、低沸物、高沸物含量，对氯乙烯单体的聚合反应产生很大的负面影响。

氯乙烯单体脱水技术：变温变压吸附脱水工艺是利用吸附剂在不同压力、温度下吸附能力不同的特点，脱除氯乙烯单体中的水分。吸附过程有以下特性：①吸附剂对气体的吸附有选择性，即不同气体（吸附质）在吸附剂上的吸附量有差异。②一种特定的气体在吸附剂上的吸附量随着其分压的降低而减少。根据这些特性，吸附剂在较高压力下吸附原料中的水和其他组分，不易被吸附的氯乙烯则穿过吸附床作为产品气输出；再通过降压，冷、热吹扫，升压等步骤使留在吸附剂中的水分解吸出来，吸附剂获得再生。此工艺具有脱水效果好、回收率高、不带入惰性气体、能耗低、自动化程度高等特点[3]。

原料气在 0.50~0.55 MPa，45~55℃ 条件下先后进入冷却器和气液分离器分离出游离水后，经流量计计量后进入干燥器。在干燥器内，水分被吸附截留，从干燥器顶端获得合格的产品气。待干燥器吸附水分至一定程度后，进入再生过程。再生分加热和冷吹两个阶段，利用处于冷吹阶段的干燥器的冷吹气体，经加热器加热至一定温度，进入再生阶段干燥器进行加热再生，再生后的气体从干燥器底部排出，经冷却器冷却到一定温度再进入气液分离器，分离再生气中所含水分后再进入压缩机加压。加压后的气体又经过冷却器、分离器除去水分后进入冷吹阶段干燥器进行冷吹，合格的干燥气从塔顶出来，由管道送出界外，变温变压吸附脱水工艺流程见图 5.40。

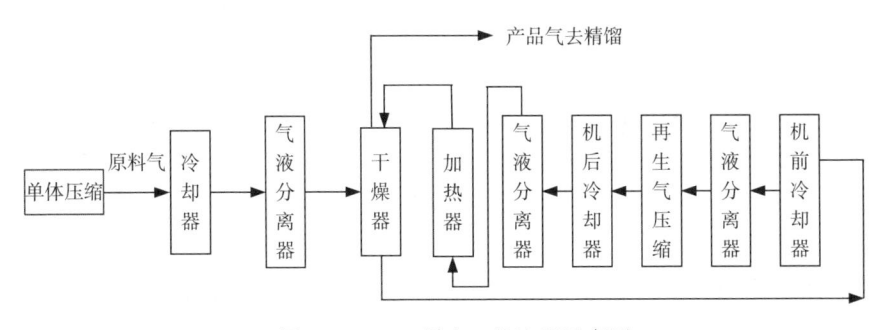

图 5.40　PSA 脱水工艺流程示意图

氯乙烯单体精馏技术：具体工艺流程是因聚合回收单体中含有残留助剂，容易造成氯乙烯净化装置、精馏装置自聚结垢，对单体质量影响较大。采用两级精馏技术，可有效降低低/高沸物含量，提升单体纯度。以原有的精馏装置为一级精馏，以原有的单体储槽为中间储槽，氯乙烯单体经一级精馏后进入中间储槽，通过单体泵输送至新增二级精馏，精馏后单体进入新增单体储槽，通过单体泵经过固碱干燥器后送至单体储槽中。确保二级精馏系统后单体质量中乙炔含量≤0.5 ppm，高沸物含量为零。工艺流程示意如图5.41。

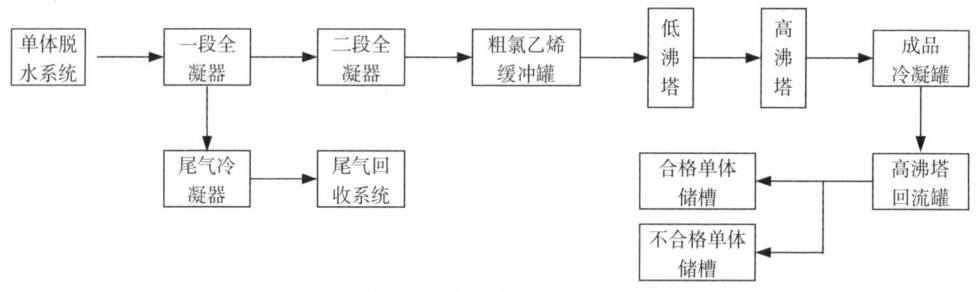

图5.41　氯乙烯单体精馏工艺流程示意图

纯水脱氧和聚合旋风干燥技术：研究氧对氯乙烯聚合起阻聚作用，消除氧对聚合体系的影响，采用氧含量达到 0.05 mg/L 下的脱氧软水进料，降低入釜软水氧含量；对聚合旋风干燥系统进行研究，采用新型过滤工艺加大杂质控制，显著提高产品质量，改进树脂性能。

制冷技术应用：由于冷冻活塞机组使用时间较长，制冷量有所衰减，耗油量较大，操作比较麻烦，新增加一台单机双级机组与原有双级配搭机组配合使用。设置在活塞机组与双级配搭机组之间，只需连接氨气进出口总管和油冷进出口总管，新增机组的制冷量根据原有辅助设备的能力及场地大小尽可能选择制冷量较大的机组（至少大于 5 台活塞机组的制冷量），活塞机组修复后留做备用或制冷量不足时开启。另外–35℃排气总管增加一组立式油分，排油连接至–35℃集油器，确保油不进入蒸发器和蒸发冷内，以免影响蒸发器和蒸发冷的换热效果。溴化锂根据聚合提供数据需要 7℃水 5000 m³/h，匹配蒸汽型溴化锂机组 700 万大卡 4 台，配套溴化锂的循环水由原有聚合循环水所提供，根据新增溴化锂机组所需要的循环水量，需要更换原聚合循环水的水泵 1~2 台。冬季由原聚合循环水提供 7℃水，在循环水和 7℃水总管加装阀门即可实现切换。

C. 优化聚合配方

除了聚合用原料氯乙烯单体外，悬浮聚合还需要起承载和分散作用的软水、分散剂、引发剂、稳定剂及其他助剂等辅助聚合反应的可控进行。聚合配方物料质量，配方用量及配比调整优化十分关键。因此，一方面是在原有生产基础上，增加软水的脱氧处理装置，避免聚合反应体系中微量氧含量引起的 PVC 缺陷结构；同时在其他助剂的入料管线上加入过滤装置，防止助剂配制过程中带入的外来杂质或不溶物质进入聚合体系。另一方面，依据 PVC 树脂颗粒的形貌观察及其他性能指标，适当调整复合分散剂、复合引发剂的用量、配比，控制近匀速聚合反应，控制 PVC 颗粒的规整度和适当的窄粒度分布特性。

D. 工艺优化改进技术

在工艺优化改进方面重点在于提高聚合釜的传热能力和提高干燥系统干燥能力。一是提高聚合釜传热能力，氯乙烯的聚合反应为放热反应，反应热依靠聚合釜夹套及其冷凝器共同移走，但使用时间过长，其导热阻力增大，传热效果降低，影响聚合反应速率的均匀性和稳定性，从而影响 PVC 树脂质量；定期对聚合釜夹套进行专业化清洗，既能保证传热效果，又能不影响设备的安全性。二是提高干燥系统干燥能力，PVC 树脂的后续处理则是 PVC 颗粒中水分的脱出，也是产生黄黑点和外来杂质的重要工序，将原有干燥风房的箱式过滤棉改进为快捷拆解安装空气过滤机，可以避免外来杂质和减少因风量不稳定或降低产生的黄黑点。

2) PVC 上下游一体化技术

基于聚氯乙烯行业发展现状，聚焦行业绿色高质量发展需求，围绕 PVC 高分子绿色增韧新材料产业化过程中的专用原料需求、产品后加工应用配方、核心装备设计、放大等关键技术问题展开攻关，通过对功能性高分子聚氯乙烯专用树脂技术、PVC 高分子绿色增韧新材料改性技术、PVC 高分子绿色增韧新材料加工应用技术、万吨级 PVC 高分子绿色增韧新材料工业化生产技术等四个课题的研究，开发出具有自主知识产权和核心竞争力的 PVC 高分子绿色增韧新材料关键技术及制备工艺，形成应用示范。

通常情况下，大分子结构的改性助剂在常温下会卷缩成空间网状结构，空间网状结构能提高 PVC 材料分子间作用力，吸收破坏性能量阻止材料的脆裂，从而提高材料韧性。因此，通过对氯乙烯单体聚合反应化学改性技术进行研究，获得功能性高分子聚氯乙烯专用树脂，之后再以功能性高分子聚氯乙烯专用树脂为基材，采用熔融共混改性方法，解决功能性高分子聚氯乙烯专用树脂与通用聚氯乙烯树脂之间的加工塑化一致性；利用机械剪切作用和热效应将高分子 PVC 与改性剂两者均匀分散形成凝聚态，达到协同增韧改性的效果，提高硬质聚氯乙烯制品的抗冲击性能。通过对功能性高分子聚氯乙烯专用树脂技术、PVC 高分子绿色增韧新材料改性技术、PVC 高分子绿色增韧新材料加工应用技术、万吨级 PVC 高分子绿色增韧新材料工业化生产技术等四个方面的研究，最终形成万吨级工业化生产工艺包，建立万吨级 PVC 高分子绿色增韧新材料的生产装置，为聚氯乙烯行业的绿色高质量发展起到示范推动作用。

A. 功能性高分子聚氯乙烯专用树脂技术

在树脂颗粒形态控制基础上，结合精细结构表征手段，进而系统研究聚合条件、分散体系、搅拌体系、传热和温度控制等对树脂颗粒结构的影响，获得具有高分子、空隙分布均匀、塑化性能良好的 PVC 树脂的聚合工艺控制和性能影响的构效关系，其形成的颗粒形态调控规律也将为功能性高分子聚氯乙烯专用树脂的开发提供理论支撑。

B. PVC 高分子绿色增韧新材料改性技术

研究 PVC 高分子绿色增韧新材料的生产配方及工艺技术，解决功能性高分子结构聚氯乙烯树脂与通用型聚氯乙烯树脂塑化温度不一致的问题和确定最佳相容性，对增韧新材料的最终性能能起到关键作用。主要开展高分子材料凝胶化调节技术和增韧剂熔融共混网络结构改性技术的研究，确定大分子聚氯乙烯塑化性的增塑体系，降低大分子聚氯乙烯的塑化温度；针对不同配方的 PVC 树脂增韧改性剂体系，研究加工工艺对树脂微观相形态和增韧性能的影响规律，建立树脂微观相形态与增韧性能之间的关系规律，得到不同配方时 PVC 高分子绿色增韧新材料的最优加工工艺。

C. PVC 高分子绿色增韧新材料加工应用技术

聚氯乙烯制品加工过程中，加工配方和加工工艺参数决定了塑料制品的物理性能。因此，研究聚氯乙烯制品加工配方助剂用量和生产工艺技术参数，并通过上机试验研究，选择不同用量水平，通过正交试验和对比试验等方案，找出影响的主要因素的优先水平，解决它们之间的最佳配伍问题，确定 PVC 高分子绿色增韧新材料应用于 PVC 制品生产的加工配方及工艺技术，确保材料中各组分具有良好的相容性，提高塑料制品的物理性能。

D. 万吨级 PVC 高分子绿色增韧新材料工业化生产技术研究

针对万吨级工业化过程中设备和工艺的放大效应，在实验室小试研究和中试放大研究的基础上，开展工业规模 PVC 高分子绿色增韧新材料的工业放大研究，解决工业化生产工艺放大过程中的参数及适应性、核心设备、自动控制、产品质量稳定性控制等技术难题。

本技术特点：

（1）在氯乙烯单体聚合反应过程中，设计特殊的聚合反应工艺技术，采用丙烯酸酯单体对聚氯乙烯分子终端进行封端处理，延长分子链，最终得到组成均一和性能稳定的功能性聚氯乙烯高分子专用树脂。

（2）采用熔融共混改性方法，解决功能性高分子聚氯乙烯专用树脂与通用型聚氯乙烯树脂的塑化相容性，产生网络结构协同增韧改性的效果，提高聚氯乙烯塑料制品物理性能。

（3）通过对不同助剂的选择复配，形成凝胶态，均匀分散在材料中，利用它们的协同效应，既解决材料的塑化相容问题，又提高材料的韧性，同时降低配方成本。

4. 实施效果

1）单体质量提升实施效果

在没有任何参照经验的前提下，新疆天业在现有氯乙烯单体深度脱水和精馏技术生产工艺的基础上，通过大胆探索，自主研发设计先进工艺，将氯乙烯单体中的水分和单体中残留的乙炔进行脱除，PVC产品质量高于国标优等品要求。该工艺充分考虑节能环保、智能化控制、成本优化等方面理念。研究氯乙烯单体精馏技术，采用环流筛板技术克服筛板在低负荷下出现漏液现象，设计了板下带盘的筛板，采用 H_2S-H_2O 双温交换过程的冷、热塔技术，通过研发单体质量、聚合过程控制，及纯水脱氧技术创新点的全面升级，实现产品质量的提升。

通过优化改造后的工艺，新鲜 VCM 单体低沸物含量由 ≥10 ppm 降至 ≤0.2 ppm；高沸物杂质含量由 100 ppm 降低至 0 ppm，氯乙烯单体质量由 C_2H_3Cl≥99.98%（干基）提升至 C_2H_3Cl≥99.999%（干基），回收单体中含水降低 90%以上、高沸物降低 20%以上，乙炔含量小于 5 ppm，软水中氧含量降到 0.05 mg/L 以下。优化前后 VCM 单体质量对比如表 5.11 所示。

表 5.11　优化前后 VCM 单体质量对比

对比项目	优化前	优化后
新鲜单体低沸物	≥10 ppm	≤0.2 ppm
新鲜单体高沸物杂质	100 ppm	0 ppm
氯乙烯单体质量	C_2H_3Cl≥99.98%（干基）	C_2H_3Cl≥99.999%（干基）
回收单体含水	≥100 ppm	≤10 ppm
回收单体高沸物	≥100 ppm	<80 ppm
回收单体含乙炔	≥20 ppm	<5 ppm
软水中氧	≥0.1 mg/L	≤0.05 mg/L

研究成果在新疆天业下属石河子天域新实化工有限公司 24 万吨/年聚氯乙烯工程成功应用，项目实施后，公司不但生产出了产品质量较高的通用性树脂，而且可以根据 PVC 下游加工企业的需求，能生产专用 PVC 树脂，具有更好的加工性能特性，树脂价格较过去 PVC 树脂每吨高出约 200 元，每年可新增利润约 4000 万元。

2）PVC 上下游一体化实施效果

新疆天业 PVC 绿色增韧新材料，采用先进材料设计方案，利用功能性 PVC 树脂为基材，引入小分子结构的材料，降低其塑化温度，并辅以稳定性和塑化均匀性的物质，通过对不同助剂的选择复配，形成凝胶态，均匀分散在材料中，利用它们的协同效应，既解决材料的塑化相容问题，又提高材料的韧性，同时降低配方成本；经过特殊的生产工艺条件，熔融制得 PVC 绿色增韧新材料产品。

目前新疆天业 PVC 绿色增韧新材料已在疆内以及华东部分地区管材加工中全面应用，并在其他地区开始推广试用。新疆天业 PVC 绿色增韧新材料在 PVC 塑料制品加工中的应用，达到了低用量、高力学性能的效果，为后续大规模装置的建设奠定了坚实的技术和市场基础。

该产品在很大程度上增进了改性剂与 PVC 树脂的相容性，能提高 PVC 制品的抗冲击强度，成为 PVC 制品加工的优选助剂，拓宽了 PVC 的应用领域，实现了 PVC 产业链延伸，达到生产高附加值产品的目的，对聚氯乙烯行业转型升级、提升竞争力具有十分重要的意义。

5.5.2 氯资源多元化利用

1. 概述

氯碱工业是以盐和电为原料生产烧碱、氯气、氢气的基础原材料工业，由于氯气有毒有害，且难以储存和运输，因此氯碱平衡一直是困扰氯碱企业健康发展的难题，开发氯资源循环利用技术是行业节能减排的需要。氯气回收与再利用可以将氯气转化为高附加值的产品，促进化工行业向清洁化、绿色化生产方向发展，实现发展与资源、环境和谐统一。

新疆天业针对氯碱行业产品聚氯乙烯产能过剩、氯资源利用率低和环保的压力，开发高效利用氯资源技术，自主研发气固相法合成氯化高聚物（CPVC、CPE），实现氯资源循环利用，能够有效解决副产氯气问题，同时提升聚氯乙烯树脂品质，促进新兴产业健康发展和氯碱行业的优化升级，提高氯碱行业经济效益的同时进一步深度发展企业循环经济模式。

2. 氯化高聚物原理及生产方法

1）原理

A. PVC 氯化机理研究

PVC 氯化反应采用自由基取代反应机理，其具体的反应方程如下式所示：

第5章 氯碱化工循环经济产业链关键支撑技术

$$\text{—CH(Cl)—CH}_2\text{—CH(Cl)—CH}_2\text{—} \xrightarrow[\text{Cl}_2]{\text{等离子体或UV, }\Delta} \text{—CH(Cl)—CH(Cl)—CH(Cl)—CH(Cl)—}$$

自由基取代机理认为，通过不同的引发方式，如热引发、引发剂、紫外引发以及等离子体等方式，将氯气激发成氯自由基，进而取代PVC分子链上—CH$_2$—上的氢，经过氯代反应增长过程，使PVC分子链上原有的序列结构—CH$_2$—变成由—CHCl—为主要组成的CPVC分子。最后经过氯代反应终止过程得到CPVC产品。

$$n\text{Cl}_2 \xrightarrow[\Delta]{\text{等离子体或UV}} 2n\text{Cl·}$$

$$\text{—CH}_2\text{—CH(Cl)—CH}_2\text{—CH(Cl)—CH}_2\text{—} + \text{Cl·} \longrightarrow \text{—CH}_2\text{—CH(Cl)—CH·—CH(Cl)—CH}_2\text{—} + \text{HCl}$$

$$\text{—CH}_2\text{—CH(Cl)—CH·—CH(Cl)—CH}_2\text{—} + \text{Cl}_2 \longrightarrow \text{—CH}_2\text{—CH(Cl)—CH(Cl)—CH(Cl)—CH}_2\text{—} + \text{Cl·}$$

$$\text{—CH}_2\text{—CH(Cl)—CH·—CH(Cl)—CH}_2\text{—} + \text{Cl·} \longrightarrow \text{—CH}_2\text{—CH(Cl)—CH(Cl)—CH(Cl)—CH}_2\text{—}$$

通过氯代反应的微观反应方程可得出，氯化反应方向与进程分为引发、增长和终止三个过程，氯代反应的关键控制点在于引发和增长能量体系的控制。引发和增长能量过低，氯化反应无法进行或氯含量过低，得不到所需要的产品。引发能量过高，在激发氯气形成氯自由基的同时，也会促使C—Cl键、C—H键、C—C键的断裂，尤其是C—C键的断裂容易形成不稳定的碳碳双键结构，诱使产品结构与性能的不稳定性。增长过程中能量过高，会增大有害副反应的发生概率，从而造成CPVC树脂中烯丙基氯、二氯结构和碳碳双键等不稳定结构的明显增加。能量过高，其副反应如下所示：

[反应示意图]

B. PE 氯化机理研究

PE 氯化反应采用自由基取代反应机理,其具体的反应方程式为:

[PE → CPE(35%) 反应式]

自由基取代机理认为,通过不同的引发方式,如热引发、紫外引发以及等离子引发等,将氯气激发成氯自由基,进而取代 PE 分子链上—CH$_2$—上的氢,使 PE 分子链上原有的序列结构—CH$_2$—变成由—CH$_2$—CHCl—为主要组成的 CPE 分子。其反应机理如下所示:

氯自由基引发过程:

$$Cl-Cl \xrightarrow[\Delta]{\text{等离子体或UV}} 2Cl\cdot$$

氯代反应过程:

[氯代反应示意图]

2)生产方法

氯化高聚物树脂生产工艺主要有溶剂法、水相悬浮法、气固相法和液氯法。

溶剂法由于有机溶剂毒性大、溶剂回收复杂、污染重、能耗较高等弊端，正在逐步被淘汰。水相悬浮法处于加快发展时期，但该过程中会产生大量的酸性废气和废水，给环境带来一定的污染，且后处理繁杂。很多研究者开始致力于开发新的工艺技术取代该生产工艺，以减少对环境的污染，减轻环保压力。采用全新的气固相循环流化床氯化工艺，具有工艺流程简单、对设备腐蚀较小、产品后处理简单、污染物排放量较少等优点，该方法面临的主要竞争是目前成熟的水相法工艺，由于气固相法氯资源利用率高、无水资源消耗、环境污染小，因此，在生产成本和环保上具有绝对的优势。

3. 氯化高聚物生产工艺流程

气固相法氯化高聚物的生产过程主要分为四个工序：原料预处理，氯化反应，后处理，包装（图 5.42）。

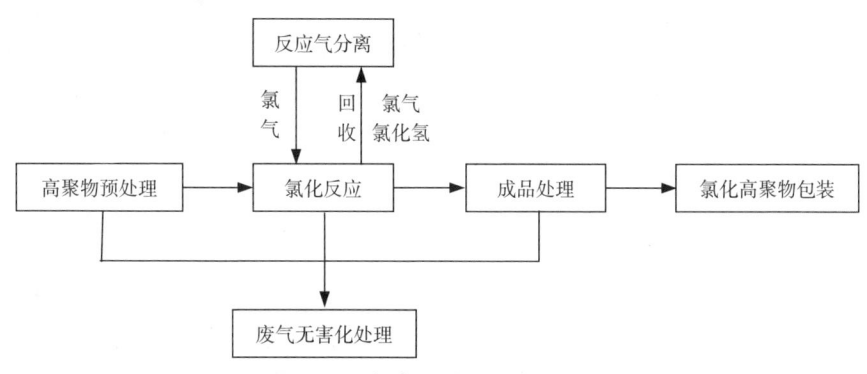

图 5.42 氯资源利用流程示意图

（1）原料预处理：高聚物的氯化过程属强放热过程，将采购来的原料高聚物树脂进行筛分预处理，得到粒径相对比较集中的高聚物树脂，有利于氯化反应顺利进行，制备出颗粒均匀的氯化高聚物树脂。

（2）氯化反应：将高聚物原料贮仓的高聚物树脂经过计量槽和上料装置将经过预处理的原料高聚物树脂通过加料口加入氯化反应器，通入经过氯气气化器气化后的原料气氯气，氯化反应开始进行。待物料氯化高聚物树脂的氯含量达到要求，氯化反应结束。氯化反应过程中，未反应的氯气经过除尘装置处理后循环回系统继续参与氯化反应，尾气排放经过尾气吸收处理装置净化处理后排放。

（3）后处理：氯化反应结束后氯化高聚物中含有大量氯气以及氯化氢，通过脱氯仓将其氯气以及氯化氢除去，确保产品氯化高聚物树脂中的余氯在规定的含量内。除氯后的氯化高聚物经过筛分装置送至料仓。

（4）包装：后处理完毕的合格氯化高聚物自料仓送至包装系统，出售。

4. 关键工艺技术

1）强放热气固相氯化反应流化床的设计

PVC 氯化是强放热过程，同时 PVC 又是一种在高温条件下易降解的热敏材料，气固相反应器中的局部热电会进一步强化局部氯化反应，造成局部飞温和 PVC 的分解问题，导致产量质量下降。另外，流化床属于非均相反应器且有较强的返混现象，难以保证流化床内 PVC 颗粒均匀混合、颗粒与氯气的充分接触和传质的均匀性，导致 PVC 氯化反应效率和质量降低。

以上特性要求设计均匀性非常好的流化床反应器，由于流化床热态反应器中的聚合物流化问题研究的文献非常少，同时又涉及强放热化学反应过程，使流化床氯化反应器设计的复杂程度和难度大大增加。

新疆天业提出采用两器操作设计理念的气固相法 CPVC 循环流化床氯化反应器装置，将氯化反应两器操作的设计理念与循环流化床反应器相结合，成功采用气固相法合成了与水相法质量相当的 CPVC 树脂。气固相循环流化床氯化反应技术克服了流化床氯化反应器中反应时出现的返混现象、氯化均匀性差、颗粒黏结、反应体系撤热难等工程放大问题。

2）氯化过程在线自动化检测系统

PVC 颗粒是一种非常容易起静电的颗粒，由于气体的曳力小，在气固相反应体系中 PVC 颗粒会因为荷电以及静电等原因形成黏结和团聚，造成气固相混合不均匀，局部热点难以消除，严重影响气固流化质量以及氯化反应的均匀性。所以在当时，气固相法合成 CPVC 技术虽有诸多环保、投资和成本优势，国内也进行了较多研究，但始终没有产业化。

针对上述问题，研发团队基于紫外-可见吸收光谱法的原理，建立了一套 PVC 氯化过程在线检测系统。该系统可以瞬时、定量测量反应生成物氯化氢，实现了氯化聚氯乙烯生产过程中氯气的循环利用和反应气体浓度的在线实时检测，直接地揭示氯化过程特征，通过氯化氢浓度及流量的监控后计算达到对氯化聚氯乙烯产品氯含量精确控制。氯化过程在线自动化检测系统提高了实验效率，同时使氯化过程"可视化"。

3）气固相法氯化专用树脂的开发

由于 CPVC 树脂具有这些良好的综合性能和较高的性价比，使得其在管材、板材、注塑件、人造纤维、发泡材料、黏合剂等方面得到了广泛应用。不同于水相法，气固相法 CPVC 对 PVC 原料的粒径、皮膜和孔隙等技术参数提出了更高要求。国内外对氯乙烯悬浮聚合树脂形态的研究相对分散,相关研究更多是表观形态和宏观性能的开发,系统性的理论支撑还未建立,表现为特种专用 PVC 树脂类型少,性能与国外比较差距大,开发基础不够,往往需要从树脂微观聚集态控制源头做起。目前,气固相法专用聚氯乙烯树脂制备的新工艺新方法发展缓慢,与聚氯乙烯树脂的多样化、特种化的产品不相称,因此急需加大对气固相法氯化专用料的系统研究。通过"气固相法氯化专用型 PVC 树脂的开发及调控、气固相氯化专用 PVC 树脂的优化、气固相法氯化专用 PVC 树脂的中试生产"三个方面的研究,开发出气固相法氯化专用的 PVC 树脂,具体研究内容如下:

A. 气固相法氯化专用型 PVC 树脂的开发及调控

氯化专用型树脂要求 1.8 μm 以下的初级粒子粒径,良好的初级粒子堆积和孔隙(保证一定的树脂表观密度),较薄的皮膜或初级粒子暴露,以及较高比例 100 nm 以下的微纳孔隙结构,以保证其在气固相氯化过程中,氯气可以充分地接触 PVC 链段,反应更均匀。针对氯化专用型树脂的结构要求,调控搅拌速度、分散体系/助剂变化,在保证树脂初级粒子及堆积、皮膜包覆情况的前提下,重点调控树脂的微纳结构,获得多层次结构可调的聚合工艺。通过调控 PVC 树脂多层次结构,制备出适合于气固相法氯化的 PVC 树脂。

B. 气固相氯化专用 PVC 树脂的优化

针对树脂进行气固相氯化反应,并对 CPVC 树脂性能进行分析测试,包括链段结构、热性能、加工性能等,得到的 CPVC 树脂的热稳定时间不少于 3 min,反馈优化专用 PVC 树脂的聚合工艺,在 80~110℃氯化温度下有较好的热稳定性、孔隙率 25%~35%、无皮或者少皮、粒径在 120~150 μm 及不同聚合度的氯化专用型 PVC 系列树脂。

C. 气固相法氯化专用 PVC 树脂的中试生产

结合天伟化工悬浮聚合工业生产实际,针对氯化专用树脂,通过调控聚合工艺中的搅拌速度、分散体系/助剂等因素,达到后期氯化所需的聚氯乙烯树脂颗粒粒径分布 120~150 μm,初级粒子的粒径小于 1.8 μm,使得后期氯化聚氯乙烯达到市面上所售氯化聚氯乙烯性能要求。

4)气固相法氯化高聚物合成技术开发

目前,国内外制备 CPVC 的生产方法主要有溶剂法、水相悬浮法、气固相法三种。由于溶剂法生产 CPVC 会产生大量对人体有害且严重破坏大气臭氧层的有机溶剂,所以目前已被国内外生产厂家逐步淘汰。水相法生产 CPVC 得到的氯化产品质量较好而成为目前国内外的主流生产工艺,由于水相法生产 CPVC 的耗水量非常大,所以其生产厂家主要分布于沿海地区或水资源比较丰富的地区。相对于我国西北地区等内陆地区,水资源比较匮乏,水相法生产 CPVC 则受到了极大的限制。气固相法由于生产过程无污染，已经成为公认的绿色技术，目前只有法国阿科玛实现工业化，国内杭州电化和江苏理文引进法国阿科玛公司的气固相法 CPVC 合成技术，实现了年产万吨级的规模。将清洁、高效的气固相法生产技术国产化，同时生产出高品质的氯化聚氯乙烯树脂，减少我国对于国外高品质氯化聚氯乙烯树脂的依赖性，实现生产工艺清洁、绿色、国产化，产品品质高端化是我国 CPVC 产业的大势所趋。目前，国内气固相法 CPVC 氯化反应技术及反应器反应相关资料较少，缺乏系统性反应原理支撑；循环流化床在气固相法领域的应用尚有撤热难、易反混、反应不易控制等诸多难以解决的问题；气固相法 CPVC 核心反应设备及工艺技术缺失；与其相配套的原料产品质量检测设备资源较为匮乏。以上因素大大延长了气固相法 CPVC 研发周期，严重阻碍了我国掌握气固相法核心科技的进程，不利于兵团氯碱产业的转型升级。

A. 气固相法 CPVC 树脂氯化技术原理的研究

高聚物氯化反应机理研究是工业氯化反应器设计及过程放大的关键。气固相法 PVC 氯化是传质和反应耦合的过程，氯气与 PVC 固体接触时会溶解在 PVC 固体内部，这个过程是氯气由外向内的扩散。为了从微观揭示氯化反应过程，本项目搭建小试振动流化床反应器装置，建立氯化外场（紫外和等离子体）连续引发和间歇引发，探究不同引发状态下氯化-取代过程的微观机理，建立包括氯气在 PVC 高分子相内溶解—扩散—反应的 PVC 氯化动力学方程，确定适用的工艺评价数学模型和动态推理机制，研究引发氯化和氯元素内迁移过程的机理，以及氯化过程的对高聚物性能和可加工性能的影响，为氯化化工生产微观决策支持体系的建立提供技术支撑。

B. 气固相法 CPVC 树脂流化床反应器技术的研究

氯化反应器的设计，是影响 CPVC 产品均匀度、提高氯化效率的关键控制环节。由于气固相氯化反应是强放热过程，流化床气固相氯化反应器是不二选择。普通流化床技术在气固相合成 CPVC 过程中会出现返混、局部散热困难、PVC 氯化不均匀等缺陷，本课题通过研究氯化反应器内高聚物颗粒流化行为，对流化床反应器的设计提出新的理念，搭建公斤级小试研发平台，热态氯化反应器结构进行优化设计，研制具备长周期连续生产能力的吨级氯化反应装备。

C. 气固相法 CPVC 树脂氯化工艺技术的设计与优化

气固相法 CPVC 是一种新型的工艺合成技术，目前国内外公开的资料较少。为了打通 CPVC 氯化工艺流程，为工业化放大提供合适的工艺路线，本项目搭建吨级中试平台，通过对氯化反应过程中的引发时长、升温速率、氯分压等关键工艺参数的调试，考察 CPVC 树脂各项性能，探索和确定 PVC 氯化的工艺条件区间和关键控制要素。

D. 气固相法 CPVC 树脂原料与产品的检测平台搭建

氯化高聚物原料、产品检测评价平台的健全对气固相法 CPVC 合成技术的开发至关重要，只有拥有与其配套的检测设备仪器资源，才能通过高效的质量评定与性能评价对生产工艺提出指导性意见。项目搭建具有检测 PVC 原料和 CPVC 树脂的平台，通过测试 PVC 原料的粒径、皮膜厚度、吸油性等参数来推进氯化专用 PVC 树脂的研发，测试 CPVC 树脂的热稳定时间、维卡软化温度、氯含量等参数来表征 CPVC 树脂的质量，根据对应工艺条件下的产品质量反馈，进一步摸索工艺和产品指标的控制规律，从而找到最佳生产工艺的控制参数。

5）聚氯乙烯树脂高端化产品加工应用研发

国际 CPVC 树脂生产销售处于绝对垄断状态，应用体系完善，行业健康快速发展。这些公司在生产 CPVC 加工配方方面都有独到之处。世界发达国家已经形成了完整的 CPVC 应用体系，具有成熟的应用领域和市场，已形成品种系列化、专业化和精细化的产业格局，行业健康快速发展，正逐步在输水管道、市政工程、埋地电力管网等领域取代 PVC 树脂产品。目前，CPVC 在国内发展不成熟的主要原因很大一部分归咎于行业平均加工水平低，产品配方体系不健全。因此，开发具有自主知识产权的 CPVC 树脂生产技术，提高后续加工的能力和水平，以此提高国产 CPVC 树脂和 CPVC 制品的质量，同时降低生产成本，是 CPVC 行业亟待解决的重要问题。

A. 气固相法 CPVC 树脂与助剂新型配伍关系及加工过程机理的研究

根据气固相法 CPVC 树脂氯元素分布及活性自由基的特点分析其在加工过程中的热降解机理，包括氯化氢气体在前、中、后期的脱除规律，CPVC 树脂在前、中、后期的极性变化规律以及缺陷结构的成长规律；并结合 CPVC 助剂的物化特点，包括黏度、熔点、极性，调控配方体系中助剂种类及用量的关系，通过配混料流变测试，过程氯含量变量测试以及着色性测试，进一步揭示树脂加工的动态过程，综合分析气固相法 CPVC 树脂与助剂的新型配伍关系。

B. 气固相法 CPVC 制品成型加工设备结构的优化设计

锥形双螺杆挤出机是 CPVC 树脂加工成型的核心设备，是除加工配方和工艺以外对制品性能影响较大的一个环节。由于气固相法 CPVC 树脂与传统工艺树脂具有一定的差异性，因此在传统水相法 CPVC 树脂加工设备基础上需作出局部结构的微调整，以满足气固相法工艺树脂对加工设备的具体需求。通过对挤出机电机功率及用电类型、齿轮箱减速比及齿轮大小、钢筒螺杆类型、分流梭及过渡段、流道以及模具的考察，对影响树脂加工性能的工段进行适应性调整，达到 CPVC 配混料与加工设备的完美契合。

C. 气固相法 CPVC 制品成型工艺的设计与优化

气固相法 CPVC 制品加工成型工艺参数具有多样性,只有探讨清楚每一项工艺参数对制品性能的影响规律以及工艺参数是否存在叠加效应或耦合效应等,才能更好地对工艺进行宏观调控。通过天业管材挤出设备数显控制,调控各项工艺参数,考察多项工艺参数对性能影响的耦合效果。最后综合分析和归纳气固相法 CPVC 树脂加工工艺对制品综合性能的控制规律。

6)氯化高聚物工业示范装置与万吨级工业化放大技术研究

万吨级气固相法氯化高聚物工业化示范装置与工艺是开发气固相法氯化高聚物产品的核心环节,是控制氯化高聚物产品氯化均匀性和加工稳定性的主要工序。本项目拟采用气固相法氯化高聚物生产新工艺,目前该工艺路线世界范围内只有法国阿科玛拥有千吨级工业化技术,国内新疆天业自主研发的气固相法氯化聚乙烯项目只进入到千吨级工业化示范阶段,从绿色高聚物合成技术和设备产业化考虑,受核心反应器装置自身缺陷,流化床反应器在介质均匀性方面、静电排除方面和散热方面能力不足以支撑大型气固相氯化高聚物的合成与制备的限制,气固相法氯化高聚物生产装备的国产化遇到较大阻力和困难,这也是导致气固相法氯化高聚物无法实现产业化的主要原因。

A. 气固相法 CPVC 树脂工业示范装置连续化运行

为了推进 CPVC 工业化示范,项目在实验室研究和小试、中试放大研究的基础上,搭建千吨级的工业化示范平台,开展工业规模气固相法制备 CPVC 的工业放大研究,设计千吨级工业示范装置关键设备和工艺流程,并进行工艺和设备的优化,解决工业化生产工艺放大过程中的参数及适应性、核心设备、自动控制、产品质量稳定性控制等技术难题。

气固相法 CPVC 树脂工业示范装置的搭建:包括设备和材质选型、关键设备技术参数选取、周边的公用工程配套能力考察,氯化反应器局部结构进行了优化设计,实现工业化装置的稳定操作和运行,为万吨级工业放大装置提供设计数据及物料和能量消耗数据。

气固相法 CPVC 树脂工业示范装置工艺参数的设计与优化:工业示范工艺不同于实验室、小试和中试研究,它是在一定规模的装置中研究化学反应,并解决实验室、小试和中试研究所不能解决或发现的问题。虽然氯化反应的本质不会因实验生产的不同而改变,但氯化反应的最佳工艺条件则可能随实验规模和设备等外部条件的不同而改变。为了打通 CPVC 工业化示范整个流程,给万吨级反应器工艺包的形成提供技术参考,本课题在实验室和小试研究的基础上,结合千吨级反应装置和周边配套,对各项工艺参数不断调试优化,形成氯化反应最优工艺包,为万吨级工业放大工艺包的形成打下坚实基础。

B. 气固相法 CPVC 万吨级大型反应器设计

工业反应器大型化可以带来很多优点，如省原材料、省人力、省能耗。但是反应器放大的同时还会带来"放大效应"，不利于反应器的正常运行。气固相法 CPVC 装置大型化的关键在于解决氯化反应器放大问题，针对上述问题，在万吨级工艺包的基础上，对装置核心反应器的结构、尺寸及运行参数等方面进行优化研究，重点对周边配套确定优化升级方案，完成 CPVC 核心反应器放大技术及耦合配套的反应器放大体系，解决了 CPVC 装置难以放大的问题。

5. 实施效果

气固相法合成氯化聚氯乙烯树脂是目前世界上最先进的绿色工艺，能有效节约能源，降低生产成本，绿色环保，但该技术一直被国外垄断。新疆天业通过组建专业项目团队，瞄准气固相法氯化聚氯乙烯工艺，将原始创新与集成创新相结合，开发出具有完全自主知识产权的气固相法生产工艺，具有工艺流程短、操作简单、无水资源消耗及污染物的排放，成本与能耗较低等优点，从根本上解决了传统工艺存在的弊端。项目实施大大提升了产品性价比，极大拓宽了 PVC 材料应用领域，项目实施打破了国外技术垄断，填补了国内气固相法氯化技术空白，处于国际领先水平。

气固相法氯化高聚物生产技术及装备已攻克气固相法氯化不均匀、氯化过程换热难的行业难题，为氯资源高值化利用提供了有利的技术支撑，为行业绿色高质量发展提供了示范借鉴。目前，2 万吨级工业化示范装置已经建成投产，生产的氯化聚氯乙烯产品各项技术指标达到国标要求。

新疆天业气固相法氯化高聚物生产工艺被列入《石化绿色工艺名录（2019 年版）》，研发生产的"挤出型、注塑型"两种型号气固相法氯化聚氯乙烯树脂先后荣获"石油和化工行业绿色产品"认定、工信部绿色产品认定。

5.5.3 水泥窑协同处置技术

1. 概述

城市污水处理后的污泥由于缺乏处理设施，只能进行简单堆置，后进行填埋，污泥填埋要占用大量土地，易造成地下水污染，而受到严格的限制。根据国家产业指导目录，鼓励利用水泥窑协同处置产业废物技术。水泥窑协同处置废物（包括生活污泥）是无害化、减量化和资源化处置危险废物和城市生活污泥的重要技术途径，也是低成本化大规模处置上述废物的重要措施。

新疆天业一直以来非常重视环境保护和节约能源工作，利用自身新型干法水泥生产线的优势条件建设协同处置污泥生产线，以北京东方波特蓝环保科技有限责任公司为技术依托，在实现企业多元化发展、增加经济收益的同时，协助地区政府解决环境问题，彰显水泥企业的社会责任感。

2. 生产方法

采用水泥窑协同处置生活污泥有两种方式：一是生活污泥干化后再经破碎处理后利用水泥窑进行处置；二是生活污泥经过简单预处理后再利用水泥窑进行处置。第一种工艺路线，即污泥先进行干化减水，破碎机破碎后再进行水泥窑处置，由于生活污泥进行了干化后，减少了污泥中的水分，所以水泥窑的处置量比较大；第二种工艺路线，即污泥只进行简单预处理后直接泵送进入水泥窑处置，这种处置方式由于污泥含水较高（一般含水率在80%左右），这样水泥窑处置污泥量比第一种要少。

3. 工艺流程

污水处理厂产生的含水60%~70%的污泥运输至污泥接收系统，污泥通过输送系统进入污泥干化系统，干化后的污泥入窑焚烧。

1）污泥储存及输送

厂外的块状污泥，含水60%~70%，通过双桥卡车运输至污泥处理车间内，卸料至污泥接收仓内，料仓仓顶设置1套用于监测仓内物料储存情况的料位计，仓顶设置1套液压驱动的自动仓盖板并配备了入料格栅，在卸料位置两侧设置了混凝土挡墙，确保卸料时环境清洁。卸料位置同时设置挡车器，防止车辆及人员跌入，确保安全运行。

料仓的底部安装了液压驱动的液压滑架破拱装置，通过安装在料仓外部配套的液压缸驱动，液压滑架破拱装置在仓底作水平低速往复运动，运动范围覆盖整个仓底的水平区域，避免仓内物料出现结拱现象而无法有效卸料。仓底由螺旋输送机卸料，经刮板输送机输送至双齿辊式破碎机进行破碎，破碎至粒度20 mm以内。破碎后的块状污泥由NE板链提升机提升至200 t的污泥储仓内。污泥储仓为宽4米，长8.5米，高度5.5米，仓底设置两套液压驱动的液压滑架破拱装置，仓顶配套有活性炭吸附除臭装置、防爆装置、料位计。仓底由全密封定量给料机计量后卸入链式输送机，输送至NE板链提升机，污泥经过提升后喂入窑尾框架的干化机内。

污泥接收仓、刮板输送机、双齿辊式破碎机、NE板链提升机、污泥储存仓、定量给料机设置在密闭的污泥处理车间内。链式输送机设置全密封天能水泥有限公司电石渣制水泥生产线协同处置污泥廊道并采暖。污泥处理车间设置有双道电动钢制保温密封门，保证污泥卸料时，始终处于密闭状态，杜绝臭气外漏。此外，该车间内还设置洗车装置，卡车卸完污泥清洗车辆后再驶出卸车厂房。污泥放置过久会有臭味散出，污泥处理车间房顶处、地坑内、链式输送机廊道内均设有管道，将臭气引内篦冷机一室内。为保证 NE 板链提升机，污泥储存仓微负压，均在设备顶部设置有管道，接入至篦冷机一室风机的进风管内。

2）污泥烘干及入窑

在预热器下料管处设置分料装置，将高温物料引入干化机内，污泥与高温物料充分接触，烘干污泥中的水分，干化的污泥再进入分解炉进行焚烧。从干燥机设置一根管道通入预热器的底部，排除污泥干化所产生的气体。

4. 主要工艺技术及特点

1）主要研究内容

基于水泥行业协同处置污泥发展现状，针对制约污泥无害化处置的关键瓶颈问题，依托现有水泥生产线，对污泥干化技术和入窑焚烧技术方面开展研究。主要研究两个课题，一是污泥干化处置关键技术，二是污泥入窑焚烧关键技术。

A. 污泥干化处置关键技术

针对污泥处置技术实验提供适合的污泥原料开展技术研究，将含水率60%~70%的污泥直接焚烧，水分会直接影响水泥熟料回转窑煅烧热工工艺。含有高水分的污泥入窑后，保证污泥水分符合煅烧原料要求，需要增加更多的煤耗和电耗。同时水分会增加烟室位置结皮的概率，影响熟料生产正常煅烧。通过调整污泥加入量和高温物料的取用量，降低混合后污泥水分含量，消除水分对熟料生产热工及能耗的影响。

通过污泥干化处置关键技术研究，消除污泥水分影响。根据预分解窑的特点，充分调研，设计高温取料和干化混合实验装置。可使入窑污泥的水分控制在 10% 以下，确保污泥处置系统的稳定性。

B. 污泥入窑焚烧关键技术

根据污泥特性，结合水泥窑协同处置系统对污泥的具体要求，依托本公司 170 万吨/年水泥生产装置运行基础数据，充分论证水泥窑特性、配套设备能力、系统传热、污泥组分等影响污泥处置质量的关键因素，为实现污泥的无害化处置提供依据。

普通窑炉中无法形成碱性气氛，焚烧过程污泥中的少量 S、K、Na、MgO 等成分无法有效控制，生成二氧化硫等污染物，排入大气会直接污染环境。通过利用污泥处置系统中的回转窑高温碱性氛围，将上述部分有害元素转化为产品，消除了二氧化硫造成的不良影响。实验室通过对污泥成分的化验做好生料配料，不断研究总结水泥窑焚烧污泥系统的工艺技术，确保熟料质量的稳定性。根据论证结果及运行基础数据，设计适合本项目的污泥焚烧优化方案，并最终具备推广应用条件。

2）技术特点

目前污泥只能进行简单临时堆置或填埋，这两种处置方式依然会产生二次污染。依托企业新型干法水泥生产线的优势研究开发污泥处置生产线，在实现企业多元化发展、增加经济收益的同时，协助政府解决环境问题。水泥窑协同处置污泥特点：具有处置温度高、焚烧空间大、停留时间长、处理规模大、不产生二次污染等特点。回转窑内气体最高温度可以达到1450℃以上，可有效地焚毁有机物的有害成分，利用窑内高温煅烧形成的液相可使污泥中可能存在的金属元素固化水泥熟料中。水泥窑内碱性气氛，解决了普通焚烧炉燃烧废气产生的"二次污染"问题，从根本上防止了处理过程中的再污染，也减少了水分对水泥窑系统的影响。

5. 实施效果

新疆天业的水泥窑协同处置城市污泥技术生活污泥处置规模为400 t/d，工作时间按300 d计算，年处理生活污泥12万吨。由于采用新型干法水泥回转窑，超过1800℃的窑温可使各类废弃物中的有机物彻底分解，水泥窑系统特有碱性环境能中和燃烧后产生的酸性物质（如HCl、HF、SO_2和CO_2等），避免普通焚烧炉燃烧产生废气的二次污染问题。

水泥窑协同处置技术，进行污泥处置改善生态环境的同时还减少了固体废物，实现了污泥废弃物处置的减量化；回收了可再利用的能源和资源，实现了污泥废弃物处置的资源化；可以进一步减少污泥废弃物无序堆放占用土地，控制有毒有害物质的传播，实现了污泥废弃物处置的无害化。

5.5.4 燃煤电站节能及超低排放技术

1. 概述

"十二五"末2014年国家多部委提出《煤电节能减排升级与改造行动计划（2014~2020年）》及《全国实施燃煤电厂超低排放和节能改造工作方案》节能及超低排放改造要求，对电厂节能及污染物治理提出了更高的要求，在要求中明确供电煤耗将到310 g/(kW·h)，烟气排放污染物排放从现在的氮氧化物小于100 mg/m^3、二氧化硫小于50 mg/m^3、烟尘小于20 mg/m^{3}降低到氮氧化物小于50 mg/m^3、二氧化硫小于35 mg/m^3、烟尘小于10 mg/m^3。

新疆天业自备燃煤电厂对目前机组进行节能及超低排放改造，完成了锅炉连续排污水余热的利用,热电厂厂区建筑物采暖节能,锅炉定、联排的余热再用以及安装低低温省煤器技术改造,达到燃煤电站节能的目标。通过脱尘、脱硝和脱硫系统的改造,确保燃煤锅炉出口氮氧化物、烟尘和二氧化硫的排放限值达到要求。

2. 技术原理

燃煤电厂烟气超低排放主要针对的是脱硫、脱硝、除尘等,脱硫机理在前文已进行详细阐述。在此,对脱硝、除尘原理进行介绍。

1)脱硝原理

目前国际国内电厂大部分都采用 SCR 脱硝技术,基本原理是氧化还原反应,以氨气作为还原剂,经过催化剂的作用,把以 NO、NO_2 为主要成分的氮氧化物转化成氮气和水,其中氮气是空气的主要组成气体(图 5.43)。

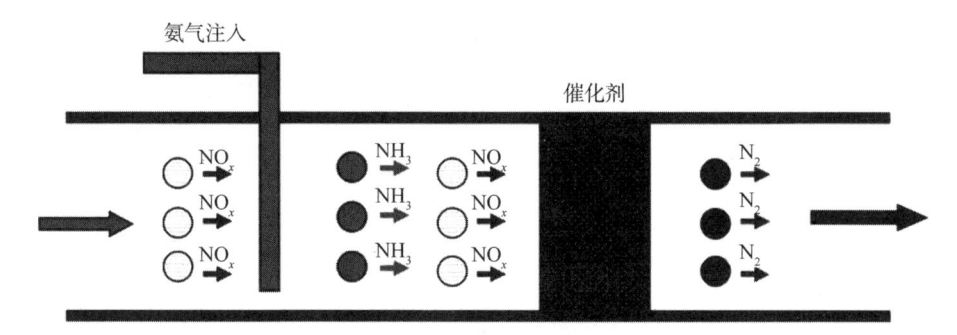

图 5.43 脱硝原理示意图[4]

相比氢气、甲烷或一氧化碳等还原剂,在还原 NO_x 的同时会与烟气中的氧气作用,该技术的特点是氨气不与烟气中的氧气反应,因此具有较高的选择性,化学方程式如下:

$$4NH_3+4NO+O_2\longrightarrow 4N_2+6H_2O$$

$$8NH_3+6NO_2\longrightarrow 7N_2+12H_2O$$

上述的反应式想要有效进行,需要在合适温度以及催化剂作用下才能实现,通常温度需要控制在 310~420℃之间,这样能够获得 80%以上的脱硝效率。

2)除尘原理

我国除尘技术多且较为复杂,技术比较成熟的除尘技术有电除尘器、袋式除尘器、电袋复合除尘器三种,根据发电设备型号不同,选择合适的除尘技术(表 5.12)。

表 5.12　不同除尘技术优缺点对比

技术名称	优点	缺点
电除尘	①原理简单可靠，除尘效率较高；②阻力损失小，处理量大易于大型化；③操作范围广，阻力损失小；④整体维护费用低	①高比电阻粉尘情况下可能会有反电晕现象发生，导致除尘的效率大大下降；②设备占地面积较大
袋式除尘	①除尘效率高（99.9%以上）、排放浓度低，长期稳定；②技术适应范围较广；③日常运行和维护比较简单、故障率低	①运行过程中阻力较其他方法高；②滤袋的使用寿命短、清灰频率较高
电袋复合除尘	①能长期稳定运行；②在相同工作条件下，设备运行阻力比袋式除尘器低；③设备的滤袋比袋式除尘法使用寿命长；④操作便捷、维护简单；⑤节能效果明显；⑥能捕集细颗粒物	①管理相对复杂；②电场部分不能在线维修，整机维修难度较大；③前电后袋设有高、低压电源设备，两套控制系统，费用增加

电除尘技术原理：电除尘技术主要原理是通过强电场的电晕放电将烟气电离、粉尘荷电，并且带电粉尘在受电场力作用定向移动，从而将其从烟气中分离。

袋式除尘技术原理：利用纤状编物做成的袋式过滤元件，应用这种过滤装置对通过的烟尘进行补集的除尘技术。

电袋复合除尘技术原理：将电除尘的荷电除尘及袋除尘的过滤拦截两种方法进行结合的除尘技术。一般在除尘装置的前部设置电除尘设备，在设备的后部装设滤袋的方式。

3. 主要工艺技术方案

燃煤电厂超低排放升级改造主要体现在两个方面：一是改造中低温省煤器为低低温省煤器，二是采用锅炉定连排余热回收技术，通过实施这两项技术，既可实现余热回收，也可以直接进行发电。余热回收主要是锅炉空预器后的烟气预热和锅炉定联排的排水损失和热量损失，采用低低温预热回收技术、加热凝结水技术和定联排预热膨胀螺杆动力机热量回收技术，有效地提高了预热再用，对燃煤电厂的后续烟尘排放和节能节水都有着重大的意义，对环保的贡献率非常大。主要工艺技术方案如下：

1）关键核心技术

大型燃煤电站协同处置污染物超低排放集成技术的开发及应用可以分为"新型的烟气成分冷凝技术的开发""高效管束分离器和逆流式塔内烟气适配器技术的开发"两个阶段，重点解决烟气、水雾、细颗粒物的充分混合、旋分、扰动、分离研究等问题，为减少污染物的排放打下基础。

A. 新型的烟气成分冷凝技术的开发

新型的烟气成分冷凝器是实现多种污染物超低排放的一个重要环节，它有效地提高了电除尘的效率。目前国内电厂为了提高电除尘的除尘效率，采取对电除尘进行改造，将静电除尘改为湿式除尘器、布袋除尘器、静电除尘增加电场等工艺，此种改造虽然也能提高电除尘的效率，但脱除污染物比较单一，只能减少颗粒物的排放，对烟气中的三氧化硫和汞的脱除无法实现，同时也增加了能耗。新型的烟气成分冷凝器降低排烟温度，缩小了烟气的体积，降低了烟气中颗粒物的比电阻，提高了除尘器的效率，同时也降低了供电煤耗。

新疆天业针对现有锅炉排烟温度高，且烟气中含有颗粒物、二氧化硫、三氧化硫、氮氧化物、汞等多种污染物等问题，进行烟气成分冷凝技术设计与工艺优化，开发烟气排烟温度由 155℃降至 95℃，提高电除尘的效率，减少 50%颗粒物的排放量，三氧化硫脱出 >85%，供电煤耗降低 2 g/(kW·h)（图 5.44）。

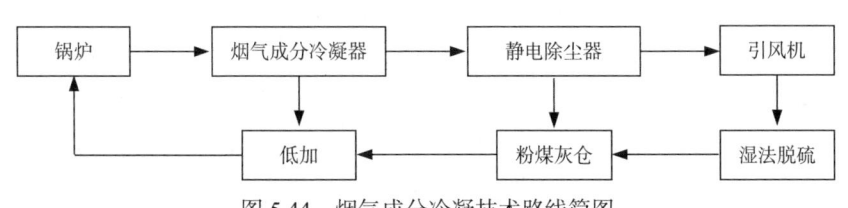

图 5.44　烟气成分冷凝技术路线简图

B. 高效管束分离器和逆流式塔内烟气适配器技术开发

高效管束分离器是吸收塔内重要设备的组成，更是脱硫系统脱除二氧化硫及细颗粒物的关键。目前国内采用板式除雾器、屋脊式除雾器或管式除雾器仅对水雾和大颗粒物的脱除起到了一定的作用，对于细颗粒物的捕捉能力较差，对烟气停留的时间不能够抑制，烟气停留的时间越长，二氧化硫脱除的效果越好，污染物的排放值越低。

逆流式塔内适配器是解决烟气、水雾、细颗粒物充分混合均匀分布的关键。目前国内采用增加喷淋层、塔盘的形式达到烟气充分接触浆液，这样只能使烟气中的二氧化硫、颗粒物与浆液进行表面充分接触，为了达到污染物超低排放，只有增加喷淋的投入，能耗增加。

针对上述问题，利用提高烟气在吸收塔内停留时间和增加液气比的双重原理，研究开发出使烟气均匀混合，且降低烟气流速的高效管束分离器和逆流式塔内烟气适配技术，更有效地减排烟气中的多种污染物，使氮氧化物从小于 100 mg/m^3 降至小于 50 mg/m^3、二氧化硫从小于 50 mg/m^3 降至小于 35 mg/m^3、颗粒物从小于 20 mg/m^3 降至小于 10 mg/m^3（图 5.45）。

```
吸收塔 → 逆流式塔内适配器 → 喷淋层
                ↓                    ↓
烟囱 ← 烟气在线 CEMS ← 高效管束分离器
```

图 5.45 高效管束分离器和逆流式塔内烟气适配器技术路线简图

2）主要技术方案

A. 锅炉连续排污水余热的利用

新疆天业电厂均系工业用汽供热，电厂热水采暖的热负荷较少，热水网补水量有限，难以完全利用。因此，鉴于各个热电厂各自相对独立、各炉排污水量又较少的实际情况，为吸收连续排污水的热量，简化系统连接和管理，降低设备投资，电厂各设置 1 台板式换热排污水冷却器，将各连排扩容器中扩容后的高温水均降低到 70℃。扩容后连续排污水年热回收量 Q 为 41052 GJ。热电厂锅炉的平均热效率按 92%计算，年节约 1522.5 吨标准煤，考虑到改造增加的耗能，电厂的年净节能量为 1218 吨标准煤（图 5.46）。

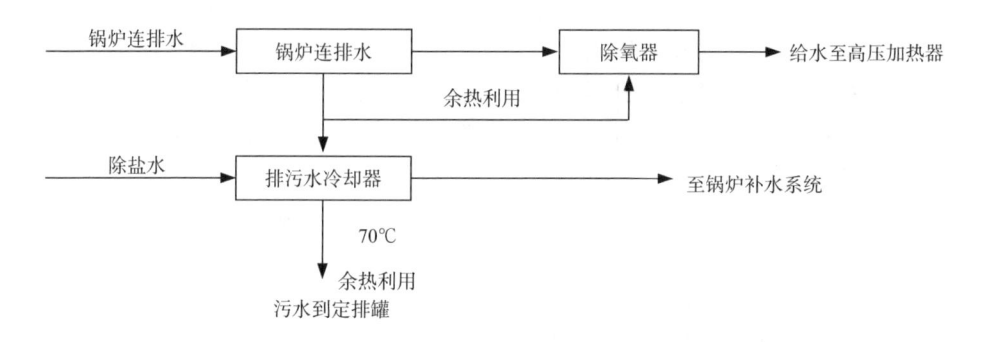

图 5.46 锅炉节能流程示意图

B. 热电厂厂区建筑物采暖节能方案

热电厂热水采暖的汽水换热器约 130℃左右的疏水直接排放，其热和水量均未加以利用，建议进行回收利用。汽水加热器后增加疏水冷却器，利用低温的采暖热水网的回水，将高温的疏水从约 110℃降低到 60℃。增加疏水冷却器后，平均热负荷时采暖耗汽量约为 13.27 t/h，年可节省采暖蒸汽量 4627 t/a，年回收的热量可节约标准煤约 480 tce/a。经计算，采暖热水系统的热网循环水量约 494 t/h，热网的补水率约为循环水量的 1%~1.5%，则平均小时补水量约 5~7.5 t/h，年可节约汽轮机凝结水或除盐水约 21600~32400 t/a（图 5.47）。

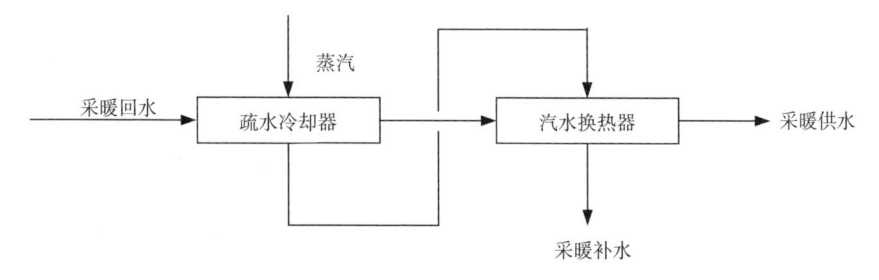

图 5.47 采暖节能流程示意图

C. 锅炉定、联排的余热再用

在汽包和连排扩容器之间，以旁路方式接入一套螺杆膨胀发电机组，利用锅炉连排水压差来驱动螺杆膨胀动力机做功发电，排汽进入连排扩容器，分离出的汽去除氧器，水去定排扩容器，不影响原系统工艺。经计算，天伟热电厂技改后可实现：机组的净发电功率 202 kW，按年运行 7200 h 计，年供电量 145.44 万 kW·h，年节约标准煤量 587.57 t，年发电效益 87.26 万元（图 5.48）。

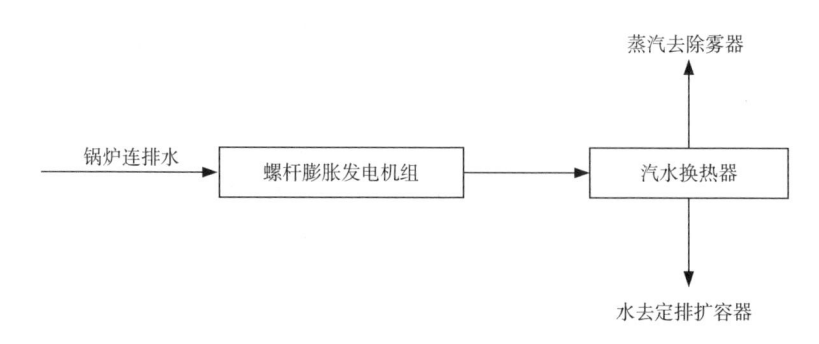

图 5.48 锅炉定、联排的余热再用示意图

D. 设置低低温省煤器

所用燃煤热值高、硫分低、水分也不高，故烟气露点较低（据概略计算，当过量空气系数为 1.2 时，烟气露点约 94℃左右），而正常情况下，锅炉出口烟气温度为 130~140℃，与烟气露点温度相差较远。因此，设置低温省煤器是必要的，同时，降低烟气温度的空间较大，增加了省煤器可取得较大的节能效果。

通过加装低温省煤器技术改造以利用烟气余热性，提高系统效率；减少脱硫工艺冷却水，节能降耗；有效减少二氧化硫、氮氧化合物和烟尘的排放；将进口烟温从 140℃降低到 94℃；结合电除尘器的改造，保证电除尘器出口烟尘小于 30 mg/m³。

经初步计算，设置低低温省煤器后，各机组的年节能量如下：

135 MW 机组，年节能量约为 2973 tce/a；

300 MW 机组，年节能量约为 6756 tce/a；

330 MW 机组，年节能量约为 7432 tce/a。

E. 除尘系统改造

基于电除尘器入口烟气温度较高，高频电源能耗较高，工频电源和高频电源存在频繁的火花（全贯穿火花放电和局部火花）放电，阴阳极板变形严重、挂灰较多这些因素影响了除尘效率，致使除尘效率衰减较快，缩短除尘器本体寿命。电除尘出口粉尘排放浓度在 39~49 mg/m³ 左右，未达到"粉尘排放浓度小于 10 mg/m³"的要求，需要对现有电除尘器进行提效改造。

新疆天业通过对燃煤电厂烟气污染物整体协同治理着手，协调各烟气污染物脱除设备对主、辅污染物的脱除能力。通过电场扩容，在现有场地条件下，最大限度地增加电除尘器的比积尘面积，降低了烟气流速。采用干式静电除尘器提效（烟尘排放浓度≤20 mg/Nm³）+高效脱硫除尘提效（烟尘排放浓度≤5 mg/Nm³）路线，增加电场，将原除尘器四个电场扩容为 5 个，达到充分提高各烟气治理设备的性能。满足除尘器出口烟尘浓度稳定在 20 mg/Nm³ 以下，同时又可更加有效去除微细粉尘 $PM_{2.5}$、石膏雨、重金属等多种污染物。

F. 脱硫改造

包括单塔一体化脱硫除尘深度净化技术、单塔双分区高效脱硫除尘技术、双托盘技术、高效渐变分级复合脱硫塔技术、双塔双循环技术等多项技术工艺。在这些技术中，单塔一体化脱硫除尘深度净化技术应用取得较好的成果，该技术可在一个吸收塔内同时实现二氧化硫浓度不超过 35 mg/m³、尘含量不超过 5 mg/m³，脱硫效率达 99%以上，除尘效率可达 90%以上。单塔双分区高效脱硫除尘技术与双塔双循环技术则属于异曲同工的两种脱硫方式，高效渐变分级复合脱硫塔技术则使超低技术有较宽的煤种适应性。

G. 脱硝改造

燃煤锅炉产生的 NO_x 主要由 NO、NO_2 及微量 N_2O 组成。燃煤锅炉控制 NO_x 排放的主要机理是利用煤粉燃烧过程产生的氮基中间产物或者往烟道中喷射氨气，在合适的温度、气氛或催化剂条件下将 NO_x 还原，选择性催化还原烟气脱硝（简称 SCR）技术由此而来。

在原 SCR 反应器本体上，保留一层原有催化剂，更换一层再生催化剂，在原系统的备用位置新增一层相同规格的催化剂，并设置配套声波吹灰系统。对脱硝系统重新进行流场计算，根据流场计算结果对导流板，喷氨格栅，整流器，整流格栅优化调整，优化系统内部流场，增加烟气与氨的混合效果，同时增加氨逃逸在线监测装置。改造后锅炉均采用低氮氧化合物燃烧器，在锅炉尾部同步安装 SCR 装置，提高了原来 SCR 系统的脱硝效率，脱硝系统出口 NO_x < 50 mg/Nm³，脱硝效率 > 90%。

H. 脱硫废水零排放

电厂脱硫废水成分复杂，水质、水量波动大结垢离子含量高浓缩易结垢，预处理难度大且运行成本高，经常规处理后仍具有较高的含盐量、氯离子和硫酸根离子量，回用具有很大的局限性，排放对生态环境会产生严重影响。通过膜法浓缩与MVR（或者烟气蒸法）组合工艺处理，经过气浮除油→石灰澄清池→重力滤池→两级软化器→除碳器→反渗透后的出水指标满足RO的脱盐率≥90%，RO的回收率≥95%，系统回收率≥92%。

4. 实施效果

新疆天业电厂在改造中选择了脱硝流场优化及催化剂加层+低温冷却器+高频电源改造+脱硫除尘一体化的超低排放工艺路线，经过近两年的项目实施，于2018年12月完成了4台300 MW机组的全部改造完成，第一台机组改造完成后运行至今已有三年多的时间，实现了长周期的稳定运行，实际减排效果好于预期。

（1）二氧化硫。设计时煤种含硫按照1.5%，出口要求的二氧化硫≤25 mg/m^3（国家标准是≤35 mg/m^3），根据实际运行的效果，出口的排放浓度完全可以控制在20 mg/m^{3}以下。

（2）氮氧化物。初定的烟囱排口氮氧化物排放浓度≤40 mg/m^3（国家标准≤50 mg/m^3），通过对装置运行情况监测对比，氮氧化物排放浓度基本上都能控制在35 mg/m^{3}以下。

（3）烟尘。初定进入脱硫系统烟尘≤50 mg/m^3，要求烟囱出口烟尘<5 mg/m^3（国家标准≤10 mg/m^3），根据运行的效果来看，烟尘实际排放浓度在3 mg/m^{3}以下。

经过了三年多的实际运行（以上数据全部在标氧6%的情况下计算），环保检测部门的人工数据比对和在线数据完全吻合，符合国家相关规范和要求，在节能方面，供电煤耗降低2 g/(kW·h)。该技术的成功实施从方案的制定、技术路线的选择，包括后续的稳定运行，都积攒了宝贵的经验，为后续的污染物治理及节能改造都奠定了坚实的基础。

污染物脱除效率提高，污染物排放浓度降低，使企业的形象得以提升，同时也是对国家节能环保政策的积极响应；降低NO_x、烟尘及SO_2排放浓度，提高空气质量，减少对人体危害；节约用水及用地、合理利用能源、节能效益（节标准煤、节能量和节约除盐水）。新疆天业热电厂污染物排放浓度的降低充分体现了对环境保护的高度重视，对建立和谐社会、环境友好型社会的责任感。

5.5.5 氯碱化工能源管理

1. 概述

企业能源管理中心是一项整合自动化和信息化的管控一体化节能新技术，是通过对企业能源生产、输配和消耗实时动态监控和管理，改进和优化能源平衡，从而实现系统性节能降耗。企业能源管理中心技术发源于西方发达国家，目前已广泛应用于工业生产过程及大型民用建筑能源系统的实时监控和优化管理。在借鉴国外经验的基础上，我国在工业领域尤其是重点用能行业中推广企业能源管理中心项目建设，是工业化和信息化融合的表现形式之一。

新疆天业在发展的过程中始终注重技术创新和节能减排工作，2005年，公司进入国家首批循环经济试点企业，建成了中国第一个"煤—电—电石—聚氯乙烯—电石渣水泥"循环经济产业园区，形成了产业链的大循环。2010年9月，新疆天业被工信部确定为首批"两化融合促进节能减排试点示范企业"。

新疆天业的核心产业链对于能源的依赖度很高，生产过程中对煤炭、焦炭、兰炭、蒸汽、电力、电石炉气、天然气和水等一、二次能源的需求量很大。确保这些能源介质的平稳供应和经济适用是维持企业平稳生产、实现节能增效目标的前提条件。新疆天业是国内氯碱行业中率先达到清洁生产一级标准的企业，但在能源管理方面仍然存在能源计量不完备、能源监控不到位、能源调度和管理不够细化等问题，造成诸如炉气放散率较高、蒸汽损失率较高、电损较大等能源损失和浪费问题。国内外的实践证明，企业能源管理中心是一项整合自动化和信息化技术的管控一体化节能新技术，可以通过对企业的能源采购、生产、输配和消耗等环节实施动态监控、调度和管理，改进和优化能源平衡，从而实现系统性节能增效。

建立新疆天业能源管理中心既是新疆天业加快产业结构调整、大力发展循环经济的要求，又是新疆天业自动化和信息化建设的一个不可或缺的部分。能源管理中心的建立不仅在新疆天业生产和能源的统一调度，优化固体燃料、电力、蒸汽和炉气等能源介质平衡，减少炉气放散，蒸汽损失和电力损失，实现分层次考核，提高劳动生产率，提高能源质量，降低吨产品能耗等方面发挥重要作用，而且能有效解决正常和异常工况下能源供需的合理调整和平衡，及时判断处理非正常工况，快速查找分析事故原因，并启动事先制定的事故预案，提高能源管理的敏捷性和智能化水平。

通过能源管理中心的建设，实现对各种能源介质和重点耗能设备的实时监视、控制、优化调度和综合管理，及时了解和掌握各种能源介质的生产、使用以及各种能源管网、关键耗能设备的运行工况，做到科学决策，正确指挥，确保安全、可靠、经济与高效运行,实现从经验型到分析型调度职能的转变。

2. 关键工艺技术

1)能源计量与监控系统改造与完善

能源计量与监控系统的改造是能源管理系统基础改造项目,这些系统的改造将从现场的基本情况入手,针对能源管理的需求在现场添加或更换相应的测量仪表及分析仪器。上述基础改造项目包含电力系统、蒸汽系统、水系统、燃气系统及固体能源系统的数据采集仪表和现有计量仪表的改造完善等。

2)能源管理中心基础平台和环境建设

根据新疆天业化工园区的现状,按照企业能源管理中心的应用功能规划要求,开展能源计量仪表现场采集站系统适应性接入改造,并开展生产装置工艺参数和能源介质计量的集成和数据处理等适应性改造;根据需要完善现场工业网络和企业管理网络,并采用工业级交换机设备分层配置;系统接入要保证满足安全性和隔离性等技术要求。建设能源管控调度指挥中心,作为系统应用的场所,其主要包括控制室工程、机房工程、弱电智能化工程、大屏幕工程、视频及通信工程等基础系统。

3)综合监控调度系统建设

根据新疆天业化工园区的特点,实现生产及能源系统监控与系统优化调度的有机结合,建立综合监控调度系统。主要包括:过程监控系统软硬件平台、调度中心监控软件、在线调度工具等。综合监控系统主要实现对各能源介质产、存、耗全过程的实时监控,掌握其历史和实时趋势,并结合生产装置运行状况,动态掌握能源使用消耗情况,实时记录能源系统事件,并按能效优化的原则,实现各能源介质的实时调度;实现对各类产能、供能和用能过程及设备的实时监控、故障报警和分析管理、能源系统的事故报警、能源系统的网络故障诊断等。

4)基础能源管理应用系统建设

基础能源管理系统作为企业能源管理中心核心业务信息化管理平台,是在自动化和综合过程监控系统基础上的数据分析和管理平台,是实现以过程数据为依据进行能源管理的重要子系统。基础能源管理系统实现能源计划和实际管理、能源质量和量值管理、能源平衡计算与成本管理、能源对标与能源审计管理、专业管理报表子系统、能源系统运行与决策支持等应用。

基础能源管理系统可实现能源实时监控、历史能耗分析、能源实绩管理、能源分析管理、能源平衡管理、能源数据审核、能源测点管理、能源报表管理等管理应用。综合能源管理系统是在自动化和综合过程监控系统基础上的数据分析和管理平台,是实现以过程数据为依据进行能源管理的重要子系统。

这些模块以能源管理中心的实时数据为基础,经过系统的分析和处理,以友好的设计界面提供给能源管理的专业人员和运行管理专业人员使用,从整体角度向新疆天业能源管理中心的管理人员提供一体化的安全保障机制和完善的基础管理平台。

5)能源产耗预测与优化调度软件开发

能源产耗预测与优化调度模型及软件是实现能源管理中心重要应用的基本组成部分。能源产耗预测与优化调度模型是基于能源介质的转换和应用的特点,在对生产和能源数据进行集中管控的基础上,按能源生产、输送、转化和消耗过程机理以及各能源介质工艺流程而建立的能源平衡和调度模型。结合生产计划、检修计划、能源产耗预测数据、能源管网模拟数据,以及系统给出的能源优化调度方案等各种信息,对能源介质进行平衡调度。通过调度,在保证生产的前提下,对能源的使用效率和效益等进行实时在线优化平衡,直接产生节能经济效益。

6)能源数据分析与挖掘软件开发

在能源管理中心应用平台支持下,通过能源数据分析及数据挖掘,分析企业和装置现有的能源利用水平是否达到按质用能、按需供能和梯级用能的要求;能量是否做到充分利用;各种形式能量是否达到相互配合、综合利用,从而挖掘出各环节的节能潜力,提出可行的节能措施和建议,并选择合适的方案实施。

数据分析与挖掘主要利用数理统计和知识学习等技术,如灰色关联度分析方法、模糊系统和神经网络、支持向量机等,深度挖掘影响质量指标的各种影响因素,对影响因素进行排序,找到影响这些指标的关键变量,进而指导改善这些指标的方向和方法。

能源数据分析与挖掘可以为能源管理人员提供各种统计分析数据,包括多级能耗指标分析、对比分析、对标分析、关联分析、成本分析和指标综合查询等丰富的统计分析信息。能源数据分析与挖掘致力于为节能管理和质量环保管理等提供有价值的数据支撑,挖掘有利于节能减排的建议和措施。

以能源成本分析为例,通过全面分析生产装置各工序和耗能设备能源成本及其构成的变动情况,系统研究影响能源成本升降的各种因素和变动的原因,寻找降本增效的潜力。它是能源成本管理工作的一个重要环节,通过能源成本分析能准确掌握成本变动的规律性,有利于实现降本的目标;可以对成本预算的执行情况进行有效的控制和评价。能源管理系统可以为编制成本预算提供重要依据,是成本管理工作的努力方向。

通过对能源成本绩效考核，着力于成本改善，并运用标准成本与实际成本的对比，揭示差异并进行分析的方法，实施对成本的事前、事中和事后控制，服务于经营决策的成本管理体系。

7）重点耗能单元与设备的节能技术改造

园区能源管网的改造主要包括：从电石炉气总管口到电厂及烧碱厂的管线改造和氯碱装置到电厂间供水管线的改造。

针对现有的电石炉气是通过余热锅炉和部分燃烧掉，造成部分能源浪费的情况，进行技改用干法除尘和湿法净化相结合的工艺，洗气水实现闭路循环，无污染物外排，并进行深度分离提纯，净化后的炉气作为燃烧气送至电厂和烧碱装置替代部分原煤和天然气使用，提高了炉气能源的利用率。同时在用户端增加必要的在线分析等计量监控仪器，如在线监测炉气的热值、温度、流量等，这样可以将能源的换算转换到标准的计量方式，既将废气替代燃煤提供能源，节约了能源，又通过在线监测和合理的控制，达到废气再利用和合理优化管控的双向效益。

天业园区氯碱装置聚合工段产生的母液水每年多达400余万立方米，造成了资源浪费，为了充分利用资源，公司技改完善聚合母液水处理系统，通过生化处理和膜过滤相结合的技术，使处理后的母液水达到电厂循环水系统使用标准，送至自备电厂使用。并在管网的进出口及中间重要位置增设仪表监控措施，实时监测水质情况，使处理后的污水达到最优化合理利用。

3. 技术实践思路方案

1）思路和目标

建设新疆天业能源管理中心的基本目的就是在提高能源系统的运行、管理效率的同时，为公司提供一个成熟的、有效的、使用方便的能源系统管控一体化解决方案和一套先进的、可靠的、安全的能源系统运行操作和管理平台。最终实现安全稳定、经济平衡、节能减排、优质环保的基本目标。

总体目标：采用先进的信息和自动化技术，将新疆天业各装置以及能源介质管网的数据进行采集、处理和分析，将能源的控制和调度、平衡预测和能源管理等功能进行有机、一体化集成，实现企业能源管理中心的管控一体化系统，率先在国内氯碱化工行业建立能源管理中心示范点。

2）能源管理系统框架

新疆天业能源管理中心将按照管控一体化模式建设先进的能源管理系统，对化工园区的能源实现集成、监控和管理一体化。为了满足能源系统集中化和扁平化管理和调度管理模式的要求，将根据公司现有工艺及设备的实际情况，实现园区重点用能设施远程监控，以确保未来的能源管理系统借助于能源管理中心平台实现公司的集中、一体化的能源系统运行和能源管理的目标。

新疆天业能源管理中心建设分为三部分，分别为能源管理系统、能源管网及计量装置改造和节能技术实施，三部分相辅相成，从硬件建设到软件实施、从装置工艺改造到综合管理，采用了全方位能源管理的措施，体现了天业能管中心的全面性和先进性，具体内容如表 5.13 所示。

表 5.13　能源管理中心主要工作内容

项目内容	工作内容	备注
一、能源管理系统			
平台建设	建立覆盖一、二次能源计量的全生命周期的过程监控平台，实现数据采集、加工和分析处理、过程监控、快速诊断等	
软件建设	现场实时数据库、关系数据库的部署，能源管理系统中监控、管理和优化等各功能模块的二次开发	
硬件建设	网络集成、数据库服务器、Web 服务器和应用服务器、视频服务器和应用客户端部署，大屏监视系统建设，防火墙等网络安全建设等	
二、现场能源管网及能源计量装置的改造			
煤/焦炭/兰炭固体燃料	现场改造，增加检测仪表和数据采集和监控系统	远程监控
电力系统	现场改造，增加检测仪表和数据采集和监控系统	远程监控
蒸汽系统	现场改造，增加检测仪表和数据采集和监控系统	远程监控，无人值守
中水系统	现场改造，增加检测仪表和数据采集和监控系统	
电石炉气系统	现场改造，增加检测仪表和数据采集和监控系统	远程监控，无人值守
天然气	现场改造，增加检测仪表和数据采集和监控系统	远程监控
三、装置节能技术的实施			
氯碱装置	氯化氢合成余热副产蒸汽 母液水处理送电厂使用	技改和远程监控
水泥装置	大型用电设备的变频控制改造 天能水泥新增一台余热锅炉投入运行	技改和远程监控
电石装置	电石炉气送至电厂和固碱装置使用，降低烧碱天然气消耗和发电厂煤耗	技改和远程监控
自备热电厂	现场改造，改进检测仪表和完善数据采集系统	技改和远程监控

A. 能源管理系统实施范围

（1）以新疆天业化工园区内的天业、天辰、天能公司的热电、电石、化工和水泥等主要产业和13个分厂的现有生产装置和各能源介质管网为实施对象，并为三期项目预留可扩展的空间。

（2）能源管理系统监控管理的能源介质主要包括：监测介质包括：燃煤、焦炭、兰炭、蒸汽、电力、电石炉气、天然气、水、燃油等。

（3）监测介质的物理信号有：流量、压力、温度、功率、电流、电压、电量、电力有功功率、无功功率，能源计量仪表运行状态、动力设备的运行状态、主生产线设备的运转状态等。

（4）能源管理系统涉及的部门主要包括：运行管理部、总调、计量中心、财务部、采供管理部、化工产业、电石产业、电力产业、水泥产业以及相关辅助业务部门等。

B. 能源管理系统主要建设内容

（1）以符合系统建设目标、突出节能降耗效果为指导原则，按可靠性、冗余性和可实现性要求完善各级能源计量仪表和测量网络。

（2）建立"适合实用"的生产和能源数据采集网络，适应未来物流和能流高度集成的需求。

（3）建立"高度集成"的生产、能源综合监控中心，集中监控各分厂计量数据、各动力介质信息、固体燃料信息、重点耗能设备和耗电设备信息、能源品质信息、生产运行关键信息等，集成实时监控、状态监视、设备运行监视、历史趋势查询、报警分析、实时报表等监控功能，实现集一般监控、报警分析、综合预测与分析、节能优化调度于一体的管控一体化系统。

（4）建立"事前管理、事中监督、事后考核"为主线的能源管理平台，实现从计划、调度、操作运行到统计、考核事务流闭环管理。

（5）建立"准确可靠"的能源平衡与优化调度模型，通过能源介质产、存、耗的动态平衡、优化调度与控制，提高能源平衡水平和能源介质利用效率，实现节能减排增效目标。

4. 实施效果

新疆天业以北工业园区为基地，基地下辖热电、电石、化工和水泥四大产业共12家高耗能生产企业，通过能源管理中心的建设，实现对各种能源介质和重点耗能设备的实时监视、控制、优化调度和综合管理，及时了解和掌握各种能源介质的生产、使用以及各种能源管网、关键耗能设备的运行工况，做到科学决策，正确指挥，确保安全、可靠、经济与高效运行，实现从经验型到分析型调度职能的转变。具体内容为：

（1）建立集数据采集、过程监视与控制、能源调度、能源管理为一体的能源管控体系，实时监视固体燃料和各动力能源介质的采购、生产、分配及消耗，准确掌握整个天业化工园区、各产业、各分厂、各主要产品以及关键耗能设备的能源消耗状况。

（2）在现有数据采集和能源网络的基础上，集中监控一二级能源计量数据、主要生产线与重点耗能设备三级能源计量数据和运行数据、能源质量数据以及与能源系统相关的生产数据；在能源管理中心实现能源介质计量数据、质量数据和各分厂重要生产数据的综合集成和管理。

（3）实现能源的事前调度和管理，准确制定能源生产和消耗计划，准确进行能源的产耗预测、管网模拟、动态平衡、优化调度与控制，提高能源管网和设备的操作安全和运行效率，提高蒸汽和炉气等二次能源的回收率和利用效率，减少炉气、蒸汽放散和电力损耗，保证能源系统安全、经济与合理运行。

（4）实现涵盖能源计划实绩、能源调度运行、能源统计分析、能源质量、能源考核、能源计量器具、能源计量结算、能源报表管理等功能的全方位能源管理，基于强大的数据挖掘工具和规范化的管理流程，提供准确有效的分析数据、有价值的节能建议以及强有力的考核措施，提高公司的能源管理水平，向管理要节能。

（5）通过能源管理中心平台建设，对一些用能设备的运行实现无人值守，例如，部分变电站所等通过计算机管理系统实现中心远程监控，从而达到减员增效的目的，提高能源管理水平。

新疆天业能源管理中心组织构架及实施现场见图 5.49 和图 5.50。

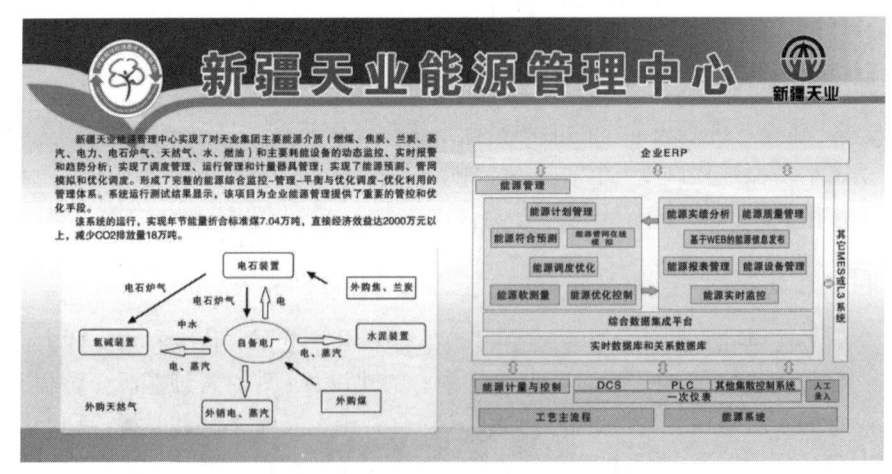

图 5.49　新疆天业能源管理中心示意图

图 5.50　新疆天业能源管理中心现场

随着 2013 年上半年能源管理中心建成投用，进一步提高了企业的节能手段，在产生良好社会效益的同时也将产生可观的经济效益。能管项目从硬件改造到软件功能实现都是围绕着节能目标开展的，一方面是基于能管系统各项功能，进行能源精细化管理和优化利用实现节能，另一方面是进行装置改造，通过能源循环利用和回收利用实现节能，两方面综合形成了有效的能源管理体系。项目建成和投入运行以来，年节约标准煤 7.04 万吨，减排二氧化碳近 20 万吨，经济环保效益显著，项目成果已经在新疆天业全面应用（表 5.14）。

表 5.14　项目节能细目表

节能方式	项目名称	节煤量/(万吨/年)
能源优化利用	热电厂发电机组负荷调度优化	4.29
节能技改项目	水泥窑新增余热锅炉	1.65
	氯化氢合成余热副产蒸汽	0.28
	电石炉气密闭炉改造	0.56
	氯碱装置节能技改项目	0.23
	大型用电设备的变频控制改造	0.03
合计		7.04

5.6 信息化与智能制造关键技术

5.6.1 信息化关键技术

1. 概述

氯碱化工行业的生产环境多为高温、高压、易燃、易爆、有毒的条件，生产环节多、过程复杂，对技术和设备要求高，对资源依赖性强。以信息化带动工业化的发展，以信息化来提升企业的技术创新、管理创新和体制创新的能力，增强企业的核心竞争力，是氯碱化工企业发展的必然要求。

新疆天业以《中国制造 2025》和《智能制造工程实施指南（2016~2020）》为指引，从全产业链一体化协同发展方向出发，建设三层智能化平台、七大主要核心智能应用系统，形成煤电化一体化循环经济产业链智能工厂协同管控管理标准等成果，在绿色化工新材料产业链上进行示范应用，实现产业链高效、协同、智能、安全、绿色、稳定运行。

2. 工艺技术方案

新疆天业的三层智能化平台包括：以自动化控制系统为核心的生产过程智能化控制平台，包括生产执行系统、能源管理系统等的生产智能运营一体化平台和包括资源综合利用优化系统、业务流程管理系统的产业链智能管控协同平台。七大主要核心智能系统是性能评估与整定系统（PID）、先进控制优化系统、生产执行系统、能源管理系统、业务流程管理系统、资源综合利用优化系统和大数据挖掘分析系统。形成三项智能制造标准草案：智能工厂、生产能效评估方法、企业制造执行系统（MES）与企业资源计划（ERP）系统的集成技术规范等。

新疆天业智能工厂系统整体架构如图 5.51 所示。

项目建设的总体技术路线为：

（1）基于生产装置性能评估与整定系统、先进控制系统、生产线自动化包装系统等智能化控制优化技术，推动新疆天业生产过程的智能化操作提升；

（2）以生产执行系统 MES 为核心，建立生产运营一体化智能服务平台，实现生产、能源、设备、质量、安全等业务综合集成与流程优化，提高生产管理效率，降低生产运营成本；

（3）基于绿色化工新材料产业链资源综合利用模式，建立资源平衡与优化配置模型，实现产业链动态的资源配置与调度组织方案，协助企业实现产业链提质增效；

（4）在项目实施过程中，总结、提炼系统建设的技术、方法，在智能制造体系结构、参考模型与系统评价方法、智能制造实施规范、智能制造标准化体系与规范等方面形成标准草案，沉淀智能制造新模式探索的相关成果。

生产智能控制	性能评估与整定系统（PID）	先进控制系统（APC）
	DCS 系统（BDO 装置）	滴灌带生产线自动化包装系统

智能运营一体化	生产执行系统（MES）	企业资源管理系统（ERP）
	能源管理系统（EMS）	财务人力资源管理系统
	健康安全环保系统（HSE）	仓储物流管理系统
	设备管理系统（EAM）	汽车运输智能管理系统
	实时数据库系统（RTDB）	

智能管控协同	资源综合利用优化系统	知识管理系统
	集团绩效管理系统	电子商务系统
	业务流程管理系统	在线教育管理系统
	党建信息化系统	智能园区一卡通系统
	大数据挖掘分析系统	

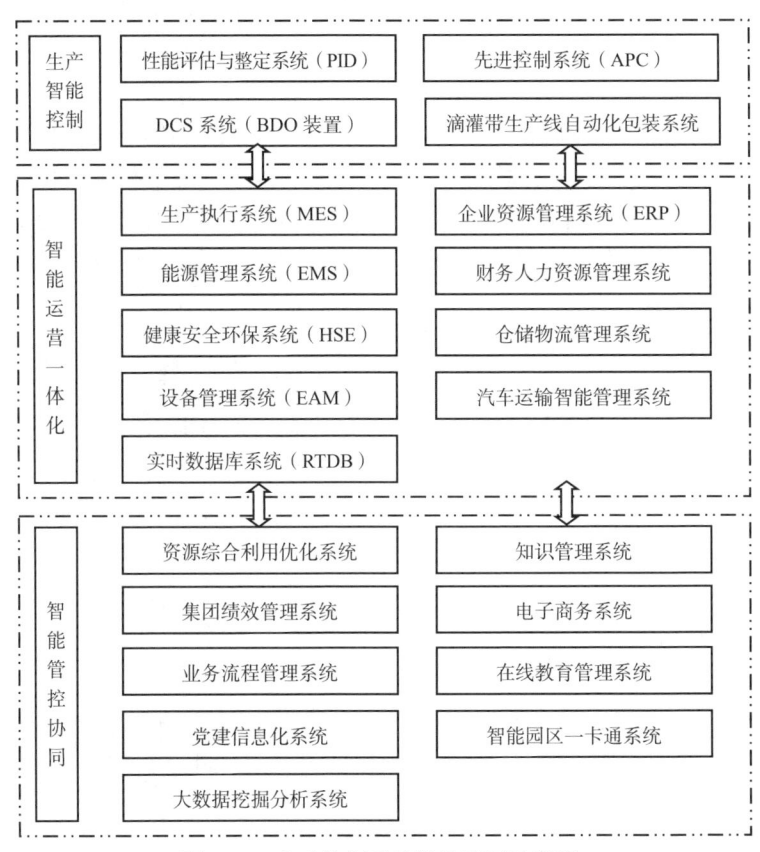

图 5.51　自动控制系统结构流程示意图

3. 关键技术研究

1）面向氯碱化工的节能环保与安全管控 MES 开发与应用

通过对氯碱化工企业的全面、深入的调研分析，开展了氯碱化工企业 MES 的需求分析和关键技术调研及规划，对应用示范装置进行了调研、数据收集、工艺生产过程问题分析和需求分析，细化了面向应用需求的课题研究方向和研究计划，提出了氯碱化工 MES 急迫解决的问题和关键技术，需要开发的氯碱化工 MES 的主要功能模块和架构，开展了 MES 系统整体设计，提出了氯碱化工 MES 应用过程是提高数据集成安全性的解决方案。针对氯碱化工这个典型的流程化、高耗能、高危险、高污染化工行业，MES 是作为填补了上层生产计划与底层工业控制之间的鸿沟的关键层次，通过对能流、物流、设备等各种关键生产要素进行实时监测与协调优化控制，实现快速响应制造、节能降耗及安全运行是提高该流程工业核心竞争力、实现可持续发展的重要措施。在氯碱化工工业信息化基础差、观念落后、安全隐患大、工艺数据保密性高等制约因素下，研究开发面向混合生产过程的构件化和可配置的 MES 集成应用平台及集成应用，着重研究氯碱化工生产过程优化节能控制、智能预警报警等关键技术。以 MES 标准和共性技术为指导，研发基于融合工艺机理、专家知识和统计分析技术实现氯碱行业高耗能工艺单元及装备的模型建立工具集和智能报警的实时工具集，提供面向氯碱化工的节能环保与安全管控 MES 解决方案，促进了示范企业的信息化的软硬件基础显著进步、观念的变化，并使企业在安全、节能、减员增效等方面获得了效益。

A. 高危险单元的智能报警与预警技术研究

完成了该任务所规定的关键技术研究、软件开发和现场应用示范，着重在以下方面开展了方法与技术开发工作：①研究针对过渡态提出了动态报警限的报警管理方法；②针对非规整报警数据提出了非对称的报警相关性发掘方法；③根据故障数据样本缺少的情况提出了基于人工模拟疫苗的人工免疫方法和移植疫苗的人工免疫方法；④针对报警变量之间存在着相互关联，提出了基于变量间关联关系的多变量报警设计方法；⑤并进行了动态预警的研究。基于以上研究成果设计和开发智能报警管理系统的离线报警管理与分析软件和在线报警管理与预测软件。

部署智能预报警管理系统软件，与实际装置相连接，采集报警数据，在线测试分析装置报警系统性能，并进行适当改进。大部分都能实现减少报警率30%以上。总体的报警率减少了65.54%。通过报警合理化实现报警率的显著下降，操作人员的工作负荷大幅减少，装置平稳生产状况有了提高，非计划停车次数减少。

B. 高耗能工艺单元及其装备的优化控制技术研究

重点针对占整个企业能耗近70%的电石炉和电解槽过程的能量平稳和能耗进行了深入的研究，开发了电石炉气系统产耗预测软件和离子膜烧碱电解槽电流效率计算分析软件，为炉气管网平衡调度策略和电解槽的高效运行提供科学的依据和决策支持，减少炉气排放，提高炉气利用率，减少了由于工况条件变化导致的电解槽低电流效率运行时间，提高了电解槽的节能空间，实现了节能降耗，有利于安全环保。此外开发了密闭电石炉节能优化控制技术和软件，并在现场获得成功的应用，取得了如下的应用效果：

（1）提高了密闭电石炉装置的综合自动化水平，稳定了生产工况，提高主要工艺参数的平稳性，与常规控制相比，关键工艺参数的标准偏差（波动幅度）降低 30%以上。

（2）基于对电石炉装置的精细化平稳控制，保持三相电极的电流平衡，挖掘装置潜能，进一步提高装置物料和能量利用率，降低单位电石产品的电耗 2%以上，大大降低装置的综合能耗。

（3）建立了电石炉工况智能诊断与监控策略，通过对装置三相电极电压、电流和升降边界的综合判断，实现对电极压放的自动控制，同时监控炉内压力、炉气温度、炉内压力等工艺参数，对异常工况进行及时报警，并进行相应的处理，减少设备故障率，提高生产安全性。

（4）在正常生产条件下，节能优化控制系统的投运率达到 90%以上，保持生产操作的一致性，减少人为干扰，降低了操作劳动强度。

研究开发了集动态控制和经济目标优化于一体的精馏塔智能优化控制技术和软件，该软件对精馏塔以轻重产品比为关键被控变量，进行质量稳定控制，保证了仿真精馏塔的快速稳定，并对高价值产品进行卡边优化，提高高价值产品产率，降低能耗。该软件针对高纯度精馏过程进行优化控制，能够提高高价值产品产率，减少跑损，且节能效果明显。该软件由于新疆天业的现场条件限制没有在新疆天业示范生产线上运行，在中石油华北石油公司气分装置上获得成功应用，并于 2015 年 12 月通过应用测试和验收，取得高价值产品丙烯收率提高 0.39%，能耗降低 4%以上，系统运行平稳率达到 98%以上，重要变量波动标准差均减少 20%以上，主要控制指标达到控制要求，系统投用率达到 95%以上。

C. 面向氯碱化工的节能环保与安全管控 MES 产品开发

通过分析氯碱行业生产管理的业务特点，以节能、环保和安全三条主线为基础，开发一套符合 ISA95 标准、全面实现物流、能流信息集成的可配置化 MES 平台。在平台基础上开发适用于氯碱行业生产特点的能源监控、生产监控、安全管理、环保监测、节能优化、动态软测量等功能模块，此外研究和开发了具有离散、连续混杂过程的氯碱化工企业全流程调度优化技术和软件，首次实现了全流程调度优化。针对氯碱行业的生产特点及示范企业的用户需求，重点研发了工厂建模技术及数据集成技术，并进行了可组态化的 MES 平台的设计开发，实现上线运行和示范应用。

通过开发一套适应大型氯碱企业的全流程一体化 MES 解决方案和产品，并在新疆天业典型 40 万吨氯碱企业开展支持节能环保和安全管控的 MES 应用示范，实现氯碱化工装置报警率降低远大于 20%，综合能耗降低 2.07%，按照一个典型 40 万吨的氯碱企业将带来年直接经济效益 1271 万元，减排 CO_2 排放 27.26 万吨/年。

2）绿色化工新材料产业链智能制造新模式

围绕新疆天业企业发展方向，本项目从全产业链一体化协同发展方向出发，建设三层智能化平台、七大主要核心智能应用系统，形成绿色化工新材料产业链智能制造标准草案。

三层智能化平台：①生产过程智能化控制平台，以自动化控制系统为核心；②生产智能运营一体化平台，包括生产执行系统、能源管理系统等；③产业链智能管控协同平台，包括资源综合利用优化系统、业务流程管理系统。

七大核心智能系统：PID 性能评估与整定系统、先进控制优化系统、生产执行系统、能源管理系统、业务流程管理系统、资源综合利用优化系统、大数据挖掘分析系统。

形成三项智能制造标准草案：智能工厂、生产能效评估方法、企业制造执行系统（MES）与企业资源计划（ERP）系统的集成技术规范等。

通过绿色化工新材料产业链智能制造新模式推广应用，实现新疆天业新材料产业链从上游产业到下游产业、从原料到产品，从生产控制到经营决策，从生产管理到绩效分析多层次、多视角、全方位的智能化管控，提升企业核心竞争力。

A. 生产过程智能化控制平台

健全和完善计量仪表、分析仪器、皮带秤、地磅、可燃气体探测仪等检测手段，目前拥有 10 多万块智能仪器仪表，大幅提升了企业的自控化水平，为企业推进精细化管理奠定了坚实的基础；采购 DCS 系统、PLC 系统、SCADA 系统、SG8000 采集站等，为实时数据库、MES 等系统提供数据来源。

通过 PVC 包装机、码垛机器人的建设，极大地降低了人力资源，提高了生产效率，实现了降本增效的目的；一条 PVC 生产线需用工 10 人，采用智能控制和机器人操作，一条生产线只需用工 6 人，减少用工人数 40%以上，大大提高了劳动生产率，减少了生产运行的人工成本。

化工生产方面：在高端工程塑料生产中采用自动化包装线，来完成产品的自动搬运输送、称重、贴条码以及包装堆垛等工作，成为目前国内第一家采用自动化控制生产的滴灌带生产线；通过项目建设，全员劳动生产率由 0.214 吨/(人·天)提高到 0.403 吨/(人·天)，提高 88.3%，促进了社会生产力的发展，降低了员工的劳动强度，而且改善了员工的工作环境。

电石生产方面：引进智能出炉机器人技术，在密闭电石炉安装出炉机器人，实现电石炉远程自动化出炉操作及出炉作业标准化、流程化和安全生产实时预警，改善工作环境，每个电石炉用工由 4 人减少至 3 人，减少用工 25%，生产效率提高 33%。对 17 台密闭电石炉的关键工序实现了 APC 先进控制系统，控制回路自控率达到 95%以上，尤其是在电石炉、电解等能耗高且对后续工序有较大影响的工艺环节，建立了基于机理模型和过程响应模型的高级优化控制系统，有效解决了生产控制中的大滞后、强耦合、非线性等问题，生产工艺关键参数方差减少20%以上，生产效率提高4%，电石发气量提高0.7%，产品质量得到了良好的控制，达到了国内领先。电石炉APC先进控制系统投入后，三相电极电流、电极电压、电极功率、除尘器出口压力，电石炉压力等关键工艺参数的运行平稳性得到明显改善。

B. 生产智能运营一体化平台

建设了包括计划管理、调度管理、库存管理、生产统计、实时报警、质量管理、设备管理、能源管理、安防管理等应用的MES系统，填补了上层生产计划与底层工业控制之间的鸿沟的关键层次，通过对能流、物流、设备等各种关键生产要素进行实时监测与协调优化控制，实现快速响应制造及节能降耗，从而达到节能降耗和安全管控、增强企业核心竞争力，生产管理水平持续优化和提升。

能源管理中心按照管控一体化模式建设先进的能源管理系统，对化工园区的能源实现集成、监控和管理一体化。为了满足能源系统集中化和扁平化管理和调度管理模式的要求，将根据公司现有工艺及设备的实际情况，实现园区重点用能设施远程监控，以确保未来的能源管理系统借助于能源管理中心平台实现公司的集中、一体化的能源系统运行和能源管理的目标。

C. 产业链智能管控协同平台

在智能运营层面，通过ERP系统全面整合销售、采购、生产、成本、库存、分销、运输、财务、人才等资源，实现信息流、物流、资金流的三流合一；并结合天业产业群上下游的转换关系，优化企业供应链管理，实现最佳资源组合，取得了良好的经济效益。ERP系统为企业形成了一套完整的计划体系，所有计划都有执行情况的跟踪，为考核提供了科学准确的数据，形成P-D-C-A的良性循环。例如，上系统以前各车间月材料计划准确率只能达到60%，追补计划率达到50%以上，造成库存物资积压严重但是采购员疲于奔命的怪现象，系统上线后，通过考核制度的完善和系统的跟踪控制，目前已经达到月计划准确率80%以上、追补计划率20%以下比较合理的水平。相比于2017年，2019年库存资金占用率下降10%，增强企业管理控制和资金控制能力。

在智能决策层面，智能决策支持系统使新疆天业拥有了一个面向多区域、综合信息高速集成、可灵活扩展的数字化决策平台，不仅使集团决策者可以全面、及时了解企业销售、生产、物料、财务情况，在对大量运营数据挖掘分析的基础上，向决策人员提供辅助决策信息，从而使公司的决策过程更加科学合理。

4. 实施效果

"循环经济模式"下的新型工业化道路应该是以科技创新为先导，以高新技术和"绿色技术"为支撑，遵循"循环经济范式"要求，坚持信息化和工业化并举的一条集约型、开放式道路。

新疆天业信息化建设工作，全面提升了企业自动化水平，改变了传统的生产工艺，搭建了集团自动化控制、信息化管理和电子商务平台，消除了信息孤岛，使全集团通过信息平台连接成了一个整体。信息化建设给新疆天业注入了先进的管理理念，信息化建设项目的建成标志着天业工业化建设进入了信息化管理，实现了由传统管理向现代化管理的转变，加快了天业新型工业化进程。它的建成促进了兵团和当地工业信息化发展，为兵团企业乃至全国化工企业起到了很好的示范作用。

同时，新疆天业积极利用自动化、信息化技术，改善、优化生产的组织与运行，建立了覆盖生产检测、控制、操作、调度、运营、决策等多角度、全方位的信息化应用服务平台，对生产过程的监控更加实时、准确、优化，生产管理水平得到持续提升，为氯碱行业全产业链智能工厂的新模式建立提供较好的示范和借鉴意义，具有良好的社会效益和经济效益。

5.6.2 电石炉自动出炉技术

电石炉的出炉操作始终处于较为"原始"的状态，出炉作业是用工最多，也是劳动强度最大、安全风险最高的岗位，出炉操作主要有烧眼、捅眼、引流、堵眼、翘炉舌、修眼六道工序，这些动作不仅需要高强度的连续劳动力，还存在很大的安全隐患，员工工作环境始终处于高温状态，尤其是面对电石炉的突发状况，如电石炉跑眼、塌料等，员工高强度、高风险的劳动状态会加剧；除此之外，由于电石炉是人为操作，差异化的操作现状使得对电石炉的控制难以统一，从而不断加剧电石炉突发状况发生的频率，间接又增加了操作员工的劳动强度和安全风险。在此大背景下，氯碱化工企业开始引入电石炉自动出炉技术，降低出炉作业安全风险，改善出炉工序的劳动强度和工作环境。

1. 概述

国外生产聚氯乙烯的工艺路线基本以石油乙烯法为主，电石乙炔法生产工艺并不多见，目前仅有南非、日本、德国等存有少量电石炉装置，其针对电石生产的控制系统及关键技术停留在研发初期，未有实质性进展。关于控制系统中所涉及的电极工作长度测量技术，日本田边电石公司曾采用重锤料位计测量技术，进行电极工作长度的测量。但是该装置受到现场空间条件、密闭电石炉装置特点的制约，应用效果很不理想，并未推广应用。

目前，世界范围内使用机械代替人工出炉的工艺主要有三种：日本电气化学公司机械出炉技术、加拿大赫氏公司出炉技术、哈尔滨博实自动化公司自动出炉技术[5,6]。

1）日本电气化学公司机械出炉技术

该技术源于美国 CI 电石公司，后经日本电气化学多次改进形成目前第三代出炉机技术。该技术较好地完成了出炉操作的烧眼、捅眼、堵眼、炉舌清渣、修眼等工序，主机集成度高，操作方便，安全系数高，但该技术整体对人的依赖性强，对操控人员控制水平要求高，其自动化、数字化技术基本满足了电石炉出炉操作智能化的要求[7]。

2）加拿大赫氏公司出炉技术

关于出炉机器人方面，早在 20 世纪 70 年代，加拿大赫氏公司做了一定的研究，采用机械出炉方式代替人工进行操作，减少人员劳动力，该技术实现了出炉操作的捅眼、引流、炉舌清渣、修眼工序，采用液压推动机械臂运动实现出炉操作，但并未集成烧穿器组件，烧眼和修眼工序需人工控制烧穿器来完成。该技术总体上未能解决当前出炉操作劳动强度大、安全系数差、出炉效率低的问题。

3）哈尔滨博实自动化公司自动出炉技术

该自动出炉技术是哈尔滨博实自动化股份有限公司自主研发的出炉机技术，主机采用伺服电机驱动机械手完成需要动作，控制采用 PLC+HMI+伺服驱动器，配套视频监控实现远程控制，目前该技术已实现出炉操作的所有功能，且降低了引流钢钎的消耗，提升了出炉效率。

新疆天业采用哈尔滨博实自动化股份有限公司研发的最新型 C 型出炉机器人，该公司依托于哈尔滨工业大学，在机器人制造领域属于国内领先。使用出炉机器人后出炉作业实现远程控制，进一步改善了工作环境，降低了劳动强度，最终实现出炉作业流程化和一致化管理。

2. 原理

通过研究国内外最先进的出炉机械手，并在单台电石炉上试验验证，掌握了机械手操作的关键技术，总结了工业化过程中遇到的技术难点，为本项目智能化设计提供了重要的参考数据。新疆天业出炉机器人主要依靠机械手抓取相应的工装来完成开眼、捅眼、引流、修眼、堵眼、炉舌清渣等操作，其主机采用伺服电机驱动机械手完成需要动作，控制采用 PLC+HMI+伺服驱动器，配套视频监控实现远程控制，目前该技术已基本实现自动出炉操作，且降低引流钢钎的消耗，提升出炉效率。

3. 工艺流程方案

1）智能化出炉工艺技术方案

智能化出炉系统主要包括远程操作台、机械臂、操作组件等，原理图如图5.52所示。

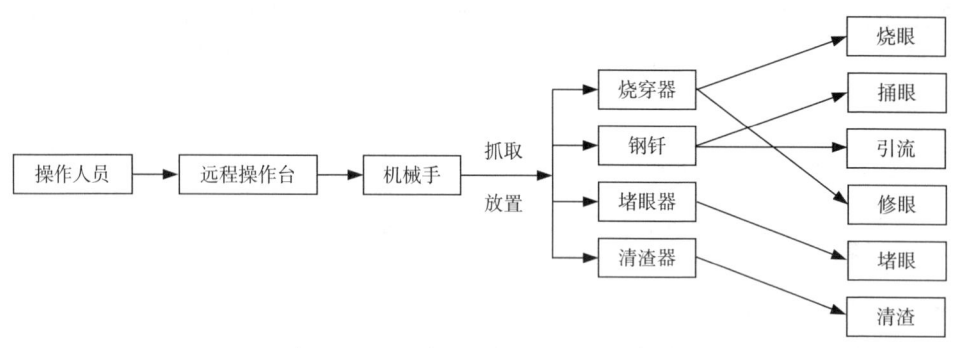

图5.52 电石自动出炉技术原理示意图

工艺流程说明：

每台电石炉有3个出炉口，在圆周方向120°布置，每个出炉口的操作平台布置一台机械手臂，配备相对应的出炉工装。机械手臂可360°旋转，完成固定位置抓取和放置动作，该系统的工作流程如下：

（1）远程操作台选择开眼按钮，本地机械臂抓取烧穿器工装运行至炉眼附近，烧穿器通电后由操作人员控制远程操作台上的控制手柄，根据摄像头拍摄的实时画面和采集的相关数据，调整烧穿器烧开炉眼。

（2）炉眼烧开后，按远程控制台"引流"功能键，机械臂放置烧穿器工装，抓取钢钎工装，自动进行引流操作，中途根据感应器反馈数据自动更换钢钎工装。

（3）引流操作结束后，远程控制机械臂换取烧穿器工装对炉眼进行维护，后换取堵眼工装进行堵眼。

（4）堵眼完成后，控制机械臂换取清渣器，定位后清理炉舌电石渣，完成整个出炉过程。

2）APC先进控制系统技术方案

密闭电石炉装置先进控制系统将综合考虑装置工艺机理和生产运行要求，对现有软件、硬件系统及控制系统界面进行集成，结合工艺工程师和操作人员长期的生产经验，建立配料系统、电极升降系统、电极压放系统、净化系统四个先进控制器和电极长度软测量模型，实现对密闭电石炉装置生产过程的平稳控制和炉况优化，同时建立电石炉智能诊断与监控功能，提高电石炉自动化水平，降低生产劳动强度，实现减员增效（图 5.53）。

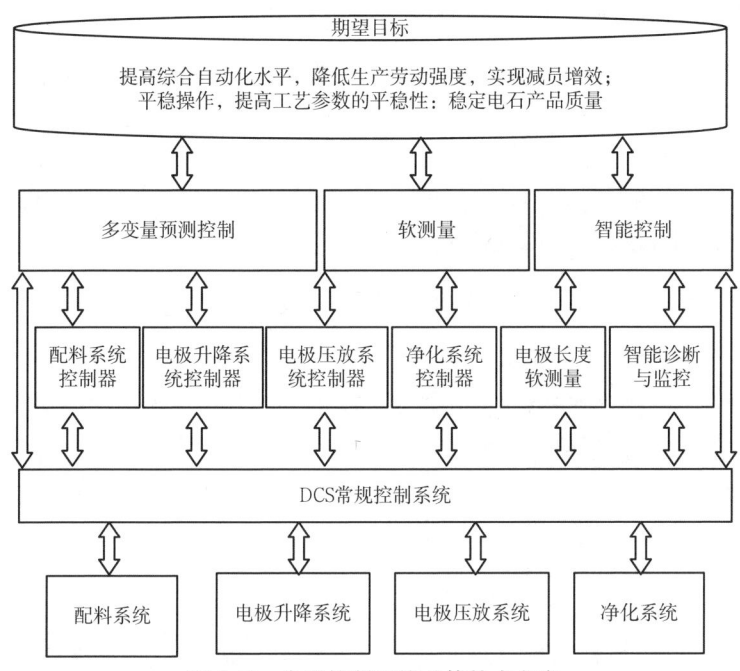

图 5.53 先进控制系统总体技术方案

工艺流程简述：

采用多变量模型预测控制、智能控制、软测量等先进控制技术，自主开发的新一代预测控制软件包，以现有中控 ECS700 集散控制系统为典型支撑平台，结合大型密闭电石炉工艺特点和过程控制需求，在 DCS 控制的基础上开发实施密闭电石炉先进控制系统，其实施流程如图 5.54 所示。

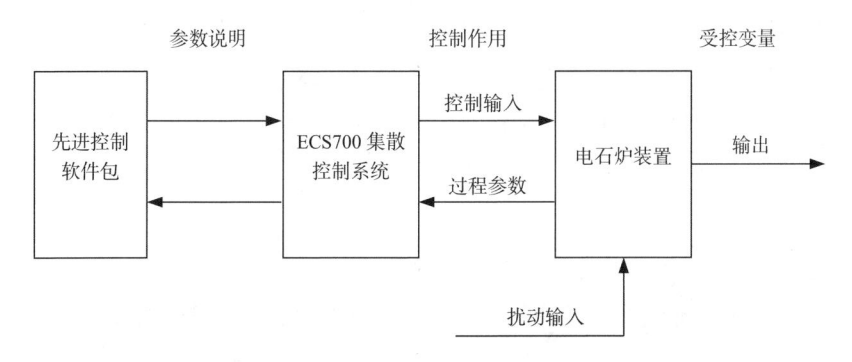

图 5.54 密闭电石炉先进控制系统工艺流程简图

4. 关键技术研究

1）研究自焙电极长度软测量技术，建立电极消耗软测量模型

电极工作长度是综合考量生产负荷、电极电压和电流等参数的重要因素。通过研究软测量技术，综合电石炉运行负荷（电极档位）、电极功率、电极压放量、出炉锅数、电极长度等实测数据，分析电石炉不同运行负荷下的电极消耗速率，并采用合适的软测量技术建立电极消耗软测量模型，进而计算得到电极长度预测值，同时利用电极长度实测值对软测量模型进行数据校正。

2）研究高耗能单元节能优化控制技术，建立原料配比优化计算模型、电极升降压放控制系统

通过整理分析影响炭材质量和石灰质量的动态参数，形成多变量控制模型，预测炭材质量和石灰质量；在此基础上，通过对炉料比电阻、电石发气量及出炉尾气组分（H_2、O_2、CO、CO_2）含量等参数的回归分析，综合配料与炉况的响应滞后因素，建立原料配比优化计算模型，在当前原料配比的基础上实现配比的在线滚动计算，实现电石炉的自动求料、自动配料，稳定电石的质量，提高原料利用率，降低能耗。

电极的升降压放是调节生产平衡的重要手段，通过研究预测控制、智能控制等先进控制算法，针对电石炉生产工艺特点和过程控制需求，结合生产工艺专家知识，建立电极升降压放反馈控制系统，调节三根电极插入炉内的深度平稳控制各电极的电压、电流、电阻，稳定电极做功，从而使炉内熔池大小均匀、位置适中，稳定炉内反应效果，改善电石质量，提高电石产量，降低能耗，同时减轻操作人员的劳动强度。

3）研究炉况智能诊断与监控技术，建立电石炉工况智能诊断与监控策略系统，实现对关键参数监测调节控制和异常工况及时报警处理

利用密闭电石炉装置生产运行过程的实时信息和历史信息，运用多维数据统计分析和数据挖掘技术，建立炉况及设备智能诊断与监控策略，实现对生产中可能出现的设备故障、电流过载、仪表故障、工艺指标超限等异常状况的报警和及时处理，保证生产运行安全。

4）基于模糊需求与精确的参数转化以及多参数匹配协调研究，分析应用运行学、动力学，研究开发高温复杂环境下专用重载机器人成套技术

电石炉炉前作业分为烧眼、捅眼、引流、涮眼、堵眼、炉舌清渣六个工序，

人工进行炉前作业主要依靠自身的视觉、听觉及"手感",用机器人代替人工进行炉前作业,则必须将人工作业的模糊需求进行数字化处理,进而转化为机器人的参数(负载、自由度、应用范围、精度、速度、本体重量、惯性、力矩等),同时处理好各个参数之间的匹配协调问题,最终完成机器人的选型,用机器人代替人工完成自主化进行电石炉炉前作业。机器人完成炉前作业,最基本的要素是实现精确定位,而精确的轨迹需要进行运动学分析,平稳的行走需要进行动力学分析,主要分析集中在机器人的灵巧性、定位的精确性和运行的平稳性,除此之外,还需考虑机器人在进行炉前作业时,动作组合如何设计才能实现炉前作业时间最短、效果最优,如何减少关节间隙带来的冲击和振动,确保机器人适应炉前作业比较恶劣的工作环境,减少机器人维修频率,降低消耗。

5)基于大数据控制系统"自优化"控制技术,实现机器人的自动化、智能化和节能控制

控制系统"自优化"技术是经过机器人出炉过程的不断纠正与统一,将传感器反馈的数字信息归纳为出炉数据库,并分析各数据间的耦合关系,不断对传感数据做回归分析,建立数据模型,结合智能控制策略,提升机器人出炉的适应能力,实现出炉过程自我学习、自我优化、自我改进。

机器人操作控制的关键在于机器人的路径规划,首先需要对炉前作业的六个工序进行动力学和运行学分析,将每个工序进行分解,通过机器人的前进、后退、俯仰、旋转等动作模拟人工炉前作业,此时,需通过编程解决机器人三方面的问题:示教点优化、示教运行偏差的检测与校正、示教路径的时间最优规则,实现在虚拟环境下机器人在进行炉前作业时的协调性。在此基础上,为实现机器人炉前作业的智能化操作,首先利用模糊算法在远程人机交互界面模拟炉前作业对象-炉眼的边缘位置,完成炉眼的拟实化,其次是建立专家知识库,运用正向链和反向链策略构建推理机制,共建炉前作业综合数据库,与机器人远程操作控制系统融合,最终实现炉前作业机器人智能化操作。

5. 技术实践

新疆天业 2016 年启动自动化出炉技术应用以来,先后试用了两种出炉机器人,分别安装在天能电石 26#电石炉(RTM 液压式出炉机)、27#电石炉(C 型智能出炉机器人),通过 2017 年对两种出炉机器人故障率、辅材消耗、操作员要求等方面的统计对比分析,最终哈尔滨博实自动化股份有限公司研发的最新型 C 型出炉机器人整体性能优于上海信有实业有限公司代理的 RTM 出炉机。2018 年电石智能化出炉机器人改造项目持续开展,并最终完成天能电石 24#和 25#电石炉、天伟电石 36#和 37#电石炉的出炉机改造,安全效果显著。2019 年完成天辰电石、

天能电石、天伟电石共计12台电石炉出炉机器人土建施工、设备安装及调试,现已累计应用110多台。设备选型主要包括以下:

(1)机器人本体。机器人本体末端手爪具备旋转功能,主要实现烧眼、取钎、带钎、放钎、扒炉舌、修眼、堵眼和清炉舌功能。

(2)移动大车。移动大车搭载机器人本体实现机器人本体沿炉口方向的移动。

(3)移动大车基座。移动大车基座提供移动大车运行的基础。

(4)工具库。工具库存放各种操作工具,包括钢钎、堵眼器、扒炉舌和清炉舌工具,备有工具更换工位。

(5)自动上电装置。自动上电装置采用气动控制实现烧穿器电源合闸和开闸,气缸具有断气自锁功能。

(6)烧穿器装置。母线与烧穿器采用直连方式,放在烧穿器支架上,布置在工具库的对侧。

(7)现场监控系统。采用高清摄像头及工业计算机实现炉眼、电石锅、机器人本体等现场环境的观测。

(8)远程操作系统。远程操作系统采用两个摇杆控制机器人本体各个方向的运动,配备手动/自动切换、取/放工具切换、自动上电、带钎、扒炉舌、堵眼、清炉舌等选择开关用于机器人的手动操作,使得操作更加灵活、方便。

6. 实施效果

电石自动出炉技术在新疆天业下属各电石生产单位实现全覆盖,累计推广114套,从根本上解决了传统工艺大量依靠人工操作的落后局面,重塑了电石生产工艺流程。项目实施后,电石生产全过程实现智能化操控,劳动生产率有效提升、产品综合能耗同比下降,安全生产性大幅提高,主要体现在以下几个方面:

(1)节约能耗:通过密闭电石炉节能优化控制,挖掘设备潜力,单位电石综合电耗降低4%以上,吨电石电耗降低约120 kW·h,年可节约标准煤4万吨;原料利用率提高20%以上,各类电石生产辅助物料消耗明显降低,电石优级品率可达到95%以上。

(2)自动化提高生产效率:系统在保持装置生产稳定的同时,将装置逐步推向最优工况,充分挖掘装置潜力,生产全过程自动化控制,关键设备智能诊断与监控,岗位操作人员同比减少50%,有效提高电石炉生产效率,实现大幅减员增效。

(3)安全稳定:机器人完全替代人工,避免了人员在高温、高危环境下作业,使炉前作业安全事故下降为零;先进控制系统使电石炉关键工艺参数的标准偏差(波动幅度)降低30%以上,同时实现对炉内压力、炉气温度、炉内压力等工艺参数及异常工况进行监控和实时报警,并进行相应的处理,减少设备故障率,提高生产系统的安全性。

电石炉先进控制系统及智能出炉机器人技术,实现了电石炉上料系统的自动求料、配料;电石炉冶炼全国过程实现变压器档位、电极压放、负荷控制的智能化调节,电石出炉作业的机械化、标准化、远程化操作。电石智能化出炉机器人的实施,可杜绝出炉烫伤烧伤等人身伤害事故的发生,同时大大降低人工出炉的劳动强度,改善了员工的工作环境,有效提升了出炉效率,对提升电石产业技术、装备水平、促进电石产业结构调整和电石行业的可持续发展具有十分重要的意义。

参 考 文 献

[1] 刘保伟, 张金梅. 生物絮凝吸附+生物接触氧化除氮机理探讨[J]. 工程建设与设计, 2008(11): 92-94.
[2] 李朝阳, 周军, 唐复兴. 干法与湿法乙炔发生工艺的对比与改进[J]. 聚氯乙烯, 2012, 40(11): 14-18.
[3] 罗元纯, 梁多奇, 石玉英, 等. 氯乙烯变温变压吸附脱水工艺的应用[J]. 聚氯乙烯, 2021, 49(5): 5-6+15.
[4] 刘显丽. 燃煤电厂 SCR 烟气脱硝技术及应用研究[J]. 新型工业化, 2021, 11(3): 27-28.
[5] 张阳光. 电石出炉机器人自动烧眼控制方法研究[D]. 哈尔滨: 哈尔滨工业大学, 2017.
[6] 左宁心, 屈阳, 辛继群. 自动出炉技术在电石行业的研究与应用[J]. 石化技术, 2020, 27(10): 82-83.
[7] 王彤. 电石生产自动化技术发展探讨[J]. 中国氯碱, 2017(12): 42-45.

第 6 章　氯碱化工循环经济产业链经济性分析

6.1　物质流分析

物质流是循环经济产业链的核心内容之一，以原料为源头，产品为结尾，在过程中进行副产品、"三废"的循环再利用。新疆天业氯碱化工循环经济产业链物质流，通过清洁生产、工艺优化和设备大型化，做到废弃物的减量化和资源化，达到物质的循环利用。

6.1.1　物质流分析概述

1. 基本情况

1）定义

物质流分析（materials flow analysis，MFA）是以物质的质量（通常以吨为单位）作为物质输入、输出的计量标准。根据质量守恒定律，输入系统的物质量等于系统产出产品的物质量与废弃物的物质量及系统存量的总和，其分析的物质可包括化学元素、原材料及产品，也可以是废弃物以及向空气、水的排放物。

2）物质流分析与循环经济的关系

通过物质流分析与管理和循环经济的相互关系，物质流分析和管理的调控作用主要体现在以下四个方面[1,2]。

A. 减少物质投入总量

在社会经济活动中，物质投入量的多少直接决定资源的开采量和对生态环境的影响程度。特别是对于不可再生资源，物质投入量的减少就直接意味着资源使用年限的增加，其对整个社会经济和环境的意义是极为显著的。因此，循环经济强调要在减少物质总投入的前提下实现社会经济目标。通过减少物质总投入，实现经济增长与物质消耗和环境退化的"分离"。如何在减少物质投入总量的前提下保障经济效益，通过技术和管理手段，不断提高资源利用率和增加资源循环使用量是两个关键。

B. 提高资源利用效率

资源利用效率反映了物质、产品之间的转化水平，其中生产技术和工艺是提高资源利用效率的核心。通过物质流分析，我们可以分析和掌握物质投入和产品产出之间的关系，并通过技术、工艺改造和更新，提高物质、产品之间的转化效率，提高资源利用效率，以尽可能少的物质投入，生产尽可能多的产品，获得尽可能大的效益。

C. 增加物质循环量

通过提高废弃物的再利用和再资源化，可以增加物质的循环使用量，延长资源的使用寿命，减少初始资源投入，从而最终减少物质的投入总量。工业代谢、工业生态链、静脉产业等都是提高资源循环利用的重要内容和实现形式。

D. 减少最终废弃物排放量

实质上，在社会经济活动中通过提高资源利用效率增加物质循环量，不但可以减少物质投入的总量，同时也可以实现减少最终废弃物排放的目的。因此，在发展循环经济过程中，生产工艺和技术的进步，生态工业链的发育和静脉产业的发展壮大，可以通过提高资源使用效率、增加物质循环和减少物质总投入，达到减少最终废弃物排放量的目的。

2. 物质流应用

1）应用范围

物质流分析是一种广泛使用的标准化方法，用于核算一个系统的物质投入产出以及评估物质流动过程所伴随的环境影响。随着对物质流分析研究的深入，其在应用研究方面也不断发展，主要表现为国家、区域和园区 3 个层面。

园区中的物质流分析以园区中物质流动作为基础，度量工业园区内物质的输入量和输出量，同时能够描绘出整个园区循环系统内物质的交换过程。常用的分析方法包括整体物质流分析，元素流分析等。其中，整体物质流分析主要针对大宗物质和混合物，用于测定某一时期内一个园区的物质进出总量与程度。元素流分析是通过对特定的元素和化合物进行分析，找到园区内特定污染问题产生的原因，进而从源头找到解决和预防这些问题的可能。在分析过程中，首先把整个园区系统依据流程划分为不同的环节，再将不同的环节划分成更细的工序，然后根据物料平衡原理，通过对各环节的产生方式、生产量等信息数据的分析，找出资源浪费程度大、环境影响大的关键工序，从而寻找应对措施和解决方案。

定点观察法是常用的元素流分析方法之一，可以记录园区或企业某种产品生命周期中的某一时刻的物质流动状况。由于企业主要是产品的生产阶段，对企业层面的物质流动进行梳理与分析多采用定点观察法。

2）基本模型[3]

采用定点观察法，首先从生产单元层面详细描述企业的物质流类型，然后根据生产单元之间物质流映射关系构建生产系统的物质流分析模型，最后给出物质流评价指标体系。

A. 基于生产单元的物质流分析模型

生产单元物质流分析模型是一个典型的过程平衡模型，也是流程工业企业生产系统最基本的物质流分析模型。生产单元的输入流主要包括：以来自外界作为原料或辅料加入的外加物质流、来自上游相邻生产单元的中间产品流和来自其他生产单元的循环流为生产单元的输入流，以经过生产单元加工处理后得到的产品流、可被上游单元回收利用的循环流、可被下游单元回收利用的循环流和排放到环境中的废弃物流为输出流。

B. 基于生产系统的物质流分析模型

确定生产单元的物质流分析模型后，要进一步整合为生产系统分析模型。投入生产系统的物质会随着工艺流程流动，在整个生产过程中，物质从第一个生产单元一直贯穿到最后一个生产单元叫主物质流，也称为基准流；一些工序可能需要加入自然资源等作为原料或辅料，称之为外加物质流，也可能生成除了主要产物之外的不需要流入下道工序的伴生物，就会从工序向外界输出。生产过程中产生的直接排到环境中的伴生物称为废弃物，形成废物流；如果进行加工处理形成再生资源，或直接返回到生产系统中进行重新利用，则为循环流。

C. 企业生产系统物质流评价指标体系

明确企业物质流评价指标有助于实现以下三大目标：减少资源消耗，减少对自然环境的影响和增加产品价值。由于每个企业有不同的污染特征和能源消耗方式，很难形成企业层面通用的物质流评价指标体系。

3）核算指标

物质流指标按照物质平衡原则与物质流账户中的主要变量相互对应，用于描述经济中不同层级的物质使用。主要指标包括投入指标、消耗指标、平衡指标和产出指标。这些指标间能够通过平衡原则进行进一步的整合，从数量方面更为综合地描述物质流动状况。这些物质流指标还可以与经济指标进行复合，构建经济效率指数。

6.1.2 氯碱化工循环经济产业链物质流分析

新疆天业氯碱化工循环经济产业链发展，坚持大循环和小循环的有机结合，

第6章 氯碱化工循环经济产业链经济性分析

从根本上改变了传统电石法生产聚氯乙烯工艺的装备落后、高污染和高消耗的局面，实现了污染物排放的最小化、废弃物处理的无害化、资源利用的充分化，建立了聚氯乙烯电石法生产的全新模式，为新疆氯碱化工行业的健康发展起到了引领示范作用[4,5]。

1. 产业链中物质流

截至目前，新疆天业形成了 140 万吨聚氯乙烯树脂、100 万吨离子膜烧碱、215 万吨电石、400 万吨新型干法电石渣制水泥、180 万千瓦热电、20 万吨 1,4-丁二醇、110 万吨乙二醇和 600 万亩节水器材生产能力，其中 140 万吨/年电石法聚氯乙烯二期 40 万吨/年聚氯乙烯及配套建设项目总物料平衡图如图 6.1 所示。由图 6.1 可知，该项目原料来源为石灰、焦炭、无烟煤、电极糊、兰炭、原盐和煤，经过中间过程，最终产品为电石、PVC 树脂、片碱、粒碱、液氯、水泥和电、蒸汽。中间过程包括电石装置、配套乙炔装置、VCM 单体装置、PVC 树脂产品装置和离子膜烧碱装置。该项目中间过程的循环经济产业链为离子膜烧碱中间产品作为配套乙炔装置和 VCM 单体装置辅助原料，该循环经济产业链为 PVC 树脂的大循环过程。

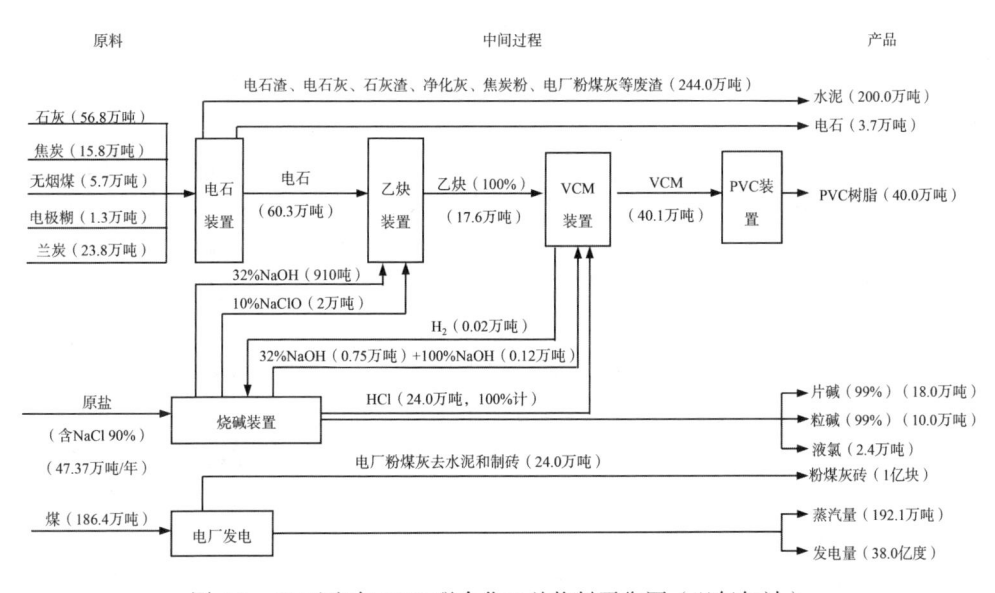

图 6.1　40 万吨/年 PVC 联合化工总物料平衡图（以每年计）

2. "三废"循环利用

"三废"循环利用就是在工艺的各个环节，具体实施产业内部的清洁生产和资源化综合利用，使上游企业的废物成为下游企业的原料，实现资源最有效利用，最终形成循环体系。

1）固废综合利用

第 5.3 节详细叙述了废渣的综合利用，包括电石渣制水泥、高掺量粉煤灰及烧结空心砖、盐泥制芒硝联产元明粉、石灰粉制活性碳酸钙、废焦粉制焦球及电石渣制石灰。氯碱工业生产运行中，产生的固废，堆积处理，不仅占据一定空间，还会给环境带来一定的危害，而废渣的综合利用，减少企业环保压力的同时，给企业带来一定的效益。废渣的循环再利用，变废为宝，切实践行循环经济的"3R"原则。全废渣综合利用图如图 6.2 所示。

图 6.2　废渣 100%循环利用示意图

年产 40 万吨聚氯乙烯项目产生电石渣约 105 万吨，600 MW 自备热电厂产生粉煤灰、炉渣 45 万吨，64 万吨电石煅烧产生石灰渣、电石灰 40 万吨。这些废渣如采取露天堆放或填埋的方式处理，将对地区生态环境造成严重危害，同时也会对地区整体经济带来不良影响。新疆天业充分利用化工园区所产生的各类工业废渣，建设废渣制水泥、制砖、制碳酸钙、焦球以及盐泥制陶粒项目，其配套项目所产生的电石渣、石灰渣、粉煤灰等工业废渣达到全废渣综合利用；完全消化利用了化工园区的工业废渣，减少了 CO_2 排放，形成了 40 万吨聚氯乙烯及其配套项目完整的循环经济产业链。废渣综合利用生产原料中废渣利用量 238.53 万吨（其他外购水泥配料 5.47 万吨），废渣利用率达 100%。

年产 30 万吨离子膜法烧碱项目每年可产生 1 万吨盐泥。氯碱企业产生的盐泥大多采用提取 $BaSO_4$ 后掩埋或直接倾倒、堆积、掩埋的处理方式，没有得到彻底处理。随着国家节能减排要求的提高，盐泥的无害化处理和利用已成为行业发展面临的巨大挑战。为此，新疆天业围绕盐泥的无害化处理和利用做了大量试验研究工作，主要研究了盐泥制砖、从盐泥中提取 $Mg(OH)_2$ 以及利用盐泥制备盐泥陶粒。在实践过程中，考虑盐泥的产量和处理量以及是否产生二次污染等，最终确定利用盐泥制备盐泥陶粒，用盐泥为原料生产盐泥陶粒。以盐泥为主要原料生产烧结陶粒，可大量消化盐泥，并通过装置工业化还能创造可观的经济效益。通过计算，建设 1 套 5 万立方米/吨陶粒装置，可处理盐泥 1 万吨，每年新增产值 1000 万元。新疆天业通过对工业废弃物的优化组合，从根本上解决氯碱行业发展中盐泥污染的困扰，对推动氯碱行业清洁生产和可持续发展具有重大意义。

钙基废渣的综合利用是废渣综合利用流程中的典型案例。目前，新疆天业拥有 400 万吨/年的水泥生产规模，全部采用电石渣制水泥的生产工艺，电石渣制水泥物料计算如下：308.6 万吨石灰石→170.52 万吨石灰→272.8 万吨电石渣→400 万吨水泥。即生产 400 万吨水泥熟料需消耗 272.8 万吨电石渣，折合原料为 308.6 万吨石灰石。传统的石灰石烧制水泥工艺，每生产 1 吨水泥熟料一般需 1.31 吨石灰石，即生产 400 万吨水泥熟料需要 524 吨石灰石。通过对比计算可以看出，新疆天业循环经济产业链中水泥生产的石灰石原料消耗仅为传统水泥生产工艺的一半，且电石渣为电石生产乙炔气工段产生的固废，实现了"一次钙资源，两次使用"，变废为宝，经济效益显著。

2）废水综合利用

在水资源综合利用方面，依据"减量化、再循环、再利用"原则，建立了"小循环、中循环、大循环"三级废水回收利用网络，实现水资源梯级利用。废水回收利用网络示意图如图 6.3 所示。

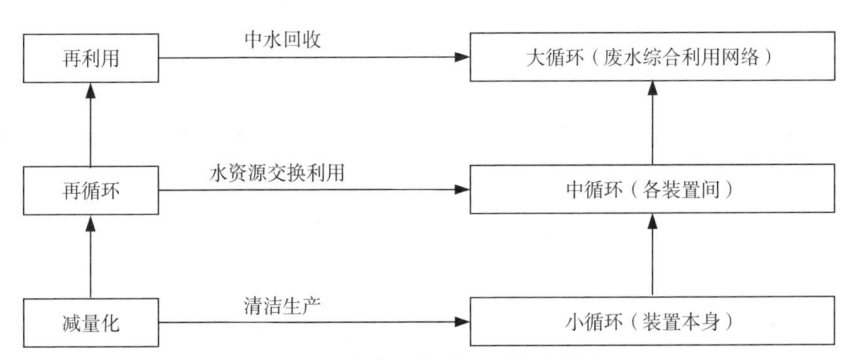

图 6.3 废水回收利用网络示意图

年产 40 万吨聚氯乙烯项目废水排放量为 350 m³/h，包括 140 m³/h 的聚合母液水和 210 m³/h 清净下水等低盐废水。聚合母液水采用高效强化分离技术和 EPD 全自动过滤技术回收处理，清净下水等低盐废水通过生物活性炭过滤技术和反渗透技术回收处理。水资源梯级利用过程如第 4.4 节中图 4.14 所示。由图 4.14 可知，电石装置、PVC 装置和离子膜烧碱装置生产的废水，经废水处理装置，实现全部回用。40 万吨/年聚氯乙烯离心母液水处理循环利用可节约用水量 176 万吨。循环水量（总量 104458 t/h）占整个生产用水量（总量 2234 t/h）的 98%。其中用于烧碱生产的为 109 t/h，相当于每吨烧碱 2.73 吨水，用于聚氯乙烯生产的为 279 吨/时，相当于每吨聚氯乙烯 5.58 吨水。以 400 万吨/年装置和离子膜烧碱装置运行流量估算，每年回收 44%酸产量 237600 吨，回收氯化氢气体 4752 吨；根据氯碱平衡计算，年可提产聚氯乙烯树脂为 7664 吨。1%稀酸水作为氯乙烯车间水洗塔补水回用，年节约一次水 6336 吨。

3）废气综合利用

第 5.2 节详细叙述了废气的综合利用，其中废气包括电石炉气、制氢尾气、氯乙烯尾气、氯化氢尾气等等。尾气的无组织排放，对环境造成巨大的危害，威胁着人类的生存环境。氯碱化工实行清洁生产，必须采取有效的措施对废气进行综合处理，做到废气"零排放"。在废气处理方面，新疆天业致力于废气无排放，开发了多种综合利用技术，如电石炉气综合利用联产乙二醇和 1,4-丁二醇、天然气制氢联产 PVC 及制氢尾气联产碳酸钠等。多项技术的研发与应用，将废弃综合利用，降低废气污染环境的同时，给企业带来一定的经济效益，推动氯碱化工行业的可持续发展。

利用制氢尾气中的 CO_2 生产一次盐水的精制助剂碳酸钠，回收氯乙烯尾气中的氯乙烯、乙炔和氢气的变压吸附技术，以及过量氯化氢吸收-深度解吸技术，建立了以提高氯资源使用效率为核心的废气综合利用体系。废气再利用过程如图4.15 所示。

氯碱化工产业循环经济产业链主要沿着氯化氢、氢、氯和电石渣等废弃物和副产品为主线进行回收再利用，实现多行业间的产业耦合，企业的资源的综合利用和能量的梯级利用。

3. 废弃物排放及综合利用情况

氯碱化工产业链大循环中，产生的废弃物实行产业链小循环，遵循"减量化、资源化、再利用"的原则，反复利用副产品和废弃物，是一个"资源能源—产品生产—再生资源"的反馈式闭环循环过程，实现从"废弃物排放"到"环境净化"到"废弃物和副产品利用"的过程，达到"适度消费，最优生产，减少排放"（表 6.1）。

表 6.1 "三废"综合利用情况表

	污染物名称		综合利用措施	综合利用率
PVC 装置	乙炔工段	电石破碎、加料粉尘	采用 DKB 型电气控制回转反吹扁袋除尘工艺	100%
		乙炔上清液	高效喷雾冷却回用于发生器	100%
		电石渣	水泥和建材	100%

续表

	污染物名称		综合利用措施	综合利用率
PVC装置	氯乙烯	废旧汞触媒	触媒厂家回收利用	100%
		氯乙烯合成气夹带升华汞	活性炭吸附，吸附饱和的活性炭由触媒厂家回收利用	99.9%
		精馏高沸物	三塔精制、提纯	100%
		氯乙烯尾气	变压吸附全回收	99.9%
	聚合	聚合未反应氯乙烯气体	压缩冷凝工艺	99.9%
		聚合汽提废水	废水升温汽提工艺	99.9%
离子膜烧碱装置		废氯	碱液吸收后，次氯酸钠用于乙炔清静	100%
		盐泥	用于生产元明粉	100%
电石装置		石灰粉	提供给天业水泥厂	100%
		焦炭粉	提供给天业自备热电厂和水泥厂充当燃煤使用	100%
		电石炉气	烘干焦炭、自备电厂和蒸发烧碱装置、麦尔兹石灰窑做燃料	100%
自备电厂		粉煤灰	生产水泥和制砖	100%
		烟气	电石渣脱硫工艺	脱硫效率95%以上
		脱硫石膏	生产水泥辅料	100%

6.1.3 氯碱化工循环经济指标体系

依据第1.4.2小节循环经济评价指标解释及核算方式，计算得出2019年指标完成情况，如表6.2所示。

表6.2 2019年新疆天业循环经济指标体系完成情况表（2017年版）

分类	一级指标	二级指标	单位	2019年
综合指标	—	主要资源产出率	元/吨	1295.44
	—	主要废弃物循环利用率	%	100
专项指标	资源产出效率指标	能源产出率	万元/吨标准煤	0.337
		水资源产出率	元/吨	238.2
		建设用地产出率	万元/公顷	2170.73
	资源循环利用（综合利用）指标	一般工业固体废物综合利用率	%	100
		重复用水率	%	100

续表

分类	一级指标	二级指标	单位	2019 年
专项指标	资源循环产业指标	主要再生资源回收率	%	100
		资源循环利用产业总产值	亿元	11.23
参考指标	废弃物末端处理处置指标	工业固体废物处理量	万吨	380
		工业废水排放量	万吨	0
		重点污染物排放量（分别计算）	万吨	（COD）4.5
			万吨	（二氧化硫）2.35

6.2 能源流分析

从工业企业的角度来说，能源流是指能源从生产、运输直至被消耗等一系列过程，是一种能源消耗利用并产生能量的过程。

新疆天业循环经济产业链物质流是从原料经过消耗使用，产出所需产品，副产废气、废水、废渣等，在消耗原料的过程中，产出合格产品，并将副产物循环再利用，带来一定的经济效益。循环经济产业链中能源流是在物质流原料至产品的中间过程中的能源流向，能源的产生和使用，经过合理的能源管理，将能源的使用效率提升至最大值，践行"吃干榨净"策略。

6.2.1 能源流概述

1. 能源流定义

"能"即能量、"源"即资源（物）；规范的定义是"能源"即指含有能量的资源。其实，在通俗意义上的能源是指人类要利用其能量的那部分资源，即利用其能量性而不是利用它的物质性，所以可以理解为：能源是能量的某种物化形式。能量流指无形物质沿着转换、使用、排放的流动路径，包括各种化学能、热能的能量转换、回收和能量循环再利用。

能源流分析（energy flow analysis）是能源流管理的有力工具。能源流分析可以有效地提高能源效率，为企业节能减排。能源管理包括能源制造、能源传输与转换、合理用能，而贯穿能源管理的核心指标是能源效率，氯碱化工的能源效率是与物料流结构、企业效益高度相关的。

2. 能源流分类

能源管理就是指对含有可用能量的资源管理,它包括三个层次:能源制造(制造电、汽、燃、气、水等能源介质)、能源传输与转换(通过资源网络来进行各种能源介质的转换)、合理用能(在制造流程中与工艺紧密结合而合理地使用能源)。能源管理的三个层次均指向"能源效率"问题,"能源效率"是评价能源管理水平的重要指标。能源系统效率=能源开采效率×中间环节效率×终端利用效率;能源效率=中间环节效率×终端利用效率;由此可见,能源效率是指能源投入与生产的产品产出(或提供的服务量)之比,即通过使用更少的能源投入,生产出同样数量的服务或者有用的经济产出。

6.2.2 循环经济产业链能源流分析

1. 能源管理

新疆天业能源管理中心能源管理系统监控管理的能源介质主要包括燃煤、焦炭、兰炭、蒸汽、电力、电石炉气、天然气、水、燃油等。这些介质在管理上有其共性,即可以按两大类指标进行控制:一是技术指标(物理指标),即压力(含电压)、流量(含电流)及品质(不同能源介质有所区别,如煤气热值、水质指标等);二是效率指标,即能量的转换效率(如某种动力产品的单耗)、损失率(如某种动力产品的管网泄漏率)及劳动生产率。

新疆天业是国内氯碱行业中率先达到清洁生产一级标准的企业,确保这些能源介质的平稳供应和经济适用是维持企业平稳生产、实现节能增效目标的前提条件。各个生产分厂装置在能源中心的统一管控下进行生产,能源中心负责能源介质的传输及调配,以满足氯碱化工各主工序的生产需要。

2. 能源流分析

以煤为能源源头,经自备电厂产出蒸汽和电,供给化工、电石和水泥产业使用,能源经过合理的分配,有效使用。1 吨 PVC 需消耗 4.66 吨原煤,1 吨原煤可发电 2027.47 度,同时副产蒸汽供生产单位使用。热电副产蒸汽根据化工、电石和水泥需求量,进行合理的分配,优化生产计划和供应关系,做到以最低的成本,产出最多的蒸汽,供给需要的生产单位。冬季蒸汽用量增大,除了供应生产外,还需满足所有单位采暖。新疆天业主要能源流流程如图 6.4 所示。由图 6.4 可知,蒸汽、电和炉气的综合利用,将自备电厂、水泥装置、电石装置和氯碱装置形成循环产业链,合理高效利用现有能源。

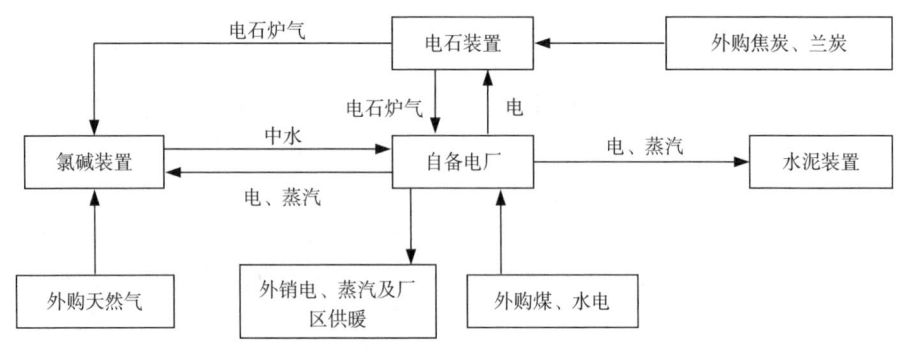

图 6.4 能源流流向示意图

自备电厂生产的蒸汽和电，满足各单位装置和冬季供暖需求，在此基础上，新疆天业从节能降耗为出发点，对各生产装置产生的余热和含热废气进行回收再利用。新疆天业在余热和含热废气的综合利用中，践行能用全用原则，将资源全部回收，余热和含热废气的循环再利用，一方面达到了节能降耗的要求，降低企业原煤以及新鲜水的用量；另一方面为企业带来了一定的经济效益，降本增效。

电石炉气余热综合利用是氯碱化工循环经济产业链中的能量利用的典型案例。按生产 1 吨电石产生 400 m³ 电石炉气计算，新疆天业年产电石炉气 8.6 亿 m³，目前电石炉气被用于替代燃煤供电、替代天然气蒸发烧碱、替代煤粉生产石灰以及发展 C1 化工，做到了多行业间原料、中间产品及副产品的循环利用，实现了电石与氯碱化工和现代煤化工之间的行业耦合，使氯碱化工循环经济产业链产生更好的经济效益。新疆天业电石炉气余热综合利用如图 6.5 所示。

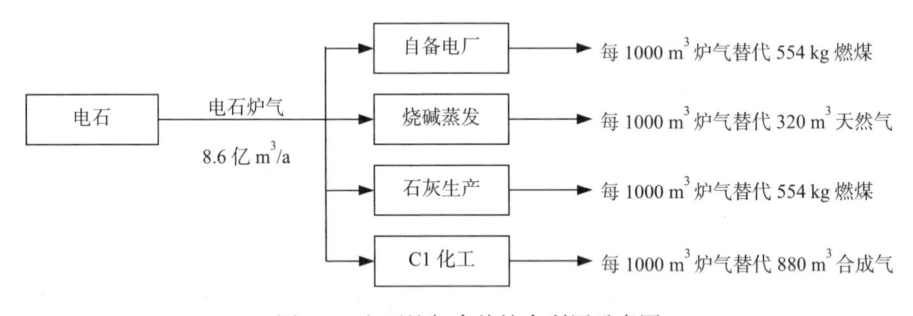

图 6.5 电石炉气余热综合利用示意图

3. 节能技术的应用

新疆天业能源管理中心采用的各种节能新技术及新设备是指在生产工艺的基础上，通过对生产设备或生产工艺的改进，达到多产能，降消耗，减排放的目的，如余热回收、废水回用、电石炉气回收再利用和重点耗能装置节能优化控制等技术（表 6.3）。

表 6.3 主要生产装置的能耗、物耗情况和节能措施表

生产装置	主要物料	能耗类别	节能降耗措施
烧碱/PVC装置	电石、盐等	电、蒸汽、循环水、炉气、天然气	1.氯化氢合成炉副产蒸汽作为盐酸解吸用蒸汽消耗，实现了废热的综合利用 2.母液水处理送电厂使用，实现废水综合利用 3.PVC装置节能优化控制，增加变频设施，降低动力设备能耗
电石装置	石灰 焦炭 电极糊	电、水（冷却）	1.电石炉气送至电厂和固碱装置作为燃料使用 2.电石集成优化控制与炉群优化调度，以降低单位产品电耗
自备电厂	煤	电、蒸汽、水	1.现场改造，改进检测仪表和完善数据采集系统 2.收尘焦粉部分替代燃煤减少发电耗煤量 3.电站锅炉系统燃烧优化控制
水泥装置	电石渣及各类废渣、水	煤、电、蒸汽、循环水	1.窑尾风机等大功率设备的变频控制 2.熟料烧成所需的煤部分用电石厂焦粉替代，减少煤耗 3.水泥窑系统专家优化控制
园区	电、蒸汽、电石炉气、水		1.电力平稳调度，减少电力波动对大型耗电设备的影响，减少电损耗 2.蒸汽管网的远程监控和平稳调度系统 3.氯碱装置母液水处理成中水通过园区管网送至电厂循环水系统使用 4.电石炉气的远距离输送监控和平稳调度系统

目前，新疆天业的各项节能技术已处于国内先进水平，能源管理中心项目的建成，进一步提高了企业的节能水平，具有良好社会效益和可观的经济效益。采用的节能技术主要有以下几个方面：

1）热电厂发电机组负荷调度优化

新疆天业能管系统基于严格的数据模型建立了三个热电产业 12 台发电机组的优化模型，在指定总负荷下合理分配电力和蒸汽在各台机组的生产负荷，最终取得了良好效果。

2）内燃式电石炉密闭化改造

内燃炉改密闭炉最大的效益是实现电石炉尾气的回收利用。电石产业产生的炉气可以广泛地用于其他成业，例如炉气供到热电产业替代原煤进行发电，炉气供到化工产业替代天然气为固碱装置进行加热，炉气供到乙二醇的生产使用，炉气供石灰窑作为燃料烧制石灰。在密闭炉生产过程中，理论上每生产 1 吨电石约产生 400 标准立方米的电石炉气。新疆天业开发的 40000 kVA 大型密闭式电石炉

是电石炉装置大型化的重要一步,单炉生产电石能力 7 万吨/年,电炉电耗≤3200 kW·h/t,综合能耗接近 1.0 吨标准煤。

3)氯化氢合成余热副产蒸汽

氯化氢副产蒸汽合成炉采用组合式氯化氢蒸汽石墨合成炉,生产的氯化氢纯度≥93%(体积分数),单台合成炉 100%氯化氢生产能力为 150 t/d,合成炉夹套采用纯水移热,用纯水泵将纯水注入合成炉夹套,纯水充分吸收氯化氢的合成热后温度升高达到饱和状态,进入炉外的蒸汽闪发罐。闪发得到饱和蒸汽送入蒸汽管网,闪发后的蒸汽冷凝水直接返回到合成炉夹套,如此循环,以最大限度地回收氯化氢合成热。产生的蒸汽供盐酸解吸使用,实现了余热的综合利用。

4)水泥窑新增余热锅炉

水泥公司 $\varPhi 4.3\times 64$ m 熟料窑外分解窑在正常生产的情况下,出口废气温度(535±15)℃,将大量余热白白散失,根据暂时无法用窑炉余热进行发电的实际情况,现拟将余热回收利用生产蒸汽,供应现在的北工业园区。

5)大型用电设备的变频控制改造

新疆天业水泥生产系统在建厂就大规模使用变频技术。在此基础上进一步进行装置节能优化的改造,对天业水泥篦冷机增设进料高温段急冷床、优化用风系统,两个高压风箱;重新划分风室,重新配置风机,锁风装置。对篦冷机 1#、2# 风室的冷却风机风量控制采用变频调速控制。

新疆天业将能源管理与生产相结合,对重要耗能装置进行重点用能监控,对用能过程进行科学管理,实现能源的科学调度,从而有效地降低不必要的能源消耗,实现从管理上增加企业的效益。

6.3　产品质量控制分析

产品质量控制是企业为生产合格产品、提供顾客满意的服务和减少无效劳动而进行的控制工作。我国国家标准 GB/T 19000—2000 对于质量控制的定义是"质量管理的一部分,致力于满足质量要求"。化工生产过程中,质量分析和控制管理不仅是生产质量的安全线,也是生产人员的安全线,不仅直接决定着化工企业最终的产品质量,还影响到企业的产品在市场之中的竞争力。

新疆天业始终致力于生产具有市场竞争力、客户满意的天业牌产品。在生产过程中,严格生产工艺技术,优化控制指标,将产品质量做到最优。

6.3.1 质量控制概述

1. 质量控制定义

质量分析主要是对于化工生产进行一个全程的检测，观测生产的流程以及布置是否严格根据技术标准进行实施，一个高效的质量分析可以更好地保证生产过程能够严格地根据规范去操作，避免生产流程的随意性。质量控制管理是指在一定技术条件下，对产品质量进行直接或间接的控制，保证产品的质量例如可靠性及外观而进行指挥和控制组织的协调的活动。但是质量的管理是产品从生产线一直到消费者的一个重要的环节，对产品正式投放到市场后的影响。质量分析和管理是保证化工生产安全性和化工产品质量的两大保障，分别对化工产品、生产和成品质检进行管理，可以更好地保证内部的风险控制。

2. 产品质量控制的影响因素[6-8]

1）化工产品原材料因素

化工产品原材料的质量和运输管理是影响化工产品质量检测的重要因素。

2）化工产品生产因素

化工产品的生产是影响化工产品质量检测的关键性因素。化工产品的生产质量与化工产品的生产技术有密切的联系。

3）化工产品质量检测人员因素

化工产品质量检测人员的专业技能水平是影响化工产品质量检测工作质量和效率的重要因素。

4）化工产品质量检测仪器及材料因素

化工产品质量检测过程中，化工产品试剂材料和化学仪器的选用是影响化工产品质量检测的重要因素。

5）化工产品质量检测数据分析因素

化工产品质量检测数据分析是影响化工产品质量检测结果的又一重要因素。

3. 消除影响因素的对策

针对产品质量分析中的影响因素，在质量分析过程中提出相关对策，从而提高化工产品质量检测的质量和效率[5-7]。

1）加强化工产品生产管理

针对化工产品生产过程中原材料及生产质量问题，化工产品生产部门要加强原材料质量和生产质量管理工作。

2）提高化工产品质量检测人员的综合素质

化工产品质量检测部门要加强检测人员专业技能培训，提高检测人员的综合素质。

3）加强化工产品质量检测管理

加强化工产品质量检测管理主要从两方面入手：加强化工产品质量检测技术改进和创新以及加强化工产品质量检测试剂和设备的管理。

4）落实责任制度

企业应明确自身的责任制度，完善出谁出问题谁负责的方式，和员工签订相应的责任书，对员工自身的责任范围以及要求进行明确，保证员工都可以在自己的岗位上去严格地履行自己的义务。

6.3.2 循环经济产业链产品质量控制分析

产品质量控制是生产产品纯度、等级等达到相关标准的主要手段。以标准为指导，产品达到最基本标准要求，再进一步优化，使产品性能更稳定、指标更优、更有辨识度。新疆天业获批国家第一批循环经济试点单位，切实履行自己的责任，为循环经济的发展贡献自己的力量。经过循环经济的不断发展合理化调整，在实行循环经济产业链过程中获得了多项荣誉，如国家级表彰国家循环经济教育示范基地、全国循环经济工作先进单位等。

1. 产品检测标准

新疆天业在产品质量控制过程中，严格依照产品检测质量标准，完成产品的质量检测。表 6.4 为产品质量检测标准。

表 6.4 产品质量检测标准

产品	备注	型号规格	纯度/%	等级	标准号
工业用氢氧化钠	固体	IS-I	98.0	—	GB/T 209—2018
		IS-II	70.0		
	液体	IL-I	50.0		
		IL-II	45.0		
		IL-III	30.0		
工业用合成盐酸	—	—	31.0	优等品/一等品/合格品	GB 320—2006
次氯酸钠	液体	A^a-I	13.0	—	GB 19106—2013
		A^a-II	10.0		
		A^a-III	5.0		
		B^b-I	13.0		
		B^b-II	10.0		
		B^b-III	5.0		
工业无水硫酸钠	固体	I类	99.6	优等品	GB/T 6009—2014
			99.0	一等品	
		II类	98.0	一等品	
			97.0	合格品	
		III类	95.0	一等品	
			92.0	合格品	
食品添加剂盐酸	液体	—	31.0	—	GB 1886.9—2016
食品添加剂氢氧化钠	—	固体	98.0~100.5	—	GB 1886.20—2016
		液体	98.0^a~103.5^a		
高纯盐酸	液体	—	31.0	优等品	HG/T 2778—2009
				一等品	
高纯氢氧化钠	固体	HS-I	99.0	优等品	GB/T 11199—2006
			98.5	一等品	
	液体	HL-I	45.0	优等品/一等品	
		HL-II	32.0	优等品/一等品	
		HS-III	30.0	优等品/一等品	
化纤用氢氧化钠	液体	FL-I	30.0~33.0	优等品/一等品	GB/T 11212—2013
		FL-II	42.0~46.0	优等品/一等品	
		FL-III	≥48.0	优等品/一等品	

续表

产品	备注	型号规格	纯度/%	等级	标准号
化纤用氢氧化钠	固体	FS-I	≥99.0	优等品	
			≥98.0	一等品	
工业硫酸	液体	浓硫酸	92.5 或 98.0	优等品/一等品/合格品	GB/T 534—2014
	液体	发烟硫酸	—		
悬浮法通用性聚氯乙烯树脂	固体	SG3	—	同上	GB/T 5761—2018
		SG5			
		SG7			
		SG8			

2. 质量控制实施

新疆天业产品质量控制以优品为结果，从源头控制，严格控制中间过程工艺技术管理。产品质量控制实施主要分为生产过程管理、人员技术水平、检测设备和相关制度。

1）规范生产过程管理

新疆天业氯碱化工生产原料为自产自用，拥有自己的盐矿、石灰石矿、煤矿。从原料着手，严格控制原料的品质，确保提供最优的原料。在生产过程中，采用大型生产设备、国外引进先进设备和技术、自主研发高效节能设备和技术等，确保生产过程无事故、设备最优运行，产品质量最优。下面介绍新疆天业循环经济产业链中主要的设备和技术过程管理。

（1）石灰石生产电石采用并流蓄热式双膛竖窑，该窑为国际先进的节能环保设备，为煤粉和煤气两用，既可使用煤炭（粉煤），也可使用煤气（电石炉气），同时为后续电石、乙炔等的生产提供了原材料供应保障。

（2）新疆天业自主开发的 40000 kVA 大型密闭式电石炉是电石炉装置大型化的重要一步，电炉电耗由 3440 kW·h/t 降低至 3200 kW·h/t，综合能耗由 1.2 吨标准煤降低至 1.0 吨标准煤，使电石成为节能型产业。

（3）新疆天业的一次盐水工艺采用新型凯膜过滤技术，极大地改善了一次盐水的精制质量，延长了离子膜的使用寿命。引进世界先进水平的现代化离子膜电解装置［日本旭化成公司的高电流密度复极式离子膜电解槽（NCZ 型）］，当时为国内单套生产能力最大的装置。引进的瑞士博特公司膜式蒸发浓缩装置，装置占地面积小，操作流程简单，可实现余热综合利用。采用先进的设备，保障产品质量稳定可靠；设备易操作，降低生产事故和残次品产出。

（4）大型聚氯乙烯聚合釜是一种新型的、大容积的聚合釜，与小型聚合釜相比，具有容积大、产能高、带有称量系统、产品质量稳定等优点。

（5）新疆天业自主开发干法乙炔生产技术，每生产1吨聚氯乙烯，较湿法乙炔电石单耗减少15 kg，年节水量90万吨，同时开发干法乙炔配套电石渣干法水泥技术。干法乙炔是我国电石法聚氯乙烯生产中的重大技术创新，奠定了聚氯乙烯行业循环发展的基础，为氯碱行业的可持续发展做出了巨大贡献。配套电石渣制水泥技术，解决了电石渣堆放污染环境、节约石灰石水泥原料、排放废气污染空气等问题，同时再生产的水泥，给企业带来了一定的经济效益。

（6）电石法聚氯乙烯无汞催化剂使用，是该行业必行的可持续发展之路。新疆天业从低汞催化剂着手，成功地研发了低汞催化剂并应用于产业化中，同时建立了低汞催化剂生产、应用、高效回收一体化体系并建成示范装置，并于2019年通过了中国石油和化学工业联合会和中国化工环保协会对该体系的认定，树立了电石法聚氯乙烯行业典范。低汞是方向，无汞是目标，在推动无汞催化剂的研发过程中，新疆天业不遗余力，目前开发的低含量贵金属无汞催化剂已取得工业化单管侧线应用，并取得不错的成效。

2）强化人员技术水平

产品的好坏，除了受客观的生产设备、技术等影响外，技术人员的操作水平、工艺参数的控制水平以及产品检测人员的水平等的影响也非常重要。

（1）工艺技术人员操作和工艺参数的控制，直接影响着生产的产品的在线检测参数。优秀的技术人员，稳定控制生产中的参数，保证系统正常运行的同时，产出合格的产品，降低残次品的产出率，间接地降低生产成本，为企业带来了隐藏的效益。

（2）产品的出品率，除了生产中的在线检测，还需要实际检测数据支撑。实际数据检测，采取每样检测三次去平均值，降低了误差值。优秀的检测人员，保证了检测产品的准确性，同时合理利用设备和检测试剂，降低设备的使用次数和延长设备的使用寿命，同时减少检测试剂使用，间接降低生产成本。为保证产品检测数据更精确和更优化，除了常规的检测外，还定期进行对标检测与性能评价，对比国内外同行业产品指标，以求产品品质达到最优。

（3）工艺技术人员和检测人员的技术水平的提升，影响着产品的合格率。新疆天业一直重视技术人员的水平提升，定期进行相关培训，包括技术水平培训、设备检测操作培训、设备自检维修操作培训等。技术人员的生产和检测工作中，不断加强学习，努力提升自我，保障自己所负责的工作认真完成。

3）优化检测设备性能

先进的检测设备，确保检测结果的准确性，提高工作效率的高效性。精确和先进的检测设备，能检测产品多种数据，能降低检测的误差性，同时提高检测结果的准确性。

3. 质量控制成果

新疆天业切实完成循环经济各项指标，在产品质量方面取得了多项相关荣誉，获全国优秀质量管理小组3个，2018年度新疆维吾尔自治区质量管理活动推荐工作表现突出企业的称号，天伟化工"聚力QC小组"获得全国质量管理小组活动40周年标杆QC小组，是全兵团唯一获此殊荣的小组。2017年新疆天业实施在线电子商务交易平台的经验获得全国"质量标杆"，2018年新疆天业以绿色发展为基础创建"绿色工厂"的实践经验获得2018年度石油和化工行业质量标杆。

6.4 经济效益

企业经济效益是指企业在一定的计划期内，以尽量少的资金占用，产出尽量多的有益于社会、有益于企业的产品，是企业的运行和发展态势的重要指标。

新疆天业坚持外部大循环和内部小循环，将氯碱化工产业链有机地结合在一起，并通过物质流和能量流流动可以把新疆天业循环经济产业链中企业的生产环节联系起来，能量和物质利用效率得到提高，从而减少排放到周围环境中的能量和废弃物，降低资源能源的开采使用量，最终实现良好的经济效益。

新疆天业拥有煤矿、石灰石矿、盐矿原料，下辖电厂、电石厂、化工厂、水泥厂等。自备电厂发电提供给电石厂、化工厂和水泥厂，完全满足电石厂、化工厂和水泥厂运行。具有"自备电力—电石—PVC"的一体化循环产业链。企业自产自用电力，极大地降低了生产成本。自备电厂输送给化工厂和水泥厂所需要的蒸汽，确保各厂正常生产运行，降低了外购蒸汽的成本。

新疆天业自备电厂将电石炉产生的部分废气作为燃料，节约了大量资金，每年可节约标准煤数十万吨。再将产生的粉煤灰用于生产水泥和粉煤灰砖，减少处理固废的费用和保护环境。自备电厂使用电石渣脱二氧化硫比传统脱硫工艺，成本极大地下降，减少了二氧化硫环境污染。

新疆天业回收电石厂产生的焦炭粉用于热电厂发电，产生的电石炉气另外一部分进行综合利用，建成世界首套电石炉气深度净化制乙二醇和1,4-丁二醇的生产装置，形成了传统煤化工和现代煤化工有机结合的发展新格局。

新疆天业具有自备石灰石矿，采用石灰窑生产电石，采用电石生产乙炔气进行 PVC 生产，极大地降低了聚氯乙烯的生产成本。自产聚氯乙烯生产塑料制品和农用节水器材，相比较从外部购入聚氯乙烯，极大地降低了生产成本。回收废旧滴灌器材作为节水器材厂的原料用于生产新的农用节水器材，极大地降低了采购原材料成本。滴灌农田使用自产农产品，相比较从外部购入，极大地降低了原材料成本。

新疆天业使用各类工业废渣生产粉煤灰砖和水泥，产生了巨大的经济。废液进行处理和回收利用，构建"废水零排放"小循环，既减少了污水排放对环境造成的影响，同时，也可以将污水变废为宝，节约水资源，降低水的消耗成本，具有很好的经济效益。

6.5 环保效益

环境保护是为我国的一项基本国策，我国制定和颁布了一系列环境保护的法律、法规以保证这一基本国策的贯彻执行。传统的氯碱化工具有高消耗、高污染、高排放的特点，环境保护问题是不可忽视的问题。

新疆天业自建立之初，就率先提出了用循环经济的理念建设大型氯碱化工基地，将传统氯碱生产工艺过程向上下游延伸，建立了我国第一个"煤—电—电石—聚氯乙烯—电石渣水泥"循环经济产业园区，天业循环经济发展模式逐步成为电石法聚氯乙烯产业发展的主流和方向。

首先，从资源循环利用来看，废气、废水、废渣等资源的循环利用能够实现节约资源的目标，同时也能减少企业的生产成本投入，让企业实现资源的合理利用。其次，污水污物达标之后进行排放，可以降低环境修复工程成本的投入，使得国家有关部门将相关的资金用到其他的民生工程事业，提高人们的生活水平。

2019 年减排二氧化硫 4.5 万吨，氮氧化物 2.35 万吨，国控源企业传输有效率 98%以上，全年投入环保资金 1.53 亿，环保技改 62 项，环境影响评价 16 项，环保验收项目 15 项。

6.6 社会效益

循环经济是以资源的高效利用和循环利用为目的，以"减量化、再利用、资源化"为原则，以物质闭路循环和能量体使用为特征，按照自然生态系统物质循环和能量流动方式运行的经济模式，其目的是通过资源高效和循环利用，实现污染的低排放甚至零排放，保护环境，实现经济、环保、社会和环境的可持续发展。循环经济是把清洁生产和废弃物的综合利用融为一体，实质上是一种生态经济，指导人类社会的经济活动。

20世纪末，我国政府就已经确定在新世纪中坚定不移地实施可持续发展战略，而循环经济的发展特征，符合可持续发展的特征。循环经济是解决可持续发展问题的最佳途径，也是我国经济发展到一定阶段的客观要求，建立循环型社会已经成为人类关注的焦点。

新疆天业大力发展氯碱化工循环经济，资源合理高效利用，"三废"再利用以及采取相关的措施实施节能减排，同时持续创新发展绿色技术，在保护环境的前提下，更好地发展氯碱化工，提升社会的经济效益，减轻社会的环保压力。

循环经济通过产业链整合促进产业间的延伸融合，实现资源共享，提高生产和服务的效率，减少能耗。新疆天业大力发展氯碱化工循环经济，产业链的发展，增加了相关岗位，带动就业，同时在该过程中培养了一大批优秀人才。新疆天业先后与石河子大学、石河子职业技术学院等签署合作协议，带动学校学生就业。

新疆天业本着"成本低、性能好、农民用得起"的原则，开发出"天业滴灌系统"，降低了滴灌工程投资成本。天业灌溉系统在国内外已累计推广近8000多万亩，并成功走向世界17个国家。天业节水灌溉技术国际科技合作基地成为国家级节水灌溉技术国际科技合作基地，膜下滴灌节水灌溉工程项目荣获第三届中国工业大奖表彰奖。

传统工业经济的生产观念是最大限度地开发利用自然资源，最大限度地创造社会财富，最大限度地获取利润。而循环经济的生产观念是要充分考虑自然生态系统的承载能力，尽可能地节约自然资源，不断提高自然资源的利用效率，循环使用资源，创造良性的社会财富。

发展循环经济是未来企业生存和发展的必由之路，对于企业个体来说，发展循环经济可以提高企业的经济效益，提升竞争力；对于我国的现代化工业进程来说，可以减少污染，整合社会资源和自然资源，实现资源优化配置和可持续发展；对于整个社会来说，可增进公共效益，实现社会公平，促使区域经济效益、环保环境效益和社会效益协调有序发展。

参 考 文 献

[1] 肖序, 陈翔. 企业循环经济物质流-价值流原理与优化研究[J]. 山东社会科学, 2017(5): 153-159.
[2] 王天天, 卢笛音, 曹雅. 物质流分析方法及应用研究综述[J]. 再生资源与循环经济, 2017, 10(8): 9-12+16.
[3] 张健, 陈瀛, 何琼, 等. 基于循环经济的流程工业企业物质流建模与仿真[J]. 中国人口·资源与环境, 2014, 24(7): 165-174.

[4] 贾卫平, 吴玲. 循环经济模式下的新疆氯碱化工产业生态效率评价研究: 以新疆天业化工为例[M]. 北京: 经济科学出版社, 2018.
[5] 恺峰, 冯俊. 新疆天业循环经济产业链之废渣综合利用项目[J]. 再生资源与循环经济, 2010, 3(10): 38-41.
[6] 汪沂. 关于化工产品质量检测影响因素与对策分析[J]. 科技与创新, 2018(6): 57-58.
[7] 孙卓. 化工产品质量检测影响因素分析以及应对策略[J]. 化工管理, 2020(4): 46-47.
[8] 沈泽璇, 李海, 王夏燕, 等. 化工产品质量检测影响因素分析以及应对策略探讨[J]. 生物化工, 2019, 5(2): 151-153.

第 7 章 氯碱化工循环经济产业链优势分析

SWOT 分析法又称为态势分析法,是由美国旧金山大学的管理学教授 Weikieh 于 20 世纪 80 年代初提出来的,是一种能够比较客观而准确地分析和研究一个单位现实情况的方法,是战略管理学中的一种重要分析模式。SWOT 这一词是由四个英语词语构成的：S(strengths)是优势、W(weaknesses)是劣势,O(opportunities)是机会、T (threats) 是威胁。本章节借鉴 SWOT 分析法,以新疆天业为例,对新疆氯碱化工循环经济产业链进行 SWOT 分析,分析其优势、劣势、面临的发展机遇和挑战,其中优势包括规模化优势、管理优势、技术优势、成本优势等,发展机遇包括资源能源、政策支持等,劣势和挑战包括产品多元化水平不足、销售运输渠道受限、整体经济下行压力、日益激烈的行业竞争等。最后,通过分析结果和构造 SWOT 矩阵,提出新疆氯碱化工工业循环经济可持续发展相应的对策。

7.1 新疆天业氯碱化工循环经济产业链的优势分析

7.1.1 规模化优势

新疆天业从最初生产农用薄膜和烟草膜发展壮大,如今是拥有 400 多亿资产的新疆兵团大型国有企业,拥有 2 家上市公司,所属产业涉及塑料制品、节水器材、热电、化工、电石、水泥、矿业、物流等多个领域,具有 140 万吨聚氯乙烯树脂、100 万吨离子膜烧碱、215 万吨电石、400 万吨新型干法电石渣制水泥、180 万千瓦热电、20 万吨 1,4-丁二醇、110 万吨乙二醇和 600 万亩节水器材生产能力,产业规模在氯碱化工行业内屈指可数。

目前,所有项目达产达标,所有装置生产运行良好,氯碱化工产业具有配套的自备电厂、石灰石矿、电石生产装置、原料供应能力强,实现自给自足,产业具有明显的规模化优势。

2012 年新疆天业建成世界首套电石炉气制乙二醇和 1,4-丁二醇装置,并在此基础上建设了 20 万吨乙二醇和 17 万吨 1,4-丁二醇项目,使聚氯乙烯产业形成了电石炉气高值化利用与乙炔化工延伸发展、传统化工与新型化工有机结合的发展新格局。后将乙二醇和 1,4-丁二醇扩产至 35 万吨和 20 万吨,2020 年十户滩新材料工业园区 60 万吨乙二醇项目开车成功,氯碱化工、现代煤化工及下游新材料有机结合的新型循环经济产业链模式规模化效应初步显现。

7.1.2 管理优势

管理是企业的生存之基，是企业必须要练好的内功，提高企业的经营能力和管理水平，不断增强企业的管理软实力，对企业的可持续发展至关重要。

新疆天业积极践行企业创新管理，向行业优秀企业学习管理经验、进行管理对标，形成了自身的企业现代化创新管理模式。在企业创新管理体系建设方面，以《关于深化国有企业改革的指导意见》为指导，以决策创新、体制创新、制度和运营机制创新为目标，推进国有企业改革，完善现代企业制度、国有资产管理体制，加强党对国有企业的领导。第一，完善国有企业法人治理结构，把党建核心融入企业管理各环节；第二，坚持以人为本的管理理念，完善管理人员选用和退出制度；第三，将企业文化与企业管理深度融合，发挥企业文化在企业管理中的核心作用；第四，通过开展标准化建设、全面质量管理、卓越绩效管理、精益人力管理等，将精益管理的理念从生产运营领域扩大到研发、营销、财务、人力等更多个环节，形成系统化、一体化的经营管理体系，实现粗放型管理模式向精益化管理模式的成功转变。因此，新疆天业具有良好的内部治理结构和现代化的创新管理体系。

7.1.3 技术优势

习近平总书记强调，技术创新是企业发展的命根子，拥有自主知识产权和核心技术，才能生产具有核心竞争力的产品，才能在激烈的竞争中立于不败之地。企业要紧紧扭住技术创新这个战略基点，掌握更多关键核心技术，抢占行业发展制高点。

新疆天业一直追求技术的先进性，大胆创新，在氯碱化工项目的建设规划之初，通过建立废水、废气和废渣循环利用网络，使"三废"充分转化为再生资源而得到合理利用。同时，坚持不懈地开发绿色化工工艺技术，从源头杜绝或减少污染物的产生，成功攻关了数十项氯碱化工清洁生产重大关键支撑技术，其中多项技术被列入国家聚氯乙烯清洁生产标准和国家聚氯乙烯行业清洁生产技术推行方案中的推广技术。

目前，新疆天业拥有各级各类创新平台总数达 23 个，依托这些平台，企业先后承担多项国家 863 计划项目、国家重点科研项目、兵团级重点科研项目，多次荣获国家、省部级科技进步奖；企业授权专利超 400 件，多项专利荣获国家专利优秀奖。

7.1.4 成本优势

氯碱化工循环经济产业链的主要原料为：煤炭、石灰石和原盐，总储量达到 8 亿吨，产业资源自给率较高，随着资源利用率的提高，原料成本得到有效控制。

我国富煤、贫油、少气的资源禀赋，决定了电石法 PVC 的绝对主导地位。电石法聚氯乙烯和离子膜电解烧碱都离不开电，电的价格对电石法 PVC 成本影响很大，新疆天业在构建产业链的初期，就坚持煤电化一体化的建设思路，规划建设了企业自备电厂，180 万千瓦的火力发电机组年发电量可达 144 亿度，可降低吨 PVC 成本至少 500 元，因此制造成本上具有较大的优势。

新疆天业注重产业规模化和装置大型化。在电石法 PVC 生产过程中，企业在 2007 年就选用了 105 m^3 的新型、大容积聚合釜，大大减少了建设投资费用、设备投资费用和生产运行费用。在烧碱生产中所引进的高电流密度复极式离子膜电解槽，是世界先进水平的现代化离子膜电解装置，单套生产能力也最大，所需配套设备数量少、投资费用低，运行时吨碱电耗降低 80 kW·h。通过装置大型化实现规模化生产后，企业的生产运行成本明显低于同行业企业。

7.1.5 人才优势

人才是第一资源，人才队伍建设是新疆天业氯碱化工循环经济产业链发展的关键核心，是科技创新驱动高质量发展的源动力。新疆天业在建立之初，就充分认识到了人才的关键作用，高度重视培养、造就人才。如今，最早一批进入企业工作的员工有很多走上了管理岗位，有相当一部分已成为企业的中流砥柱。

面对人才"孔雀东南飞"的大环境，新疆天业在招才引智、育才用才、聚才留才方面推出了一系列管理办法和举措。在招才引智方面，通过博士后科研工作站、智库等柔性引才平台引进行业高端技术人才，与石河子大学等高校展开定向培养合作，提前锁定专业型人才；企业作为师市的就业实训基地，每年提供大量的就业实习岗位，保障技能型人才的输入。在育才用才方面，支持员工的学历提升和职称评审，积极与华东理工大学、新疆大学等高校开展联合培养，选派优秀员工带薪继续深造；对于在企业发展中表现突出的专业技术人员进行高一级职称的"破格"聘用，确保其待遇；着眼专业化、领导力、团队建设为重点，建立青年人才、中层干部和高管三级干部梯队的培养体系，围绕生产精英、科技创新、安全环保、信息化等方面锻造精英创新团队；建立天业学院，为员工成长成才提供更大的平台。在聚才留才方面，建立合理的绩效评价体系和灵活的人才管理机制，在工作中支持和资助，加强对企业后备干部、优秀大学生、青年人才的动态化、常态化管理和培训，提供有竞争力的薪酬；在生活中待遇优厚，提供员工公寓、婚后保障性住房等生活保障。

新疆天业加快培育应用型技能人才，形成高中低衔接、上下协调的人才队伍梯次，形成了较为完善的高端创新人才和产业技能人才"二元支撑"的人才培养体系。目前拥有各级各类科技创新人才3000余人，中高级以上专业技术人员800余人，其中3人先后获得国家万人计划领军人才，20余人获得兵团天山英才第一、二、三层次。人才为企业发展提供了强有力的支撑，为加快建设创新型企业提供了智力保障。

7.1.6 平台优势

创新平台建设是新疆天业氯碱化工循环经济产业链持续发展的重要基础。2005年，新疆天业成立了企业自己的化工研究院，研究院本着"创建一流企业研究院"和"行业一流工程研究中心"的奋斗目标，承担着研究企业战略发展、掌控行业核心技术、搭建一流创新平台的重要使命，以催化技术、新材料和绿色化工技术等为主要研究方向，坚持以企业为主体的产学研联合创新，与清华大学、浙江大学、中国科学院大连化学物理研究所、天津大学、南开大学、华东理工大学、石河子大学等国内外一流高校和科研院所建立了稳固的合作关系，成功研发了多项国内领先的技术，自主研发的以固汞触媒为核心的汞减排成套技术成功实现工业化，取得了巨大的经济效益和环保效益，开发的具有全套自主知识产权的等离子裂解煤制乙炔成套工业化技术，为推动我国等离子技术的发展和煤炭资源的清洁、高效转化做出了积极和富有价值的探索。

经过多年的发展和沉积，企业目前拥有博士后科研工作站、院士工作站、国家认定的企业技术中心、国家节水滴灌工程中心、国家地方联合工程研究中心、国家地方联合工程实验室等国家级研发平台和兵团催化工程中心、兵团聚合工程中心、PVC高性能材料兵团重点实验室等兵团级研发平台，为企业技术研发工作的开展奠定了扎实的基础。

7.1.7 信息化优势

新疆天业作为国家第一批"两化融合"试点单位，始终以"两化融合"作为产业可持续发展的助推器，推动集团信息化与智能制造的有效耦合，以智能制造作为整个产业升级的关键突破口，打造国内氯碱智能制造的行业标杆。企业早期就建成了有利于提升管理水平的信息系统基础技术平台，形成了具有核心竞争优势的EPR系统，健全了网络监控系统，自动控制生产系统，软件产品开发平台，集团财务管理及预算系统，管理信息系统，集团物资管理系统，决策支持系统。

新疆天业以"氯碱智能工厂"智能制造试点示范企业为引领，搭建了云计算平台、数据标准化、BPM 等智能工厂平台，建立了兵团首家企业"私有云"，打造企业信息化"公用工程"。新疆天业通过电商交易平台项目建设，实现了"互联网+工业+销售"的深度融合，平台注册企业已近千家，销售额超过 10 亿元。

新疆天业拥有自己的信息化队伍，在企业坚持发展循环经济的同时，不断加强两化深度融合，信息化助力企业现代化生产及管理进程。

7.2 新疆天业氯碱化工循环经济产业链面临的发展机遇

7.2.1 人文环境

新疆维吾尔自治区是我国民族成分最多样化的地区之一，一直是西方分裂势力窥视的重点区域，新疆维吾尔自治区的稳定与发展是国家政治安定、民族团结、国家统一、社会经济持续发展、实现中华民族和平崛起的需要。新疆生产建设兵团肩负安边固疆的稳定器、凝聚各族群众的大熔炉、先进生产力和先进文化的示范区的特殊使命，要在保证边疆社会稳定和长治久安的前提下，大力发展第二、第三产业，提高地区的经济实力，带动区域的经济增长，提升人民的幸福指数。

石河子市是新疆生产建设兵团首府第八师所在地，是西部大开发重点区域，也是"一带一路""向西开放"的桥头堡。石河子市是国家第二批循环经济试点城市，被联合国授予"人居环境改善良好城市"，曾先后获得"国际迪拜人类改善居住环境良好范例奖"、国家森林城市、全国文明城市、智慧型城市等荣誉称号，在国内具有较高知名度。石河子市是一座由军人建造的城市，兵团精神、胡杨精神、老兵精神深入每个兵团人的骨髓，为新疆天业的发展提供了能吃苦耐劳的稳定性员工队伍。石河子大学作为兵团唯一一家国家 211 重点大学，聚集了国内外优秀的科研、创新、管理人才，长期以来与新疆天业形成了良好的合作关系，为企业未来发展提供了有力支撑。

7.2.2 地理位置

新疆天业所在的石河子市被誉为"戈壁明珠"，是丝绸之路经济带上的重要节点城市，东距新疆维吾尔自治区首府乌鲁木齐市 150 km，是"乌鲁木齐—昌吉—石河子"城市群建设的重要城市。2019 年，国家发展改革委和交通运输部发布了《国家物流枢纽布局和建设规划》的通知，选择 127 个具备一定基础条件的城市作为国家物流枢纽承载城市，石河子市榜上有名。石河子市区距乌鲁木齐国际机场 136 km，石河子花园机场入驻超过 25 家通航企业，货运实力不断提升；贯穿亚欧大陆的北疆铁路、312 国道、乌奎高速公路都穿市区而过；125 km 的企业专用铁路线年运输能力超 1500 吨。综合来看，石河子市地理位置优越，交通便利，是新疆维吾尔自治区建设大型氯碱化工基地的理想所在地。

7.2.3 资源能源

新疆拥有丰富的油、气、煤与矿产资源，石油资源量 208.6 亿吨，占全国陆上石油资源量的 36%；天然气资源量为 10.3 万亿立方米，占全国陆上天然气资源量的 34%。全疆煤炭预测资源量 2.19 万亿吨，占全国的 40%；新疆原盐资源也相当丰富，已探明储量 7 亿吨；石灰石资源已探明储量 4.5 亿吨。这不仅为电石乙炔法生产聚氯乙烯提供可靠的原料保证，资源的优良品质和低廉的价格也为项目竞争力的提高打下了良好的基础。

石河子市及周边地区矿产资源丰富，相邻的玛纳斯县已探明煤炭储量在 100 亿吨，运输距离约为 70 km；焦煤矿资源主要在阜康（新疆兵团第六师）的大黄山，探明储量在 5000 万吨以上，距离石河子市 190 km 左右；石灰石矿探明储量在 1.5 亿吨以上，距离石河子市约 115 km；盐矿资源目前主要分布在古尔班通古特沙漠腹地和鄯善等地，储量在 3.5 亿吨以上，距离石河子市 180 km 左右。另外，石河子市紧邻玛纳斯河西侧，地表水和地下水资源也相对丰富。

新疆天业氯碱化工循环经济产业链所需要的煤炭、原盐、石灰石等原料，相对比较集中，且运距较近。储量丰富、质优价低、自给率高，这些优厚的资源支撑利于企业的发展。

7.2.4 政策支持

2007 年，《国务院关于促进新疆经济社会发展的若干意见》（国发〔2007〕32 号）中提出要实施以市场为导向的发展战略，促进重点优势资源的开发和利用。积极发展循环经济，大力推进工业"三废"综合利用，推进重点行业废物回收利用和生活垃圾资源化利用，大力实施重点节能工程，积极开展新疆石河子循环经济试点；加快淘汰落后产能，提高工业用水重复利用率。2013 年，《国务院关于印发能源发展"十二五"规划的通知》（国发〔2013〕2 号）中指出要加快建设新疆等国家五大综合能源基地。

"十八大"以后，国家政策更加有利于企业的发展，融资环境、市场准入、税收优惠等外部条件发生了很大变化，各方面的政策支持力度加大。化工产业一贯受到国家政策的扶持，国家对化工高新技术的引进给予一系列的政策优惠；国家相应出台的一些政策和标准也对化工新产品的应用有所促进，促进化工市场的成长。

以习近平同志为核心的党中央从国家层面进行顶层设计，采取一系列特殊措施支持南疆发展，高瞻远瞩地提出了加强南疆兵团建设的重大战略任务。兵团党委提出，举全兵团之力、集全兵团之智，全力推进兵团在南疆发展，更好发挥兵团稳定器、大熔炉、示范区作用，为维护新疆社会稳定和长治久安奠定坚实基础。近年来，兵团在南疆师团大力发展纺织服装产业和农业现代化发展，为新疆天业发展现代农业节设施、扩大塑料制品和其他化工产品带来了重要机遇。

7.3 新疆天业氯碱化工循环经济产业链的劣势及发展面临的挑战

7.3.1 产品多元化水平有待进一步提升

新疆天业氯碱化工产业，坚持走循环经济发展道路，产业链相对比较科学与完整，实现了废物再利用和资源综合利用，但是，整个产业的终端产品主要是离子膜烧碱、大宗通用型 PVC 树脂和节水器材，产品种类少，板块盈利能力极易受到市场波动影响。主导产品聚氯乙烯树脂以通用树脂为主，精细化、专用化、差异化程度较低；现有化工产业链耦合过紧、可调性弱、抗风险性不强；节水滴灌产业发展相对迟缓，与国内外快速增长的市场环境不相适应；现代煤化工柔性生产线尚未建立，终端产品乙二醇、1,4-丁二醇下游高附加值产品有待拓展；基于变幻莫测的市场环境，企业面临单一利润来源的风险，支撑企业未来发展新的经济增长点尚未形成。

7.3.2 销售及运输渠道有待进一步完善

新疆天业作为兵团第八师石河子市唯一的中欧班列集结站，年发运中欧班列超 100 列，辐射带动作用初步显现，但日益激烈的市场竞争，仍对企业的稳定运营构成威胁。目前，国内化工产品主要消费市场集中在华东和华南地区，与国内的天津、上海、河北、山东以及韩国、日本的企业相比，新疆等西部地区的市场容量相对较小且远离目标市场，多数产品要长距离运输，直接带来运输、管理成本的增加，弱化了公司的竞争优势。

此外，由于远离市场，市场信息反馈较慢，在销售模式方面采取代理商销售模式，较为被动，直销到终端客户的模式尚未建立，既增加了成本，还不利于企业销售网络的建立。此外，新疆天业销售秉持"利润最大化"和"现款现货"的原则，合作形式比较单一和随意，没有形成一个健全、系统、紧密的代理合作机制。

7.3.3 整体经济下行压力

自 2008 年世界金融危机以来，在全球经济活动的主要引擎美国等国家经济减速的情况下，全球整体经济增长依然乏力，全球经济复苏缓慢。我国经济已经连续 10 多年增速下行，这在改革开放历史上是前所未有的，更重要的是，在"人口坑"等内外因素作用下，这种下行压力在未来还会继续加大。PVC 和烧碱作为基本的化学工业原料，国际国内宏观经济形势的影响、国家经济和产业政策等因素都会影响其呈现经济周期，会导致价格大幅波动的周期性，对企业的发展产生不利影响。

7.3.4　行业竞争日益激烈

氯碱化工是最基础化学工业之一，是国民经济的重要组成部分，2006~2015 年的十年是我国氯碱化工行业的高速发展期，聚氯乙烯和烧碱的产量均居世界首位，并且有力地带动了相关产业的快速发展，同时，产能过剩、结构单一、效益下滑、创新驱动不强等问题也随之出现。"十三五"期间是氯碱化工行业加快转变经济增长方式，解决长期积累的问题，推动行业由大到强跨越的关键时期。

目前氯碱化工产业发展水平已步入成熟期，产能结构性过剩问题依然突出，氯碱失衡局面并未扭转，高附加值烧碱下游、经济型耗氯产品技术亟待突破，支撑行业绿色高质量发展的新模式尚未形成。对 PVC 产品而言，是标准化比较高的产品，在产品差异化程度上相对小，产能过剩现象已经蔓延到糊树脂、消光树脂等特种树脂领域，下游用户转换制造商品牌的成本相对较低，这进一步加剧了行业的竞争压力。

7.3.5　能源供应成本上升

氯碱化工对资源的供应和市场的消费依赖程度较高，上端的供应主要包括电、煤、石灰石、盐、水等资源。在电石法聚氯乙烯生产工艺中，PVC 生产成本的 70%以上来自电石成本，而电石的主要成本是电力成本。党的十八大之后，中央和地方陆续出台了相关政策，开展了大用户直供电试点工作，随着该试点的逐步推开，原本采用外购电的企业用电成本大大地降低，对拥有自备电厂的用电企业带来较大冲击，企业将逐步丧失拥有自备电厂带来的用电成本低的优势，能源供应成本面临上涨趋势。

7.3.6　最严环保法的实施

随着经济的快速发展，我国的环境污染越来越严重，随着环境保护相关的政策法规的出台，我国环境污染恶化的趋势得到了基本控制，改善环境质量是我国可持续发展亟待解决的问题。2015 年 1 月 1 日，被誉为"史上最严"环保法律的新《环保法》开始实施，环保要求的进一步提高，一方面要求企业清洁生产，减少污染物和二氧化碳的排放，另一方面要求企业向社会提供更多的环保型产品，对企业技术和生产管理都提出很高的要求。

西北地区生态环境相对脆弱，执行的环保标准更加严格，势必增加项目环保的投入和运行成本。未来如推行碳税政策，将进一步增加生产成本，导致项目效益下降。石河子经济技术开发区环境总量已近饱和，新规划项目在采用新技术节能减排的同时，排放总量仍不可避免会有所增长，因此，环境总量限制是石河子产业基地进一步发展的制约性因素。

7.3.7 安全生产要求严格

近年来，安全问题比较突出，尤其是在国内制造业，国家安全限制生产要求更加严格，这使得企业投资制造业和建筑业的安全生产建设大幅增加。新疆天业近年来不断投资于安全生产的建设，积极改善设备和生产经营环境，持续改进和健全各项安全保障措施，但可能发生安全事故还是存在的，一旦没有做好预防措施，很可能会影响到正常的生产经营，减少收入和企业利润。

7.4　SWOT 分析结论

通过对新疆天业氯碱化工循环经济产业链内部优势劣势和外部机遇威胁的分析，得到 SWOT 分析矩阵，由此可得到企业未来发展的战略组合，进而提出新疆氯碱化工工业循环经济可持续发展相应的对策（表 7.1）。

表 7.1　新疆天业氯碱化工循环经济产业链 SWOT 分析矩阵

优势（S）	劣势（W）
1.规模化优势 2.管理优势 3.技术优势 4.成本优势 5.人才优势 6.平台优势 7.信息化优势	1.产品多元化水平有待进一步提升 2.销售及运输渠道有待进一步完善
机会（O）	威胁（T）
1.人文环境 2.地理位置 3.资源能源 4.政策支持	1.整体经济下行压力 2.行业竞争日益激烈 3.能源供应成本上升 4.最严环保法的实施 5.安全生产要求严格

第8章 氯碱化工循环经济可持续发展分析

《中共中央关于制定国民经济和社会发展第十四个五年规划和二〇三五年远景目标的建议》，把创新作为我国现代化建设全局中的核心地位，构建双循环发展格局，推动绿色低碳发展，实行高水平对外开放，统筹发展与安全，从全方面基本实现二〇三五社会主义现代化远景目标。在国家大方向的政策引导和规划带动下，结合自身发展现状，氯碱化工循环经济的绿色可持续发展亦遵循国家规划发展格局。

8.1 创新驱动发展

8.1.1 强化战略科技力量

1. 加强基础研究，注重原始创新

以国家战略为依托，加强基础研究、注重原始创新，优化学科布局和研发布局，推进学科交叉融合，完善共性基础技术供给体系。推进科研院所、高校、企业科研力量优化配置和资源共享。加强基础研究才能把握发展主动权，在高端制造业、产业链和供应链源头都具有可控能力，从而构建新的发展格局。

科技部等多部门联合制定了《加强"从0到1"基础研究工作方案》指出，加强"从0到1"的基础研究，开辟新领域、提出新理论、发展新方法，取得重大开创性的原始创新成果，是国际科技竞争的制高点。"从0到1"原创性突破，既需要长期厚重的知识积累与沉淀，也需要科学家瞬间的灵感爆发；既需要对基础研究进行长期稳定的支持，也需要聚焦具有比较优势的领域，进一步突出重点，有所为、有所不为。

氯碱化工的发展现状，决定了要进行可持续高质量的深入，其高质量成为氯碱化工循环经济可持续发展的关键推动力。企业作为科技成果最终转化的主体，在科学技术的研究方面不仅仅需注重应用型技术研究，还需将基础研究放在同等重要的地位。因此，要充分利用科研院所和高校的基础研究平台，进一步推进企业与科研院所、高校的合作与深度融合，从机理或理论上，重点突破现有氯碱化工技术存在的"卡脖子"难题。

我国氯碱化工主要以电石法为主,虽然目前氯碱化工在宏观政策及经济形势下积极向产品的多元化、上下游一体化、多产业耦合等方向逐步发展,但在发展的深度、融合方面始终是步履艰难,"中低端过剩、高端缺乏"的格局仍难打破,这需要从根本上突破现有僵局。

如国内电石法 PVC 树脂虽已进行了多年的多元化研究,市场中出现了 PVC 糊树脂、PVC 消光树脂、氯化聚氯乙烯树脂等多个种类的特种树脂,但市场份额甚少,其主要原因是特种树脂自身质量是否过硬且稳定,是否具备应用推广技术能力。因此,PVC 及其特种树脂质量提升和应用技术的掌握程度,限制了氯碱化工产品的应用领域。在主导产品 PVC 方面的基础研究,主要进行了产品质量提升和无汞化工艺法的技术研究。

除了聚合因素外,PVC 树脂的质量主要取决于氯乙烯单体质量,目前乙烯法氯乙烯单体质量普遍优于电石法氯乙烯。虽然国内乙烯法 PVC 树脂在中、东部的建设已初具苗头,但仍无法占主导地位。因此,通过对电石法氯乙烯单体检测标准的细化和氯乙烯合成技术的研究,提升纯度、降低及去除其他杂质含量,提升电石法氯乙烯质量,达到乙烯法氯乙烯质量水平,是 PVC 树脂及其特种树脂走向质量高端化的必要路径。

加强对 PVC 聚合技术的研究,通过其他聚合方式(如管道式聚合或气相聚合),生产出分子量分布窄的 PVC 树脂,更有利于高端塑料制品的加工应用。还有适用于电石法氯乙烯合成工艺的无汞催化剂的基础研究也成为后期氯碱循环经济发展的必然趋势。

另外,加强氯下游产品研发和充分发挥氢能源的高效利用等技术的基础研究是推动氯碱化工高质量发展构建新格局的重要步骤。循环经济贯穿于氯碱化工的发展,其中固体废弃物的高值资源化利用则需通过加强基础研究来实现,把基础研究技术应用到行业环境和社会环境治理方面。

基础研究不再是某一个行业或某一个企业独立完成,而是通过多个行业领域进行耦合研究,企业与科研院所进行深度融合,充分利用重大科技基础设施等研究平台和成果转化平台共同实现技术的原始创新。

2. 实现氯碱化工产业链的现代化

1)产业结构调整优化助力产业链提升

氯碱化工在能源方面面临的挑战主要体现在三方面:一是夏季用电高峰期,工业生产用电量大,必然对氯碱化工的可持续发展造成了一定制约;二是水资源、原盐供应紧张,我国氯碱化工工业生产成本高,在以市场为导向的基础上,将降低氯碱生产过程中的经济效益；三是相关联烧碱下游产品整体发展速度缓慢，市场开拓有限，导致整个氯碱市场出现疲软现象。

氯碱化工对产业结构的调整，需配套创新平台建设，使产业布局日趋完善。重点从三方面入手：一是利用好现有创新平台，积极做好项目培育、人才培养、智库专家、战略研究、关键技术开发、成果转化及引进等相关工作；二是结合未来发展规划及重点方向，通过开展联合研发、成果转化等创新活动，加快解决新产品、新工艺、新材料等方面的关键技术、共性技术和前沿技术难题；三是加快氯碱化工产业链整合和延伸。在统一组织规划下，从供应链、产业链、产品链、市场消费、回收循环等方面进行整合，融入全球一体化发展战略中，由无序竞争转变为有序竞争，确立世界氯碱生产基地的重要地位。

2）大数据助力产业链现代化发展

目前，已建立了大数据发展促进会，将通过完善大数据优秀产品库、高校人才信息库和信息化项目需求库，成为集大数据标准研究制定、技术应用推进、产业链合作、人才培养和投资融于一体的合作服务平台。

在技术应用方面，通过大数据技术、节能工艺及设备的综合应用，帮助氯碱化工节水、节电，实现自然污水处理量减小的良性循环。大数据技术助力氯碱化工实现绿色转型的作用体现在：可见、可减、可用、可消四个方面。

"可见"即对耗能设备通过物联网技术，实现智能监测。通过大数据和物联网技术，把原有远程在线监测及故障诊断系统升级为基于物联网技术的远程工业互联网平台。从而实现动态、静态设备，水、电仪表等所有相关设备数据的收集，通过工业机理模型实现对设备的监测和预测，提升设备在线率，保证设备稳定运行。同时对标行业节能领跑者，确认节能降耗的优化空间和优化方案。

"可减"即应用大数据、节能设备等组合方式降低能耗。通过大数据对各设备及仪表参数进行分析，确定彼此之间的联系，并应用大数据模型算法对参数进行持续的调整优化，找到最优节能方案，实现节能与投资测算。

"可用"即利用绿色工业互联网平台，将企业内、外部数据和资源实现共享和统一调度。这个功能体现在循环水、固废焚烧的热能回用，将一道工序的废弃物变成另一道工序的原材料，或将余热、余压等都转化为资源，变废为宝，循环利用。

"可消"即对于企业必不可少的污水、固废，通过大数据提升环保处理和管控水平。通过"输入响应、优化调控"方法，将环保指标、生产优化指标通过诸多模型进行固化，引入生产流程。同时，通过大数据、人工智能技术对生产中有价值的信息进行实时深度挖掘，寻找内在规律，从企业生产源头和生产过程实现环保节能的最佳状态。

氯碱化工通过集成创新手段，推进现有单一信息化模块的集成化，推动"智能制造"向"智能智造"转变。紧密围绕氯碱化工行业发展战略，通过集成创新手段，实现行业或企业数据集成共享、创新驱动、智能协同的工作目标，充分利用移动互联、大数据、工业互联网、人工智能、区块链等新一代信息通信技术，全力打造集成共享的企业级经营管理平台、智能协同的生产营运平台、敏捷安全的基础技术平台，推进生产方式、管理方式、商业模式的变革，为氯碱行业高质量发展、提质增效注入强劲新动力。

3. 形成循环经济闭路循环新格局

氯碱化工生产从"煤、电、电石、原盐"或"石油、乙烯"能源开始，到制备其主导产品烧碱和聚氯乙烯树脂。通过整体区域规划，多产业耦合发展等模式，以及关键技术的科技攻关，逐步形成氯碱化工循环经济闭路循环的发展新格局。

例如，目前氯碱企业或化工园区积极向"废水零排放"目标接近，实现水的闭路循环，在很大程度上解决了水资源匮乏，废水对环境造成污染等棘手难题。同时，氯碱企业已将技术的研究方向转向了"石灰—电石—电石渣—石灰"的闭路循环，这也标志着矿产资源将进入闭路循环阶段。

氯碱化工产业链的网状模式包含主导产业链线性延伸、主导产品的下游应用制品的加工及企业内部或企业间形成上下游一体化的发展模式。但塑料废弃物始终影响着环境和人类的生活，限塑及塑料的回收再利用已逐步在政策引导下缓步前行，正在形成"生产企业—塑料消费—生产企业"的产品闭路循环。从产品全生命周期环境影响与风险控制角度考虑，从 PVC 树脂生产、加工到 PVC 塑料制品销售、消费及回收利用的全产业链环节入手，改革机制体制，在政策和管理办法的推动下，加速发展可循环、易回收的新型上下游一体化循环经济模式。

可见，氯碱化工循环经济的闭路循环已成为行业与社会共同重视且正在逐步实施的趋势。闭路循环实现了资源的最大化利用甚至是重复使用，为氯碱企业的降本增效提供了一条高效路径，更是大大降低了对环境造成的危害。

4. 加速氯碱化工产业布局的转变

目前氯碱化工产业布局为东部、中部、西部三大区域，其中大规模电石法聚氯乙烯树脂主要集中在西部地区，东部和中部则是电石法和乙烯法两种方法混合发展。尤其是在 PVC 树脂产品生产、质量向无汞化、高端化方向发展后，乙烯法 PVC 树脂较前期出现明显增加趋势。而 PVC 树脂下游塑料制品企业多集中在东部和中部，西部生产的 PVC 树脂在国内的消费则需靠长距离运输由西向中、东部转移、使用，造成西部运力始终处于被动状态，运输费用和异地仓储费用带来的成本在很大程度上限制了利润增长空间[1,2]。

因此，氯碱化工的产业布局将朝以下三个方向发展：一是 PVC 产工艺混合发展趋势凸显。乙烯法 PVC 树脂占比继续提升，中东部乙烯原料主要依存于进口，随着西部石油资源利用方向的开放，乙烯法 PVC 树脂也将在西部逐步崛起；随着国内页岩气的开发，PVC 生产工艺的多元化混合发展模式将更加清晰。二是电石法 PVC 的生产工艺技术、产品质量将突破技术瓶颈。三是随着西部大开发进程的加快，氯碱下游制品企业也将逐步向西部重点发展。

8.1.2 提升技术创新能力

十九届五中全会提出，要坚定不移贯彻创新、协调、绿色、开放、共享的新发展理念，坚持稳中求进工作总基调，以推动高质量发展为主题，以深化供给侧结构性改革为主线，以改革创新为根本动力，加快建设现代化经济体系，加快构建以国内大循环为主体、国内国际双循环相互促进的新发展格局。当前存在的问题是创新能力不适应高质量发展要求，创新已然成为可持续高质量发展的核心。

近年来，我国氯碱化工行业技术创新能力不断提升，大部分与节能、环保和无汞触媒研发相关，新产品与新工艺的研发力度仍显不足。

氯碱化工要深入进行一级氯产品的结构升级，在二级或更多级层次的精细氯产品领域做强和做优。氯碱化工将革新观念，根据资源、市场和技术等条件，在新型煤化工、新材料等其他领域中寻求发展机遇。

1. 加强知识产权保护

从国内 2010~2019 年专利申请情况可以看出，截止到 2018 年平均每年申请 108 件。2008 年《国家知识产权战略纲要》的印发代表着知识产权服务业发展的新开端，《纲要》明确到 2020 年把我国建设成为知识产权创造、运用、保护和管理水平较高国家的战略目标。从数据可以看出，政策、法规对我国氯碱化工产业的发展与创造、氯碱企业自主创新能力的发展起着重要的催化作用。

专利作为知识产权的重要组成部分，是一个企业自主创新能力的集中体现。专利能够为企业的技术突破、产品的更新换代、服务品质的升级带来重大的影响，甚至使企业在授权许可、技术转移中获得较大的经济利益。同时，对竞争对手的专利申请情况进行研究和分析可以更加精准地帮助企业更好地进行自我定位，并对竞争对手进行检测，为企业管理决策提供强大助力和指导。

强化知识产权布局，把知识产权放在技术开发工作前端，着眼国内、布局全球，引领企业高质量发展方向，不断提高创新能力，提升企业国际竞争力。一要加强横向交流，依托"政产学研用"技术创新体系，加大知识产权联合申报力度，快速提升企业知识产权储备，增加知识产权的数量和质量，提升科技创新能力。

二要全面提升企业领导层和基层员工的知识产权意识，扎实推进知识产权激励，调动职工发明创造的积极性，营造全民参与氛围，全面激发知识产权对经济发展的支撑作用，提高知识产权成果转化质量和效益。三要积极推进标准化管理体系建设工作，提升企业知识产权管理能力，强化知识产权保护意识，注重知识产权与企业战略布局紧密结合，有效防范潜在知识产权风险。四要积极参与国内外技术标准的制订，力争将自主创新、发明专利与标准制订相结合，为企业产品独占市场创造条件，同时充分发挥知识产权在品牌创造、品牌经营、品牌提升方面的重要作用，提高企业创牌能力和品牌运作水平，巩固和保护企业无形资产。

2. 加强产业科技攻关

坚持以科技创新为核心的全面创新，聚焦氯碱科技创新总目标，围绕氯碱化工及下游加工产业、现代煤化工、化工新材料、现代农业、智能智造、节能环保、现代物流产业开展科技攻关，积极探寻新的技术，通过开放驱动科技创新的高速发展和远期规划，拓宽科技发展空间，全面助力科技攻关，推动氯碱化工走向高科技。

电力市场化改革降低氯碱化工用电成本。2018 年国家发改委、国家能源局印发《关于积极推进电力市场化交易 进一步完善交易机制的通知》，力推电力市场化交易。电力市场化有利于建立竞争、开放、规范、有序的电力市场，通过市场机制对电力资源进行优化配置，利用电价机能达到供需平衡的一种市场状态，从而提高效率、降低电价。

零极距离子膜电解槽通过降低电解槽阴极侧溶液电压降，从而达到节能降耗的效果。与普通离子膜电解槽相比，同等电密下零极距离子膜电解槽电压降低约 180 mV，相应吨碱电耗下降约 125 kW·h。同时加大离子膜、聚合助剂高端化制造技术的攻关，降低我国氯碱化工的对外依存度。

围绕新材料产业构建氯产品产业链，解决氯过剩问题。碱行业应抓住发展机遇，依托氯碱装置，合理利用当地资源，实施循环经济，推进产品结构调整升级，围绕氯产品下游在新材料领域积极布局。

充分利用副产品氢气的价值，开发高附加值产品。目前国内很多氯碱企业只关注烧碱和耗氯产品，往往忽略副产氢气的价值，氢气利用不充分，甚至有大量氢气被燃烧放空。目前氯碱行业副产氢气利用可能选择的方案主要包括：用于生产过氧化氢、新戊二醇、异丙胺，加氢裂化等石油加工业，生产高纯压缩氢，利用氢燃料电池技术建氢能电站等。

推进氯碱化工行业"智能工厂"建设，提高智能制造水平。氯碱化工的生产过程具有易燃、易爆、有毒、腐蚀性强等特点，主要大宗原料和产品 80% 以上属于危险化学品，安全环保风险高。推进智能制造的重要性和紧迫性比其他行业更为突出。智能制造是氯碱化工行业供给侧结构性改革的着力点，是提高行业本质安全水平的主要技术手段。氯碱企业通过将智能制造系统应用于生产调度、能源管理、设备全生命周期管理、安全环保、应急救援、质量追溯及电商物流等各个领域，可以有效降低安全及环保事故率，降低综合能耗，给企业带来直接经济效益。

3. 提升能源/资源利用效率

传统氯碱化工产业发展模式是粗放型的，主要通过生产要素的大规模投入，即依靠扩大厂房面积，增加劳动力人数，增加机器设备，以能源/资源的高投入、高消耗来拉动，以牺牲环境为代价来实现的。这种方式资源/能源消耗高，产品成本高，经济效益低。

提升能源/资源利用效率要从能源/资源开采、消耗利用、排放入手。氯碱化工的资源开采主要包括煤、原盐、石灰石等资源，此环节重点是提高开采回收率、选矿回收率、综合利用率，即坚持"节约"理念，在政策法规指导下，通过先进适用技术提高矿产资源的资源利用水平，鼓励和推进废石、矸石等废弃物资源化利用。在能源/资源的优化配置利用方面，氯碱化工将坚持"集约"原则，积极加快以下几点的全面高效推动。一是推进氯碱化工资源分质清洁高效利用和可再生能源发展，推动能源绿色低碳转型，创建低碳发展体系；二是完善能效"领跑者"发布制度和节能标准体系，深入开展能效对标；三是加强企业能源管理，推进高耗能行业建立企业能源管理中心，开展能源审计和节能诊断，提高能源利用效率。

4. 保障安全可防可控

安全发展是化工生产领域的生命红线，在任何情况，任何人都不可触碰。个别企业安全事故时有发生，人们在化工生产中的安全弦紧绷着，同样，也能听到某大学、某企业的实验研究过程中发生了安全事故，由此给人们带来了误解，化工生产与研究的安全隐患多，易发生安全事故。

海因里希法则告诉我们，人的不安全行为引起了88%的事故，这告诉我们一个事实：规范操作会避免很多事故，安全可以做到可防可控。

目前氯碱化工已经针对不同产品和生产工艺过程，做了很多保障安全生产和操作规程，不仅从工艺上保障了本质安全，而且还提高了反应效率和产量，带来直接经济效益。

随着智能工厂的推进实施，技术创新也将为我们提供可防可控的科学安全保障。生产过程中智能检测仪器的使用，高温环境中智能机器人的应用，逐步实现重大危险源和风险点实时监控、及时预警，及时发现和排除生产过程中的安全隐患。

8.1.3 激发人才创新活力

人才资源是第一资源，是创新活动中最为活跃、最为关键的因素，创新驱动的本质是人才驱动。激发人才创新活力，主要体现在：①高端人才引进机制与培养机制有待完善，对于高端人才，想要引得进来、留得住，更应该在人才发展环境、优惠政策、激励机制等方面下功夫，充分发挥高端创新人才精准引进、管理的重要创新平台；②加强创新型、应用型、技能型人才培养，全方位培养出具有国际竞争力的科技人才后备军；③对现有人才结构中各层次科技创新人才队伍建设要进一步强化；④对现有人才实行梯度培养和融合培养，做好人才的衔接。因此需通过创新平台建设、人才激励政策与机制、人才引进与培养等方面激发人才的创新活力。

1. 优化科技创新平台建设

科技基础平台作为创新体系重要组成部分，是科技进步与创新能力建设的基本途径。平台建设就是通过对现有实验室、实验基地等资源进行软硬件建设，资源整合和优化配置，建立共享服务机制，有效改善科研创新环境，增强科技持续发展能力，为培养创新人才提供强有力的支撑。科技创新平台建设也是创新人才培养、创新团队建设、提高人才培养质量的需要。

氯碱化工在创新平台建设方面需积极推进产学研的深度融合，充分利用科研院所的资源共享创新平台，借智力和创新平台，在双赢的前提下，将创新驱动发展的作用发挥到极致。同时要紧紧围绕行业的技术特点，在催化领域，PVC 特种树脂研发及品质提升、上下游一体化、循环经济，两化融合，多产业耦合发展等领域均建立了科技研发平台，鼓励科研人员积极发现新技术，勇于创新，凝聚技术力量，与科研团队共同成长，提升科技创新能力，提升技术发展趋势判断力，使企业拥有一批独立自主的前沿技术，为企业的循环经济深度转型提供必要的技术支撑体系。

2. 强化人才激励政策机制

人才的竞争，关键是体制机制的竞争。良好的制度环境，完善的科技项目评价机制，研发投入机制，科技开放合作机制，科技人员的激励机制均为激发人才创新活力提供了推动力。

为各类人才创新创业营造人尽其才、才尽其用的良好制度环境。充分激发人才的创新创造活力，需要强化体制机制保障，即形成有利于人才成长的培养机制、有利于人尽其才的使用机制、有利于竞相成长各展其能的激励机制、有利于各类人才脱颖而出的竞争机制，培植好人才成长的沃土，让人才根系更加发达，一茬接一茬茁壮成长。要充分开发利用国内国际人才资源，主动参与国际人才竞争，完善更加开放、更加灵活的人才培养、吸引和使用机制，不唯地域引进人才，不求所有开发人才，不拘一格用好人才，确保人才引得进、留得住、流得动、用得好。

建立完善的科技项目评价机制。发挥政府作用，促进资本、人才、信息等创新要素高效合理流动，改进科技项目的组织管理模式。完善创新支持、创新风险防范、创新失败退出和后续扶持等方面的制度和政策，大力弘扬企业家精神，鼓励和支持企业家发挥创新带动作用，推动科技项目，提升科技成果转化。

健全研发投入机制。以科技项目为主导，建立政府、社会、企业等多种渠道的研发投入机制，支持创新体系的高效研究作用，促进新技术的产业化应用。

科研开放合作。设立国际化的人才引进、项目合作机制，充分发挥国际工业化革命成果优势，带动国内高端人才培养和技术革新，为科研人才开阔视野、提升人才整体科研能力，提供更高的奋斗目标。

重视科技人员的激励。激励是激发科技人才创新能力的重要推动力，通过完善科技项目研究激励、项目管理激励、科技人员薪酬等机制，推动科技人员创新积极性，弘扬工匠精神和科学精神。

3. 拓宽人才引进培养渠道

氯碱化工循环经济的高质量发展需要汇集高质量发展的各个方面的合力，其中人才驱动是发展的要素之一，人才也是发展中的血液。人才的引进与培养显得尤为重要。

人才的类型，从人才岗位划分为管理型、技术型、应用型等三类人才，按照掌握能力可划分为高、中、初等类型。氯碱化工的高质量发展离不开任何类型的人才。

在人才引进方面，加大高层次人才引进力度和灵活性，不求所在、但求所有。突出"高精尖"导向，通过企业内部选拔、市场化选聘、与科研院所合作研发等模式，促进科技人才成长与集聚；通过重大科研项目和重大工程、重要科研平台、重点项目交流合作发展实践，造就一批领军人才、核心技术研发人才和创新团队。其他人才的引进，则需变一般选拔、招聘为多方式、多渠道引进。用激励政策与机制吸引人才，留住人才。

在人才培养方面，坚持人才的梯度培养，确保人才的可持续高质量发展。在政策引导下，用好建设的科技平台，在技术创新、管理模式转变、技术应用等多方面，通过培养锻炼促使人才的不断成长，为氯碱化工的高质量发展不断注入新的智慧。

氯碱企业可通过以下几点进行人才培养。第一方面是针对应用型人才，提升主人翁意识，充分体现工匠精神，把一件事做到精，做到专。第二方面是针对科技型人才。首先，通过研发项目，对项目负责人、核心骨干等给予待遇及职称方面的激励，在聚氯乙烯上下游一体化、安全环保、信息化、新材料、工业催化、废渣高值利用等多个领域培养创新项目负责人及核心技术骨干。其次，实施优秀青年员工轮岗培训，为企业挖掘培养高素质复合型人才。同时，通过产学研结合的创新模式，建立企业专家智库。另外，积极争取政府人才培养政策红利，为企业培养造就了一大批具有国际水平的战略科技人才、科技领军人才、青年科技人才和高水平创新团队。第三方面是针对管理型人才。要加强顶层管理和中层管理结构设计，同样建立管理人才梯队建设，提高管理人员的战略意识、危机感和紧迫感，要敢于面对困难、敢于担当，高度长远布局企业发展。

8.1.4 完善科技创新体系

1. 科技创新体系布局和管理机制

在科技创新体系机制的改革方面，要坚决去除阻碍氯碱化工循环经济高质量发展的相关机制，通过机制改革建立导向明确、正向激励的科技管理体制和政策体系，营造安心致研的良好创新环境，努力解决科研人员的后顾之忧。

在科技创新方面，氯碱企业要以计划管理为切入点，强化制度建设，理顺和规范氯碱化工组织者与氯碱企业之间、化工园区管理与不同企业间、氯碱企业内部之间的职责关系，充分发挥统筹管理、高效执行等方面的积极性，提高氯碱化工及其企业宏观管理与决策，以及项目管理能力。其中项目管理方面则要突出以下几个原则。一是加强行业或企业的整体布局和战略重点，有的放矢，从顶层设计的层面提出适合企业高质量发展需求的科技创新战略方向。二是围绕国家总目标，氯碱化工整合各项资源，统筹基础研究、应用开发和产业化示范，促进资源优化配置和高效利用。三是加强计划的过程管理和实施监督，建立问责问效的机制，明确监督关键环节，制定具体监督措施，把对项目实施的监督评估和各管理主体的绩效考评作为计划项目管理的一个重要环节。四是围绕建立有利于自主创新的管理新机制，加强计划项目管理的制度化、规范化建设，简化管理环节，优化管理流程，完善管理办法，进一步规范科技计划项目管理运行的秩序，充分利用信息化平台和专业化服务等手段，提高管理效率和经费使用效益。

2. 科技评价体系

科技评价是指以科技研究为评价客体，将评价科研机构、人才与科研成果为其主要对象的考量评选的程序。以国家战略布局为前提，氯碱化工或其企业，结合循环经济高质量发展需要，逐步构建科技评价体系。合理有效的科技评价体系可以激发科技工作者的创新潜力，促进我国氯碱化工技术的研究逐步向国际接轨。因此，合理有效的科技评价体系的构建需要从政策法规的支撑、前沿领域的合作、产学研深度融合、加强交流、坚持改革开放等多方面实施。

一是加快政策法规的完善与健全。20世纪80年代中期以来，我国积极探索科学技术评价体系，制定且发布了一系列的政策文件、法规、办法，并取得了一定的成效，但仍然无法满足解决科技发展中存在的诸多问题。因此，在科学技术评价体系方面，建议从国家层面和行业层面，紧紧围绕科学技术的发展现状，借鉴国外合理经验，制定合理有效的政策法规，高效推进科学技术的飞跃式发展。在政策法规的正确引导下，结合企业自身发展特点，企业内部也要建立细致的科学技术评价体系，更有利于推进企业高质量发展。

二是加强在数字经济、人工智能、纳米技术、量子计算机等前沿领域的合作，共同建设大数据、云计算、智慧工厂等科技创新平台。

三是加强企业、科研院所间的深度融合，成为科技创新共同体，实现人才培养、科技创新能力的共享平台。

四是加强与国际科研界的交流合作，以"拿来主义"精神同步吸纳融合世界科技创新成果。在此过程中，要增强对科研评价改革的支持力度，拓宽多元化发展渠道。

8.2 构建双循环发展格局

在以推动高质量发展为主题，以深化供给侧结构性改革为主线，以改革创新为动力，氯碱化工将主动融入构建以国内大循环为主体、国内国际双循环相互促进的新发展格局。

加强国际合作。通过国际交流、管理/技术合作、技术引进、人才引进等方式，升级氯碱化工企业管理体系，在成本、环保、安全、质量提升方面取得显著效果，提升核心管理竞争力。抓住全球产业链、供应链重构机遇，将氯碱化工由传统化工向精细化工快速发展延伸，通过与国际物流公司等开展合作，进一步打通物流产业链条。以市场需求为导向，加强协同和技术服务，与国际产品终端用户合作构建上下游融合发展。因此，加强国际合作，打通生产、流通、消费各个环节，统筹推进高质量发展。

抢抓扩大内需战略机遇。通过基础研究，氯碱化工着力补齐相关技术短板，实现产品的差异化、高端化，不断完善国内大循环体系。

8.3 推动绿色低碳发展

氯碱化工行业在经历了供给侧结构性改革，产能利用率达到80%~90%合理水平，以及通过科技创新、循环经济、智能工厂建设，将向氯碱强国的方向迈进。但作为高耗能行业，氯碱化工在碳的排放量方面更需关注，据悉，生产2000万吨的电石法PVC树脂，其排放总碳量就达到1.4亿吨。因此，履行国际公约，推行低碳发展、节能减排、提高能源效率和产业结构调整也必将成为决定我国氯碱化工可持续高质量发展的因素之一。

2021年《碳排放权交易管理办法（试行）》的公布与实施，推动氯碱化工推进节能减排，大力降低碳总量排放，实现我国二〇三〇碳排放达到峰值，二〇六〇年前实现碳中和的目标。

对于转型向高质量发展的氯碱化工，更好地落实碳减排工作，积极参与碳市场交易，将助力行业发展环境生态化技术的良性循环，也必将助于整个氯碱行业应对可持续发展的各种挑战，同时也是氯碱化工行业履行社会责任的必然要求。

氯碱化工作为经济社会发展不可或缺的基础产业，必须要在国家整体战略发展布局的要求下，坚持绿色发展，从原料选择、工艺技术路线选择等多方面进行碳减排相关技术创新研究。节能环保要求不断提升是氯碱化工企业发展面临的重大挑战，氯碱化工企业要通过持续不断地转型升级和技术创新，加速行业走上安全、绿色、高质量、可持续发展道路。

参 考 文 献

[1] 魏珣. 我国氯碱化工高质量发展路径分析[J]. 化学工业, 2019, 37(5): 13-20.
[2] 蔡杰. "十四五"我国氯碱化工转型升级发展途径研究[J]. 化学工业, 2020, 38(3): 22-27.